国家示范性高等职业院校优质核心课程改革教材

路基路面养护

主　编　宋林锦
主　审　杨　平

人民交通出版社

内 容 提 要

本书是国家示范性高等职业院校优质核心课程改革教材。本教材包括三个部分,分别为:路基养护、沥青路面养护、水泥混凝土路面养护。其中,路基养护部分由一般路基养护、特殊路基养护两个内容组成;沥青路面养护部分由沥青路面状况调查及评价、沥青路面日常养护、沥青路面常见病害的维修、沥青路面预防性养护、沥青路面翻修与再生技术、沥青路面补强和加宽技术六个内容组成;水泥混凝土路面养护部分由水泥混凝土路面路况调查与评价、水泥混凝土路面日常养护、水泥混凝土路面局部破损处理、水泥混凝土路面改善、水泥混凝土路面修复、水泥混凝土预制块路面养护与维修、水泥混凝土路面养护维修安全作业及交通控制七个内容组成。

本书主要供高等职业技术学院高等级公路维护与管理专业教学使用,也可供公路养护和管理的相关人员学习和参考。

图书在版编目(CIP)数据

路基路面养护 / 宋林锦主编. —北京:人民交通出版社,2011.6
国家示范性高等职业院校优质核心课程改革教材
ISBN 978-7-114-09108-7

Ⅰ.①路… Ⅱ.①宋… Ⅲ.①公路路基 – 公路养护 – 高等职业教育 – 教材②路面 – 公路养护 – 高等职业教育 – 教材　Ⅳ.①U418

中国版本图书馆 CIP 数据核字(2011)第 089859 号

国家示范性高等职业院校优质核心课程改革教材

书　　名:	路基路面养护
著 作 者:	宋林锦
责任编辑:	戴慧莉
出版发行:	人民交通出版社
地　　址:	(100011)北京市朝阳区安定门外外馆斜街 3 号
网　　址:	http://www.ccpress.com.cn
销售电话:	(010)59757973
总 经 销:	人民交通出版社发行部
经　　销:	各地新华书店
印　　刷:	北京鑫正大印刷有限公司
开　　本:	787×1092　1/16
印　　张:	22
字　　数:	542 千
版　　次:	2011 年 6 月　第 1 版
印　　次:	2019 年 1 月　第 3 次印刷
书　　号:	ISBN 978-7-114-09108-7
定　　价:	60.00 元

(有印刷、装订质量问题的图书由本社负责调换)

四川交通职业技术学院
优质核心课程改革教材编审委员会

主　　任　魏庆曜

副 主 任　李全文　王晓琼

委　　员　（道路桥梁类专业编审组）

　　　　　杨　平　袁　杰　李永林　张政国　晏大容　黄万才　盛　涌
　　　　　阮志刚　聂忠权　陈海英　常昇宏　张　立　王闰臣　刘玉洁
　　　　　宋林锦　乔晓霞

　　　　　（汽车运用技术专业编审组）

　　　　　周林福　袁　杰　吴　斌　秦兴顺　张　洪　甘绍津　刘晓东
　　　　　何　攀　粟　林　李作发　杨　军　莫　凯　高　琼　旷文才
　　　　　黄云鹏　顾　华　郭远辉　陈　清　许　康　吴晖彤　周　旭
　　　　　方　文

　　　　　（建筑工程专业编审组）

　　　　　杨甲奇　袁　杰　蒋泽汉　李全怀　李伯成　郑玉祥　曹雪梅
　　　　　郑新德　李　燕　杨陈慧

序 Xu

  为贯彻教育部、财政部《关于实施国家示范性高等职业院校建设计划,加快高等职业教育改革与发展的意见》(教高【2006】14号)和《关于全面提高高等职业教育教学质量的若干意见》(教高【2006】16号)精神,作为国家示范性高等职业院校建设单位,我院从2007年开始组织探索如何设计开发既能体现职业教育类型特点,又能满足高等教育层次需求的专业课程体系和教学方法。三年来,我们先后邀请了多名国内外职业教育专家,组织进行了现代职业技术教育理论系统学习和职业技术教育课程开发方法系统的培训;在课程开发专家团队指导下,按照"行业分析,典型工作任务,行动领域,学习领域"的开发思路,以职业分析为依据,以培养职业行动能力为核心,对传统的学科式专业课程进行解构和重构,形成了以学习领域课程结构为特征的专业核心课程体系;与企业专业技术人员共同组成课程开发团队,按照企业全程参与的建设模式、基于工作过程系统化的建设思路,完成了10个重点建设专业(4个为中央财政支持的重点建设专业)核心课程的学材、电子资源、试题库、网络课程和生产问题资源库等内容的建设和完善,在课程建设方面取得了丰厚的成果。

  对示范院校建设工程而言,重点专业建设是龙头;在专业建设项目中,课程建设是关键。职业教育的课程改革是一项长期艰苦的工作,它不是片面的课程内容的解构和重构,必须以人才培养模式创新为核心,实训条件的改善、实训项目的开发、教学方法的变革、双师结构教师团队的建设等一系列条件为支撑。三年来,我们以课程改革为抓手,力图实现全面的建设和提升;在推动课程改革中秉承"片面地借鉴,不如全面地学习",全面地学习和借鉴,认真地研究和实践;始终追求如何在课程建设方面做出中国特色,做出四川特色,做出交通特色。

  历经1 000多个日日夜夜的辛劳,面对包含了我们教师团队心血,即将破茧的课程建设成果的陆续出版,感到几分欣慰;面对国际日益激烈的经济的竞争,面对我国交通现代化建设的巨大需求,感到肩上的压力倍增。路漫漫其修远兮,吾将上下而求索!希望更多的人来加入我们这个团结、奋进、开拓、进取的团队,取得更多更好的成果。

  在这些教材的编写过程中,相关企业的专家给予了很多的支持与帮助,在此谨表示衷心的感谢!

四川交通职业技术学院院长

前　言

路基路面养护是公路养护工作的重要内容,是高等级公路维护与管理专业的必修课程。但在目前的教材中,既要适应高职院校教学,又要以路基路面养护为重点并能符合最新养护规范要求的教材还很少。因此,我们根据国家示范性高职院校课程资源建设要求,参考最新公路养护规范和相关文献,借鉴国内外成果并结合教学实践,编写了本教材。

本教材在编写过程中,对高等级公路维护与管理专业的培养目标和路基路面养护工作的典型工作任务进行了分析,使教学内容与养护工作密切结合,形成了以下特点:

1. 体现任务驱动的课程教学理念

以职业岗位的典型工作任务为驱动,确定理论与实践一体化的学习任务,按照工作过程组织学习过程。每个学习任务,既有知识学习,又有能力训练,把被动学习过程,变成了为完成工程任务而主动学习的过程,调动了学生学习的积极性和主动性。

2. 教材内容的选取与养护工作过程紧密结合

按照路基路面养护工作过程,以任务为载体编写内容。按照公路状况调查、公路路况评价、养护对策制订、养护维修施工的顺序编写教材,养护工作的理论和概念都融入工作过程内容中,使教材内容能够较好地与养护工作过程相结合。

3. 采用全新的结构编排模式

本教材打破了传统教材的章节体系,以典型学习任务为一个相对完整的学习过程,每个学习任务的内容相互独立,但又有内在联系。在每个学习任务开篇处,都以解决实际问题、完成岗位任务为引导,设定"学习目标"、"任务描述"和"学习引导"三个栏目,围绕工作任务聚集知识和技能,正文则由若干单元组成,包含"单元要点"、"相关知识"和"单元训练"等内容。

4. 本教材与现行规范同步,内容严谨,文字表达准确

本书由四川交通职业技术学院宋林锦担任主编,并负责全书统稿。学习任务一、二、十三、十四、十五由宋林锦编写,学习任务三、四、五、六、七、八由罗靖、宋林锦、王闰臣编写,学习任务九、十、十一、十二由宋林锦、聂忠权、王丽编写。杨平担任主审。

由于编者水平有限,加之时间仓促,书中错漏之处在所难免,恳请广大读者批评指正。

编　者
2011 年 4 月

目 录

学习任务一 一般路基养护 ... 1
- 单元一 公路养护的任务和要求 ... 1
- 单元二 路基工程的日常养护 ... 4
- 单元三 路基典型病害防治 ... 17
- 单元四 路基防护与支挡工程的养护 ... 33
- 单元五 排水设施养护 ... 40
- 单元六 路基技术状况评价 ... 48

学习任务二 特殊路基养护 ... 51
- 单元一 黄土地区路基养护 ... 51
- 单元二 膨胀土地区路基养护 ... 58
- 单元三 沙漠地区路基养护 ... 62
- 单元四 多年冻土地区路基养护 ... 66
- 单元五 盐渍土、盐湖地区路基养护 ... 72
- 单元六 泥石流地区路基养护 ... 78
- 单元七 泥沼、软土地带路基养护 ... 79

学习任务三 沥青路面状况调查及评价 ... 86
- 单元一 沥青路面养护要求与内容 ... 86
- 单元二 沥青路面常见病害类型与分级 ... 92
- 单元三 沥青路面路况调查 ... 96
- 单元四 沥青路面状况评定 ... 101
- 单元五 沥青路面的养护对策 ... 106

学习任务四 沥青路面日常养护 ... 110
- 单元一 一般公路沥青路面日常养护 ... 110
- 单元二 高速公路沥青路面日常养护 ... 114

学习任务五 沥青路面常见病害的维修 ... 122
- 单元一 沥青路面裂缝类病害的维修 ... 123
- 单元二 沥青路面松散类病害的维修 ... 127
- 单元三 沥青路面变形类病害的维修 ... 131
- 单元四 沥青路面其他破坏的维修 ... 135

学习任务六 沥青路面预防性养护 ... 140
- 单元一 沥青路面罩面技术 ... 140
- 单元二 稀浆封层技术 ... 148
- 单元三 微表处技术 ... 159

单元四　同步碎石封层技术 ································· 167
学习任务七　沥青路面翻修与再生技术 ·························· 171
   单元一　沥青路面翻修 ······································ 171
   单元二　沥青路面再生利用 ·································· 173
学习任务八　沥青路面补强和加宽技术 ···························· 183
   单元一　沥青路面补强 ······································ 183
   单元二　沥青路面加宽 ······································ 187
学习任务九　水泥混凝土路面路况调查及评价 ······················ 193
   单元一　水泥混凝土路面养护要求与内容 ······················ 193
   单元二　水泥混凝土路面常见病害类型及分级 ·················· 198
   单元三　水泥混凝土路面路况调查 ···························· 201
   单元四　水泥混凝土路面状况评价与养护对策 ·················· 207
学习任务十　水泥混凝土路面日常养护 ···························· 213
   单元一　日常养护基本要求与内容 ···························· 213
   单元二　水泥混凝土路面日常养护作业 ························ 215
学习任务十一　水泥混凝土路面局部破损处理 ······················ 228
   单元一　水泥混凝土路面裂缝与断板维修 ······················ 228
   单元二　水泥混凝土路面板边与板角修补 ······················ 237
   单元三　水泥混凝土路面错台处治 ···························· 240
   单元四　水泥混凝土路面沉陷处理 ···························· 243
   单元五　水泥混凝土路面拱起处理 ···························· 247
   单元六　水泥混凝土路面坑洞修补 ···························· 249
   单元七　水泥混凝土路面接缝维修 ···························· 252
   单元八　水泥混凝土路面板下封堵 ···························· 256
学习任务十二　水泥混凝土路面改善 ······························ 261
   单元一　水泥混凝土路面表面功能恢复 ························ 261
   单元二　水泥混凝土加铺层 ·································· 269
   单元三　钢纤维混凝土加铺层 ································ 277
   单元四　钢筋混凝土加铺层 ·································· 282
   单元五　连续配筋混凝土加铺层 ······························ 283
   单元六　沥青混凝土加铺层 ·································· 286
   单元七　水泥混凝土路面加宽 ································ 295
学习任务十三　水泥混凝土路面修复 ······························ 298
   单元一　整块水泥混凝土路面板翻修 ·························· 298
   单元二　水泥混凝土路面局部路段修复 ························ 300
   单元三　水泥混凝土整块桥面板翻修 ·························· 308
   单元四　旧水泥混凝土路面再生利用 ·························· 312
学习任务十四　水泥混凝土预制块路面养护与维修 ·················· 319
   水泥混凝土预制块路面养护与维修 ···························· 319

学习任务十五 水泥混凝土路面养护维修安全作业及交通控制 323
- 单元一 养护维修安全作业要求与作业区 323
- 单元二 道路施工安全标志及设置 326
- 单元三 公路养护维修作业区布置 330

参考文献 339

学习任务一　一般路基养护

学习目标

1. 能够描述公路养护的目的和基本任务、基本原则、养护工程分类、质量考核标准；
2. 能够描述路基养护的工作内容、基本要求，描述排水设施和挡土墙的基本要求；
3. 能够描述路基边坡的常见病害，分析病害原因，提出病害防治措施；
4. 能够描述挡土墙病害的防治措施；
5. 能够描述其他病害现象，分析病害原因，提出病害防治措施。

任务描述

参加一段公路的路基日常养护工作，填写工作表格；参加路基常见病害的调查、分析和处理工作。

学习引导

本学习任务沿着以下脉络进行学习：

学习路基养护的基本知识→参加某路基养护工作→总结路基养护工作要点→分析病害原因→提出病害防治措施。

单元一　公路养护的任务和要求

◇ **单元要点**

1. 公路养护的目的、公路养护的基本任务和基本原则；
2. 公路养护工程分类、公路养护质量考核标准。

◇ **相关知识**

一、公路养护的目的和基本任务

1. 公路养护的目的

公路养护的目的是保持路况完好，延长公路使用寿命，确保行车安全、快速、舒适、经济地运行。

如果公路缺乏必要的养护，路况必然会很快下降，道路通行就必然受阻。所以，在公路管理中，必须高度重视养护工作。在整个公路养护工作中，路面养护是公路养护工作的中心环节。这是因为路面是直接承受行车荷载和自然因素作用的结构层，容易出现各种不同情况的变形破坏，对于路面的养护也就至关重要。因此，路面养护质量是公路养护质量考核的首要对象。

2. 公路养护的基本任务

(1)贯彻"预防为主,防治结合"的方针,加强预防性养护,提高公路抗灾害的能力。

(2)加强公路及其沿线设施的基本技术状况调查,及时发现和消除隐患。

(3)保持公路及其沿线设施良好的技术状况,及时修复损坏部分,保障公路行车安全、畅通、舒适。

(4)吸收和采用新技术、新工艺、新材料、新设备,采用科学的技术措施,不断提高公路养护工程质量,有效延长公路的使用寿命,降低路桥设施的全寿命周期成本,提高养护资金使用效益。

(5)加强公路的技术改造,以适应公路交通事业的不断发展。

二、公路养护的基本原则

(1)预防为主、防治结合。要根据历年积累的技术经济资料和当地具体情况,通过科学分析,消除导致高等级公路损毁的因素,增强高等级公路设施的耐久性和抗灾能力,特别要做好雨季的防护工作,以减少水毁损失。

(2)因地制宜、就地取材。在养护中,应尽量选用当地天然材料和工业废渣,充分利用原有工程材料和工程设施,以降低养护成本。

(3)常年养护、科学养护。要推广应用国内外先进的养护技术和科学的管理方法,改善养护生产手段,提高养护技术水平,并做到常年养护不松懈。

(4)重视综合治理。保护生态平衡、路旁景观和文物古迹,防止环境污染,注意少占农田。

(5)全面贯彻执行《公路桥梁养护管理工作》制度,加强桥梁的检查、维修、加固和改善,逐步消灭危桥。

(6)公路养护工程设计应符合现行《公路工程技术标准》(JTG B01—2003)的规定,施工时要注意社会效益,保障畅通。

(7)加强以路面养护为中心的全面养护,大力推广和发展公路养护机械化。

三、公路养护工程分类

公路养护按其工程性质、规模大小、技术难易程度划分为小修保养、中修工程、大修工程和改善工程四类。

1. 小修保养

对公路及沿线设施经常进行维护保养和修补其轻微损坏部分的作业为小修保养。它通常是由养护工区在年度小修保养定额经费内,按月(旬)安排计划并经常进行的工作。

2. 中修工程

对公路及沿线设施的一般性损坏部分进行定期的修理加固,以恢复公路原有技术状况的工程为中修工程。它通常是由基层公路管理机构按年(季)安排计划并组织实施的工作。

3. 大修工程

对公路及沿线设施的较大损坏进行周期性的综合修理,以全面恢复到原技术标准的工程为大修工程。它通常是由基层公路管理机构或在其上级机构的帮助下,根据批准的年度计划和工程预算来组织实施的工作。

4. 改善工程

改善工程是对公路及沿线设施因不适应现有交通量增长和荷载要求而进行全线或逐段提高技术等级指标，显著提高其通行能力的较大工程项目。

改善工程通常是由省级公路管理机构或地(市)级公路管理机构根据批准的计划和设计预算来组织实施或招标完成的工作。

四、公路养护质量评定方法

为了加强高速公路养护技术管理，正确掌握高速公路服务状况的变化，统一考核养护工作效果，提高养护质量，确保高速公路行车"快速、安全、舒适、畅通"，高速公路管理部门应定期对高速公路养护质量进行检查和评定。

1. 养护质量基本要求

公路养护质量的基本要求：路面整洁、平整，横坡适度，行车平稳、舒适，路基坚实，边坡稳定，排水畅通，桥涵通道、隧道等构造物完好，安全设施齐全，标志完好、鲜明、有效，绿化物生长良好，修剪得体。

公路养护质量的考核，应严格按照现行《公路技术状况评定标准》（JTG H20—2007）的规定执行。根据《公路技术状况评定标准》（JTG H20—2007），公路技术状况用公路技术状况指数 MQI（Maintenance Quality Indicator）和相应分项指标确定，MQI 和相应分项指标的值域为 0~100。

公路技术状况分为优、良、中、次、差五个等级。公路技术状况等级按表1-1规定的标准确定。

公路技术状况评定标准　　　　　　　　　　表1-1

评价等级	优	良	中	次	差
MQI 及各级分项指标	≥90	≥80，<90	≥70，<80	≥60，<70	<60

公路养护质量指数 MQI 应经常保持在 80 以上。公路养护质量指数（MQI）及分项指标均应保持在 80 以上。当 MQI 及分项指标值低于 80 时，必须采取相应的维修措施，改善路况，提高公路的服务水平。

2. 养护质量指数（MQI）的确定方法

公路技术状况检测与调查包括路基、路面、桥隧构造物和沿线设施四部分内容。路面监测包括路面损坏、平整度、车辙、抗滑性能和结构强度五项指标。其中，路面结构强度为抽样监测指标。桥隧构造物监测包括桥梁、隧道和涵洞三类构造物相关指标的监测。

MQI 中，路面部分权重70%；路基部分权重8%；桥隧构造物部分权重12%；沿线设施部分权重10%。

所以，养路工作的中心环节是养护好路面，这也是质量考核的首要对象。

◇ 单元训练

1. 公路养护工作的目标是：＿＿＿＿＿＿＿＿＿＿＿＿＿＿＿＿＿＿＿＿＿
＿＿＿＿＿＿＿＿＿＿＿＿＿＿＿＿＿＿＿＿＿＿＿＿＿＿＿＿＿＿＿＿。

2. 公路养护的基本任务是：
（1）_____。
（2）_____。
（3）_____。
（4）_____。
（5）_____。
3. 公路养护的基本原则是：_____
_____。
4. 公路养护按其工程性质、规模大小、技术难易程度，划分为_____、_____工程、_____工程和_____工程四类。
5. 公路养护质量的基本要求是：_____
_____。
6. 公路养护质量的考核，应该严格按照现行_____规定执行。公路技术状况用_____和相应_____确定，公路技术状况分为____个等级。
7. 公路技术状况监测与调查包括_____四部分内容。路面监测包括_____、_____、_____、_____和_____五项指标。其中，_____为抽样监测指标。桥隧构造物监测包括_____、_____和_____三类构造物相关指标的监测。
8. MQI中，路面部分权重____%；路基部分权重____%；桥隧构造物部分权重____%；沿线设施部分权重____%。
9. 小修保养是对公路及沿线设施经常进行_____和_____的作业。
10. 中修工程是对公路及沿线设施的_____部分进行_____，以恢复公路_____的工程。
11. 大修工程是对公路及沿线设施的_____进行_____修理，以全面恢复到_____的工程。
12. 改建工程是对公路及沿线设施因_____和_____而进行全线或逐段提高_____，显著提高其_____的较大工程项目。

单元二　路基工程的日常养护

◇ **单元要点**

1. 路基养护的工作内容和基本要求；
2. 路肩、边坡、排水设施、挡土墙日常养护的要求和内容。

◇ **相关知识**

路基是公路的重要组成部分，是路面的基础，与路面共同承受车辆荷载。路基的强度和稳定性是保证路面结构与使用功能的基本条件。为了保证路基处于正常使用状态，必须采取有效措施对其进行修复或加固，以防止发生过大的变形和其他病害，尽可能提高路基的技术状况。

一、路基维护的基本原则与目的

1. 路基维护的基本原则

坚持"以防为主,防治结合,积极改善,保障畅通"的原则,以经常性、预防性维护为主,以修补性维护为辅;先重点、后一般,对危及道路通行安全及对公路设施会造成严重损坏的,应优先考虑。在保证道路正常功能的情况下,绿化、美化道路环境。

2. 路基维护的目的

保持或恢复路基各部分原有状态和技术标准,确保路基处于正常使用状态;对原来达不到技术要求的部分进行改善提高,弥补路基缺陷,完善和提高路基使用功能。

二、路基养护的工作内容和基本要求

路基和路面是道路工程的主要结构物,而路基是路面的基础,其强度和稳定性是保证路面结构稳定、路用性能良好的基本条件。因此,为了保证公路的正常使用品质,必须对路基进行合理的养护和维修,使之经常处于良好状态,以避免路基发生严重的病害。

1. 路基养护的工作内容

为了保证路基的坚实和稳定,保证排水性能良好,使各部分尺寸和坡度符合规定,及时消除不稳定的因素,并尽可能地提高路基的技术状况,必须对路基进行及时、经常性的养护、维修与改善。路基养护主要包括如下内容:

(1)维修、加固路肩及边坡。

(2)疏通、改善、铺砌排水系统。

对边沟、截水沟、排水沟及暗沟(管)等排水设施,应及时排除堵塞物,疏导水流以保持水流畅通;并结合地形、地质、纵坡、流速等情况,综合考虑铺砌加固。

(3)维护、修理各种防护构造物及其他附属设施,确保构造物和设施完整无损,发挥稳定路基的作用。

(4)观察、预防、处理滑坡、翻浆、泥石流、塌方等路基病害,及时清除坍方、积雪,处理坍塌,加强对水毁的预防与治理,及时检查各种路基险情并向上级报告。

(5)有计划、有针对性地局部改善、加宽加高路基,改善急弯、陡坡和不良视距路段,以逐步达到和提高公路技术等级和服务水平。

2. 公路路基养护工程作业内容

1)小修保养

(1)保养。

①整理路肩、边坡,修剪路肩、分隔带草木,消除杂物,保持路容整洁。

②疏通边沟,保持排水系统畅通。

③消除挡土墙、护坡滋生的有碍设施功能发挥的杂草,修理伸缩缝,疏通泄水孔及松动石块。

④修理路缘带。

(2)小修。

①小段开挖边沟、截水沟或分期铺砌边沟。

②清除零星塌方,填补路基缺口,轻微沉陷翻浆的处理。

③桥头接线或桥头、涵顶跳车的处理。

④修理挡土墙、护坡、护坡道、泄水槽、护栏和防冰雪设施的局部损坏。
⑤局部加固路肩。
2）中修工程
(1)局部加宽路基，或改善个别急弯、陡坡、视距。
(2)全面修理、接长或个别添建挡土墙、护坡、护坡道、泄水槽及铺砌边沟。
(3)清除较大塌方,大面积翻浆、沉陷处理。
(4)整段开挖边沟、截水沟或铺砌边沟。
(5)积水路面的处理。
(6)平交道口的改善。
(7)整段加固路肩。
3）大修工程
(1)在原有技术等级内整段改善线形。
(2)重建或增建大型挡土墙、护坡等防护工程。
(3)大塌方的清除及善后处理。
4）改建工程
整段加宽路基,改善公路线形,提高技术等级。
3. 路基养护的基本要求

路基养护的基本要求是通过日常的和定期的检查,发现问题,分析原因,及时采取养护、维修措施。路基养护工作应符合下列基本要求：
(1)通过日常巡查,发现病害及时处治,保持良好稳定的技术状况。
(2)路肩无病害,边坡稳定。
(3)排水设施无淤塞、无损坏,排水畅通。
(4)挡土墙等附属设施完好无损。
(5)加强不良地质路基边坡崩塌、滑坡、泥石流等灾(病)害的巡查、防治、抢修工作。

在上述养护工作中,要特别注意保持路基排水系统处于完好状态,因为水是造成多种病害的重要因素。应及时总结治理路基失稳的成功或失败的经验,针对具体路段,制订出具体的、切合实际的、有效的预防和维修措施,使日常养护和维修工作系统化、规范化,以逐步提高管养水平。

三、路基的日常养护

1. 路肩的养护

路肩是指位于行车道外缘至路基边缘,具有一定宽度的带状部分(包括硬路肩与土路肩),为保持车行道的功能和临时停车使用,并作为路面的横向支承。

路肩的功能：一是保护路面;二是停置临时发生故障、事故的车辆;三是提供侧向余宽、显示行车道外侧边缘、引导视线、增加行车的安全舒适性;四是增加挖方弯道地段的视距;五是为设置交通安全设施(标志、防护栅等)或埋设地下管线及为养护作业提供场地。

造成路肩病害的主要因素是水的作用,因此路肩养护与维修工作的重点就是减少或消除水对路肩的危害。

1）养护要求
(1)路肩应保持干净、清洁、无杂物。

(2)路肩横坡应平整顺适,硬路肩应与路面横坡相同;土或植草的路肩应比路面横坡大1%~2%,以利排水;路肩外缘应整齐成线。

(3)路肩的宽度应符合《公路工程技术标准》(JTG B01—2003)的规定。

(4)路肩上严禁种植农作物和堆放任何杂物。

对于养护材料,应在公路路肩以外设置堆料台。堆料台的设置间距以200~500m为宜。

对大中修及改善工程所需的砂石材料,如确因用地困难而必须堆放在路肩上时,应做到不在两边同时堆放,应选择在较宽的路段顺一边堆放,但在桥头引道、弯道内侧及陡坡等处不得堆放。料堆内边离路面边缘应至少保持30cm,堆料的长度不大于10m,每堆料之间的距离不小于1m,以利排水。

(5)路肩应经常保持平整坚实,对出现的坑槽、车辙、缺口应及时修补;对雨水天积水,应及时排出,并分析原因进行处理。也可结合设施GBM工程,用石块、水泥混凝土预制块铺砌(或现浇)宽度不小于20cm的路肩边缘带(护肩带),从而既保护路肩,又美化路容。

2)日常养护作业

(1)路肩清扫。

路肩清扫包括机械清扫和人工清扫,进行路面清扫、保洁时,必须将硬路肩同时进行清扫和人工保洁;雨后路肩如有积水,应及时排除。

车辆在高速公路上行驶,如果出现故障,都要停在紧急停车带进行检查、处理。特别是重型车辆,当它停下来使用千斤顶进行处理时,常常要给停车带的沥青路面留下难以恢复的千斤顶坑迹;同时,在修车过程中,个别车辆会在停车带上漏下柴油,侵蚀沥青混凝土路面,造成停车带沥青路面松散。日积月累,随着时间的推移,这些被腐蚀的地方就会发展成坑槽。

这种情况长期存在,既影响停车安全,又影响路肩的排水功能,并且会使路面水渗入基层或底层,进而影响路基。

所以,要及时地对停车带上的坑迹和腐蚀处进行处理,确保路肩表面平整,横坡适度,边缘顺直。这些坑迹和腐蚀的处理办法,可参照沥青路面坑槽处理办法,也可在路面坑槽修补时一块进行。

(2)护栏、路肩边缘的杂草修剪、清理。

应经常进行护栏、路肩边缘的杂草修剪、清理工作,主要清理路面与硬路肩接缝、硬路肩与土路肩接缝、硬路肩与桥台搭板接缝之间的杂草。杂草清理后应及时用M7.5砂浆或沥青灌缝料予以灌注,防止雨水渗入。

(3)路肩与路面边缘产生裂缝。

清理裂缝,保持裂缝干净无杂物,用M7.5砂浆或沥青灌缝料灌注裂缝,防止雨水渗入。

(4)硬路肩病害的维修。

硬路肩如出现沉陷、缺口、车辙、坑槽、横坡不够等病害,应尽快组织维修。高速公路路肩应根据设计要求铺沥青混凝土或水泥混凝土面层,并铺砌路肩边缘带,此时路肩的养护工作将转变成同类型路面的养护工作。

(5)路肩水的处理。

路肩松软,多因水的作用,所以路肩养护与维修工作的重点就是减少或消除水对路肩的危害。路面范围的地表水通过路肩排出,因此,必须经常保持路肩的横坡平整顺适。高速公路路肩与路面横坡相同。路肩过高妨碍路面排水时,应铣刨整平,达到规定要求。

对于因路肩湿软而经常发生啃边病害的路段,可在路肩内缘铺设排水盲沟,以及时排除由路肩下渗的积水。盲沟的构造可采用无纺布包裹双壁波纹塑管的形式,这种盲沟施工便捷,造价低廉。

陡坡路段的路肩,易被暴雨冲成纵横沟槽,甚至冲坏路堤边坡,为此,可采取下列防护措施:

①设置截水明槽。自纵坡坡顶起,每隔20m左右两侧交叉设置30~50cm宽的斜向截水明槽,并用碎(砾)石填平,同时在路肩边缘处设置高10cm、顶宽10cm、底宽20cm的拦水土埂,在每条截水明槽处留一淌水缺口,其下边的边坡用草皮或砌石加固,使雨水集中在截水明槽内排出,见图1-1。

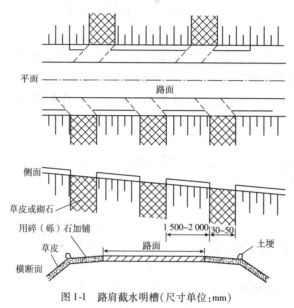

图1-1 路肩截水明槽(尺寸单位:mm)

②用粒料加固土路肩或有计划地铺筑硬路肩。

③在陡坡路段的路肩和边坡上全范围人工植草。

(6)路肩的硬化。

实施GBM工程的公路,路肩应根据设计要求硬化,并砌筑路肩边缘带。

在铺筑硬路肩有困难的路线或路段,可种植草皮或利用天然草来加固路肩。种植草皮应选择适宜于当地土质、易于成活和生长的草种,成活生长后定期进行维护和修剪,草高不得超过规定值(15cm),并随时清除杂草和草丛中积存的泥沙杂物,以利排水,保持路容美观。

2.边坡的日常养护

边坡指为保证路基稳定,在路基两侧做成的具有一定坡度的坡面。

边坡包括:路堑边坡和路堤边坡,其主要作用是保证路基稳定、行车安全及景观的舒适。

边坡坡度对边坡的稳定十分重要,确保路基边坡保持一合理的坡度是路基设计和养护的重要内容之一。

边坡坡度的大小,取决于边坡的土质、岩石的性质及水文地质条件等自然因素和边坡的高度。在陡坡或填挖较大的路段,边坡稳定不仅影响土石方工程量和施工的难易,而且是路基整体稳定性的关键因素。

影响路堤边坡坡度的因素,有填料种类、边坡高度以及路堤的类型。影响路堑边坡稳定的因素较为复杂,除了路堑深度和坡体土石的性质之外,地质构造特征、岩石的风化和破碎程度、土层的成因类型、地面水和地下水的影响、坡面的朝向以及当地的气候条件等都会影响路堑边坡的稳定性。土质(包括粗粒土)路堑边坡,则应考虑边坡高度、土的密实程度、地下水和地面水的情况、土的成因及生成时代等因素。

1)养护要求

(1)边坡坡面应保持平顺、坚实、无裂缝。

(2)经常注意观察路堑高边坡,发现问题及时处理。

(3)及时清理边坡滑塌部分,避免堵塞路面、边沟。

(4)对边坡加固的各种设施,应经常检查、维护,以保证其完整性良好。

(5)严禁在边坡上及路堤坡脚、护坡顶上挖土取料、种植农作物或修建其他建筑物。

(6)土质边坡出现裂缝时,可用密实性土填塞捣实,以防表层水渗入路基体内。如出现潜流涌水,可开沟截断水源,将潜水引向路基外排出。

(7)对路堤边坡进行处理时,应将原坡面挖成阶梯形,然后分层填筑夯实,并应与原坡面衔接平顺。

2)日常养护作业

(1)边坡清理、修整。

①边坡清理工作,包括边坡的可视垃圾、路堑边坡上倾倒的高大树木等内容。

②边坡垃圾的清理工作,应经常进行,清理的垃圾应集中收集并运往指定的地点,禁止焚烧。

③路堑边坡上的高大树木因雨水冲刷、台风等原因会倾倒在路面上,影响行车安全,应根据实际情况及时砍伐,砍伐时可只砍伐树干,保留树根;如因倾倒或砍伐而在边坡形成空洞,应及时培土夯实并植草。

④高出路堑边坡的土体采用人工铲平,并与周围的边坡坡度协调,铲平后喷洒草籽或铺草皮进行绿化。

(2)边坡裂缝的修补。

①路基上边坡、碎落台、坡顶、坡脚等出现裂缝,裂缝宽度小于0.5cm时,应及时用土进行填塞,填塞时应采用钢钎等细长工具分次进行。

②路基上边坡、碎落台、坡顶、坡脚等出现的裂缝超过0.5cm时,应及时进行处理,以防雨水渗入。处理时先沿裂缝挖宽、挖深,宽度以人工、机械方便操作为限,深度以挖到看不见裂缝为止。如裂缝较深,则至少挖深1.0m,开挖的沟槽两侧须坚实、平整。回填时须采用黏土,分层夯实,每层的松铺厚度不超过25cm,并在顶部做成鱼背形。

3. 排水设施的日常养护

路基排水的主要作用是将路基范围内的土基湿度降低到一定限度以内,保持路基常年处于干燥状态,确保路面具有足够的强度和稳定性。

路基排水设施分为地面排水设施和地下排水设施。地面排水设施通常有边沟、截水沟、排水沟、跌水及急流槽、拦水带等;地下排水设施有明沟、暗沟、盲沟、管式渗沟、洞式渗沟及防水隔离层等。

路基排水系统能否正常工作,直接影响路基的稳定性。因此,加强对各排水设施的日常养护与维修,确保其功能完好、排水顺畅是确保路基稳定的关键环节。同时根据实际使用情况,要不断改善路基排水条件。

1)养护要求

(1)对各种排水设施,应设置合理,功能完好。

（2）在汛前，应对各种排水设施进行全面检查疏浚，对发现的病害及时进行维修。雨天必须上路巡查，及时排除堵塞，保持水流通畅，以防止水流集中而冲坏路基。新建公路在下暴雨时，应专门对排水设施进行检查，检查进出水口是否平顺、排水是否畅顺、有无冲刷、排水设施是否完善、功能能否满足要求等。

（3）暴雨后，应对排水设施重点检查，如有冲刷、损坏，应及时修复加固；如有堵塞应立即清除。

（4）排水设施的进出水口应保持畅通完好。

（5）拦水带的设置，应合理，保证路面雨水及时排出；出水口设置不合理或排水不畅的拦水带，应及时进行改造。

2）日常养护作业

（1）地表排水设施清理、疏通养护。

①地表排水设施，每年安排在雨季前对其全面清理一次，雨季后对堵塞、淤塞的地表排水设施进行一次清理。清理的淤泥、杂草应运至指定的地点堆放，如在水沟边缘堆放，应距离水沟边缘 1.0m 以外，且不能影响排水及景观功能，并保证四周码放整齐、表面平整，每隔 1~2m 留 50~100cm 的间隙。清理的垃圾物品应集中后运往指定的地点堆放，严禁抛撒或现场焚烧垃圾物品，以免造成环境污染、影响安全行车或造成火灾。

②地面排水设施清理时，应对松动的石块进行固定，并安排处理。

③对土质边沟，应经常保持符合设计断面，满足排水要求，并要特别注意排水口的设置和排水畅通。沟底应保持不小于0.5%的纵坡，在平原地区排水有困难的路段，不宜小于0.2%。边沟内不能种庄稼，更不能利用边沟作排灌渠道。边沟外边坡也应保持一定的坡度，以防坍塌，阻塞边沟。

（2）地下排水设施的清理、疏通养护。

①地下排水设施的清理、疏通，每年安排全面清理一次。

②清理、疏通地下排水设施时，对沟口的杂草进行清除，沟口堵塞时，可用水进行冲洗或剔除较小颗粒的砂石，补充大颗粒碎（砾）石，以保持空隙，便利排水。

（3）中央分隔带排水设施的清理、疏通。

①应经常进行检查，雨季前应进行清理，雨季应加强巡查，如发现损坏，应及时进行修补。

②如排水不及时、位置设置不当，应根据情况进行改善或另行修建。

（4）排水设施悬空处理。

①排水设施由于冲刷、基础沉降等原因造成排水设施出现悬空，如不及时处理，会造成排水设施的损坏。

②处理时应先将冲刷面清理成规则断面，以便于机械或人工施工；如果悬空深度较高，应分段进行清理和回填，必要时采取临时支撑。

③清理完成后，用黏土分层回填夯实，沟底不能垂直夯实的部分，从侧面分层夯实。夯实时避免振动过大或直接对排水设施造成冲击。回填完成后，应使流水坡面与水沟连接平顺，排水顺畅，并及时补种、绿化以防止水土流失。

（5）拦水带的日常养护。

①拦水带的出水口，应经常保持平顺，出水口的泥沙、杂草应及时清理。拦水带的裂缝、变形、损坏应及时进行维修。拦水带出水口与急流槽相接处，如出现裂缝，应及时用水泥砂浆封堵。

②如出水口附近坡度不顺,雨后经常积水,应对出水口进行维修。如因路肩原因造成积水或出水口设置不当,应对路肩进行维修。如重新布置出水口,同时应设置急流槽。

在养护工作中,要针对现有排水系统不完善的部分逐步加以改进、完善,充分发挥各种排水设施的功能。对有积水的边沟,应将水引至附近低洼处;对疏松土质的沟渠,需结合地形、地质、纵坡、流速等实际情况,综合考虑加固。具体加固方法及其要求,可参见路基的加固与改善部分。

4. 防护工程的日常养护

路基防护与加固工程,按其作用不同,可分为坡面防护、冲刷防护和支挡结构物防护三类。

1)养护要求

(1)防护工程主要是指用作防止路基被冲刷和风化,起隔离作用的设施;加固工程是指为防止路基或山体因重力作用而滑塌,主要起支撑作用的支挡结构物。在日常检查和定期检查过程中,应根据防护工程与加固工程的特点进行检查。

(2)在反常气候、地震或重型车辆通过等特殊情况发生后,应及时进行检查,发现裂缝、断缝、倾斜、鼓肚、滑动、下沉或表面风化、泄水孔堵塞、墙后积水、周围地基错台、空隙等情况,应查明原因,并观察其发展情况,采取相应的处理、加固等措施。

(3)对检查和处理加固等情况,应做好记录,建立技术档案。

2)日常养护作业

(1)种草、铺草皮和植树等植物日常养护。

①灌溉。

灌溉可以改善植物的生长环境,补充植物的水分,是草正常生长的保证。鉴于草在生长季节内,草与环境处于不断变化之中,不同地区、不同植物存在差异,水又是调节土壤湿度和改善小气候的重要环节,浇灌不能按照某个固定的模式实施,可根据以下技术要点进行。

a. 灌水时间。生长季节,根据不同时期的降水量及不同植物,适时灌水是极为重要的。一般分为以下三个时期:

a)植物返青到雨季前,这一阶段气温高,蒸发量大,需水量大,是一年中最关键的灌水时期,根据土壤保水性能的强弱及雨季来临的时期可灌水 2~4 次。

b)雨季期。这一时期空气湿度大,蒸发量下降,而土壤含水量已提高到足以满足植物生长需要。这一时期可停止灌水。

c)雨季后至草枯黄前。这一时期降水量下降,蒸发量大,而植物仍处于生命活动较旺盛阶段,与前两个时期相比,期间需水量显著提高,如不及时灌水,则影响植物生长,还会引起植物提前进入休眠期。期间需灌水 4~5 次。另外,如果采用间歇式喷雾,一天中的灌水一般以顶着太阳灌溉最好。此法不仅能补充水分,而且能明显改善小气候,有利于植物坪的蒸发作用、气体交换和光合作用,有助于协调水、肥、气、热及根系扩展。若采用浇灌、漫灌等,早春、晚秋以中午前后为好,其他季节以早晨、傍晚为好。

b. 灌水量。每次灌水应根据土质、生长期、植物等因素而定。一般草生长在干旱期内,每周约需水量为 20~40mm;在炎热和严重干旱的情况下,草每周需水量为 50~60mm。通常情况下,应多次少灌,最大到地面刚好发生径流为止。

②施肥。

草坪施肥的种类主要是氮肥,它能促进草坪叶色嫩绿,生长繁茂,同时减少开花结籽。寒季型草种的追肥时间最好是早春和秋季。第一次在返青后,第二次在仲春;天气转热后应停止施肥；秋季施肥可于9月、10月进行。暖季型草种的施肥时间是晚春，生长季节一般每月或每两个月应施肥一次。

③修剪。

修剪是草坪和低矮灌木养护的重点，修剪能控制它们的高度，去除衰弱的垫层（由衰老死亡叶片长期累积而成的软绵层），促进分聚更新，增加叶片密度，抑制杂草生长，使草坪保持美观。一般的草坪和低矮灌木一年最少修剪4~5次。修剪时保留的高度越低，要求修剪的次数越多，草的叶片密度与覆盖度也随修剪次数的增加而增加。应根据草的剪留高度进行有规律的修剪，当草达到规定高度的1.5~2倍时，就要进行修剪。

④除杂草。

杂草的入侵会严重影响植物的质量，使植物失去均匀、整齐的外观，同时杂草争水、争肥、争夺阳光，从而使植物长势减弱，因而除杂草是植物养护的重要一环。除杂草最根本的方法是合理的水肥管理，促进目标草的长势，增强与杂草的竞争能力，并通过多次修剪，抑制杂草的发生。一旦发生杂草侵害，除采用人工"挑除"外，也可用化学除草剂。

⑤病虫害防治。

及时做好病虫害的防治工作，以预防为主，精心管养，使植物增强抗病虫能力，经常检查，早发现早治理。采取综合防治、化学防治、物理人工防治和生物防治等方法防止病虫害蔓延和对植物生长的影响。尽量采取生物防治的办法，以减少对环境的污染。用化学方法防治时，一般在晚上进行；药物、用量及对环境的影响，要符合环保的有关要求和标准。最严重的病虫危害率应控制在5%以下。

⑥垃圾清理。

绿化养护作业人员应每天至少对草坪内飘落或撒落的纸屑、塑料袋、果皮、落叶等进行一次彻底清理，在绿化作业当天收工前，应对绿化修剪物等进行清理。

(2)框格防护。

①出现裂缝、断裂等病害，应及时维修。局部悬空、边缘冲沟，应及时填补，并根据冲刷情况完善排水设施。

②框格内出现的冲沟填补后，再进行绿化。

(3)抹面与捶面。

①抹面或捶面出现裂缝、开裂或脱落后，应及时灌浆修补或清除损坏部分后重新抹面或捶面。

②抹面或捶面工程的周边与未防护坡面衔接处应严格封闭。

③抹面或捶面防护的泄水孔、伸缩缝功能应完好，如有损坏应及时维修。

(4)勾缝与灌浆。

①清除松动填料，缝内冲洗干净。

②用1:4或1:5(质量比)的水泥砂浆捣插密实，有条件时可采用压浆机灌注。

③缝宽大且深时，宜用水泥混凝土灌注，可按体积比1:3:6或1:4:5配合比配料，灌注捣实。

(5)干砌片石、浆砌片(块)石、混凝土预制块护坡。

①应经常检查勾缝有无脱落，沉降缝、泄水孔功能是否完好，如有损坏应及时修复。

②砌石是否有风化、松动、开裂等情况，如有损坏应及时维修。

③坡顶如有水渗入护坡后面，应及时采用封水措施，防止护坡滑塌。

(6)挡土墙。

挡土墙是用来支撑天然边坡或人工填土边坡以保持土体稳定的建筑物。在公路工程中,它广泛应用于支撑路堤或路堑边坡、隧道洞口、桥梁及河流岸壁等。

①挡土墙除日常检查外,每年还应在春秋两季各进行一次定期检查。另外在反常气候、地震或重车通过等异常情况后,应进行特种检查,发现裂缝、断缝、倾斜、鼓肚、滑动、下沉,或表面风化、泄水孔不通、墙后积水、周围地基错台或空隙等情况,应查明原因,并观察其发展情况,采取合理的修理加固措施。

②圬工或混凝土挡土墙的裂缝、断缝,如已停止发展,应立即进行修理、加固。其方法是将裂缝缝隙凿毛,用水泥砂浆填塞。对混凝土挡土墙裂缝,可采用环氧树脂胶结。

③挡土墙的泄水孔,应保持畅通,如有堵塞,应加以疏通。如疏通困难,应针对地下水情况,增设泄水孔,或加做墙后排水设施,严防墙后积水,引起土压力增加,挤倒、挤裂墙身。墙后回填土必须分层夯实。

④砖、石、混凝土或钢筋混凝土挡土墙,表面如出现风化剥落,应将风化表层铲除,喷涂水泥砂浆保护层,防止剥落风化。

(7)丁坝与顺坝。

①严禁在坝上、下游河流200m范围内采砂、采石,以免引起河床冲刷,造成基底悬空。

②定期检查坝与连接地层及其他防护设施的嵌接,如有变形、损坏应及时维修。

③坝体如有勾缝脱落、石块松动、撞击损坏等,应及时维修。

3)防护工程常见的养护作业注意点

(1)防护工程的坡面清理。

防护与加固工程的坡面,应经常保持清洁,除专门种植的攀岩植物外,应对坡面的杂草、垃圾经常进行清理。清理时不能对已有种植的攀岩植物造成损害,并对清理所造成的孔洞用水泥砂浆进行填塞。清理杂草、垃圾时,应做好安全防护措施,清理的杂草、垃圾应集中收集并运至指定的地点。

(2)伸缩缝、沉降缝。

防护工程的伸缩缝、沉降缝应整齐垂直,上下贯通,嵌缝材料牢固不脱落。如防护工程的沉降缝上下不贯通引起周边片石松动,应及时进行沉降缝的清理使之贯通。嵌缝材料部分脱落,应及时用填缝材料(沥青麻絮、沥青木板或聚合物合成材料等)予以修补。防护工程的伸缩缝、沉降缝的日常保养应做好安全防护措施。

(3)周围地基错台、空隙的修复。

发现墙体由于沉降与周围地基错台或墙体不均匀沉降导致错台,墙体基础由于冲刷形成空隙,应立即进行填塞、修补。修复时应整理修复部位,开挖成规则断面,便于机械或人工操作,回填时应分层夯实。回填完成后,应根据现场情况选择绿化或水泥砂浆抹面。

(4)小范围处理防护塌方、空洞。

路基防护工程因边坡坍塌、水流冲刷等造成小范围的塌方、空洞等,应分析原因及时进行处理。处理时先对塌方、空洞等部位进行清理,清理的废弃物运到指定的地点堆放。如利用原有的片石,须清洗干净,整齐堆放。坡面需要回填时,可根据坡面缺损的情况,选择用防护材料回填或用土回填。采用土回填时,应开挖台阶,分层回填夯实。最后采用与原防护工程相同的材料、形式对塌方、空洞部位进行修复,新老结构应结合紧密、坡面协调一致。

(5)防护工程裂缝的处理。

浆砌或混凝土防护工程出现裂缝或断缝后,应加强观察,裂缝停止发展后应立即进行处理。处理时,先将裂缝的缝隙凿毛,清除裂缝中的杂物,然后用高强度等级水泥砂浆从下向上填塞充实,水泥砂浆中可加入适量的膨胀剂,填塞完成后,进行养生。

5. 弯道与陡坡养护

1)弯道的养护和修理

公路的弯道是根据路线通过的地形条件,按一定的半径修筑起来的圆弧线,为了行车的顺畅,在养护和修理方面必须做到几点:

(1)经常保持原有的弯度,保持边缘以及设计的超高加宽标准。

(2)高路堤和路线经过河流、坑塘、深沟的弯道,应在路肩边缘设立护栏等安全设施,并保持其完好无缺,以便行车安全。

(3)弯道内侧有碍行车视距的树木、料堆、建筑物,应予清除。

2)陡坡的养护和修理

陡坡常见于山岭、重丘区,平原较少,陡坡养护修理的好坏与车辆的行驶效率关系很大,必须做到下列几点:

(1)保持坡道符合规定的坡度,坡面平顺。

(2)雨水顺坡道下流,容易冲坏坡道的路面、路肩,应及时填铺修理。

(3)冬季要及时扫除陡坡上的积雪,对高寒地区不易扫除时,可暂把积雪压实,并撒铺防滑材料。南方的雨季,坡道行车易打滑,应以细粒料养护防滑,以保证行车安全。

◇ 单元训练

一、填空题

1. 路基维护的基本原则:坚持_____的原则,以_____性、_____性维护为主,以_____性维护为辅;先重点、后一般,对危及道路通行安全及对公路设施会造成严重损坏的应优先考虑。在保证道路正常功能的情况下,绿化、美化道路环境。

2. 路基维护的目的:保持或恢复路基各部分_____和_____,确保路基处于_____状态;对原来达不到技术要求的部分进行_____,弥补_____,完善和提高路基_____功能。

3. 路基养护工作的主要内容包括:

(1)维修、加固_____。

(2)疏通、改善、铺砌_____系统。

(3)维护、修理各种_____及其他_____,确保_____完整无损,发挥稳定路基的作用。

(4)观察、预防、处理_____、_____、_____等路基病害,及时清除_____、_____处理_____,加强对_____的预防与治理,及时检查各种路基险情并向上级报告。

(5)有计划、有针对性地_____、_____路基,改善_____、_____和_____路段,以逐步达到和提高公路技术等级和服务水平。

4. 公路路基养护工程作业内容包括:_____、_____工程、_____工程、

_____工程。

5. 路基养护工作应符合下列基本要求：
(1) 通过_____,发现病害及时处治,保持良好稳定的_____状况。
(2) 路肩_____,边坡_____。
(3) 排水设施无_____、无_____,_____。
(4) 挡土墙等附属设施_____。
(5) 加强不良地质路基_____、_____、_____等灾(病)害的_____、_____、_____工作。

6. 路肩指的是位于行车道_____至路基_____,具有一定宽度的带状部分(包括硬路肩与土路肩),为保持行车道的_____和_____使用,并作为路面的_____。

7. 路肩的功能：一是保护_____；二是_____临时发生故障、事故的车辆；三是提供侧向余宽、显示行车道外侧边缘、引导视线、增加行车的安全舒适性；四是增加挖方弯道地段的_____；五是为设置_____或埋设_____提供场地。

8. 造成路肩病害的主要因素是_____,因此路肩养护与维修工作的重点就是_____对路肩的危害。

9. 边坡是指为保证_____,在路基两侧做成的具有_____的坡面。
边坡包括_____边坡和_____边坡,其主要作用是保证_____、_____及_____。边坡_____对边坡的稳定十分重要,确保路基边坡_____是路基设计和养护的重要内容之一。

10. 路基排水的主要作用是将路基范围内的土基_____降低到一定限度以内,保持路基常年处于_____状态,确保路面具有足够的_____和_____。

11. 路基排水设施分为地面排水设施和地下排水设施。地面排水设施通常有_____、_____、_____、_____及_____等；地下排水设施有_____、_____、_____及_____等。

12. 路基防护与加固工程,按其作用不同,可分为_____防护、_____防护和_____防护三类。

二、简答题

1. 简述路肩的养护要求和日常养护作业内容。

2. 简述边坡的养护要求和日常养护作业内容。

3. 简述排水设施的养护要求和日常养护作业内容。

4. 简述防护工程的养护要求和日常养护作业内容。

5. 简述弯道与陡坡养护的要求。

三、能力训练

巡查一段公路的路基，完成表1-2。

公路养护巡查记录表　　　　　　　　　　表1-2

管养单位：　　　　　　　　　　　　　　　　　　　　　编号：＿＿＿＿＿

路线编码		路线名称		天气	
巡查起讫桩号		巡查里程		巡查时段	
巡查项目	巡查情况	处理措施	处理结果	验收人	
路基					

负责人：　　　　　　　　　　　　　　　　记录人：

单元三 路基典型病害防治

◇ 单元要点

1. 路基病害的共同原因和处治的一般措施；
2. 路基边坡病害、高填土路基沉陷、路基翻浆和水毁的病害防治。

◇ 相关知识

路基是路面的基础,其强度和稳定性是保证路面结构稳定、路用性能良好的基本条件。路基的各种病害及破损都是由路基的强度和稳定性不足引起的。影响路基强度和稳定性的因素有两个方面,一是自然因素与地质条件,其中最主要的影响因素是温度和湿度;二是人为因素,包括设计、施工和养护。路基工程一经完成,路基的质量主要取决于路基的养护水平。

(1) 路基病害共同的原因。

路基病害的原因是多方面的,各种病害既有各自的特点,又往往具有共同的原因,可归纳为以下几个方面:

①不良的工程地质与水文地质条件。如地质构造复杂,岩层走向及倾角不利,岩性松软、风化严重,土质差,地下水位较高以及其他特殊不良地质等。

②设计不合理。如断面尺寸不符合要求,包括边坡值不当、挖填布置不符合要求、路基低于临界高度,以及排水、防护与加固不妥等。

③施工不符合规定。如填筑顺序不当、土基压实不足、盲目采用大型爆破及不按设计要求进行施工、工程质量不符合标准等。

(2) 路基病害处治的一般措施。

路基病害的防治,应贯彻"预防为主,综合治理"的原则。因为病害一旦出现,则路基稳定性开始丧失,而自然因素却是每时每刻都对路基产生影响,这就势必加剧病害的扩大与发展,形成恶性循环。了解清楚发生病害的原因,是治理病害的起点,而同一病害在不同的时间、不同地点发生时,其原因往往不尽相同。因此,深入现场,综合分析,才能因地制宜地采取根治的措施。

①调查路线所经过地区的自然地理条件,如气候、水文、工程地质、水文地质等,尤其要了解它们的变化规律,为防治路基病害提供第一手资料。

②认真选线,精心设计,严格施工,杜绝发生路基病害的人为因素,也是预防病害的积极措施。

③充分注意路基排水,在各种路基病害中都有水这个不利因素的作用,水的作用越强烈,病害越严重,因此,治水是防治路基病害的关键。在公路的设计、施工和养护工作中,路基排水均应放在重要的位置,在自然地理条件较差的地段更应予以高度重视。

④加强养护、及时治理,以预防或减轻路基病害,并能及早发现病害征兆,有利于及时采取治理措施。

⑤综合分析、积极根治。由于路基病害的原因是多方面的,因此,除了做好路基工程自身的病害防治外,还应考虑各种外部因素的影响,如绿化、农田水利建设、土地开发等,才能达到根治路基病害的目的。

下面从路堤沉陷、边坡病害、路基翻浆和水毁等几个方面来阐述路基常见的各种病害现象及其形成原因、防治措施。

一、路基沉陷

路基沉陷是指路基表面在垂直方向产生较大的沉落。

路基沉陷有两种:路堤的沉落和地基的沉陷。

1. 产生的原因

(1)路堤的沉落。

路堤填料选择不当,填筑方法不合理,压实度不足,在荷载和水、温度综合作用下而堤身沉陷。

(2)地基的沉陷。

原地面为软弱土层,如泥沼、流沙或垃圾堆积等,填筑前未经换土、地基处理或压实不足,产生地基下沉,侧面剪裂凸起,引起路堤下陷。

2. 防治方法

(1)注意选用良好的填料,严禁用腐殖土或有草根的土块,应分层填筑、分层夯实,并及时排除流向路基的地面水或处理好地下水。

(2)填石路堤从下而上,石块应由大到小认真填筑,并用石渣或石屑填空隙。

(3)原地面为软弱土层时,路堤高度较低的,且可中断行车的,应挖除软弱土并换上良好的填料,然后按原高度填平夯实;路堤高度较高的,且又不能中断行车时,可采用打砂桩、混凝土桩或松木桩等。

3. 沉陷处理方法

路基由于施工和工程完工后在自然环境影响和重复荷载作用下,产生整体或局部下滑,边坡坍滑,影响公路的正常使用,降低了公路的使用等级。对填方路基出现的这种严重病害,必须采取行之有效的处理方法,使路基处于正常使用状态。下面介绍几种处治措施,供处理病害时参考。

1)换填土层法

适用于填筑土质不符合要求,路基出现下沉但面积不大且深度不深的情况。此法是将原路基出现病害部分的土挖去,换以强度大、稳定性好的砂砾、卵石、碎石、石灰土、素土等回填,并分层压实,压实度要求高出原路基压实度 1~2 个百分点为宜。回填时,及时排除流向路基的地面水或处理好地下水。挖补面积要扩大,且逐层挖成台阶状,由下往上,逐层填筑。

2)反压护道法

当路堤下沉、两侧或路堤下坡一侧隆起时,可采取在路堤两侧或一侧做适当高度与宽度的护道,在护道重力作用下,使堤两侧或单侧有隆起的趋势得以平衡,保证路堤稳定。

3)粉喷桩法

对于处理 10m 以内路基下沉病害,采用粉喷桩加固技术是较为理想的一种方法。粉喷桩处理软基土是通过专门的机械将粉体固化剂喷出后在地基深处与软土强制搅拌,利用固化剂和软土之间发生的一系列物理、化学反应,在原地基中形成强度、刚度较大的桩体。同时也使桩周围土体性质得到改善,桩体与桩间土体形成复合地基共同承担外荷载。

使用粉喷桩加固路基应认真调查研究路基病害的情况,认真做好粉喷桩施工设计(包括桩径、桩距、固化剂掺入量、桩的强度等),施工中严格掌握固化剂掺入量、龄期、土样含水率、混合料搅拌的均匀性。施工中着重抓好以下两个环节：

(1)严格按照粉喷桩施工规范施工,严格掌握钻机的就位、钻进、停钻、提升、停喷的重复的工艺流程。

(2)做好桩的质量控制。粉喷桩处理软基属于隐蔽工程,通常是昼夜连续施工,所以必须做好粉喷桩的质量控制,内容包括桩距、桩位检查,逐桩控制喷粉量、桩长等。

4)灌浆法

灌浆法是利用液压、气压或电化学原理,通过注浆管将浆液均匀地注入地层中,浆液以充填、渗透和挤密等方式占据土粒间或岩石裂缝中的空间,经人工控制一定时间后,浆液将原松散的土粒或裂缝胶结成一个整体,形成一个结构新、强度大、防水性能高和化学稳定性良好的"结晶体"。灌浆法已在煤炭、水电、冶金、建筑、交通和铁路等部门被广泛使用,并取得了良好的效果。

高填方路基是山区高速公路的一大特点,而填料多取自于路基附近的挖方段,填料及压实有时较难达到规范要求,势必影响路基的稳定性,继而影响行车安全。用灌浆法使水泥浆液在适当压力下,充分填充路基孔隙,形成新的"结晶体",这对于提高路基的强度,将起到很好的作用。

由于浆液扩散能力与灌浆压力的大小密切相关,所以对不同填料及形态的路基,采用多大压力灌浆,主要取决于路基的密实度、强度和初始应力、钻孔深度、灌浆位置及灌桩次序等因素。而这些因素又难于准确预知,因而必须通过现场试验来确定。水泥浆液在不同地质条件和不同灌浆压力条件下,在地下流动的形式不同。当灌浆压力较低,路基填料渗透性较好时,水泥浆在中等浓度的情况下以渗流的方式渗入路基土孔隙,这时认为路基原结构未受扰动和破坏,灌浆量及浆液流动半径常用线性渗流理论求解。当压力逐渐加大,其他条件不变时,浆液的流动由线性变为紊流,在紊流条件下的灌浆量与浆液扩散半径常用紊流理论求解。

上述两种情况总称为渗流注浆法,适用于碎石土、砂卵土填料路基。对于黏性土填筑路基,由于渗透性小,通过渗入灌浆法难以奏效。当灌浆压力提高到一定程度时,会发现单位时间注浆量明显上升,实际上黏性土路基已在注浆周围发生径向劈裂,浆液沿裂缝流入土体,并将土体切割成不规则的块体,在块体之间形成互相穿插的脉络状水泥结石,黏性土又受到充填浆液时的压缩,形成一种复合型岩土,从而提高路基的强度和刚度。这种方式称为劈开式或胀裂式灌浆。用渗入式灌注碎石土或砂卵土路基,灌浆压力可由小到大,压力控制在 0.5～1.5MPa 即可。黏性土类路基适宜于采用劈裂法,常用注浆压力为 1.0～4.0MPa。

(1)布孔原则及方法,根据路基的强度要求,结合固结灌浆的特点、路基变形等因素考虑。遵循既要充分发挥灌浆孔的效率,又能保证浆液留在路基有效范围以内的原则,布孔时还应视路基实际情况而定。若全幅灌浆,应采取等距离梅花形方格网布孔,中间孔浅,边缘孔较深,孔间距以 2m 为宜。

(2)钻孔必须是干法钻孔,钻进时绝对不允许加水,因此应尽量选用小型潜孔钻机成孔,其优点是进度快、易搬动、操作简单、钻孔成本低。

①注浆花管。

注浆花管应根据钻机钻孔的孔径与孔深而定,并根据简单易行的方法选用。一般来说,注浆结束后注浆花管很难拔出,如果强行拔出,则会破坏路基。因此,注浆结束后,将注浆花管作为非预应力锚杆留在路基内,可以起到骨架的作用,对于提高路基强度有很大的好处,对高填路堤边坡效果更佳。

②灌浆施工。

灌浆施工主要包括控制灌浆的压力、浆液浓度、灌浆量、灌浆程序等内容。如何选择和控制灌浆压力和灌浆浓度等因素,是灌浆施工中首要解决的问题。灌浆压力是保证灌浆质量的重要因素之一。如果压力小,浆液压流不到预计的范围内,扩散半径小,易形成空白区;如果压力过大,则会破坏路基原结构,抬升路面或冲垮边坡,还会使浆液沿路基薄弱部位冲出路基,达不到灌浆目的。因此,在大范围灌注前应做试验,根据注浆段的路基类型,结合单孔注浆量选择合适的注浆压力。浆液浓度通常用水灰比1:1较合适。在密实度较好的黏土路基中,可适当增大水量,使稀浆更易充分进入黏土路基中。

二、边坡坍方

路基挖方边坡和靠路边陡崖上的岩土体失去稳定,向路基塌落的现象称为坍方。

边坡坍方是常见的路基病害,尤其在山区新建公路上,几乎是普遍的病害现象。坍方的具体表现形式有剥落、碎落、滑坍和崩坍。其产生原因和防治方法见表1-3。

路基边坡坍方的种类及防治方法 表1-3

路基边坡坍方种类	特征及产生原因	防治方法
剥落	剥落是边坡表层土壤、风化岩石或零碎薄片,从坡面上脱落下来的现象。 产生原因:岩石风化	①采取排水措施,不使地面或地下水侵蚀路基边坡; ②加固边坡,如种草、铺草皮或植树; ③对于风化的软质岩层,可修建干砌或浆砌片石护墙; ④整修边坡,及时清除可能滑坍的土石方; ⑤对裂缝较多的岩层,可用喷浆法,以防止岩石剥落或风化
碎落	碎落是岩石碎块的一种剥落现象,其范围较剥落严重。 产生原因:路堑边坡坡度较陡(大于45°),岩石破碎和风化严重	与剥落现象的防治方法相同
滑坍	滑坍是指边坡上的大量土石沿着一定的滑动面整体向下滑移的现象。 产生原因: ①边坡较高,大于10~20m; ②边坡坡度较陡,陡于50°; ③填方不密实,缺少必要的支撑与加固; ④岩层倾向路基,倾角又在50°~75°之间,岩石风化严重	①采取排水措施,不使地面或地下水侵蚀路基边坡; ②对可能滑坍的土石方,应及时挖除; ③在坡脚修建挡土墙,以对滑坡体起到支撑作用,一般修建在边沟之外; ④对可能滑下的岩石,用锚杆锚固
崩坍	崩坍是指路基边坡上的土体或岩层在自重作用下滑坍下滚的现象。 产生原因: ①山坡岩层软硬交错,风化程度不同; ②边坡较陡、较高; ③边坡下部或坡脚被掏空或挖空,使上部土石失去支撑; ④大爆破震松了岩层; ⑤边坡上部水流的浸入,使边坡土体失去平衡	与剥落现象的防治方法相同

三、滑坡

滑坡是斜坡上的岩体或土体在自然或人为因素的影响下沿带或面滑动的现象。

1. 主要原因

产生滑坡病害的原因很多，主要是地质和水文两方面因素的影响。

1）地质因素

（1）山坡表层为渗水的土或破碎岩层，下层为不透水的土或岩层，且层理向路基倾斜。在这种情况下，当有地面水渗入或有地下水活动时，就可使表层土或岩层滑动造成滑坡。

（2）山坡岩层软硬交错，且其软弱面向路基倾斜，由于风化程度不同或地下水侵蚀等原因，使岩层可能沿某一软弱面向下滑动。

（3）边坡较陡，上部有堆积物或松散层，或上边坡为岩层交错的断开地带，在自重或外界因素的影响下，容易产生滑坡。

2）水文因素

（1）边坡上有灌溉渠道或水田，没有进行适当处理，渗漏严重或有大量雨水渗入滑坡体内，使土体潮湿软化，增加土体重量，降低土的强度，促进滑坡的产生。

（2）地下水是引起滑坡的主要条件之一，地下水量增加，浸湿滑坡面，降低滑坡面的抗滑能力，从而加速滑坡的形成。

（3）截水沟漏水或设置不合理。例如，在渗水性强的边坡上设置截水沟，沟内没有铺设防水层，当地面水集中流入天沟内后，水分大量渗入土体内部，以致产生滑坡。

（4）沿溪路堤受河水水位涨落或河水冲刷滑坡坡脚，减弱支撑力，引起坡体下滑。

2. 滑坡处治方法

公路滑坡大多产生于路基挖方段，因为修路破坏了自然平衡状态。所以防治滑坡除应以排水疏导为主外，还应有必要的支挡建筑物。

1）地面排水

滑坡体以外的地面水，应予拦截引离；滑坡体上的地面水要注意防渗，并尽快汇集引出。各种地面排水措施的适用条件以及布置、设计与施工原则见表 1-4

滑坡地面排水措施　　　　　　　　　　表 1-4

名　　称	适用条件	布置、设计与施工原则
环形截水沟	滑体外	截水沟应设在滑坡可能发展的边界 5m 以外，根据需要可以设置数条，分段拦截地表水，向一侧或两侧的自然沟系排出。在坡度陡于 1∶1 的山坡上，常采用陡坡排水槽来拦截山坡上方的地面径流。沟槽断面以满足排泄地面径流为准，如土质渗水性强，应采用黏性土、石灰三合土或浆砌片石铺砌防渗漏
树枝状排水系统	滑体内	结合地形条件，充分利用自然沟系作为排水渠道，汇集并旁引坡面径流于滑坡体外排出，排水沟布置应尽量避免横切滑体，主沟宜与滑移方向一致。支沟与主沟斜交 30°～45°。如土质松软，可将土夯成横沟形，上铺黏性土或石灰三合土加固。通过裂缝处，可采用搭叠式木质水槽或陶管、混凝土槽、钢筋混凝土槽，以防山体变形拉断水沟，使坡面水集中下渗
明沟与渗沟相配合的引水工程	滑体内的泉水或湿地	目的在于排除山坡上层滞水和疏干边坡土体含水，埋入地下部分类似集水渗沟，露出地面部分是排水明沟

续上表

名　称	适用条件	布置、设计与施工原则
平整夯实自然山坡坡面	滑体内	如山坡土质疏松,坡面水易于阻滞下渗,应对坡面整平夯实。填塞裂缝,防止坡面径流汇集下渗
绿化工程(植树、铺种草皮)	山坡滑体内	绿化工程是配合表面排水的一项有效措施,特别对渗水严重的黏性土滑坡和浅层滑坡,效果显著。在滑坡面种植灌木和阔叶果树,可疏干滑体水分,根系起加固坡面土层的作用。铺种草皮可滞缓坡面径流流速,防止冲刷,减少下渗,避免坡面泥土淤塞沟槽

2)地下排水

排除滑坡地下水的工程措施,应用较多的有各式渗沟,具体包括如下几类。

(1)支撑渗沟。用以支撑不稳定的滑坡体,兼起排除和疏干滑坡体内地下水的作用,适用深度(高度)为 2~10m。

支撑渗沟有主干和分支两种。主干平行于滑动方向,布置在地下水露头处或由土中水形成坍塌的地方,支沟应根据坡面汇水情况合理布置,可与滑坡移动方向成30°~45°交角,并可伸展到滑坡范围以外,以起挡截地下水的作用,如图1-2所示。

(2)边坡渗沟。当滑坡前缘的路基边坡有地下水均匀分布或坡面大片潮湿时,可修建边坡渗沟,以疏干和支撑边坡;同时,也能起到截阻坡面径流和减轻坡面冲刷的作用。

边坡渗沟的平面形状有垂直、分支及拱形。分支渗沟的主沟主要起支撑作用,而支沟则起疏干作用。分支渗沟可以互相连接成网状布置,如图1-3所示。

(3)截水渗沟。当有丰富的深层地下水进入滑坡体时,可在垂直于地下水流的方向上设置截水渗沟,以拦截地下水,并排出滑坡体外,如图1-4所示。

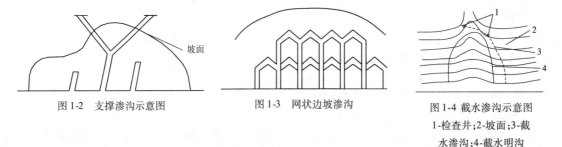

图1-2　支撑渗沟示意图　　图1-3　网状边坡渗沟　　图1-4　截水渗沟示意图
1-检查井;2-坡面;3-截水渗沟;4-截水明沟

3)减重

减重就是在滑坡体后缘挖除一定数量滑坡体减少下滑力,使滑坡稳定下来。这种措施适用于推动式滑坡,一般滑动面不深,滑坡上陡下缓,滑坡后壁或两侧有岩层外露或土体稳定不可能再发展的滑坡。减重有时不能改变其下滑趋势,所以减重常与其他措施配合使用。

4)支挡工程

支挡工程可分为以下几种。

(1)抗滑垛。一般用于滑体不大,自然坡度平缓,滑动面位于路基附近或坡脚下部较浅处的滑坡。主要是依靠片石垛的自重,以增加抗滑力的一种简易抗滑措施。片石垛可用片石干砌或石笼堆成。

(2)抗滑挡土墙。在滑坡下部修建抗滑挡土墙,是整治滑坡常用的有效措施之一。对于大型滑坡,常作为排水、减重等综合措施的一部分;对中、小型滑坡,常与支撑渗沟联合使用。优点是山体破坏少,稳定滑坡收效快。抗滑挡土墙一般多采用重力式结构,其尺寸应经计算确定。

(3)抗滑桩。抗滑桩是一种用桩的支撑作用稳定滑坡的有效抗滑措施,一般适用于非塑性土层和中厚度滑坡前缘,以及使用重力式支撑建筑物圬工量太大、施工困难的场合。

抗滑桩按制作材料分,有混凝土桩、钢筋混凝土桩;按施工方法分,有打入法、钻孔法、挖孔法等。图1-5为浅路堑边坡滑坡,用混凝土桩使滑体稳定的示例。

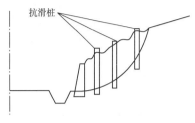

图1-5 抗滑桩示意图

5)种植

滑坡区应种植草皮或灌木覆盖,因植物根系既可固结土壤,防止水土流失,又能吸收大量水分,能够起到稳定边坡的作用。

6)改线

在采用上述办法难以奏效或很不经济时,应进行局部改线,避开危险地段。

四、翻浆

翻浆是季节性冰冻地区,春融时路基或路面基层含水率太大,强度急剧降低,在行车作用下造成路基湿软弹簧、路面破裂、冒出泥浆的现象。

冻胀和翻浆主要发生在我国北方各省及南方的季节性冰冻地区。潮湿地段的路基在冬季开始冻结,不断向深处发展,上下层形成了温度坡差,土中温度高处的水分便向上移动,从而造成大量水分积聚在土基上层,并且逐渐结成聚冰层。由于气候的变化,零度等高线不断下移,形成一层或多层聚冰层。土基中水分冻结后体积膨胀,使路面冻裂或冻胀隆起。春季气温回升到零度以上,土基开始解冻,由于路面导热性大,路中的融解速度较两侧快,水分不易向下及两侧排除,土基上层含水率达到饱和、过饱和,在车辆重复作用下,土基承载力极低,使路面出现弹簧、裂纹、拥包、车辙、冒浆等,即为翻浆现象。

翻浆的发生,不仅会破坏路面、妨碍行车,严重的还会中断交通,对国民经济建设、国防战备都具有一定的危害,并增加道路维护工作。路基中水分来源不同,并以不同形式存在于路基土中。为了针对各种来源的水分所引起的翻浆而采取相应的措施进行根治,有必要把翻浆按水分的存在形式进行分类,见表1-5。根据翻浆高峰时期路面变形破坏程度,将翻浆路段分为三级,见表1-6。

路基工程翻浆分类 表1-5

翻浆类型	导致翻浆的水分来源
①地下水类	受地下水的影响,土基经常潮湿,导致翻浆。地下水包括上层滞水、潜水、层间水、裂隙水、泉水、管道漏水等。潜水多见于平原区,层间水、裂隙水、泉水多见于山区
②地面水类	受地面水的影响,使土基潮湿,导致翻浆。地面水主要指季节性积水,也包括路基、路面排水不良而造成路旁积水和路面渗水

续上表

翻浆类型	导致翻浆的水分来源
③土体水类	因施工遇雨或用过湿的土填筑路堤,造成土基原始含水也过大,在负温度作用下使上部含水率增加,导致翻浆
④气态水类	在冬季强烈的温差作用下,土基中的水主要以气态形式向上运动,聚集于土基顶部和路面结构层内,导致翻浆
⑤混合水类	受地下水、地面水、土体水或气态水等两种以上水类综合作用产生的翻浆。此类翻浆需要根据水源主次定名,如地下水、地面水类等

路基工程翻浆分级 表1-6

翻浆等级	路面变形破坏程度
轻	路面龟裂、湿润,车辆行驶有轻微弹簧
中	大片裂纹、路面松散、局部鼓包、车辙较浅
重	严重变形、翻浆冒泥、车辙很深

1. 影响翻浆的主要因素

影响公路翻浆的主要因素有:土质、温度、水、路面、行车荷载、人为因素等。其中土质、温度、水三者的共同作用是形成翻浆的三个自然因素。

1)土质

粉性土是最容易翻浆的土,这种土的毛细水上升较高,在负温度作用下水分聚流严重,而且土中的水分增多时,土强度降低幅度大而快,容易丧失稳定。粉性土的毛细水上升虽高,但上升速度慢。因此,只有在水源供给充足,并且在土基冻结速度缓慢的情况下,才能形成比较严重的翻浆。粉性土和黏性土含有大量腐殖质和易溶盐时,则更易形成翻浆。砂土一般情况下不会发生翻浆,这种土毛细水上升高度小,在冻结过程中水分聚流现象很轻,同时,这种土即使含有大量水分,也能保持一定的强度。

2)温度

一定的冻结深度和一定冷量(冬季各月负气温的总和)是形成翻浆的重要条件。在同样的冻结深度和冷量的条件下,冬季负气温作用的特点和冻结速度的快慢对形成翻浆的影响也是很大的。例如,当初冻的时候气温较高或冷暖交替出现,温度在 $0 \sim -3℃(-5℃)$ 之间停留时间较长,冻结线长期停留在路面下较浅处,就会使大量水分聚流到距路面很近的地方,产生严重翻浆。反之,如冬季一开始就很冷,冻结线很快下降到距路面较深的地方,则土基上部聚冰少就不易出现翻浆。除此之外,春天气温的特点和化冻速度对翻浆也是有影响的,如春季化冻时,天气骤暖,土基急速融化,则会加重翻浆的程度。

3)水

翻浆过程,就是水在路基土中转移、变化的过程。路基附近的地表积水及浅的地下水,能提供充足的水,是形成翻浆的重要条件。秋雨及灌溉会使路基土的含水率增加,使地下水位升高,将会加剧翻浆的程度。

4)路面

路面结构与类型对翻浆也有一定的影响。例如,在比较潮湿的土基上铺筑沥青路面后,由于沥青面层透气性较差,路基土中的水分不能通畅地从表面蒸发,使水分滞积于土基顶部与基层,导致路面失稳变形,以致出现翻浆。

5)行车荷载

公路翻浆是通过行车荷载的作用,最后形成和暴露出来的。当其他条件相同时,在翻浆季节,交通量越大、车辆轴载越重,则翻浆越严重。

6)人为因素

下列情况都将加剧翻浆的形成。

(1)设计时对翻浆的因素考虑不周。路基设计高度不够,特别是低洼地带,路线没有避开不利的水文地质地带,缺乏防治翻浆的措施,以及路面结构组合不当,厚度偏薄等。

(2)施工质量有问题。填筑方案不合理,不同土质填料混杂填筑,或采用大量的粉质土、腐殖土、盐渍土、大块冻土等劣质填料,或分层填筑时压实度不足。

(3)维护不当。排水设施堵塞,路拱有反向坡,路面、路肩积水,对翻浆估计不足,且无适当的防护措施。

综上所述,造成冻胀和翻浆的条件,首先是寒冷的气候,冬季寒冷的时间越长,路基土壤的冻结深度越大。其次必须有水源,还必须有毛细作用强的粉土、细砂等细颗粒土壤。关于造成翻浆的原因,重车的作用也是重要的,特别是当路面有一定的结构强度的情况下,翻浆是与重车的作用分不开的。由此可见,影响翻浆的因素是温度、水、土质、路面结构和行车荷载。因此,解决冻胀和翻浆的途径如下:

(1)消除水源,即及时排除地表积水,用地下排水降低地下水位,或者用隔离层切断水的供应。

(2)换土,即在冻结深度内用不产生冻胀和翻浆的土壤(如砂砾)替换不良的土壤(如粉土、细砂)。

(3)在春融期间,禁止或限制重车通行。

(4)作好路基路面综合设计,如采用合理的路基填土高度,设置隔温层等,以使路面满足防冻要求。

2. 翻浆防治技术

防治翻浆的基本途径是:防止地面水、地下水或其他水分在冻结前或冻结过程中进入路基上部;在化冻期,可将聚冻层中的水分及时排除或暂时蓄积在透水性好的路面结构层中;改善土基及路面结构;采用综合措施防治。各种防治翻浆措施见表1-7。

各种防治翻浆措施选择参考表　　　　表1-7

编号	措施种类	适用翻浆类型	翻浆等级	适用地区或条件	使 用 说 明
1	路基排水	①②⑤		平原、丘陵、山区	适用于一切新、旧道路
2	提高路基	①②⑤		平原、洼地、盆地	新、旧路均可用,必要时也可与3、4、5、6、7、9任一类措施组合使用
3	砂砾垫层	①②③⑤		产砂砾地区	新、旧路均可用,主要做垫层或与2、4类措施组合使用
4	石灰土结构	①②③④⑤		缺少砂石地区	新、旧路均可用,做基层或垫层与3、5类措施组合使用

续上表

编号	措施种类	适用翻浆类型	翻浆等级	适用地区或条件	使 用 说 明
5	煤渣石灰土结构	①②③④⑤		缺少砂石地区,煤渣供应有保证	新、旧路均可用,做基层或垫层,或与第4类措施组合使用
6	透水性隔离层	①⑤		产砂石地区	适用于新路
7	不透水隔离层	①②④⑤		沥青、油毡纸、塑料薄膜供应有保证	多用于新路
8	盲沟	①⑤		坡腰或横向地下水露出地面,地下水位高的地段	新、旧路均可使用
9	换土	①②③⑤		产砂砾或水稳性好的材料地区	适用于新、旧路
10	无纺布土工膜	①②④⑤		平原区、丘陵区、山区	适用于新、旧路,可与1~9任何一类措施组合使用

注:表中"①、②、③、④、⑤"指表1-5中翻浆类型。

1)做好路基排水,提高路基

良好的路基排水可以防止地面水或地下水浸入路基,使路基土体保持干燥,从而减轻冻结时水分聚流的来源,这是预防和处理地面水类和地下水类翻浆的首要措施。提高路基是一种效果显著、简便易行、比较经济的常用措施。增大路基边缘至地下水或地面水位间距离,使路基上部土层保持干燥,在冻结过程中不致因过分聚冰而失稳。提高路基的措施适用于取土方便的路段,并宜采用透水性良好的土填筑路基。路线通过农田地区,为了少占耕地,应与路面设计综合考虑,以确定合理的填土高度。在重冰冻地区及粉性土地段,在提高路基时还要与其他措施如砂垫层、石灰土等配合使用。

2)铺设隔离层

隔离层设在路基顶下 0.5~0.8m 处,其目的在于阻断毛细水上升通道,保持上部土基干燥,防止翻浆发生。地下水位或地面积水较高,又不宜提高路基时,可铺设隔离层。隔离层按使用材料可分为以下两类。

(1)透水性隔离层。

透水性隔离层采用碎石、砾石、粗砂或炉渣等做成,其厚度一般为 10~20cm。为了防止淤塞,应在隔离层上面和下面铺设 1~2cm 泥炭、草皮防淤层。隔离层底部应高出地面水 20cm以上,并向路基两侧做 3%~4% 的横坡,和边坡接头的地方,要用大块碎砾石铺进 50cm。

(2)不透水隔离层。

不透水隔离层分不封闭式和封闭式两种,前者适用于一般路段,用以隔断毛细水;后者适用于地面排水有困难或地下水位高的路段,用以隔断毛细水和横向渗水。

不透水隔离层所用的材料如下:

①直接喷洒厚度为 2~5mm 的沥青;

②沥青含量为 8%~10% 的沥青土或沥青含量为 6%~8% 的沥青砂,厚度一般为 2.5

~3cm;

③2~3层油毡或塑料薄膜(在盐渍土地区不能使用);

④复合土工膜,一布一膜或两布一膜。

(3)隔离层的适用条件及注意事项包括如下内容:

①隔离层对新旧路翻浆均可采用,特别适用于新路;

②不透水隔离层适用于不透水路基中,在透水路面下只能设透水隔离层。

3)设置路肩盲沟或渗沟

(1)路肩盲沟。

为及时排除春融期间路基中的自由水,达到疏干路基上部土体的目的,可在路肩上设置横向盲沟。盲沟适合于路基土透水性较好的地下水类翻浆路段。

盲沟布置应与路中心线垂直。如路段纵坡大于1%时,则宜与路中心线成60°~75°的交角(顺下坡方向),两边交错排列,一般5~6m设置一道,深为20~40cm,宽为40cm左右。

(2)排水渗沟。

为了降低路基的地下水位,可在边沟下设置盲沟或有管渗沟。为了拦截并排除流向路基的层间水,可采用截水渗沟。

近年来,开发了一种新型的加筋软式透水管。透水管内衬经磷酸防腐处理并涂敷PVC的高强度弹簧硬钢丝,在钢丝圈外紧接纺织三层高强尼龙和特殊纤维制成的滤布和透水层。该透水管壁体坚固耐用,具有较好的透水、过滤与排水性能,耐酸碱,施工简便,尤其适于各种复杂地形使用,替代传统的盲沟和渗沟施工可取得较好效果。

4)换土

对因土质不良造成翻浆的路段,可在路基上部换填水稳性好、冰冻稳定性好、强度高的粗颗粒土,以提高土的强度和稳定性。

用换土法治理翻浆路段,应突出抓一个"早"字,一旦发现翻浆苗头,立即进行开挖,用较少的工作量,可取得较好的效果。

换土适合于路基高程受到限制且附近有砂性土的路段。

5)改善路面结构层

(1)铺设砂(砾)垫层。

砂(砾)垫层是用砂砾、粗砂或中砂做成的垫层,具有较大的空隙,能隔断毛细水的上升。化冻时能蓄水、排水,冻融过程中体积变化小,可减小路面的冻胀和变形,而且还具有一定的强度,能将荷载进一步扩散,从而可减小路基的应力和应变。

砂(砾)垫层的厚度可按蓄水原则或排水原则设置。蓄水原则是指春融期间,路基化冻后的过量水分能全部集中于砂垫层中。根据蓄水的需要并考虑砂(砾)垫层被污染后降低蓄水能力的情况,经调查研究得出:中湿路段砂(砾)垫层的经验厚度为0.15~0.20m;潮湿路段为0.2~0.3m。排水原则是将春融期汇集于砂垫层中的水分通过路肩盲沟排走。砂垫层厚度应由路面强度及砂(砾)垫层构造和施工要求决定,一般为0.1~0.2m。

(2)铺设水泥稳定类、石灰稳定类或石灰工业废渣类基(垫)层。

这类基(垫)层具有较好的板体性、水稳性和冻稳性,可以提高路面的整体强度,起到减缓和防止路基冻胀和翻浆的作用。但在重冰冻地区潮湿路段,石灰土不宜直接采用,需与其他措施配合应用,如在石灰土下铺设砂垫层等。有关材料的要求及施工规定,可参考《公路路面基层施工技术规范》(JTJ 034—2000)。

(3)设置防冻层。

对于高级和次高级路面结构层的总厚度,除满足强度要求外,还应满足防冻层厚度要求,以避免路基内出现较厚的聚冰带,从而防止产生导致路面开裂的不均匀冻胀。

防冻层厚度可分别按相应路面设计规范的有关规定确定。

6)改线

如果上述各种方法都不合适时,在可能的情况下可采用改线的方法。即将路线改至邻近水文地质和土质条件较好的地带去。对于新建公路,在勘测选线时,必须注意沿线的水文地质情况,尽量避免通过易于翻浆的地段,如不可避免时,在设计时应采取根治措施,彻底处理好翻浆。

3. 翻浆路段的维护

翻浆现象是一个四季都发生变化的过程。秋季,水分开始聚积;冬季,水分在路基中重分布;春季,水分使路基上部过分潮湿;夏季,水分蒸发、下渗,路基处于干燥状态。因此,在各个季节里,应根据各自不同的现象,采取适当的养护措施,加强预防性的防治工作,以防止或减轻翻浆病害。

1)秋季维护

秋季维护的中心内容是排水,尽可能防止水分进入路基,保持路基处于干燥状态,以减少冬季冻结过程中由于温差作用向路面下土层聚流的水分,这是一项最根本的措施。所以秋季维护要做好下列工作:

(1)随时整修路面、路肩、边坡。路面应维护好路拱和平整度,如有裂纹、松散、车辙、坑槽、搓板等病害,都应及时处理,避免积水。

(2)路肩应保持规定的排水横坡,边坡要保持规定坡度,要拍压密实,防止冲刷和坍塌阻塞边沟,造成积水。

(3)修整地面排水设施,保证地面排水通畅。

(4)检查地下排水设施,保证地下水能及时排出。

2)冬季维护

冬季维护的中心内容,是采取措施减轻路基水分在温差作用下向路基上层聚积的程度,同时要防止水分渗入路基。所以冬季维护工作包括如下内容:

(1)应及时清除翻浆路段的积雪。雪层导温性能差,具有保温作用,将减缓路基土冻结速度,使冻结线长期停留在路面下很近的地方,路基下层水分有机会大量聚积到路基上层,致使翻浆加重,所以应十分注意除雪工作。

(2)经常上路检查,发现路面出现裂缝、坑槽等,要及时修补,融化雪水要及时排除。

(3)在往年发现有翻浆而尚未根治的路段以及发现翻浆苗头的路段,应在翻浆前做好准备工作,包括准备好抢防的用料。

3)春季维护

春季是翻浆的暴露时期,在天气转暖的情况下,翻浆发展很快,养护工作中心内容是抢防。

当路面出现潮湿斑点、松散、龟裂,表明翻浆已开始露头。对鼓包、车辙或大片裂缝,行车颠簸,路基发软等现象,应采取以下抢防措施:

(1)在两边路肩上,每隔3~5m,交错开挖横沟,沟宽一般为30~40cm,沟深按解冻情况,逐渐加深,直到路面底层以下,沟的外口高于边沟沟底。

(2) 及时修补路面坑槽和路肩坑洼, 保持路面和路肩平整, 以利于尽快排出路面积水。

(3) 路面坑洼严重的路段, 除横向外, 还应顺路面边缘加修纵向小盲沟或渗水井。渗水井的大小以不超过 40cm 为宜, 间距应根据实际情况确定, 沟或渗水井的深度应至路面底层以下。

(4) 如条件许可, 应控制重型车辆通行或令车辆绕道行驶, 避免因行车碾压, 加剧路面破坏。

(5) 砂桩防治。当路基出现翻浆迹象时, 可在行车带部位开挖渗水井, 随时将深水井内的水淘出, 边淘水边加深, 直至冰冻层以下; 当渗水基本停止, 即可填入粗砂或碎砾石, 形成砂桩。砂桩可做成圆形或矩形, 其大小以施工方便和施工时维持行车为度, 一般其直径或边长为 30~50cm, 桩距和根数可根据翻浆的严重程度而定, 一般一个砂桩的影响面积为 5~10m^2。

4) 夏季维护

夏季是翻浆的恢复期, 这时养护的中心内容是修复翻浆破坏的路基、路面, 采取根治翻浆的措施。要查明翻浆的原因, 对损坏路段的长度、起始时间、气温变化、表面特征、养护情况等进行调查分析, 做好记录, 确定治理方法和措施。

五、水毁

水毁指的是因暴雨、洪水造成路基、路面、桥涵及其他设施的损毁。

在我国南方多雨季节, 有时会因山洪暴发而引起频繁的坍方或冲毁路基, 这就是水毁。公路特别是山区公路的水毁, 形形色色, 各式各样, 有水毁滑坡, 有坡面冲沟、坍塌(图 1-6)、泥石流, 也有淤塞涵洞、掏挖路基(图 1-7)、冲垮桥梁等。公路水毁虽然形式多样, 但其形成原因往往只有以下几个方面。

图 1-6 边坡坍塌

图 1-7 掏挖路基

1. 自然因素

自然因素作用是公路水害产生的一个重要原因。地球自身的内、外应力的作用和各种气候条件的综合作用, 为公路水害的发生创造了条件。引发或诱导公路水害的自然因素, 主要有以下三个方面。

(1) 地质原因。

公路水害的成因和活跃程度受地质构造的影响。对于断裂构造, 存在着一定的构造带且风化强烈, 为泥石流、塌方、滑坡等灾害提供了充分的固体物质。泥岩、页岩经强烈风化后, 又为那些灾害提供了细颗粒的物质, 从而造成桥涵淤塞、河床抬高, 引发路基垮塌等多种病害发生。

(2)地形、地貌原因。

公路地形高低悬殊,山坡陡峭,在重力和水力作用下,松散、稳定性差的物料易形成垮塌和水土流失,为各种公路水害的产生和发展提供了条件。如山体植被稀少,自然横坡较大,局部性暴雨强度较大、频率高,河床比降大,那么公路水害程度也较大。因此,地形、地貌因素是公路水害发生的又一重要原因。

(3)气象原因。

雨季降雨集中,一次降雨量大,易为公路水害的形成提供丰富充足的水分条件。松散的固体堆积物在强降雨的作用下,含水率达到饱和时,黏结性、凝聚力迅速降低,在强降雨形成地面径流的冲击下,固体堆积物力的平衡很快被破坏,各种塌方、滑坡、泥石流等各种水害便发生,从而直接导致或诱导公路水害发生。因此,气候因素也是公路水害发生的原因之一。

2. 环境的破坏

环境的破坏是公路水害产生的直接原因。公路沿线的经济建设,沿线土地开发和不合理的人类活动破坏了自然生态平衡,破坏了山体的稳定性。公路建设本身就是对自然状态山体稳定边坡的破坏,无论是挖方还是弃土堆置,都会不同程度地诱发滑坡、崩塌、泥石流等灾害发生。

森林的过量采伐,使植被覆盖率降低,也会导致公路水害的发生。陡坡开荒,过度放牧,不仅加剧了坡面的侵蚀,也加速了各种灾害的活动。根据调查和观测,泥沙和石屑在干燥状态下的稳定静止角度为35°;潮湿状态下的稳定静止角度只能达到25°,因此在自然坡度超过25°的坡面上开荒种地。雨水的作用使小块体土壤移动,对坡面土壤的侵蚀由弱变强,坡面被侵蚀冲刷的沟芽逐年扩大;陡坡边坡上的土壤、小石块、石屑等在侵蚀冲刷中被大量带走,淤积边沟或汇入沟中,在桥梁涵洞以及沟谷的入口处淤塞河道,并抬高沟床、河床,使洪水流向发生改变,冲毁路基,毁坏桥涵,冲刷河岸或坡脚,从而造成公路垮塌等灾害。

恢复并保护公路沿线生态环境所采取的措施如下:

(1)在公路沿线山坡上植树造林,采取以防护林为主的生物治理措施,并辅以与水土保持相结合的综合治理措施。

(2)对于公路修建,其开挖后的高大边坡,应采取单元水土保持措施,采取种植根系发达、传播速度快的树木,以及增加植被等措施实施生态保土,增加水土涵养,减小地面径流对坡面的冲刷,从而增强坡面稳定性。

(3)禁止在公路边坡开荒和毁林开荒,保护好坡面植被,增强山坡地的水土保持能力。

(4)加强公路沿线以及沿线河流两岸坡耕地的治理,采取坡改梯和退耕还林相结合的手段。

(5)预防并制止过度放牧。

3. 养护原因

养护措施不力是公路水害程度加重的又一重要原因。公路养护部门要搞好日常养护,事前将各种事故隐患消灭于萌芽状态,事后及时采取恢复措施,清除公路路基塌方,清理边沟,掏挖被堵塞涵洞,将水害程度降至最低,有效保障公路畅通。

水毁是由于不利的气象、水文、地形、地质等条件的综合作用造成的。因此,采取加固路基的单一措施来防止水毁往往不能收效。在工程实践中,为避免水毁而将公路改线的事例是屡见不鲜的。

◇单元训练

一、填空题

1. 路基是路面的基础,其_____和_____稳定性是保证路面结构稳定、路用性能良好的基本条件。路基的各种病害及破损都是由路基的_____和_____不足引起的。影响路基_____的因素有两个方面,一方面是_____与_____条件,其中最主要的影响因素是_____和_____;另一方面是_____因素,包括_____、_____和_____。路基工程一经完成,路基的质量主要取决于路基的_____水平。

2. 路基病害的防治,应贯彻_____的原则。了解清楚发生病害的_____是治理病害的起点,而同一病害在不同的时间、不同的地点发生时,其原因往往不尽相同。因此,_____,_____,才能因地制宜地采取根治的措施。

3. 路基沉陷是指路基表面在_____方向产生较大的沉落。路基沉陷有两种:_____和_____。

4. 路基沉陷产生的原因:①_____;
②_____。

5. 路基沉陷的处理方法:_____法、_____法、_____法、_____法。

6. 滑坡是_____的岩体或土体在_____或_____因素的影响下沿_____滑动的现象。产生滑坡病害的原因很多,主要是_____和_____两方面因素的影响。

7. 治理滑坡的支挡工程包括:_____、_____、_____。

8. 翻浆是_____地区,_____时路基或路面基层含水率过大,强度急剧降低,在行车作用下造成_____、_____、_____等的现象。

9. 路基工程翻浆分为五类:包括_____水类、_____水类、_____水类、_____水类、_____水类。

10. 影响公路翻浆的主要因素有:_____、_____、_____、_____、_____因素等。其中,_____、_____、_____三者的共同作用是形成翻浆的三个自然因素。

11. 防治翻浆的基本途径是:防止_____、_____、或_____在冻结前或冻结过程中进入路基上部;在化冻期,可将_____层中的水分及时排除或暂时蓄积在_____好的路面结构层中;改善土基及路面结构;采用综合措施防治。

二、简答题

1. 简述路基病害处治的一般措施。

2. 简述滑坡的原因和主要治理方法。

3. 简述防治翻浆的措施。

4. 简述预防翻浆现象发生在秋季、冬季、春季、夏季的养护工作要点。

5. 简述公路水毁的形成原因。

三、能力训练

分组巡查一段出现多种路基病害的公路,每组完成观察的病害现象,进行病害的原因分析,写调查报告,并写出治理方案。完成表1-8。

表1-8

病害现象	主要原因	病害整治措施	养护建议

单元四　路基防护与支挡工程的养护

◇ **单元要点**

1. 路基防护与加固工程的分类；
2. 坡面防护、冲刷防护和支挡建筑物养护的内容；
3. 路基各部分的加固内容和要求。

◇ **相关知识**

路基防护与加固工程，按其作用不同，可分为坡面防护、冲刷防护和支挡建筑物三类，具体内容如下所述：

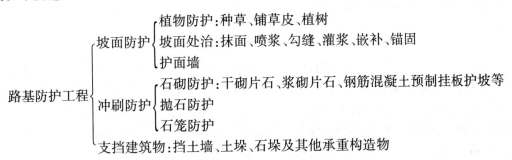

一、坡面防护工程养护

1. 植物防护

植物防护的方法有种草、铺草皮和植树。采用植物覆盖对坡面进行防护，工序简单，效果较好。它可以减缓地面水流速度，调节表层水温状况，植物根系深入土层，在一定程度上对表层土起到固结作用。植物防护适用于具有适宜植物生长的土质边坡。

1) 种草

土质路堤、路堑有利于草类生长的边坡，或河面较宽、主流固定、流速小、路线与水流接近平行、路堤边坡段受季节性浸水或冲刷轻微、土质适于草类生长的，均可种草。坡面上的土质如不宜于种草时，可铺一层 5~10cm 厚的种植土，然后再种草。经常浸水或长期浸水的路堤边坡，不宜采用种草防护的方法。边坡上的防护种草已扎根时，可以允许暂时性的缓慢流水(0.4~0.6m/s)的短时冲刷。

草籽的选用，应根据当地的土质和气候条件，选用易于生长、根部发达、叶茎低矮或有匍匐茎的多年生的草种为宜。最好采用几种草籽混合播种，以利用植物中优胜劣汰的办法促使草的生长。种草还应注意选择合适的季节，并要经常注意检查补种和适当施肥。

2) 铺草皮

坡度不陡于 1：1.5，且浸水时水流速度在 0.6m/s 以下，可用平铺草皮护坡；坡度陡于 1：1.5，且浸水时水流速度在 1.5m/s 以下，可用叠铺草皮护坡。

铺草皮前，应将边坡表层土挖松整平。在不适于草类生长的土质边坡上，应铺一层 6~

10cm厚的种植土,然后再铺设。铺草皮工作宜在春、秋季或雨季进行,不宜在冬季施工。如在气候干燥季节铺草皮,草皮铺后,应及时浇水至草皮扎根为止。当边坡有地下水出露时,应注意使铺设的草皮不阻塞地下水的出口,以免影响边坡稳定。

3)植树

在路基斜坡上和沿河堤之外河漫滩上植树,能加固路基和河岸,并使水流速度降低,防止和减少水流对路基或河岸的冲刷。林带又可以防风、防沙和防雪,还可以美化路容,调节气候。

植树的形式,可以是带状或条形的,也可以是连续的,即将树植满整个防护区域。树种的选择,宜选用适合当地土质、气候、生长迅速、根系发达、枝叶茂盛、成活率高的乔木类或不怕水淹的灌木类。植树的时间,宜在春、秋季或雨季进行,如在干燥季节植树,要经常浇水,直至树成活为止,并应检查其成活的情况,如有缺株需及时补种。

2. 坡面处治

对易风化的软质岩石或破碎岩石路堑边坡,常受自然条件的影响剥落而破坏,用植物防护有困难时,可选用抹面、喷浆、勾缝、灌浆和嵌补等方法进行处治,以保证路基的稳定。

1)抹面

抹面防护适用于易风化但表面较完整、尚未剥落的岩石边坡,选用混合材料涂抹坡面,可防止表层岩石风化的进一步发展。但必须注意,抹面仅起到防护层作用,不能承受荷载,故边坡必须是稳定的。施工时要注意:抹面前,对被处治坡面进行清理,并应将坡面上的坑洼用小石块嵌补填平,然后用水洒湿坡面,使灰浆与坡面结合良好。抹面应均匀,然后待灰浆稍干即进行夯拍,直至表面出浆为止,并应进行洒水养护。

2)喷浆

喷浆(喷射混凝土)适用于边坡易风化、裂隙和节理发育、坡面平整的岩石路堑边坡且边坡较干燥、无流水侵入的地方。对于高而陡的边坡,当需大面积防护时,采用此类方法更为经济。

喷浆防护边坡常用机械喷护法施工,将配制好的砂浆(混凝土)使用喷射机(或水泥枪)喷射于坡面上,由于喷射产生一定的压力,提高了保护层与坡面间的黏聚力及保护层的强度。喷射混凝土厚度不宜小于80mm,应根据厚度分2~3层喷射。喷浆厚度不宜小于50mm,施工作业前应通过试喷,选择合适的水灰比,以保证喷射坡面的质量。喷浆水灰比过小时,灰体表面灰暗,出现干裂,回弹量大,粉尘飞扬;水灰比过大时,灰体表面起皱、拉毛、滑动,甚至流淌;水灰比合适时,灰体呈黏糊状,表面光滑平整,回弹量小。喷浆施工严禁在结冰季节或大雨中施工。

3)勾缝

勾缝适用于较坚硬的、不易风化的、节理裂缝多而细的岩石路堑边坡,用以防止雨水沿裂缝浸入岩层内部造成病害。

4)灌浆

灌浆适用于较坚硬的、裂缝较大且较深的岩石路堑边坡,借砂浆的黏结力把裂开的岩石黏结为一体,维护边坡的稳定。

5)嵌补

嵌补防护可用浆砌石块或水泥混凝土嵌补,适用于补平岩石坡面中较深的局部凹坑,以防坡面继续破损碎落,维护边坡的稳定。

6)锚固

锚固防护适用于岩石边坡的层理或构造面倾向于路基并有可能顺层面下滑的情况。这种方法是垂直于岩面坡面钻洞,将钢筋直穿至稳定基岩内,然后向洞内灌入水泥砂浆,使钢筋串连岩层,阻止岩层下滑。

3. 护面墙

护面墙适用于边坡较陡(边坡坡度为1:0.3~1:1)的情况,在软质岩层节理裂缝较发育,易于风化的路堑边坡上设置。护面墙一般不承受墙后土体的侧压力,所防护的岩面边坡应无滑动或滑坍现象,路堑应符合边坡稳定的要求。

1)坡面清理

在铺砌前应对坡面进行清理,将松动的石块予以清除。

2)基础

护面墙的基础应置于坚固地基之上,并埋入冰冻线以下至0.25m。如果地基承载力不足,应进行加固,或采用拱形结构跨过。

3)墙身

为了增加护面墙的稳定性,根据坡面岩石的状况,每6~10m高为一级,设宽度不小于1m的平台,墙背每4~6m高设置宽度为0.5~1.0m的错台。

护面墙的厚度随边坡轮廓而变化,底厚要稍大于顶宽,并应设伸缩缝与泄水孔。顶部需用厚土夯实或砂浆抹平,以防水浸入。

二、冲刷防护工程养护

沿河路基和桥头引道,直接受到水流的冲刷和淘空,为了维护路基坚固、稳定,必须采取措施予以防护。冲刷防护有两种类型:一种是直接防护,以加固岸坡为主要措施;另一种为间接防护,以改变水流方向、降低流速为主要措施。

直接防护,除植物防护、坡面防护外,还有砌石、抛石、石笼、浸水挡土墙等防护方法。间接防护,包括各种导流与调治构造物,如丁坝、顺坝及拦河坝等,也可以将河沟改道,引导水流排至路基以外。

1. 石砌护坡

石砌护坡主要有干砌片石、浆砌片石、钢筋混凝土预制挂板等。

1)干砌片石

干砌片石适用于坡度缓于1:2.5的土质路堑边坡或边坡易受地表水冲刷以及有少量地下水渗出的地段。

(1)干砌片石护坡。

干砌片石护坡一般有单层铺砌和双层铺砌两种。单层铺砌的厚度为0.25~0.35m;双层铺砌其上层厚度为0.25~0.35m,下层厚度为0.15~0.25m。

(2)垫层。

在片石下面应设置垫层,主要起整平并增强其抵抗冲刷的作用,防止水流将干砌片石层下面边坡上的细粒土壤夹带出来冲走。常用的材料有碎石、砂砾,厚0.1~0.15m。

(3)基础。

砌石防护坡脚基础应予加固,采用墁石基础,埋置深度一般为护坡厚度的1.5倍。沿河受水流冲刷较轻时,基础应设置在冲刷线以下;冲刷严重时,应埋置在冲刷线以下0.5~1.0m处或采用石砌深基础的形式。

(4)施工。

砌石应在路堤夯实或沉实的基础上进行,自下而上铺砌,随时用垫层找平,石块之间的空隙用小石块或碎石塞紧。为防水浸入及提高整体强度,可用水泥砂浆勾缝。

2)浆砌片石

浆砌片石护坡用于水流速度较大(3~6m/s)、波浪作用较强,以及可能有流冰、流木等冲击作用时的防护加固工程,且所防护边坡坡度缓于1:1。

(1)浆砌片石护坡厚度一般为0.2~0.5m,铺砌层下设垫层,垫层厚度一般为0.1~0.15m。

(2)为防止基础冻胀和冲刷,基础埋置深度应在冰冻线和冲刷线以下0.25~1.0m。

(3)施工应分段进行,每隔10~15m留一道伸缩缝,或在基底土质变化处设置沉降缝,缝宽20~30cm,缝内用沥青麻筋或沥青木板等材料填塞。

3)钢筋混凝土预制挂板护坡

钢筋混凝土预制挂板护坡,适用于缺乏石料地区或城郊及互通式立交等需要美化的路段。预制挂板为0.5~1.0m的正方形或长方形,厚0.2~0.4m。预留锚杆锚入边坡,或安放好后,用钢筋套钩将板与板相互勾连,以加强整体性。

2. 抛石防护

抛石防护主要用于防护水下部分的边坡和坡脚,避免或减少水流对护坡的冲刷及淘刷,也可用于防止河床冲刷,对于经常浸水且水较深地段的路基边坡防护及洪水季节防洪抢险更为常用。为了在洪水退降后使路基本身迅速干燥,不使路基土被淘刷冲走,应在抛石垛后设置反滤层。抛石的粒径大小与水流速度、水深、浪高及边坡坡度有关,抛石的粒径及质量以不被水冲走及淘刷为宜。

3. 石笼防护

石笼防护用于防护河岸或路堤边坡,同时也可作为加陡边坡、减少路基占地宽度,以及加固河床、减少淘刷的措施。在缺少大块石料时,用较小石块(5~20cm)填塞于铁丝笼或竹木笼内,一般可用于流速为4~5m/s的水流中,体积大的可抵抗5~6m/s的流速。有漂石冲击的河流不宜采用石笼防护,因铁丝易被磨坏。只有在水流含有大量泥沙及基底地质良好的条件下,才宜采用石笼防护。当用于防止冲刷淘底时,一般在河底上将石笼平铺并与坡脚线垂直,同时固定坡脚处的尾端,靠河中心一端不必固定,淘底时便于向下沉落。当石笼用以防止岸坡受冲刷时,则用垒码或平铺于坡面的形式。

石笼内所填石块,应选用体积大、坚硬而未风化的,其尺寸不能小于网孔,最小尺寸不小于4cm,外层应用较大的,内层用较小的填充。石笼下面需用碎石或砾石垫层调平,其厚度为0.2~0.4m。底层石笼宜用$\phi 6\sim 19mm$钢筋或铁棒固定在基底上。针对抛石被冲失、抛石空缺、笼筐铁丝被腐蚀或被漂石磨损而断开、填石脱落、笼中石料不足等情况,应相应地及时进行添补填实,或选用大块石压铺在表面,对笼筐破损,应采取及时进行修换笼筐、填足笼中填石、封闭笼筐等措施,对腐蚀严重的普通铁丝铁笼,可更换为镀锌铁丝制作的铁笼。

三、支挡建筑物

挡土墙是用来支撑天然边坡或人工填土边坡以保持土体稳定的建筑物。在公路工程中,它广泛应用于支撑路堤或路堑边坡、隧道洞口、桥梁台后填方及河流岸壁等。

挡土墙的维护除经常检查其有无损坏外,每年应在春秋两季各进行一次定期检查,北方冰冻严重地区尤应注意,主要检查挡土墙在冰冻融化后墙身及基础的变化情况,以及冰冻前所采取的防护措施效果。另外在反常气候、地震或重型车辆通过等特殊情况下,应进行及时检查,发现裂缝、断裂、倾斜、鼓肚、滑动、下沉或表面风化、泄水孔堵塞、墙后积水、周围地基错台、空隙等情况,应查明原因,并观察其发展情况,采取相应的修理、加固等措施。对检查和修理加固情况,应做好工作记录,设立技术档案备查。

圬工或混凝土挡土墙发生裂缝、断裂并且已停止发展,可将缝隙凿毛、清除碎渣和杂物,然后用水泥砂浆堵塞。水泥混凝土或钢筋混凝土挡土墙的裂缝也可用环氧树脂黏合。挡土墙发生倾斜、鼓肚、滑动或下沉时,可选用下列加固措施。

1. 锚固法

适用于水泥混凝土或钢筋混凝土挡墙。采用高强钢筋作锚杆,穿入预先钻好的孔内,灌入水泥砂浆,固定锚杆,待砂浆达到一定强度后对锚杆进行张拉,并固紧锚头,以此来分担土压力,见图1-8。

2. 套墙加固法

用混凝土在原墙外侧加宽基础,加厚墙身,见图1-9。

施工时,先挖除一部分墙后填土,减小土压力,同时要注意新旧基础和墙身的结合。可先凿毛旧基础和旧墙身,必要时设置钢筋锚栓或石榫,以增强连接。墙后回填土必须分层填筑并夯实。

3. 增建支撑墙加固法

在挡墙外侧,每隔一定的间距,增建支撑墙。支撑墙的基础埋置深度、尺寸和间距应通过计算确定,见图1-10。

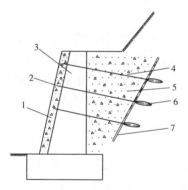
图1-8 锚固法
1-现浇混凝土;2-锚头;3-原墙体;
4-预应力钢筋;5-墙后填土;6-灌入水泥浆;7-锚固岩基的推算线

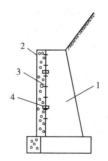
图1-9 套墙加固法
1-原挡墙;2-套墙;3-钢筋锚栓;4-连接石榫

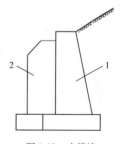
图1-10 支撑墙
1-原挡墙;2-支撑墙

4. 拆除重建

原挡土墙损坏严重,采用以上加固方法不能达到设计强度要求时,则应考虑将损坏部分拆除重建。为防止不均匀沉降,新、旧挡墙之间应设置沉降缝,并应注意新、旧挡墙接头协调。

挡土墙的泄水孔应保持畅通。如有堵塞,应及时疏通;疏通困难时,应视墙后地下水情况选择适当位置增设泄水孔,或在墙背后沿挡墙增做墙后排水设施。一般可增设盲沟将水引出路基以外,以防止墙后积水,引起土压力增加或冻胀的发生。

挡土墙表面出现风化剥落时,应将风化表层凿除,露出新茬,再喷涂水泥砂浆保护层。当风化剥落严重时,应将风化部分拆除重砌。

锚杆式及加筋土挡土墙,如发现墙身变形、倾斜或肋柱、挡板损坏、断裂等情况,应及时修理、加固或更换。对暴露的锚头、螺母、垫圈应定期涂刷防锈漆,锚头螺母如有松动、脱落应及时紧固和补充。

浸水挡土墙,除平时经常检查其有否损坏外,应在洪水期前后详细观察、检查。汛前检查的目的是确定其作用、效果和是否完整稳定,能否承受洪水的袭击和是否采取防护、加固措施;汛后检查的目的是观察其有否损坏,如有损坏,应及时修理和加固。

浸水挡土墙受洪水冲刷,出现基础被淘空,但未危及挡土墙本身时,可采取抛石加固或用块(片)石将淘空部分塞实并灌浆。当挡墙本身出现损坏,如松动、下沉、倒塌、开裂等,应按原样修复。

四、路基各部分的加固

1. 路肩的加固和改善

(1) 一般采用种植草皮加固,如果为了防止雨中会车时的泥泞陷车,则可用粒料加固,砾石、风化石、炉渣、碎砖等(按就地取材原则选用)粒料掺拌于黏土中,铺筑加固层,其厚度不小于15cm。应尽量采用挖槽铺压;也可在雨后路肩湿软时,直接将粒料(不加黏土)撒铺到路肩上,并进行碾压,分期将粒料铺压进路肩土中加固。此法应注意路肩与路面交界处应保持平顺,并保持适当横坡度。有的路肩加固层与路面同厚,几乎是拓宽了路面,对于提高公路使用质量和通过能力,作用更大。

(2) 公路和乡村道路交叉处,应进行粒料加固,也可用砖块、石块或条石等,在顺大车道口的路肩上,铺一定宽度的行车道。

(3) 坡度较大的坡道上,雨水顺坡而下,流速较大,易把路肩冲成顺路向的沟槽,应从坡顶至坡脚每隔10~20m,在路肩上挖出向下倾斜的浅沟,填以碎、砾石,并掺土夯实,以防冲刷,并利于排水。同时在路肩边缘再修起小土埂,高5~10cm,宽10~15cm,每遇斜沟填石处,都留一出水口,在出水口处的边坡上种草皮加固,使雨水分别集中到各出水口,安全地排出。

2. 边坡的加固和改善

对路基边坡的加固方法,有以下几种:

(1) 如果边坡时常坍塌,可予以刷缓;如果路堤很高,也可以在边坡的半腰上修护坡道。

(2) 如边坡表面易被雨水等冲刷损坏时,可在坡面种草皮、棉柳和荆条等灌木。铺草有全铺或网格式两种铺法。灌木应栽在路肩边缘50cm以下(以免妨碍行车视线),株距行距应因地制宜,一般为1m,并应栽成"品"字形。

(3) 河岸边的路基边坡,常受水流冲刷,要进行加固。一般可在坡脚栽柳树、芦苇等来保护坡脚,或在常被水淹没的边坡上,铺砌护坡。

3. 边沟的加固和改善

(1) 山岭或丘陵区的边沟,有的段落沟底纵坡陡,水流急,常因沟底及边坡脚被冲刷而导致边坡坍塌,所以这些地段的边沟必须加固。可以采用下面三种加固方法:

①草皮加固边沟,即在沟底和高水位以下的沟壁全铺草皮,以防冲刷。此法仅适用于水流不太急的情况。

②设置拦水坝缓和流速,防止冲刷,即根据沟底纵坡大小,每隔一定距离设置一个石砌拦水坝,坝上游填铺一层片石。

③在流速较大的边沟,用砖、石加固边沟为宜。其法先在底下铺 10cm 左右的砾石垫层,上面再铺 20cm 砖、石层。

(2)边沟和附近河流、湖塘底接头的地方,如沟底比河塘底高很多时,可在沟与河塘底接头的地方修"台阶式跌水",平原地区可用砖(石)修"水簸箕"。

4. 急弯陡坡的改善

路线上的急弯和陡坡,对行车安全和行驶速度影响最大,应根据轻重缓急,对急弯逐步放大平曲线半径予以改善。对于曲折严重的连续弯道,亦应尽早地进行裁弯取直;对陡坡路段,可适当降低坡度。降坡施工时,应注意先降半边路基,另半边维持通车。

5. 路基的加宽与加高

由于交通量的发展,原路基宽度不能适应需要时,应按需要的公路等级标准予以加宽。加宽时应先将老路基边坡挖成台阶,而后用与原路基相同的土壤夯填。

有的路段低洼,常被洪水淹没,需要予以加高。施工时,应先把老路表面拉毛,并洒水润湿,再分层填土压实。

◇单元训练

一、填空题

1. 路基防护与加固工程,按其作用不同,可分为坡面防护、冲刷防护和支挡结构物防护三类。其中坡面防护包括:_____、_____、_____;冲刷防护包括:_____、_____、_____;支挡结构物包括:_____、_____、_____、_____。

2. 植物防护的方法有_____、_____和_____。采用植物覆盖对坡面进行防护,工序简单,效果较好。它可以减缓_____速度,调节_____状况,植物根系深入土层,在一定程度上对表层土起到固结作用。植物防护适用于具有适宜植物生长的_____边坡。

3. 对易风化的_____或_____路堑边坡,常受自然条件的影响_____而破坏,用植物防护有困难时,可选用_____、_____、_____和_____等方法进行处治,以保证路基的稳定。

4. 冲刷防护有两种类型:一种是_____防护,以加_____为主要措施;另一种为_____防护,以改变_____、降低_____为主要措施;直接防护,除植物防护、坡面防护外,还有_____、_____、_____等防护方法。间接防护,包括各种导流与调治构造物,如_____、_____及_____等,也可以将河沟改道,引导水流排至路基以外。

5. 挡土墙发生倾斜、鼓肚、滑动或下沉时,可选用下列加固措施:_____法、_____法、_____法。

二、简答题

1. 简述坡面防护中植物防护、坡面处治和护面墙的养护内容与要求。

2. 简述冲刷防护中石砌防护、抛石防护、石笼防护的养护内容与要求。

3. 简述支挡工程的加固措施。

4. 简述路肩、边坡、边沟、急弯陡坡的加固和改善措施。

5. 巡查一条公路的路基现状,对路基防护的问题提出改善措施。

单元五 排水设施养护

◎ **单元要点**

1. 路基排水设施的作用、构造形式及主要尺寸;
2. 路基排水设施的养护措施。

◎ **相关知识**

水是造成路基及沿线设施病害以致破坏的一项重要因素。对路基有危害的水,分为地表水与地下水两大类。

地表水主要是由降水(包括雨水、雪水)形成的地面径流及大小河沟溪水等,这是路基排水的主要方面,也是对路基造成危害的主要水源。同时,路面上的水如不能及时排出,会给行车带来很大的安全隐患。

地下水包括上层滞水、潜水及层间水等。暴雨径流、冰雪融水、上层滞水、潜水、泉水及路旁积水,它们均能软化、冲刷甚至毁坏路基,造成路基边坡滑塌、道路翻浆等病害。在公路养护过程中,要保持路基排水设施完好无缺,应根据实际情况,补充完善排水设施,并与沿线桥涵配合形成良好的排水系统,以保证路基的强度及边坡的稳定。

路基排水的主要作用是将路基范围内的土基湿度降低到一定限度以内,保持路基常年处于干燥状态,确保路面具有足够的强度和稳定性。路基排水设施分为地面排水设施和地下排水设施。

路基排水系统能否正常工作,直接影响路基的稳定性,因此,必须对排水设施进行经常性的、预防性的养护和维修,确保其功能完好、排水顺畅。同时根据实际使用情况,要不断改善路基排水条件。

对各种排水设施,在春融前,特别是汛期前,应进行全面检查疏浚。雨天必须上路巡查,及时排除堵塞,保持水流畅通,防止水流集中冲坏路基。暴雨后应重点检查,如有冲刷、损坏,需及时修复加固,如有堵塞应及时清除。

一、地面排水设施的构造与养护

1. 边沟

边沟设置在挖方路基的路肩外侧,或低路堤的坡脚外侧,主要用来汇集和排除路基范围内和流向路基的少量地面水。

(1)构造形式及主要尺寸。

①一般采用梯形断面,石方路段宜采用矩形断面,底宽和深度不小于0.6m;干旱地区底宽和深度不小于0.3m。

②沟底纵坡不小于0.3%~0.5%,平原地区排水困难路段应不小于0.2%,在季节性冻土地区,路基边沟沟底到路床顶面不得小于0.3m,沟底纵坡不宜小于0.75%。

③一般边沟连续长度不大于500m,多雨地区不大于300m,三角形边沟长不大于200m。

(2)养护对策。

①当沟底纵坡大于3%~4%,沟底应用片石铺砌加固。

②冰冻较轻地区也可用三合土或四合土加固。中、重冻地区高等级公路不宜用矩形暗沟式边沟。土质边沟地面和侧面宜采用浆砌体铺筑。

③凡是路线通过乡镇的,沟底宜尽量用片石铺砌加固或采用预制钢筋混凝土边沟。

2. 截水沟

一般设置在挖方路基边坡坡顶以外,或山坡路堤上方适当的地点,用以拦截路基上方流向路基的地面径流,防止冲刷与侵蚀挖方边坡和路堤坡脚,减轻边沟水流的泄水负担,保护挖方边坡和填方边坡不受水流的冲刷。

(1)构造形式及主要尺寸。

①一般采用梯形,底宽和深度不宜小于等于0.5m。

②纵坡及长度:纵坡不宜小于0.5%,沟长不大于500m。

③截水沟离开坡顶的距离,一般土层不小于5m,软弱层地段一般不小于边坡高度加5m,但不小10m。

④加固与排水处理,截水沟要适当加固,尤其是在较松土层,以防渗水及冲刷。季节性冻土地区,土质截水沟底面和侧面应采用浆砌体铺筑。

(2)养护对策。

对截水沟的维护,主要是在春融前,特别是汛前,应仔细、全面地进行检查和疏浚。大雨中应及时排除堵塞物,疏导水流,保持水流畅通,防止水流集中冲坏路基。暴雨后,应重点检查截水沟,如若有冲刷、损坏,必须及时修补加固。

3. 排水沟

排水沟于平丘区且当原有地面的沟渠蜿蜒曲折,影响路基稳定时,或为了减少涵洞数量,用于合并沟渠时设置。其作用是将路基范围内的各种水源的水流,引至路基范围以外的指定地点。排水沟不宜过长,以免流量过大造成漫流。

(1)构造形式及主要尺寸。

①一般采用梯形,边坡为1∶1.0~1∶1.5,底宽和深度不小于0.5m。

②纵坡及长度:沟底纵坡不小于0.3%~0.5%,在特殊情况下可以减至0.2%。

③沟长不大于500m,与各种水沟联系应力求顺畅。

(2)养护对策。

对排水沟的维护工作,主要是在雨季加强检查、疏浚沟中的堵塞物,保持水流畅通,防止水流集中而冲坏路基。大雨后,应重点检查有危险的地点,如有被冲刷、损坏现象,应及时修理或加固。

4. 跌水与急流槽

在重丘、山岭地区,地形险峻,排水沟渠纵坡较陡,水流急,冲刷力强,为接引水流,降低流速,消减能量,以防水流对路基及桥涵的冲刷,多采用跌水或急流槽。

(1)构造形式及主要尺寸。

①跌水构造可分为进水口、台阶和出水口三部分,台阶高一般为0.3~0.6m,台阶纵坡为2%~3%。

②急流槽构造分为进水口、槽身和出水口三部分。急流槽过长时,应分段修筑,纵坡不宜陡于1∶1.5。每段长度不宜超过5~10m,每隔2.5~5.0m设置。

③跌水及急流槽底板厚度为0.2~0.4m。边墙顶面宽度,浆砌片石为0.3~0.4m,混凝土为0.1~0.3m

(2)养护对策。

对跌水和急流槽的维护工作,主要是大雨前的仔细、全面检查,防止因多方面原因而阻塞水流的情况出现,发现问题及时疏通,确保在暴雨时能畅通无阻。同时,大雨后也要重点检查一些地方,如若发现有被水冲刷及损坏,应该组织人员及时修复。

二、地下排水设施的构造与养护

具有截断、降低、汇集或排除路基范围内的地下水功能的结构物称为地下排水结构物。其作用是减少地下水对路基的影响,保证路基的强度与稳定性。公路上常用的地下排水结构物有暗沟、渗沟、渗井等。

1. 暗沟

暗沟是设在地面以下引导水流的沟渠,用以把路基范围内的泉水或地下集中水流排到路基范围以外,无渗水和汇水作用。

(1)构造形式及主要尺寸。

①一般做成矩形或梯形,梯形沟坡壁坡率为1∶0.2,底宽与深度比大致为1∶3,深约1.0~1.5m,底宽约0.3~0.5m。

②可用块石干砌,其周围用碎(砾)做成反滤层,沟顶用黏土填筑夯实;或用浆砌片石或混凝土预制块砌筑,沟顶设盖板。

③沟底纵坡不小于1%,出口高出地表排水沟常水位0.2m。

(2)养护对策。

对暗沟的维护,主要是经常进行检查,如发现堵塞、淤积等现象时,就应该及时进行清除冲洗。尤其是雨季,应保证流水畅通无阻。

2. 渗沟

渗沟是在地面以下汇集流向路基的地下水,通过沟底通道将水排至路基范围以外。渗沟可分为盲沟、管式渗沟、洞式渗沟三种形式。

①盲沟,设在地下水流量不大,渗沟不长的地段。

②管式渗沟,可设在地下水流量较大,埋藏较深和引水较长地段,其深度可达5～6m。

③洞式渗沟,当地下水量较大,或缺乏水管时,可用石砌沟洞。

(1)构造形式及主要尺寸。

①盲沟(填石渗沟),其沟内全部采用颗粒较大的坚硬石料填充,沟底纵坡不小于1%,一般用5%,沟宽不小于0.6m。

②管式渗沟,是用排水管排泄地下水。若渗沟过长时,应多设横向泄水管,间距不大于250～350m。水管可用陶土、混凝土或石棉水泥材料。直径一般为0.1～0.3m;水泥混凝土圆管的最小直径不小于20cm,带孔塑料管直径宜为8～15cm。管的管壁应设渗水孔眼,渗水孔径为1.5～2.0cm。基座宜用片石干砌。排水管排水纵坡不小于0.5%。

③洞式渗沟,其底部结构相当于顶部可渗水的涵洞,一般孔径大小依设计流量而定。沟底纵坡不小于0.5%。

(2)养护对策。

①如在检查中发现沟口长草、堵塞,应及时清理和冲洗,确保渗沟的畅通。

②如发现碎(砾)石层淤塞而不通时,应及时组织人员来翻修,并剔出其中颗粒较小的砂石,保证其翻修质量。

③如认为渗沟所在位置不妥,不能将地下水全部排至路基外时,应根据具体情况另行修建渗沟。

3. 渗井

渗井是将离地面不深处含水层中的地下水汇集起来,通过不透水层中的竖井流入下层透水层中以疏干路基。

(1)构造形式及主要尺寸。

①孔径大小按水流计算而定,一般采用直径为1.0～1.5m圆柱形或边长为1.0～1.5m的方形。

②井深视地层构造而定。井内由中心向四周分别填入由粗而细的砂石材料。渗井离路堤坡脚不应小于10m。

(2)养护对策。

对于渗井的维护,应经常检查路基周围有无渗漏现象,仔细检查渗井内的淤泥,并及时排除淤泥。如发现渗井的位置不妥时,可以考虑改修渗井。

三、排水设施的增设与加固

排水沟渠的加固措施,应结合当地地形、地质、纵坡和流速条件,因地制宜,就地取材,且应简便易行,经济实用。

1. 增设排水设施

排水设施破坏会引起土质松软、强度降低、边坡坍塌、堤身沉陷或滑动以及产生冻害等,也会对沿线结构物造成极大的危害。在维护过程中,要及时发现,及时进行修复加固或改移重建。

(1)增设边沟。

①边沟应按图纸规定施工,并应符合现场的地质、地形条件;边沟和涵洞接合处应与涵洞洞口建筑配合,以便水流通畅进入涵洞。

②平曲线处边沟施工时,沟底纵坡应与曲线前后沟底纵坡平顺衔接,不允许曲线内侧有积水或外溢现象发生。曲线外侧边沟应适当加深,其增加值等于超高值,但曲线在坡顶时可不加深边沟。

③边沟的尺寸应符合规定。对于土质地段,当沟底纵坡大于3%时,边沟必须采取加固措施。采用干砌片石对边沟进行铺砌时,应选用有平整面的片石,各砌缝要用小石子嵌紧;采用浆砌片石铺砌时,砌缝砂浆应饱满,沟身不漏水;若沟底采用抹面时,抹面应平整压光。

(2)增设截水沟。

①截水沟应按规定施工。截水沟的位置:在无弃土的情况下,截水沟的边缘离开挖方路基坡顶的距离视土质而定,以不影响边坡稳定为原则。如系一般土质,至少应离开坡顶5m。截水沟挖出的土,应及时平整夯实,使沟两侧形成平顺的斜面。

路基上方有弃土堆时,截水沟应离开弃土堆坡脚1~5m,弃土堆坡脚离开路基挖方坡顶不应小于10m,弃土堆顶部应设2%倾向截水沟的横坡。

②山坡上路堤的截水沟距离路堤坡脚至少2m,并用挖截水沟的土填于路堤与截水沟之间,修筑向沟倾斜坡度为2%的护坡道或土台,使路堤内侧地面水流入截水沟排出。

③截水沟长度超过250m时,应选择适当地点设出水口,将水引至山坡侧的自然沟中或桥涵进水口;截水沟必须有牢靠的出水口,必要时需设置排水沟、跌水或急流槽;截水沟的出水口必须与其他排水设施平顺衔接。

④为防止水流下渗和冲刷,截水沟应进行严密的防渗和加固处理。地质不良地段和土质松软、透水性较大或裂隙较多的岩石路段,以及沟底纵坡较大的土质截水沟和截水沟的出水口等,均应采取加固措施防止渗漏和冲刷沟底及沟壁。

(3)增设排水沟。

①排水沟的线形,要求平顺,尽可能采用直线形,转弯处宜做成弧形,其半径不宜小于10m。排水沟长度根据实际需要而定,通常不宜超过500m。

②排水沟沿路线布设时,应离路基尽可能远一些,距路基坡脚不宜小于3~4m。

③当排水沟、截水沟、边沟因纵坡过大导致水流速度大于沟底、沟壁土的容许冲刷流速时,应采用边沟表面加固措施。

(4)增设跌水与急流槽。

①跌水与急流槽必须采用浆砌圬工结构。跌水的台阶高度可根据地形、地质等条件决定,多级台阶的各级高度可以不同,其高度和长度之比应与原地面坡度相适应。

②急流槽的纵坡,应按规定进行施工,一般不宜超过1:1.5,同时应与天然地面坡度相配合。较长的急流槽,槽底可设几个纵坡,一般是上段较陡,向下逐渐放缓。

③当急流槽较长时,应分段砌筑,每段不宜超过10m,接头用防水材料填塞,密实无空隙。

④急流槽的砌筑,应使自然水流与涵洞进、出口之间形成一个过渡段,基础应嵌入地面以下,其底部应按图纸要求砌筑抗滑平台并设置端护墙。路堤边坡急流槽的修筑,应能为水流入排水沟提供一个顺畅通道,路缘石开口及流水进入路堤边坡急流槽的过渡段应连接圆顺,采用喇叭口接入。

⑤边沟、急流槽接入涵洞进口处,应加设消力池,当急流槽水流大且流速较大时,为防止溅

水上路基,宜在急流槽下部槽口上加设盖板。

2. 排水设施的加固

1)土沟表面夯实

(1)适用范围。

①一般适用于土质边沟和排水沟,不适用于堑顶截水沟或堑顶排水沟。

②沟内平均流速不大于0.8m/s。

③沟底纵坡不大于表1-9所列数值。

沟底纵坡　　　　　　　　表1-9

边坡坡率	1:1		
断面 $B \times H(m^2)$	0.4×0.4	0.4×0.6	0.6×0.6
纵坡(%)	1.5	0.7	0.6

(2)施工。

①开挖水沟时,沟底及沟壁部分均少挖0.05m。

②将沟底、沟壁夯拍密实,使土的干密度不小于$1.66t/m^3$,土层厚度不小于0.05m。

③沟渠开挖时,应随开挖随夯实,以免土中水分消失,不易夯拍坚实。

④施工中如发现沟底沟壁有洞穴,应用原土补填夯实。

2)用三合土或四合土捶面的方法加固

(1)适用范围。

①一般适用于无冻害及无地下水段的水沟。

②沟内平均流速为1.0~2.5m/s。

③在常流水的水沟加固表面,可加抹1cm厚的M7.5水泥砂浆。

④混合土厚0.1~0.25m,视沟内平均流速或沟底纵坡大小而定。

(2)材料的配合比。

①三合土:水泥:砂:炉渣=1:5:1.5(质量比)。

无炉渣地区可使用石灰:黄土:砂石=1:3.3:2.3(体积比)的配合比。

②四合土:水泥:石灰:砂:炉渣=1:3:6:2.4(质量比)。

③水泥可采用低强度等级的;炉渣需用高温烧化且含碳量不超过5%,其粒径不超过5mm。

(3)施工。

①施工前两周将石灰水化,使用前1~3d将黄土或炉渣掺入拌匀,使用前将卵(碎)石或水泥及砂,反复拌和均匀。

②沟渠开挖后趁土质潮湿时立即加固。如土质干燥,则宜洒水湿润后再加固。

③沟渠铺混合土后,应拍打提浆,然后再抹水泥砂浆护层。待稍干后,用大卵石将表面压紧磨光。最后用麻袋或草席覆盖,并洒水养生3~5d。

④施工季节以春秋季为宜,不宜在冬季,以免混合土尚未干燥即发生冻胀。

⑤养护时如发现裂缝或表面剥落,应及时修补。

3)单层干砌片石加固

(1)适用范围。

①一般用于无防渗要求的沟渠加固地段。

②一般土夹砂卵石、软石、风化严重的岩石沟渠纵坡在5%以上，流速在2m/s以上时，必须加固。对于沙土质地段，纵坡不小于1%以上，即须加固。

③沟内平均流速在2.0~3.5m/s时，干砌片石尺寸可采用0.15~0.25m。流速在4m/s以上时，应采用急流槽或加设跌水。

④当沟壁沟底为细粒土时，应加设卵石、(碎)砾石垫层，其厚度按平均流速大小及土质情况，在0.10~0.15m范围内选用。

(2)施工。

①垫层石料以粒径为5~50mm者占90%(质量比)以上为宜。

②片石间空隙应用碎石填塞紧密，片石大面应砌向表面，减少面部粗糙程度。

4)单层浆砌卵石加固

(1)使用条件。

①一般用于无严格防渗要求，且容许流速在2.0~2.5m/s以内的防冲沟渠加固地段。

②所用卵石的尺寸与容许流速的大致关系，参见表1-10。

卵石的尺寸与容许流速　　　表1-10

卵石直径	0.15	0.20
v(m/s)	2.0	2.5

③当沟壁沟底为细颗粒时，需加设砾石垫层。其厚度视容许流速及土质情况而定，见表1-11。

砾石垫层厚度　　　表1-11

土质 v(m/s)	一般细粒土	黏　土
小于2.5	0.10	0.10
2.5~3.0	0.15	0.10

(2)施工。

①垫层可采用平均粒径2~4mm的干净砂砾，其含土量应在5%以下。

②一般应先砌沟底，后砌沟壁。砌底选用好的大卵石，坡脚两侧尤应特别注意选料砌牢。砌筑可自下而上逐步选用较小的卵石，最上一层则用较长卵石平放封顶压牢。

③所有卵石均应浆砌，大头朝下，每行卵石须大小均匀，两排之间保持错缝。

④卵石下部及卵石之间的空隙，均应用小石子填塞紧密。

5)浆砌片石加固

(1)使用条件。

①一般用于沟内水流速度较大且防渗要求较高的地方。

②在有地下水及冻害地段，沟壁沟底外侧应加设反滤层(或垫层)，并在沟壁上预留泄水孔。

(2)施工。

①沟渠开挖后应整平夯拍，如土质干燥应洒水湿润，遇有洞穴应堵塞夯实。

②水泥砂浆随砌随拌，砌筑完后注意养生。

6)混凝土预制板加固

(1)使用条件。

①一般缺乏砂、石地段，用混凝土预制板施工较方便。

②填方地段采用混凝土预制板,比安装模板现浇混凝土更为合适。
③垫层可用砂砾材料,或用8%石灰剂量的石灰土,拍打坚实平整。
④混凝土预制板的板厚为5~10cm,无冻胀破坏地区可采用4~8cm。
⑤混凝土预制板一般采用C15混凝土制成。
⑥流量与衬砌厚度的关系见表1-12,供参考。

流量与衬砌厚度关系　　　　表1-12

基础及其他条件	流量(m^3/s)	板厚(cm)	备　注
砂砾石、砾石、风化石、无浮托力	<2 >2	5~6 4~10	3~4cm厚的混凝土衬砌渠道,一般采用压力喷射施工
密实的砂砾土、砂土挖方渠道、无浮托力	<2 >2	5~6 4~10	需要砾石垫层
黄土、普通土、冲积土、细砂粒的填土渠道	<2 >2	5~6 4~10	需要垫层和排水设备,黏性土地段需采取防冻措施。无冻胀,不加垫层

(2)伸缩缝。
①基于温度变化会引起的混凝土板的伸缩以及基础不均匀沉陷等原因,需设置伸缩缝。纵向缝一般设在边坡与沟底连接处;当沟底宽度超过6~8m时,可在渠底中部设置纵缝。
②混凝土预制板采用M5水泥砂浆砌缝时,横向缝间距与现浇混凝土板相同,其参考值见表1-13。

横　向　缝　间　距　　　　表1-13

加固板厚度 (cm)	伸缩缝间距 (m)	加固板厚度 (cm)	伸缩缝间距 (m)
5~7	2.5~3.5	≤10	4.0~5.0
8~9	3.5~4.0		

③采用预制板加固时,沟底与边坡的伸缩缝间距须一致。
④伸缩缝宽取决于伸缩缝间距、湿度变幅、干缩系数、线膨胀系数、填料伸缩性能、黏结力、施工要求等,一般采用1~4cm。
⑤伸缩缝填料的性能是决定衬砌效果和寿命的主要因素,要求高温不流淌,低温不冻裂、剥落,伸胀时不挤出,收缩时不裂缝,黏结力强;负温下仍能黏着不脱离,耐久性好。目前采用的填料有沥青混合物、聚氯乙烯胶泥和沥青油毡板等。

(3)防冻胀措施。
在地下水位高、天气寒冷、有冻胀影响的地区,能影响沟渠混凝土板的平整度。砂砾垫层的厚度可按最大冻深的70%考虑。

(4)施工与养护中的注意事项。
①加固板的接缝除按照操作规程选料和施工外,在沟渠的使用中应密切注意接缝料,如有脱落或裂隙,应随时修补,修补时应将原接缝料清理干净。
②混凝土板损坏后,应及时更换。

◇ **单元训练**

1. 简述各种排水设施的作用、构造形式及主要尺寸、养护对策。

2. 简述增设排水设施的技术要求。

3. 简述排水设施加固的技术要求。

4. 巡查一条公路的路基排水设施现状,对排水设施的问题提出改善措施。

单元六 路基技术状况评价

◇ **单元要点**

1. 路基技术状况指数;
2. 路基损坏扣分标准。

◇ **相关知识**

路基技术状况评价

路基技术状况用路基技术状况指数(SCI)评价,按下式计算。

$$SCI = \sum_{i=1}^{8} w_i (100 - GD_{iSCI})$$

式中:GD_{iSCI}——第 i 类路基损坏的总扣分,最高分值为100,按表1-14 的规定计算;
　　　w_i——第 i 类路基损坏的权重,按表1-14 取值;
　　　i——路基损坏类型。

路基损坏扣分标准　　　　　表1-14

类型(i)	损坏名称	损坏程度	计量单位	单位扣分	权重(w_i)
1	路肩边沟不洁		m	0.5	0.05
2	路肩损坏	轻	m²	1	0.10
		重		2	
3	边坡坍塌	轻	处	20	0.25
		中		30	
		重		50	
4	水毁冲沟	轻	处	20	0.25
		中		30	
		重		50	
5	路基构造物损坏	轻	处	20	0.10
		中		30	
		重		50	
6	路缘石缺损		m	4	0.05
7	路基沉降	轻	处	20	0.10
		中		30	
		重		50	
8	排水系统淤塞	轻	m	1	0.10
		重	处	20	

◇能力训练

任务驱动综合实训

一、实训内容

综合路基日常养护的内容、养护要求、路基常见病害的治理等内容，分组调查某路段路基的现有状况，指出存在的问题并查找相关资料，分析原因，提出处治方法。

二、要求

1. 小组成员集体行动，分工协作，每小组填写路基损坏调查表一份、调查报告一份。
2. 以小组为单位面向全班同学汇报调查结果及感受。

三、培养目标及方法

1. 团队协作精神。
2. 理论结合实践，课堂课外结合，基于工作过程的教学开发。
3. 任务驱动，查阅资料并进行分析总结的能力和意识。
4. 口头表述能力以及自信心培养。

路基损坏调查表见表1-15。

路基损坏调查表　　　　　　　表1-15

路线名称：		调查方向：			调查时间：				调查人员：				
调查内容	程度	单位扣分	权重 w_i	计量单位	起点桩号： 路段长度：				终点桩号： 路面宽度：				累计损失
					1	2	3	4	5	6	7	8	9	10	
路肩边沟不洁		0.5	0.05	m											
路肩损坏	轻	1	0.10	m²											
	重	2													
边坡坍塌	轻	20	0.25	处											
	中	30													
	重	50													
水毁冲沟	轻	20	0.25	处											
	中	30													
	重	50													
路基构造物损坏	轻	20	0.10	处											
	中	30													
	重	50													
路缘石缺损		4	0.05	m											
路基沉降	轻	20	0.10	处											
	中	30													
	重	50													
排水系统淤塞	轻	1	0.10	m											
	重	20		处											
评定结果： SCI =					计算方法：$SCI = \sum_{i=1}^{8} w_i (100 - GD_{iSCI})$										

学习任务二　特殊路基养护

学习目标

1. 能够描述黄土地区路基常见病害现象和防治方法；描述黄土路堑边坡变形的类型及其影响因素；描述黄土路堑边坡防护加固措施；
2. 能够描述膨胀土地区路基的常见病害现象和养护要点；
3. 能够描述沙漠地区路基的常见病害现象和防治措施与防护措施；
4. 能够描述多年冻土地区的常见病害现象和养护措施；
5. 能够描述盐渍土、盐湖地区路基的主要病害现象和养护要点；
6. 能够描述泥石流地区路基的主要病害现象和养护要点；
7. 能够描述泥沼、软土地带路基的主要病害现象和养护要点。

任务描述

参加一段公路的特殊路基养护工作，填写工作表格，参加特殊路基常见病害的调查、分析和处理工作。

学习引导

本学习任务沿着以下脉络进行学习：

学习特殊路基养护的基本知识→参加某特殊路基养护工作→总结路基养护工作要点→分析病害原因→提出病害防治措施。

单元一　黄土地区路基养护

◇单元要点

1. 黄土的概念、工程特性、分布；
2. 黄土路基的主要病害；
3. 黄土路基病害的处治。

◇相关知识

黄土是在干燥气候条件下，形成的具有多孔性并有垂直节理的黄色粉性土。湿陷性黄土受水浸湿后会产生较大的沉陷。

黄土具有湿陷性，即受水浸湿后会产生较大的沉陷，属低液限黏土，$w_L<40\%$。其主要特征为：颜色以黄色为主，有灰黄、褐黄等色；含有大量粉粒（粉粒含量一般大于55%）；具有肉眼可见的大孔隙，孔隙比一般为1；富含碳酸钙成分及其结核；无层理，导致黄土地区的路基容易产生各种特有的工程地质问题和病害。

黄土是一种分布较广的特殊土,在我国分布面积约有 64 万 km²,广泛分布于黄河中游的河南西部,山西、陕西和甘肃大部分地区,以及青海、宁夏、内蒙古的部分地区,而以黄土高原的黄土分布最为集中。这些地区的黄土分布厚度大,地层全面而连续,发育亦较典型。此外,在河北、山东、新疆以及东北三省亦有分布。

黄土因沉积地质时代的不同,在性质上有很大的差别。可将黄土分为新黄土、老黄土和红色黄土三类,见表 2-1。

黄土的工程分类 表 2-1

分类名称	地层名称	地质符号	地质年代	按成因划分类型
新黄土	马兰黄土 2	Q_{IV}	全新世(近代)	1. 风积; 2. 冲积或洪积; 3. 坡积
	马兰黄土 1	Q_{III}	晚更新世(新第四纪)	
老黄土	离石黄土上部	Q_{III}	早更新世(新第四纪)	不分
	离石黄土下部	Q_{II}		
红色黄土	午城黄土	Q_{I}	早更新世(新第四纪)	

一、黄土的工程特性

1. 黄土的结构与构造

1)黄土的结构

黄土的颗粒组成以粉粒(粒径为 0.05～0.005mm)为主,粉粒含量可达 50% 以上,其中粗粉粒(粒径为 0.01～0.05mm)含量又大于细粒粉粒(粒径为 0.01～0.05mm)含量。

2)黄土的多孔隙性

黄土结构中的孔隙可分为以下三类:

(1)大孔隙。基本上是肉眼可见的,孔隙直径约为 0.5～1.05mm。

(2)细孔隙。是架空结构中大颗粒的粒间孔隙,肉眼看不见,可在双目放大镜下观察。

(3)毛细孔隙。由大颗粒与附在其表面上的小颗粒所形成的粒间孔隙,肉眼更看不见。

这三种孔隙形成了黄土的高孔隙度,故又称黄土为"大孔土"。

黄土的孔隙率变化在 35%～60% 之间,有沿深度逐渐减少的趋势;在地理分布上则有着自东向西、自南向北孔隙率增大的规律。

黄土中的孔隙呈垂直或倾斜的管状,以垂直为主,上下贯通,其内壁附有白色的碳酸钙薄膜;碳酸钙的胶结对黄土起着加固的作用。

3)黄土的节理

黄土节理以垂直为主。一般在干燥而固结的黄土层中比较发育,土层上部较下部发育,有时在黄土层中也发现有斜节理。

2. 黄土分区工程特征

根据黄土地区黄土分布的特点,黄河中游黄土可分为以下四个区。

Ⅰ 东南区:介于吕梁山与太行山之间。本区黄土多分布成零星小块,厚约为 50m 左右,由西向东逐渐减薄。黄土主要分布在盆地边缘或河谷阶地上,下伏基岩地形起伏较大,山顶与谷底相对高差一般在 300m 以上,地形不够开阔。

Ⅱ 中部区:介于六盘山与吕梁山之间。黄土在整个地区连续覆盖,仅在沟底部及少数山顶才有基岩出露。黄土厚度一般为 100～150m,中间地区最厚。黄土的沉积覆盖了原基岩地形,起伏地形已不易辨认,但仔细分析黄土地貌,仍可见到黄土塬的下伏基岩仍比较平坦,梁、峁以下则多为基岩丘陵。

Ⅲ西部区:介于乌鞘岭与六盘山之间。除较高的山顶、大河河谷及深切沟谷下部有基岩出露外,大都为黄土覆盖。黄土厚度一般为50~100m,以新黄土为主,并由东向西逐渐减薄。本区下伏基岩的起伏较大,基岩山顶和谷底的相对高差大都在300m以上,有时可达500m。

Ⅳ北部区:位于上述三区的北部。北接沙漠,气候干旱,多分布有沙黄土。

3. 黄土的水理特性

1)渗水性

由于黄土具有大孔隙及垂直节理等特殊构造,其垂直方向的渗透性较水平方向为大。黄土经压实后大孔构造被破坏,其透水性也大大降低。此外,黏粒的含量也会影响黄土的渗透性,黏粒含量较多的埋藏土及红色黄土,经常成为透水不良或不透水的土层。

2)收缩和膨胀

黄土遇水膨胀,干燥后又收缩,多次反复胀缩形成裂缝及剥落。由于黄土在堆积过程中,土的自重力作用使粉粒在垂直方向的粒间距离变小,所以具有天然湿度的黄土在干燥后,水平方向的收缩比垂直方向的收缩大,一般约大50%~100%。

3)崩解性

各类黄土的崩解性相差很大,新黄土浸入水中后,很快就全部崩解;老黄土则要经过一段时间才能崩解;红色黄土浸水后不崩解。

4. 黄土的抗剪强度

原状黄土的各向异性:由于垂直节理及大孔隙的存在,原状黄土的强度随方向而异,黄土水平方向的强度一般较大,45°方向仍居中,垂直方向强度较小。但是,冲积、洪积黄土则因存在水平层理的关系,以水平方向强度为最低,垂直方向强度最大,45°方向仍居中。

原状黄土抗剪强度的峰值和残值差值较大,是黄土地区多崩塌性和高速滑坡的重要原因。

5. 黄土的湿陷性

黄土受水浸湿后,土的结构受到破坏,在外荷载或土自重作用下,发生显著的下沉现象,称为湿陷。黄土受水浸湿后在土的自重压力下发生湿陷的,称为自重湿陷性黄土;在自重压力下浸湿不发生沉陷,但在附加压力下发生湿陷,称为非自重湿陷性黄土。黄土湿陷对路基工程的危害很大。国家标准《湿陷性黄土地区建筑规范》(GB 50025—2004)中规定:湿陷性黄土地基的湿陷等级,应根据湿陷量的计算值 Δ_s 和自重湿陷量的计算值 Δ_{zs} 等因素,按表2-2判定。

湿陷性黄土地基的湿陷等级　　　　表2-2

指　　标	非自重湿陷性场地	自重湿陷性场地	
Δ_{ZS}(mm)	$\Delta_{ZS} \leqslant 70$	$70 < \Delta_{ZS} \leqslant 70$	$\Delta_{ZS} > 350$
$\Delta_S \leqslant 300$	Ⅰ(轻微)	Ⅱ(中等)	—
$300 < \Delta_Z \leqslant 700$	Ⅱ(中等)	*Ⅱ(中等)或Ⅲ(严重)	Ⅲ(严重)
$\Delta_Z > 700$	Ⅱ(中等)	Ⅲ(严重)	Ⅳ(很严重)

注:*号指当湿陷量的计算值 $\Delta_S > 600$mm,自重湿陷量的计算值 $\Delta_{ZS} > 300$mm时,可判为Ⅲ级;其他情况可判为Ⅱ级。

二、黄土路基主要病害

1. 边坡变形

黄土地区公路边坡病害破坏形式可归结为两种基本类型,即坡面破坏和坡体破坏。其中,坡面破坏包括剥落和冲刷等；坡体破坏包括崩坍、坡脚坍塌、滑坡和流泥等。

1）坡面剥落

坡面剥落是黄土边坡变形的一种普通现象，会发生在各种黄土层中。剥落与边坡所处的位置、土质、易溶盐含量有关。一般阳坡比阴坡剥落严重；黏粒含量多的土易剥落；易溶盐含量越大，剥落越严重；易溶盐含量在 0.12% 以下时，边坡剥落现象较少。虽然这种边坡变形不是坡体整体变形，但对路堑边沟危害极大，会引起其他更严重的边坡变形或破坏，处理也十分困难。剥落按其形态一般有以下四类：

（1）鱼鳞状剥落。这种变形易发生在含易溶盐多（一般为 1% ~2% ）的地区，即新第四系风积黄土和冲积洪积黄土中。

（2）片状剥落。主要发生在新第四系风积和近代坡积的均质黄土层中。这种土层的较陡峻边坡表面，常形成一层厚约 3~4cm 的硬壳，这层硬壳在自然营力作用下呈大块片状剥落。

（3）层状剥落。主要发生在洪积冲积黄土互层中，这类黄土多由黏土、砂黏土及砂等互层构成。由于各层的岩性、含水率以及含易溶盐情况不同，使得风化的快慢和强烈程度也不尽相同。一般黏粒含量高者，剥落快而严重。相比较而言，粉土粒和砂粒含量高者剥落较轻、较慢，因而形成层状或带状的剥落现象。

（4）混合状剥落。边坡坡面剥落并非如上面那样类型单一，有时几种剥蚀类型同时出现。这是由于黄土表层的剥落直接同黄土的岩性有关，因而在同一坡上可能同时出现几种类型剥落现象的混合状剥落。

2）坡面冲刷

坡面冲刷是常见的公路边坡变形，会引起大量的水土流失。坡面冲刷使坡面呈沟状或洞穴状，一般形成坡肩冲刷坍塌、坡面冲刷串沟、坡面冲刷跌水、坡脚冲刷掏空、坡面冲刷沟穴、岩石接触的冲刷沟穴等。黄土边坡坡面冲刷与土层、岩性、微地貌条件、水文条件等有密切的关系。

3）坡体崩坍

边坡崩坍是黄土土体沿节理面倒坍和下错的斜坡动力地质现象，是多种自然因素及人为因素综合作用的结果。主要影响因素有地层岩性、地质构造、降水、气温变化、人为因素或地质运动等。对黄土而言，土层节理发育，边坡陡峻，在风化和水的冲蚀、浸润作用下，坡脚严重冲刷，往往会使坡体崩坍。

4）坡脚坍塌

坡脚坍塌易在湿陷性新黄土中发生。因其结构松散，坡脚松软，受水浸湿或冲刷会发生坡脚局部坍塌，一般规模较小，但较普遍。坡脚坍塌是产生滑坡的前提，也有可能诱发规模更大的坍塌。

5）滑坡

滑坡是土体沿着明显的滑动带或滑动面下滑，滑动面呈上陡下缓的圆弧状。其产生原因，主要是由于黄土的强度下降引起的土体稳定性平衡破坏。大型滑坡常发生在松散结构或黄色湿陷性黄土层中，在新黄土中也会出现小型滑坡。滑坡多发生在老黄土和岩土间出现不整合倾斜接触面处，此处的黄土本身稳定性差，遇水作用或其他条件，如地震、大爆破等作用下，极易产生土体滑移和崩坍。

6）流泥

呈斜坡状的黄土如果土质松散，具有渗水性较小的下卧层时，土体在地下水或在地下水与地表水相互作用下浸润黄土土体，使土饱和形成塑性流动，称之为流泥。它可能诱发其他病害,使边坡出现崩坍或滑坡等更严重的破坏。

2. 公路地基沉(湿)陷

黄土地基在不利的水环境下,受新建路基的重量荷载作用,极易发生湿陷,导致路基发生不同程度的变形。

3. 陷穴

陷穴是黄土路基病害的一种主要形式。

黄土地区修筑的路基,在雨季时大面积汇集的雨水,沿着黄土的垂直节理和大孔隙向路基内部渗透、潜流,溶解了黄土中的易溶盐,破坏了黄土结构,土体不断崩解,水流带走黄土颗粒,形成暗穴,在水的浸泡和冲刷作用下,洞壁坍塌,逐渐扩大形成更大的暗穴或出露于地表的其他形态的陷穴。特别是在地形起伏多变、地表径流容易汇集的地方,而土质松散、垂直节理较多的新黄土中最易形成陷穴。

1) 根据黄土陷穴的成因划分

(1) 由地表浸水形成的陷穴。黄土经水浸润,可溶盐溶解,同时水对黄土颗粒产生润滑作用,使黄土在水的冲力作用下发生变形位移和机械潜蚀,导致黄土下陷产生陷穴。

(2) 暗流的侵蚀作用形成的陷穴。地下暗流溶解了黄土中的可溶盐,使黄土结构遭受破坏,暗流又使细颗粒带走,在这种溶蚀和潜蚀作用下,使黄土中产生暗穴、暗洞、暗沟等。

(3) 因动植物和微生物作用引起的洞穴。植物根系深入土体,当植物枯死后,根系腐败遗留而成洞穴。也可以是老鼠、蛇、蚂蚁等动物挖掘出的洞穴等。

(4) 人为的洞穴。如采矿的坑道、掏沙坑、窑洞等。

2) 根据黄土陷穴的形态划分

(1) 碟形地。具有直径数十米的椭圆形碟状凹地,深度一般为 2～3m,边缘较陡。多发生在黄土塬部分或没有排水坡度的地方。由于降水不断聚集,并沿着孔隙和节理逐渐下渗,黄土不断浸湿,由重力作用下陷而成。

(2) 漏斗状陷穴。产生在黄土塬边缘,或谷坡附近,常见成群分布,口径不过数米,底部有时还散布着小孔穴。由于坡面上径流的集中,水沿节理下渗潜蚀而成。

(3) 竖井状陷穴。陷穴边缘陡峭,口径与深度相差数倍。由于陷穴底部堆积着崩塌下的土块,随地下水进一步的冲刷搬运逐渐加深,有时可达 20 多米,多发生在阶地的边缘径流汇合处。

(4) 串珠状陷穴。多沿沟床分布,一般发生在沟床的变坡处。沟壁塌落下来的土堆,成为地表水径流的障碍物,当洪水季节,上游水流到此遭受堵塞,遂向下渗流而成。

(5) 暗穴。形态多种多样,可直可曲,忽大忽小,通常为陷穴的通道,也有单独成盲沟、暗河存在的,由地下水的溶蚀和潜蚀而成。有些特殊的暗穴是人为因素造成的。

黄土陷穴的分布具有一定的规律性。从地貌看,在黄土塬的边缘、河谷阶地的边缘、冲沟两岸及河床中都常有陷穴分布。阶地边缘、河谷两侧多为坡积的松散黄土,易被冲蚀,因而离阶地斜坡和沟谷斜坡越近,陷穴越多。阶地高差越大,沟谷越深,由于地表水通过阶地边缘斜坡地带和沟谷斜坡地带时下渗越厉害,因而陷穴也越深。从地层上看,在疏松的新黄土层中,尤其是现代上层湿陷性黄土地层,陷穴越多越明显。地层越早,陷穴发育也越受到限制。

三、黄土路基病害的处治

1. 边坡变形的处治

边坡变形后,一般都先要清除松散土体,必要时在边坡处理面设置台阶,然后逐层填补、压实,最终恢复原设计坡面。为增强新旧土体的联结效果,土工材料在实践中已被广泛使用。

(1)黄土路堑边坡防护加固。

对边坡病害的控制,防护的意义更不容忽视。目前,在黄土地区常用的边坡防护方法有:直接植草防护、拱式砌石或 3m×3m 浆砌片石结合植草防护、六角形预制块边坡防护及土工网植被防护等,各有优缺点。

黄土边坡的防护与加固,应根据当地雨量及边坡的具体情况,采取不同的措施。公路常用的防护加固措施见表 2-3。

黄土路堑边坡防护加固措施　　　　　　　　　表 2-3

序号	防护加固类型	说　　　明
1	种草或铺草皮	①适用于边坡缓于 1∶1,草皮能就地取材,且雨量多适宜草类生长的地区; ②阴雨天施工为宜; ③种草、铺草皮详见本书有关章节
2	草泥抹面	①适于年降雨量较小,冲刷不很严重的地区,边坡缓于 1∶1; ②采用较黏的土,其配合比为 1m³ 黏土掺入铡碎的草 10~20kg; ③为增强草泥与边坡的连接,在边坡上打入一些木楔,其间距为 30~40cm
3	三合土或四合土面	①适于雨雪量大、任何坡度的边坡; ②材料配合比,三合土为石灰∶细砂∶黄土 = 1∶2∶5(质量比),四合土为石灰∶黄土∶细砂∶炉渣 = 1∶3∶5∶9(质量比)
4	浆砌片石护坡	①适用于坡脚易受水冲刷、坡面剥落较严重、坡脚已破坏、边坡含有夹砂层的地段; ②设计方法可参见本书有关章节
5	格状防护(用柳条或树枝编棚排)	①适用于土质疏松及多雨地区,边坡缓于 1∶1.5; ②木柱应垂直坡面打入

(2)坡面冲刷。

黄土地区干旱,植被稀少,加上自然侵蚀和人为破坏,使路基边坡屡遭降雨侵蚀破坏。破坏方式包括:坡面大量水土流失;边沟冲蚀坑;路堤坡脚冲刷;路肩冲蚀缺口。

降雨严重侵蚀使路基边坡不完整,影响边坡稳定,往往造成泥沙阻塞边沟,淤埋路基路面。边坡冲刷侵蚀以及雨水入渗往往引起边坡崩塌、滑溜、滑坡等病害。

这类病害防治方法见表 2-4。

黄土地区路基坡面冲刷防治方法　　　　　　　　　表 2-4

项目	病　害	防　治　方　法
路肩	坑凹	用砂、土混合料逐步改善表层,防止地表水侵蚀
边坡	小块黄土的剥落、坍方、大小沟槽、洞穴	①对疏松的坡面应拍打密实,如坡度缓于 1∶1,雨量适宜草类生长的,可用种草、铺草皮等方法加固; ②雨量较小,冲刷不严重的,采用黏土掺拌铡草进行抹面,且每隔 30~40cm 打入木楔,增加草泥与坡面的结合; ③雨量较大的地区,应用石灰、黄土、细砂三合土或加炉渣的四合土进行抹面加固; ④对坡脚易受雨水冲刷或坡面剥落严重地段,应根据水流、土质等情况,选用种草、铺草皮、栽灌木丛、铺柴束、篱格填石、投放石笼、干砌或浆砌片石护坡等措施进行加固
边沟	水流冲深、蚀宽	当边沟纵坡达到或超过新黄土3%、老黄土4%、红色黄土6%时,即需要加固,加固可采用浆砌片石、砖砌加固,也可采用跌水消力池式加固

2. 公路地基湿陷的处治

公路地基湿陷的处理方法,应根据公路构造部位、地基处治的厚度、施工环境条件、施工工期和当地材料来源,并经技术经济比较确定。近几年在湿陷性黄土地基处理方面,传统的土垫层法、重夯法等仍在广泛采用;而新兴的地基处理技术,如冲击碾压、强夯法、孔内深层强夯法(DDC法)等,也开始大规模使用,并取得良好的技术经济效果。强夯法则主要用于Ⅰ、Ⅱ级以上厚层自重湿陷性黄土地基、非饱和高压缩性新近堆积黄土地基和人工松填黄土(素填黄土)地基的加固处理,有效处理深度一般不大于8m;DDC法主要适用于加固较大面积的厚层高压缩性湿陷性黄土或厚层饱和湿软黄土地基,以及深层有采空洞穴或软弱下卧层的不良地基。

1)冲击压实法

冲击压实机是用三角形或五角形"轮子"来产生集中的冲击能量达到压实土石填料的目的。冲击压实技术应用于大面积湿陷性黄土地基浅层加固处理和黄土路基的补强加固时,具有快速、高效的技术优势。

冲击压实法冲压补强黄土路基,即使用冲击压实机补压经过常规分层振动碾压后已达标的路床,或在高路堤的填筑过程中,每间隔一定厚度对高路堤的常规压实层分层冲碾补压。工程实践表明,冲压补强不仅能有效提高黄土路基的整体强度,减少工后沉降和差异沉降,还能及时检测普通碾压机具施工中留下的隐蔽缺陷。

2)强夯法

强夯法冲击能量巨大,它能使深层土体产生冲切变形,从而达到动力密实的目的,因此它属于深层动力密实法的一种,可以消除较深层黄土的湿陷性并提高地基承载力,主要用于Ⅰ、Ⅱ级以上厚层自重湿陷性黄土地基、高压缩性新近堆积黄土地基和人工松填黄土地基的加固处理。

3)孔内深层强夯技术(DDC)

DDC法是通过机具成孔(螺旋钻钻孔或特制夯锤冲孔),然后通过孔道在地基处理的深层部位进行填料,用具有高动能的特制重力夯锤进行冲、砸、挤压的高压强、强挤密的夯击作业,不仅使桩体十分密实,也对桩间土进行挤密,从而提高复合地基承载力,地基湿陷性得以完全消除。孔内深层强夯技术(DDC)综合了重锤夯实、强夯、土桩等地基处理技术的优势,集高动能、高压强、强挤密各效应于一体,可以对厚层湿陷性黄土地基及其他软弱地基进行加固处理。

根据DDC法的作用机理和技术特点,DDC法在湿陷性黄土地区最具应用价值的几个方面如下:

(1)较大面积的厚层高压缩性湿陷性黄土或厚层饱和湿软黄土地基。

(2)深层有采空洞穴或软弱下卧层不良地基的处理。

(3)高填黄土路堤以及构造物台后填土的加固处理。

3. 黄土陷穴的治理

黄土陷穴对路基的危害甚大,一般均需进行治理,治理方法有下列几种:

(1)灌砂。小面积的陷穴,可用砂灌实,并用黏土封顶夯实,并改变微地貌,防止雨水流入陷穴的地方。

(2)灌泥浆。洞身不大,但洞壁曲面不直且离路基中线较远的小陷穴,可用水、黏土、砂子拌和后进行反复多次灌注。有时为了封闭水道,也可用水泥砂浆。同时应改变微地貌,防止雨水流入陷穴。

(3)开挖夯填。开挖夯填是最直观、最可靠的方法,根据洞穴的具体情况,可直接开挖回填,并用黄土分层夯实。

(4)开挖导洞或竖井进行回填。若洞穴深,明挖工程数量较大,可采用开挖导洞方法,由洞内向洞外逐步回填密实。回填前应将洞穴内的尘土彻底清除干净,接近地面0.5m厚时,则改用黏土回填夯实(这里所指的黏土可用红黄土或者黄土)。

◇ **单元训练**

一、填空题

1. 黄土指的是在_____条件下形成的_____性具有_____的黄色粉性土,湿陷性黄土受水浸湿后会产生较大的_____。
2. 黄土地区公路边坡病害破坏形式可归结为两种基本类型,即坡面破坏和坡体破坏。其中坡面破坏包括_____和_____等;坡体破坏包括_____、_____、_____和_____等。
3. 黄土路基主要病害有:_____、_____、_____。

二、简答题

1. 简述黄土路基的常见病害及防治方法。

2. 简述黄土路堑边坡变形的类型及其影响因素。

3. 简述黄土边坡的防护与加固措施。

单元二 膨胀土地区路基养护

◇ **单元要点**

1. 膨胀土的概念、工程特性、分布;
2. 膨胀土地区的路基病害;
3. 膨胀土路基的养护要点。

◇ **相关知识**

膨胀土是土中黏粒成分主要由亲水性矿物组成,同时具有显著的吸水膨胀和失水收缩开裂两种变形特性的黏性土。膨胀土分布十分广泛,在世界五大洲中的40多个国家都有分布。在我国,已有广西、云南、湖北、安徽、四川、河南、山东等20多个省(区)180多个市县发现了膨胀土的分布。

影响膨胀土胀缩特性的内在因素,主要是矿物成分及微观结构两方面。试验证明,膨胀土含大量的活性黏土矿物,如蒙脱石和伊利石,尤其是蒙脱石,比表面积大,在低含水率时对水有巨大的吸力,土中蒙脱石含量的多少直接决定着土的胀缩性质的大小。除了矿物成分因素外,这些矿物成分在空间上的联结状态也影响其胀缩性质。经对大量不同地点的膨胀土扫描电镜分析得知,面—面连接的叠聚体是膨胀土的一种普遍的结构形式,这种结构比团粒结构具有更大的吸水膨胀和失水吸缩的能力。外界因素则是水对膨胀土的作用,或者更确切地说,水分的迁移是控制土胀缩特性的关键外在因素。因为只有土中存在着可能产生水分迁移的梯度和进行水分迁移的途径,才有可能引起土的膨胀或收缩。

在自然条件下,膨胀土一般呈黄、褐、棕及灰绿、灰白等颜色,土体发育有各种特定形态的裂隙,常见光滑面和擦痕,裂缝随气候变化张开和闭合,并具有反复胀缩的特性;膨胀土多出露于二级及二级以上的阶地,山前丘陵和盆地边缘,一般地形平缓,无明显自然陡坎,具典型的垄岗式地貌。

膨胀土对公路工程的危害形式是多样的,而且变形破坏具有多次反复性。在膨胀土地区,路基边坡常大量出现坍方、滑坡,有"逢堑必滑,无堤不坍"之说。我国过去修建的公路一般等级较低,膨胀土引起的工程问题不太突出。然而,近年来兴建的高等级公路,在不少膨胀土地区都遇到严重的路基病害,造成了重大的经济损失,开始引起广泛关注。应注意的是,在有条件时,即使规范规定的自由膨胀率为40%以下的弱膨胀土,也不要轻易采用,以减少疑似质量病害的发生。

一、膨胀土地区的路基病害

1. 路堑病害

(1)剥落。

剥落是路堑边坡表层受物理风化作用,使土块碎解成细粒状、鳞片状,在重力作用下沿坡面滚落的现象。剥落主要发生在旱季,旱季越长,蒸发越强烈,剥落越严重。一般强膨胀土较弱膨胀土剥落更甚,阳坡比阴坡剥落要严重。剥落物堆积于边坡坡脚或边沟内常造成边沟堵塞。

(2)冲蚀。

冲蚀是坡面松散土层在降雨或地表径流的集中水流冲刷侵蚀作用下,沿坡面形成沟状冲蚀的现象。冲蚀沟深0.1~0.5m,深者可达1.0m。冲蚀的发展使边坡变得支离破碎。冲蚀主要发生在雨季,特别是大雨或暴雨季节。冲蚀既破坏了坡面的完整性,也不利于植物的生长。

(3)泥流。

泥流是坡面松散土粒与坡脚剥落堆积物在雨季被水流裹带搬运形成的。一般在膨胀土长大坡面、风化剥落严重且地表径流集中处最易形成。泥流常造成边沟或涵洞堵塞,严重者可冲毁路基、淹埋路面。

(4)溜塌。

边坡表层强风化层内的土体,吸水过饱和,在重力与渗透压力作用下,沿坡面向下产生塑流状塌移的现象,称为溜塌。溜塌是膨胀土边坡表层最普遍的一种病害,常发生在雨季,与降雨稍有滞后关系,可在边坡的任何部位发生,与边坡坡度无关。溜塌上方有弧形小坎,无明显裂缝与滑面,塌体移动距离较短,且很快自行稳定于坡面。溜塌厚度受强风化层控制,大多在 1.0m 以内,不超过 1.5m。

(5)坍滑。

边坡浅层膨胀土体,在湿胀干缩效应与内化作用影响下,由于裂隙切割以及水的作用,土体强度衰减,丧失稳定,沿一定滑面整体滑移并伴有局部坍落的现象,称为坍滑。坍滑常发生在雨季,并较降雨稍有滞后。滑面清晰且有擦痕,滑体裂隙密布,多在坡脚或软弱的夹层处滑出,破裂面上陡下缓,滑面含水富集,明显高于滑体。坍滑若继续发展,可牵引形成滑坡。坍滑厚度一般在风化作用层内,多为 1.0~3.0m。

(6)滑坡。

滑坡具有弧形外貌,有明显的滑床,滑床后壁陡直,前缘比较平缓,主要受裂隙控制。滑坡多呈牵引式出现,具叠瓦状,成群发生,滑体呈纵长式,有的滑坡从坡脚可一直牵引到边坡顶部,有很大的破坏性。滑体厚度大多具有浅层性,一般为 1.0~3.0m,多数小于 6.0m,与大气风化作用层深度密切相关。膨胀土滑坡主要与土的类型和土体结构关系密切,与边坡高度和坡度并无明显关系。因此,试图以放缓边坡来防治滑坡几乎是徒劳的,必须采取其他有效的防护加固措施。

2. 路堤病害

(1)沉陷。

膨胀土初期结构强度较高,在施工时不易被粉碎,亦不易被压实。在路堤填筑后,由于大气物理风化作用和湿胀干缩效应,土块崩解,在上部路面、路基自重与汽车荷载的作用下,路堤易产生不均匀下沉,如伴随有软化挤出则可产生很大的沉陷量。路堤越高,沉陷量越大,沉陷越普遍,尤以桥头填土的不均匀下沉更为严重。不均匀下沉导致路面的平整度下降,严重时可使路面变形破坏,甚至屡修屡坏。

(2)纵裂。

路肩部位常因机械碾压不到,使填土达不到要求的密实度,因而后期沉降相对较大。同时因路肩临空,对大气物理作用特别敏感,干湿交替频繁,肩部土体失水收缩远大于堤身,故在路肩顺路线方向常产生纵向开裂,形成长数十米甚至上百米的张开裂缝。缝宽约 2~4cm,大多距外缘 0.5~1.0m。

(3)坍肩。

路堤肩部土体压实不够,又处于两面临空部位,易受风化影响使强度衰减,当雨水渗入时,特别是当有路肩纵向裂缝时,容易产生坍塌。塌壁高多在1m 以内,严重者大于 1m。

(4)溜塌。

与路堑边坡表层溜塌相似,但路堤边坡溜塌多与边坡表面压实不够有关。溜塌多发生在路堤的坡腰或坡脚附近。

(5)坍滑。

膨胀土路堤填筑后,边坡表层与内部填土的初期强度基本一致。但是随着通车时间的延续,路堤经受几个雨湿季节的反复收缩与膨胀作用后,表层填土风化加剧,裂隙发展,当有水渗入时,膨胀软化,强度降低,导致边坡坍滑发生。

(6)滑坡。

路堤滑坡与填筑膨胀土的类别、性质、填筑质量以及基底条件等有关。若用灰白色强膨胀土填筑堤身,则形成人为的软弱面(带);填筑质量差,土块未按要求打碎;基底有水或淤泥未清除,处理不彻底;边坡防护工程施工不及时;边坡表层破坏未及时整治等,都有可能产生滑坡。因此,膨胀土路堤有从堤身滑动的,也有从基底滑动的。

二、膨胀土路基的养护要点

1. 保持排水良好

完善路基排水设施对于膨胀土路基的稳定具有特殊重要意义。如能防水保湿,则可消除膨胀土湿胀干缩的有害影响。为此,应注意以下几点:

(1)所有排水设施,均应进行日常养护,以使危害路基稳定的地面水、地下水能顺畅排走,防止积水浸泡路基、地下水浸入路基。

(2)所有地面排水沟渠,特别是近路沟渠,均应铺砌和加固,以防冲、防渗。如有砂浆脱落应及时进行养护。

(3)边沟应较一般地区适当加宽、加深。路堑边沟外侧应设平台,以保护坡脚免遭水浸,并防止剥落物堵塞边沟。

(4)堑顶设截水沟,以防水流冲蚀坡面和渗入坡体。堑顶截水沟应距堑缘10~15m以外。截水沟纵坡宜以岗脊为顶点向两侧排水。

(5)台阶式高边坡,应在每一级平台内侧设截水沟,以截排上部坡面水,并宜在截水沟与坡脚之间设一定宽度的平台,以利坡脚稳定。

2. 路面采用不透水面层

一般公路尽可能采用柔软的面层和较厚的粒料基层;高速公路宜采用厚层石灰土底基层。

3. 路基面横坡尽可能大一些

路肩尽可能宽一些,最少不小于2.0~2.5m,横坡要尽可能大一些。路肩全宽用与路面基层相同的结构层铺砌,并铺较薄的不透水面层或做防渗处治。

4. 路基压实

修筑膨胀土路基,通常是采用较高含水率、较低密度的原则,即在轻型压实标准最佳含水率或略高的含水率下压实到较低的干密度。所以在国内一些公路部门养护时,应综合考虑路基的强度要求、压缩变形、胀缩变形、施工可能性等因素,压实含水率的控制以平衡含水率为基础,建议取$(0.8~0.9)w_p$,或在稠度为1.1~1.3时的含水率下压实,压实度应不低于轻型压实标准的95%。

5. 土基加固

如不得已需用膨胀土填筑土基时,则应采用石灰、水泥等无机结合料对膨胀土进行改良和加固,以使土基稳固。所用剂量视改良和加固要求而定,一般以4%~6%为宜。所需厚度视公路等级与当地气候条件而定。对一般公路,可用30~50cm;对高速公路,则宜使土基处治层与路面总厚度之和接近100~150cm。

◇ 单元训练

一、填空题

1. 膨胀土是富含_____性矿物,具有明显的_____和_____的_____土。
2. 膨胀土地区路堑病害类型:_____、_____、_____、_____、_____、_____。
3. 膨胀土地区路堤病害类型:_____、_____、_____、_____、_____、_____。

二、简答题

简述膨胀土路基的养护要点。

单元三 沙漠地区路基养护

◇ 单元要点

1. 沙漠的概念、分布和危害;
2. 风沙对公路路基的危害;
3. 沙漠地区路基病害的防治和防护措施。

◇ 相关知识

沙漠是指地面完全被沙所覆盖、植物非常稀少、雨水稀少、空气干燥的荒芜地区。

在世界范围内,荒漠面积约占地球陆地总面积的15%,主要分布在南北纬15°~35°之间、亚热带高气压控制的范围,以及温带的大陆中心。在这些沙漠地区,气候干燥,雨量稀少,年降水量在250mm以下,有些沙漠地区的年降水量更少,甚至在10mm以下。国外沙漠主要分布在澳洲、非洲和亚洲,主要有澳大利亚大沙漠和维多利亚大沙漠,非洲的撒哈拉沙漠,阿拉伯半岛的鲁卡哈利沙漠和内夫得沙漠。

我国现有沙漠(地)面积达128.24万km^2,占国土陆地面积的13.4%。全国主要沙漠有:新疆塔里木盆地的塔克拉玛干沙漠和准噶尔盆地的古尔班通古特沙漠,内蒙古阿拉善高原的巴丹吉林沙漠、腾格里沙漠和库布齐沙漠,内蒙古东部高原的浑善达沙地和呼伦贝尔沙地,鄂尔多斯高原的库布齐沙漠和毛乌素沙地,青海柴达木盆地的柴达木沙漠,形成一条西起塔里木盆地,东至松嫩平原西部,东西长约4 500km、南北宽约600km的沙漠带。

当日平均气温稳定上升到10℃以上时,大多数农作物才能活跃生长。把大于等于10℃持续期内的日平均气温累加起来,得到的气温总和,称为活动积温。

中国沙漠分布区气候干旱,降水稀少,年降水量自东向西递减,东部沙区年降水量可达250～500mm,内蒙古中部及宁夏一带沙区为150～250mm,阿拉善地区及新疆的沙区均在150mm以下,其中塔克拉玛干沙漠东部及中部更不及25mm。沙漠地区全年日照时间一般为2 500～3 000h,无霜期一般为120～130d,10℃以上活动积温,除内蒙古东部一些沙区外,一般多为3 000～5 000℃。气温变化很大,年均温差为30～50℃,日温差变化更为显著。风季风速可达5～6级,风沙日数为20～100d,个别地区可占全年的1/3。

一、风沙对公路路基的危害

沙漠地区由于气候比较干燥,风沙大,地表植被均较稀疏、低矮,容易发生边坡或路肩被风蚀,或整个路基被风带积沙掩埋等沙害;沙漠地区虽然雨量稀少,但一般降水均为暴雨,易造成水毁病害;我国沙漠地区大多同时有盐渍土分布,路基往往也遭受盐涨等病害威胁;高纬度沙漠地区因低温,路基有冻胀翻浆病害存在。

风沙对公路的主要危害是沙埋和风蚀。

1. 沙埋

(1)沙埋原因。

公路沙埋主要有两种情况,其一是由于风沙流通过路基时,由于风速减弱,导致沙粒沉落、堆积、掩埋路基;其二是由于沙丘移动上路而掩埋路基。

(2)沙埋类型。

①片状沙埋。其面积较大,形成也较迅速,主要发生在风沙流活动的地区;初期积沙较薄,通过养护尚能维持通车,如沙源丰富,积沙日益增厚,则会阻断交通。

②舌状沙埋。在流动沙丘地区,当路线横切沙丘走向时,或在风沙流活动地区,当路基上风侧有障碍物时,均可形成舌状沙埋。舌状沙埋形成迅速,厚度较大,一场大风即可使交通中断。

③堆状沙埋。主要发生在流动、半流动沙丘地区,沙丘前移上路,造成大量的沙子堆积,形成堆状沙埋。堆状沙埋的发展需要一定的时间,能够预测,可以预防,但一经形成,因积沙量大,危害严重,处理比较困难。

2. 风蚀

在风沙的直接冲击下,路基上的沙粒或土颗粒被风吹走,出现路基削低、淘空和坍塌等现象,从而引起路基的宽度和高度的减小。风蚀的程度与风力、风向、路基形式、填料组成及防护措施等有关。

(1)路堤。

当主导风向与路基处于正交时,迎风侧路肩及边坡上部风蚀较严重,背风侧则较轻。当主导风向平行路基时,两侧路肩及边坡上部均易遭受风蚀。

(2)路堑。

路堑边坡的风蚀一般均较严重,风蚀程度则随路线与主导风向的交角而有所不同。当风向与路线平行时,两侧坡面多被风蚀成条沟状;当风向与路线正交时,迎风坡面的局部地方则易被淘空成犬牙状。

二、沙漠地区路基病害的防治

我国沙漠地区主要分布在北方干旱、半干旱地区。沙漠地区养护的基本方针是:"固、阻、输、导"等,通过采取这些措施进行综合治理。由于气候比较干燥,雨量稀少,风沙大,地表植被均较稀疏、低矮,容易发生边坡或路肩被风蚀、整个路基被风沙掩埋等情况。因此应备好防护材料,做好路基的防护工作。

(1)对路基两侧原有的沙漠、石笼、风力防护堤、植被、防沙栅栏等一切防沙设施,如有被掩埋、倾倒、损坏和失效,应拔高、扶正或修理补充。

(2)对路基的砌石护坡或草格防沙设施,如有塌方破坏,应及时修理,保持完好状态。

(3)必须维护路基两侧现有植物的正常生长,并有计划地补植防沙树木和防护林。

(4)路基边坡上,出现的风蚀、空洞、坍缺应予以填实,并加做护坡。

(5)路肩上严禁堆置任何材料或杂物,以免造成积沙。对公路上的积沙,应及时清除运到路基下风侧20m以外的地形开阔处摊撒平顺。

三、沙漠地区路基的防护措施

1. 柴草类防护

(1)层铺防护。采用麦草、稻草、芦苇、沙蒿、野麻或其他草类,将其基秆砍成30~50cm短节,从坡脚开始向上每层按5~10cm厚度层铺、灌沙、捣实。如采用沙蒿等带有根系的野生植物时,可将其根茎劈开,并使根茎向外,按上述方法进行层铺。沙蒿可用10年以上,其他多为3~5年,材料用量大。

(2)平铺植物束成笆块,采用各种枝条、芦苇、芨芨草等,扎成直径5~10cm的束把或纺成笆块,沿路基坡脚向上平铺,以桩钉固定,可用5~10年,材料用量大。

(3)平铺或叠铺草皮,以40cm×50cm为一块挖取草皮,其厚度约10~15cm,沿路基坡脚向上错缝平铺或叠铺,一般可用3~5年,如能成活,可起永久稳固边坡的作用。

2. 土类防护

(1)黏土防护。采用塑性指数大于7的黏性土,用于边坡时,厚为5~10cm;用于路肩时,厚为10~15cm。为增加抗冲蚀强度和避免干裂,可掺10%~15%的砂或20%~30%的砾石(体积比)。

(2)盐盖防护。可将盐盖打碎成5cm的碎块,予以平铺(松软的掩盖可直接平铺形成硬壳)。

3. 砾、卵石防护

(1)平铺卵石防护。用于边坡时,厚5~10cm;用于路肩时,厚为10~15cm,分平铺、整平、夯实几步进行。

(2)格状砾、卵石防护。用于边坡时,厚5~7cm;用于路肩时,厚10~15cm。先用10cm以上的卵石在边坡上做成1m×1m或2m×2m并与路肩边缘呈45°角的方格,格内平铺粒径较小的砾石;路肩平铺砾石,应进行整平夯实。

4. 化学防护

化学防护的原理是将稀释的胶结性化学物质喷洒于松散的流沙面,将粒状沙胶结为一层保护壳,从而达到防止风蚀的目的。按照固沙物质的种类和组成,化学固沙主要包括沥青乳液固沙、沥青化学物固沙、高分子聚合物固沙等方法。

(1)平铺沥青砂。采用10%~20%热沥青与80%~90%的风积沙混合,直接在边坡上平铺压实。

(2)直接喷洒沥青或渣油。采用低标号沥青、渣油,熬热后洒在边坡上,然后撒一薄层风积沙。

(3)高分子聚合物固沙。将高分子聚合物喷洒到边坡上,通过其渗透到沙层起到固沙的效果。

5. 生物防护

生物防护的原理同柴草类防护,并且植物是活的沙障,随着植物的生长,效果越来越好,最后达到固定沙漠的目的。

植物种选择以乡土树种为主,以灌木为主,有条件时应乔、灌、草结合。灌溉方式要适宜,起伏沙丘以滴灌为宜。

6. 土工材料防护

在沙漠地区,常用土工格室来固沙。土工格室是一种采用高强度聚乙烯片材,经超声波焊接等方法连接,展开后呈蜂窝状的三维立体网格结构材料,属于特种土工合成材料。铺设土工格室时,要尽量拉紧,不得有褶皱,及时用沙填充格室并压实。

实际上,在广大的沙漠地区,需要将以上几种防沙固沙措施结合起来使用,特别是将植物治沙与工程治沙相结合,才能取得良好的防沙、固沙效果以及较好的经济效益。

◇ **单元训练**

一、填空题

1. 沙漠是指地面完全被_____所覆盖、_____、_____、_____的荒芜地区。
2. 风沙对公路的主要危害是_____和_____。
3. 沙漠地区养护的基本方针是:"_____、_____、_____、_____"等,通过采取这些措施进行综合治理。
4. 沙漠路基防护的措施包括:_____防护、_____防护、_____防护、_____防护、_____防护、_____防护。

二、简答题

1. 简述沙漠地区路基病害的防治措施。

2. 简述沙漠地区路基病害的防护措施。

单元四　多年冻土地区路基养护

◇ **单元要点**

1. 多年冻土的定义、分类、分布；
2. 多年冻土地区路基主要病害；
3. 多年冻土路基病害的防治；
4. 多年冻土地区路基施工注意事项；
5. 冻土地区路基养护措施。

◇ **相关知识**

温度小于和等于0℃，含有冰且与土颗粒呈胶结状态的土称为冻土。

根据冻土冻结延续时间，可分为季节性冻土和多年冻土两大类。土层在冬季冻结，在夏季全部融化。冻结延续时间一般不超过一个季节，称为季节性冻土层，其下边界线称为冻深线或冻结线；土层冻结延续时间在三年或三年以上称为多年冻土。多年冻层的上部界限称为冻土上限，是多年冻土地区道路设计的重要数据；下部界限称为冻土下限。在天然条件下形成的上限称为天然上限，经过人为活动形成的新上限称为人为上限。

工程上冻土按粒度成分及总含量并考虑融沉等级，将冻土划分为少冰冻土、多冰冻土、富冰冻土、饱冰冻土及含土冰层五类。

多年冻土约占地球陆地面积的26%，主要分布在高纬度或高海拔的寒冷地区。中国多年冻土约有190万平方公里，主要分布在青藏高原、大兴安岭和小兴安岭地区，以及阿尔泰山、天山、祁连山和喜马拉雅山等山地。

多年冻土具有独特的工程性质。处于冻结状态的土具有很高的强度，是公路结构的良好基础。

由于多年冻土的存在，影响了地表水在垂直方向的渗透，容易使地表处于过湿状态。当多年冻土层层上水发育，冻结时水分转移积聚，能产生相当厚度的地下冰。在多年冻土地区，冬季由于上部季节融冻层的冻结封闭，容易使地下水受到压力而产生冰丘或冰锥的活动；由于自然营力或人为活动的破坏，可能形成热融滑坍、热融沉陷以及在多年冻土层上形成冻土沼泽等不良的工程地质和水文地质现象。

通过多年冻土地区的公路，改变了其原来的水热平衡状态。表层开挖将引起多年冻土的融化和冻土上限下降，土中冰融化为水使基底承载力大大降低而造成地表沉陷，影响路基的稳定；当修建沥青路面时，由于路面大量的吸热使路基下冻土地温升高，会引起上限下降，造成热融沉陷变形，有的路段呈反拱状态，从而导致路面破坏；路堤填筑也可能造成冻土上限的升高，以及施工对地表破坏所引起的不良后果等。

一、多年冻土地区路基主要病害

在多年冻土地区修筑公路，由于冻土土质、温度、水及荷载的作用引起应力场的变化和重新分布，从而导致所修筑的路基、路面发生冻胀、翻浆、融沉，桥涵冻胀隆起和融化下沉、墙身开裂甚至错位等病害。一般常见的路基病害主要有下列几种。

1. 翻浆

在多年冻土地区,由于在土壤冻结过程中汇聚了过多的水分,且土质状态不好,到春暖化冻时水分不能及时排出,从而造成土基软弱,强度降低。在车辆荷载的作用下,路面发生弹簧、裂纹、鼓包、车辙、唧泥等现象,称为翻浆。

2. 冻胀

高寒不良土质中所含的水分在负温下结晶,生成各种形状的冰侵入土体而导致土体积的增大,称为冻胀。

其主要表现是土层表面不均匀的升高。冻胀土与结构物基础之间主要产生冻结力和冻胀力(分为切向冻胀力、法向冻胀力、冻胀反力)。

冻胀本身不仅引起道路破坏,还可引起桥梁、涵洞基础的冻害,特别对早期所修建的结构物尤为突出。主要表现为桥梁墩、柱基础冻胀隆起,融化下沉,台身在切向冻胀力和法向冻胀力共同作用下出现裂缝,甚至墩(台)基础整体上抬或倾斜。涵洞冻害主要表现为洞身的冻胀隆起和融化下沉,端墙及八字翼墙圬工开裂及涵洞管节的错位和脱离。

3. 融沉

在多年冻土地区,由于地下冰层埋藏较浅,在施工及运营过程中,各种因素使多年冻土局部融化,上覆土层在土体自重和外力作用下产生沉陷,从而造成路基严重变形。主要表现为路基下沉,路堤向阳侧路肩及边坡开裂、下滑,路堑边坡溜塌等。融沉病害多发生在低路堤地段。

最突出的问题是热融沉陷,凡是接近地表有厚层地下冰的地段,由于设计、施工、养护不当,无论路基、桥涵、房屋,都容易因冻土热融而发生沉陷。在有厚层地下冰的斜坡上,道路挖方极易导致土体热融,沿融冻界面一块块向下滑移,形成热融滑坍。

4. 冰害

冰害主要是指路堤上方出露地表的溪水、泉水在隆冬季节随流成冰,形成积冰掩埋路基面的现象。冰害会造成车轮打滑,危及行车安全。

二、多年冻土路基病害的防治

对多年冻土路基病害的处理,《公路养护技术规范》(JTG H10—2009)要求遵循"保护冻土"的原则。针对其病害的不同情况,可以采取以下措施。

1. 路基维护

(1)多年冻土地区填土路基坡脚20m范围内不得破坏原地貌。

(2)多年冻土地区,地面水无法下渗,容易形成地表潮湿或积水,应将积水引向路基以外排出,避免危害路基。

(3)疏浚边沟、排水沟,要防止破坏冻层。若导致冻土融化,将产生边坡坍塌。养路用土或砂石材料,不宜在路堤坡脚或路堑坡顶20m以内采掘,防止破坏冰土,影响路基稳定,采集时,应分点采集。

2. 采取导温措施

1)基床保温措施

基底铺设隔温层,可以补偿路堤基底因表层植被及泥炭受到压缩变薄及压实而导致的热传导性能增加,亦可减少填土蓄热对基底的散热影响,起到保温效果。关于隔温材料的种类,国外有采用泡沫塑料隔热板材的,但造价较高。如东北大、小兴安岭地表生长的塔头草及泥炭层为良好的保温材料,可就地取材,造价低且施工简便。一般铺厚0.4～0.6m,上铺0.2m黏土层保护。当用夯填泥炭、草皮或夯填黏土、草皮铺砌坡面时,边坡坡度一般为1∶1.5～1∶12.0;当用叠砌草皮、反扣塔头铺砌坡面时,边坡坡度一般为1∶1.0～1∶1.5。基底铺设泥炭层的多年冻土路堤,在基底泥炭隔温层及两侧设置的保温护道的共同作用下,基底人为上限上升明显。更换底层土为一定厚度的保温材料,如炉渣等,可以调整路基冻结深度,减少路基上冻土的水分聚流现象,同时炉渣具有吸收薄膜水和较好的排水性能,可以促使融期路基干燥。炉渣保温层厚度可通过冻渗理论计算,一般不少于0.4m。

2) 导温盲沟

导温盲沟也称冷暖盲沟,是一种由炉渣横向暖沟与卵石纵向冷沟联合起来组成的导温方案。其原理是通过在轨道下基床间设置的横向暖沟,使土基冻结滞后,再在路基两侧设置纵向冷沟。由于其填料的温度传导系数大且通风良好,使其周围的路基土先行冻结,因而,路基土中的水分必然向冷沟附近的冷却区聚集。春融时,冷沟附近冻土及冻体先行融化,土中水由纵向盲沟中排出。这样,整个基床土分期融冻,分期冻结,路基湿度大大降低,提高了路基的整体承载力。实践中曾采用40～200mm洗净的卵石并包裹土工布代替反滤层,效果较好。

3) 设置保温护道

多年冻土路堤的另一保温措施是设置保温护道,用以减少及削弱因热传导作用而引起的对多年冻土的影响,防止向阳坡侧人为上限的下降和缓和坡侧人为上限的破坏。以黏性土填筑的保温护道可阻挡和减少路堤坡脚处地表水渗入基底,防止基底冻土融化,保证路堤稳定。护道材料宜根据"就地取材、方便施工"的原则,并结合防水综合考虑。采用泥炭草皮或细粒土均可。在需要加强防水的地段以土护道为宜。

4) 土工布、EPS导温垫床

土工布具有隔离、渗滤、排水、加固和强化土体的作用,在整治一般翻浆中已广泛应用。EPS(聚苯乙烯塑料)是一种新型防冻土工聚合材料,呈泡沫状。由可发性聚苯乙烯存储、预发泡、成熟处理及模制过程加工而成。试验证明,密度为 $45kg/m^3$ 的EPS材料,吸水率小,含气量高,导温系数小,在受水浸湿时仍有较好的隔热效果,且能满足动荷载为200kPa的强度和变形要求。近几年已在寒冷地区整治路基冻害中多处使用,采用密度为 $45kg/m^3$、外形尺寸为(厚×长×宽)5cm×150cm×75cm的EPS板,效果良好。

3. 提高路堤,保证路堤的最小高度

在多年冻土上修筑路堤,只要满足最小高度(采取保护多年冻土原则设计路堤时,能使基底人为上限维持在原天然上限位置的最小高度),并采取综合的保温措施后,一般人为上限最终均能较天然上限有所上升,或保持在天然上限的位置。因此,为保持路堤稳定,防止基底人为上限下降,需要确定路堤的最小高度。

确定路堤的最小高度,需要考虑多种因素。它既与区域气候密切相关,又与填料类别、地表下泥炭层厚度及以下的冻土介质特性和采取的保温措施有关,但最主要因素是区域气候。国内外有采用公式计算确定路堤最小高度的,但一般都根据调查资料经统计分析后得出。在采取保护多年冻土的路段,应同时满足上限不下降的要求。表2-5列出了多年冻土地区不同路面类型的最小路基填高的参考数值。

最小路基填高   表2-5

地　　区	路面类型	最小路基填高(m)
青藏高原多年冻土地区	砂石路面	0.5
	沥青路面	0.9
兴安岭多年冻土地区	砂石路面	1.0
	沥青路面	1.4

当路堤填土高达不到最小填高要求,或在饱冰冻土及厚层地下冰地段用细粒土填筑路堤较低时,应进行基底处理。

(1)基底天然覆盖,如塔头草、泥炭等不应挖除,而且由路基坡脚20m外挖取塔头草填于基底塔头草空隙,使之成为良好的隔温层。

(2)当冻土层上的覆盖层较薄时,可以将饱冰冻土或地下冰全部换填。黑龙江省黑(河)北(安)公路对通过多年冻土地区的路段,凡覆盖层小于3.0~3.5m的,采用了换填的方法。如饱冰冻土或地下冰埋藏较厚,也可部分换填,但换填厚度和路堤填高之和应不小于路堤最小高度。换填材料以粗颗粒土为最好,或选用水稳定性较好的细颗粒土,并做好地表排水。地表潮湿时,为防止冻害,路基上部填0.5m渗水性土。

(3)路堤底部设置毛细隔断层,其厚度一般不小于0.5m,以避免底下水分上升至路堤内部。为防止隔断层受污染阻塞而失效,在其上部应铺一层反滤层(草皮或土工织物)。

(4)设置保温护道和护脚。在饱冰冻土及地下冰地段填筑路堤,当靠近基底仍有饱冰冻土层或地下冰层,并且有可能融化时,在填方坡脚一侧或两侧设置保温护道或护脚。

4. 路堑段的治理

细颗粒土和多年冻土地段路堑,由于开挖引起冻土融化,黏性土呈可塑状态,砂性土呈潮湿状态,一般不影响基底稳定,可不用换填,对黏性土基底可适当加深边沟及加大其纵坡。为防止冻土融化而产生边坡滑坍,路堑边坡应适当放缓至1:1.5~1:12.0,或考虑用草皮加固。对于富冰冻土地段的路堑,除放缓边坡外,基底尚应换填不小于0.5m厚度的渗水性土。

路堑坡顶避免设置截水沟,宜修挡水墙并与坡顶距离不小于6.0m。

饱冰冻土及地下冰地段的路堑,为避免冻土融化产生边坡滑坍及基底松软,应采用边坡保温及基底换填措施。

5. 涎流冰等冰害路段的治理

涎流冰是指在寒冷气候条件下,地下水或地面水漫溢到地面或路面上,自下而上逐层冻结,形成涎流冰,东北地区常称为"冰湖"。

《公路养护技术规范》(JTG H10—2009)规定:应适当提高路基高度,保持路基高于涎流冰最大壅冰高度加0.5m。

具体可参考以下措施:

(1)因受地形或纵坡限制,不能提高路基时,可在临水一侧路外缘点,或在路侧溪流初结冰后,从中凿开一道沟,用树枝杂草覆盖加铺土或雪保温,使水流沿水沟流动,避免溢流上路。也可将溪流改至远离公路的地方通过。

(2)将路基上侧的泉水,夹层、透水层的渗水,从保温暗沟导流出路外。若水层尚有不冻结的下层含水层,可将上层水导入下层含水层中排出。

(3)当路基处于有涎流冰的山坡时,可在路基上侧边沟外增设聚冰坑和挡冰墙;也可在公路边沟外侧上方10~15m处开挖与路线相平行的深沟,以截断活动层泉流,使冬季涎流冰聚集在公路较远处,保障公路不受涎流冰的影响。

(4)根据涎流冰的数量,在公路外侧修筑储水池,使涎流冰不上公路。

6. 保护地表植被及泥炭层

地表多被活地被植物及泥炭层所覆盖,这些活地被植物及泥炭层是多年冻土良好的保温层。因为植物介于大气层和地层之间,积极参与两者之间的热量交换,对土的冻结和融化均有很大影响。尤其在夏季时,植物能遮挡太阳的强热辐射,减弱地表的受热程度,减少进入土中的热量,减缓和减少冻土的融化速度和深度。在冬季时,植被使土中的热量不易散发,可减小疾患土的冷却速度。植物根系有保持一定水分的能力,若为苔藓及泥炭,吸水能力更强。大量的水分蒸发,会消耗很多热量,使相当一部分太阳辐射热达不到冻土中。同时植物在进行光合作用时,也要吸收太阳内能供其生长发育的能量。由此可见,天然植被起着非常重要的作用。

三、多年冻土地区路基施工注意事项

(1)采取保护多年冻土的原则来设计的路堑及作部分换填的路堤,其施工期宜安排在冻结期。如在融期施工,则应采取分段快速施工的方法,以免冻层暴露时间过久,引起破坏。

(2)多年冻土地区地表水无法下渗,容易形成地表潮湿或积水,不但影响路基的稳定,且关系着施工质量与工效。因此,施工前必须做好排水工作。

(3)在开挖排水沟或取土坑时,必须注意防止由于冻土融化而产生的边坡坍塌及影响路基稳定的现象发生。一般不宜开挖过深,致使地下水露出,冬季形成冰椎,危害路基。

(4)路基的防护与加固应考虑保温,对于需保护的冻土,其上均须及时设置足够厚度的保温层,以免在施工过程中引起多年冻土的融化。

(5)草皮护坡铺砌应上下错缝,彼此互相嵌紧,块与块之间的缝隙用土或碎草皮填塞严密(严禁用石块塞缝),使草皮连成一个整体,以利于坡面草皮成活和防止空气对流,加速保温层的稳定。

四、冻土地区路基养护措施

针对冻土地区路基病害的不同情况,可以采取以下措施:

(1)多年冻土地区的路基养护,应采取"保护冻土"的原则,做到"宜填不宜挖"。除满足不同地区、气候、水文、土质等路基填筑的最小高度外,另加50cm保护层。路基填方高度不宜小于1m。

(2)养护材料尽量选用砂砾等非冻胀材料,不应选用黏土、重黏土之类毛细作用强、冻胀性大的养护材料。

(3)加强排水,防止地表积水,保持路基干燥,减少水隔,做到最大限度地保护冻土。

应完善路基侧向保护和纵横向排水系统,一切地表径流应分段截流,通过桥涵排出路基下方坡脚20m以外。路基坡脚20m以外不得破坏地貌,不得挖除原有草皮;取土坑应设在路基坡脚20m外;路基上侧20m外应开挖截水沟,防止雨雪水沿路基坡脚长流或向低处汇积,导致地表水下渗,路基下冻土层上限下降。疏浚边沟、排水沟时,应防止破坏冻层,导致冻土融化,产生边坡坍塌。

(4)受地形限制,路基填筑高度不够时,应铺筑保温隔离层。隔温材料可采用泥炭、炉渣、碎砖等,防止热融对冻土的破坏。

(5)防护构造物应选用耐冻融性材料。选用防水、干硬性砂浆和混凝土时,在冰冻深度范围内,其强度等级应提高一级。

(6)涎流冰的治理宜采用的方法是,将路基上侧的泉水及夹层和透水层的渗水,从保温暗沟(或导管)导流出路基外。如含水层下有不冻结的下层含水层,则可将上层水引入下层含水层中排出。

(7)提高溪旁路基的高度,使其高于涎流冰面60cm以上。因受地形或纵坡限制不能提高路基时,可在临水一侧路外筑堤埂或从中部凿开一道水沟,用树枝杂草覆盖加铺土保温,使水流沿水沟流动,避免溢流上路。如地形许可,可将溪流改至远离公路处通过。

◎ 单元训练

一、填空题

1. 温度小于和等于_____℃,含有_____且与土颗粒呈_____的土称为冻土。
在天然条件下,地面以下的冻土保持_____年或_____以上者,称为多年冻土。如果冬季温度低于0℃土层冻结,夏季则全部融化,称为_____冻土。

2. 多年冻土层顶面距地表的深度,称_____,是多年冻土地区道路设计的重要数据。下部界限称_____。在天然条件下形成的上限称为_____上限,经过人为活动形成的新上限称为_____上限。

3. 根据冻土冻结延续时间,可分为_____冻土和_____冻土两大类。冻土按粒度成分及总含量并考虑融沉等级,划分为_____冻土、_____冻土、_____冻土、_____冻土及_____五类。

4. 多年冻土地区路基主要病害有:_____、_____、_____、_____。

5. 多年冻土地区的路基养护,应采取"_____"的原则,做到"_____"。

二、简答题

1. 简述多年冻土地区路基养护原则。

2. 多年冻土地区路基施工注意事项。

3. 冻土地区路基养护措施。

71

单元五　盐渍土、盐湖地区路基养护

◇ 单元要点

1. 盐渍土的概念、分类、分布；
2. 盐渍土路基主要病害；
3. 盐渍土地区的路基养护要点；
4. 盐湖土地区的路基养护要点。

◇ 相关知识

盐渍土是指包括盐土和碱土在内的以及不同程度盐化、碱化土的统称。在公路工程中，盐渍土是指地表全层1m以内易溶盐类含量平均达到0.3%以上的土。土中常见的易溶盐类型有：氯化钠（$NaCl$）、氯化镁（$MgCl_2$）、氯化钙（$CaCl_2$）、硫酸钠（Na_2SO_2）、硫酸镁（$MgSO_4$）、碳酸钠（Na_2CO_3）、重碳酸钠（$NaHCO_3$），有时也会遇到不易溶解的硫酸钙（$CaSO_4$）和很难溶解的碳酸钙（$CaCO_3$）。易溶盐的基本性质见表2-6。

易溶盐的基本性质　　　　　　　　　　　　　　　　　　　　表2-6

盐 类 名 称	基 本 性 质
氯化物盐类 （$NaCl$、$MgCl_2$、$CaCl_2$）	1. 溶解度大； 2. 有明显的吸湿性，如氯化钙的晶体能从空气中吸收超过本身质量4~5倍的水分，且吸湿水分蒸发缓慢； 3. 从溶液中结晶时，体积不发生变化； 4. 能使冰点显著下降
硫酸盐类 （Na_2SO_4、$MgSO_4$）	1. 没有吸湿性，但在结晶时有结合一定数量水分子的能力； 2. 硫酸钠从溶液中沉淀重结晶时，可结合10个水分子形成芒硝（$Na_2SO_4 \cdot 10H_2O$）而使体积增大，在32.4℃时芒硝放出水分，又成为无水芒硝，体积变小； 3. 硫酸镁结晶时，结合7个水分子，形成结晶水化物（$MgSO_4 \cdot 7H_4O$），体积亦增大，在逐渐脱水时，逐渐成为2.5~0.5的结晶物，体积随之减小； 4. 硫酸钠在32.4℃以下时，溶解度随温度增加而急剧增加，在32.4℃时溶解度最大，在32.4℃以上时，溶解度反而下降
碳酸盐类 （Na_2CO_3、$NaHCO_3$）	1. 水溶液有很大的碱性反应； 2. 能分散黏土胶体颗粒

一、盐渍土的分类与分布

1. 盐渍土的分类

按盐渍土的形成条件分类，可分为下列几类。

1）盐土

以含有氯盐及硫酸盐为主的盐渍土称为盐土。盐土通常是在矿化了的地下水水位很高的低地内形成的,盐分由于毛细管作用,经过蒸发而聚集在土的表层。在海滨,由于海水浸渍也可形成盐土。盐土也在草原和荒漠中的洼地内形成。由于带有盐分的地表水流入洼地,经过蒸发而形成盐土。干旱季节时,盐土表面常有盐霜或盐壳出现。

2) 碱土

碱土的特点是在表土层中含有少量的碳酸钠和重碳酸钠,不含或仅含微量的其他易溶盐类,黏土胶体部分为吸附性钠离子所饱和。碱土通常具有明显的层次,表层为层状结构的淋溶层,下层为柱状结构的沉淀层。在深度 40~60cm 的土层内含易溶盐最多,同时也聚积有碳酸钙和石膏。碱土可由盐土因地下水位降低而形成,或由地表水的渗入多于土中水的蒸发而形成。

3) 胶碱土(龟裂黏土)

胶碱土生成于荒漠或半荒漠地形低洼处,大部分是黏性土或粉性土,表面平坦,不长植物。干燥时非常坚硬,干裂成多角形。潮湿时立即膨胀,裂缝挤紧,成为不透水层,非常泥泞。胶碱土的整个剖面内,易溶盐的含量均较少,盐类被淋溶至 0.5m 以下的地层内,而表层往往含有吸附性的钠离子。

2. 盐渍土的分布

盐渍土在我国分布面积较广,占全国可利用土地面积的 4.88%,新疆、青海、甘肃、内蒙、宁夏等省(区)分布较多,陕西、辽宁、吉林、黑龙江、河北、河南、山东、江苏等省也有分布。其中新疆盐渍土面积最大,占可利用土地面积的 19.25%,占全国盐渍土面积的 36.8%。其含盐量通常是 5%~20%,有的甚至高达 60%~70%。按地理分布区域,我国盐渍土,可分为两个大区:沿海盐渍土区和内陆盐渍土区;三个亚区:沿海盐渍土亚区、半干旱与干旱盐渍土亚区、过干盐渍土亚区。

各区盐渍土的特点如下。

1) 沿海盐渍土区

沿海盐渍土区包括辽宁、河北、山东、江苏等省沿海地区。盐渍土发生的主要原因是由于受海水浸渍或海岸退移形成。盐渍化类型主要是氯盐渍土,一般含盐量在 5% 以下。该区气候比较湿润,地下水位较高,水对这些地区的盐渍土的稳定性影响最大。

2) 内陆盐渍土区

(1) 半干旱与干旱盐渍土亚区。

半干旱与干旱盐渍土亚区包括新疆、青海、甘肃、内蒙、宁夏、陕西、河北、河南、山东、辽宁、吉林、黑龙江等省(区)的荒漠、半荒漠地区和部分草原、森林草原地区,其界限大致为 $0.05 <$ 潮湿系数 $K < 0.75$。这一地区的盐渍土常常出现在某些河道附近与平原低洼地带,以及一些灌区附近。盐渍化的主要原因是水中矿化度高,地下水或地面水经过蒸发后,盐分沉积于土中而形成。这一亚区面积最大,盐渍化类型多种多样,盐渍化程度相差悬殊,气候、地质条件也各不相同。因此,水作用对这一亚区盐渍土稳定性的影响也有很大的差别。

(2) 过干盐渍土亚区。

过干盐渍土亚区包括新疆、青海、甘肃、内蒙等省(区)中最干旱的一些荒漠地区,主要有塔里木盆地、柴达木盆地、阿拉善荒漠等。这一地区的界限大致确定为:年降水量小于 100mm,潮湿系数 $K < 0.5$。这一亚区有最大限度的盐渍化和最丰富的盐类。可以看到各种类型的盐渍土甚至纯盐的形态。盐类虽然以氯化物为主,但是各种碳酸盐和硫酸盐也都存在,还可遇到在其他地区少见的硝酸盐和硼酸盐。由于过干亚区气候非常干燥,水对盐渍土的稳定

性的影响在这一地区最小。在一定条件下,可利用过盐渍土和岩盐修筑路基或铺筑低、中级路面。

二、盐渍土路基的主要病害

盐渍土路基病害的主要原因就是盐渍土中的盐分在土中的活动。在干旱季节和干旱地区,盐类的胶结和吸湿保湿作用,有利于路基稳定。但当温度下降,或空气相对湿度增加,或受水浸时,导致道路产生湿(溶)陷、盐胀、冻胀、翻浆等病害现象。

1. 湿(溶)陷

湿(溶)陷是氯化物盐渍土地区道路的主要病害之一。它是由于道路盐渍土地基或结构层在淡水作用下,盐分溶解并被水分带走,导致土体强度逐渐丧失。在荷载或自重作用下,盐渍土地基或结构层出现沉陷、孔洞等破坏,并逐渐反映至面层,有的盐渍土地区路面由于湿陷会产生溶洞、坍塌等路基病害,给行车带来危险隐患。

2. 盐胀

路基土盐胀的形成是土体内硫酸钠迁移聚积、结晶体膨胀和土体膨胀三个过程的综合结果。土体毛细水上升、水汽蒸发和低温作用而促使盐水向上迁聚是形成盐胀的基本条件。在寒冷季节,土中的硫酸钠溶解度急剧降低,多余的硫酸钠吸收 10 个分子水不断析出,形成芒硝结晶体,从而使路基土体积增大。盐胀的反复作用,使得路基土体的结构遭到破坏,引起路基整体强度和稳定性下降,产生不均匀沉降;使路面不平、鼓包、开裂,这是盐渍土地区公路最突出的病害;路基边坡及路肩表层,在昼夜温度变化所引起的盐胀反复作用下,会变得疏松、多孔,易遭风蚀,并易陷车。

3. 冻胀

氯盐渍土当含盐量在一定范围内时,由于冰点降低、水分聚流时间加长,可加重冻胀;但含盐量更多时,由于冰点降低多,路基将不冻结或减少冻结,从而不产生冻胀或只产生轻冻胀。

硫酸盐渍土对冻胀具有和氯盐渍土类似的作用,但冰点降低不如氯盐渍土多,因此影响不如氯盐渍土显著。

碳酸盐渍土由于其透水性差,所以可减轻冻胀。

4. 翻浆

盐渍土地区既具有一般公路翻浆的共性,又有自身的特点。在干燥状态时,盐类呈晶体,地基土有较高的强度,但盐类浸水易溶解,呈液态后土的强度快速降低,强度损失可能超过 50%,压缩性增大。含盐量越多,土的液塑限越低,则可在较小的含水率时达到液性状态,抗剪强度降低到近于零。

氯盐渍土有明显的保湿性,使土长期处于潮湿、饱水状态,易产生"液化"现象。当含盐量到一定范围内时,不仅可加重冻胀,也可加重翻浆。主要因为氯盐渍土不仅聚冰多,而且液、塑限低,蒸发缓慢;当含盐量更多时,因其不冻结或减少冻结而不翻浆或减轻翻浆。

硫酸盐渍土在降低冰点方面的作用与氯盐渍土类似,因此,也可加重翻浆,但不如氯盐渍土显著。春融时结晶硫酸钠脱水可起加重翻浆的作用。

碳酸盐渍土由于透水性差,可减轻冻胀,也可减轻翻浆。

三、盐渍土地区的路基养护要点

对盐渍土地区路基病害的防治主要采取完善排水、结构加固、去除盐分等方法。

1. 保持排水良好

盐渍土受到雨水、冰雪融化的淋溶,含水率急增,会出现湿化坍塌、溶陷、路基发软、强度降低、失去承载力的现象。因此,保持排水良好尤为重要。

排水沟要保持有0.5%~1%的纵坡。在低矮平坦、排水困难的地段,应加宽、加深边沟或在边沟外增设横向排水沟,其间距不宜大于500m,沟底应有向外倾斜2%~3%的横坡。

对加宽、加深边沟的弃土,可堆筑在边沟外缘,形成护堤,以保持路基不被水淹。

还可采用水分隔断措施,隔断毛细水的上升,防止水分和盐分进入路基上部,从而避免路基或路面遭受破坏。还可采用提高路基及设置隔离层的措施。

1)提高路基

有些盐渍土地基地下水位较高,路堤除了有再盐渍化的问题外,还有冻融和翻浆的危害,为了使路基不受冻害和再盐化的影响,应控制路堤高度至不再盐化的最小高度,该高度可以根据试验决定,一般为丰水期地下水位高加0.5m。合理选择路基高度、宽度及边坡坡度。

(1)路基边缘高出地面的最小高度。在过干与过旱、半干地区,在排除地面水困难的情况下,强盐渍土与过盐渍土的路基边缘高出地面的最小高度,可参考表2-7。

盐渍土路基边缘高出地面的最小高度　　　　表2-7

路基土类别	路基边缘高出地面最小高度(m)	
	Ⅵ、Ⅶ自然区	Ⅰ、Ⅱ、Ⅲ自然区
中砂、细砂	0.3~0.4	0.5~0.7
砂性土	0.4~0.5	0.7~0.8
黏性土	0.5~0.7	0.8~0.9
粉性土	0.7~1.0	0.9~1.3

(2)路基边缘高出地下水位的最小高度。在干旱与半干旱地区,盐渍土路基高出地下水位的最小高度可参考表2-8。各地区也可根据当地经验,路基边缘高出地下水位的最小高度可适当降低。

盐渍土路基边缘高出长期地下水位的最小高度　　　　表2-8

路基土类别	路基边缘高出地下水位最小高度(m)	
	弱盐渍土及中盐渍土	强盐渍土
中砂、细砂	1.0~1.2	1.1~1.3
砂性土	1.3~1.7	1.4~1.8
黏性土	1.8~2.3	2.0~2.5
粉性土	2.1~2.6	2.3~2.8

(3)为保证路基有效宽度,当路基容易遭受雨水冲刷、淋溶和松胀时,在取土容易、不占用农田的地方,对强盐渍土及过盐渍土的路基宽度,可按标准路基宽度增加0.5~1.0m。

(4)盐渍土路基边坡坡度,根据盐渍土的类别和盐渍化程度,可参考表2-9确定。

盐渍土路基边坡坡度　　　　表2-9

土的类别	盐渍化程度	
	弱盐渍化土及中盐渍土	强盐渍土
黏性土	1:1.50	1:(1.50~1.75)
砂性土	1:1.50	1:(1.50~2.00)

遭受水淹的路堤,边坡应采用1:(2~3)的坡度。路基边缘高度应不低于设计水位以上0.5m。若为长期浸水,还需满足表2-8的规定。

2)封闭式隔断层

对道路翻浆或盐胀病害的处治,近年来有不少地区采用不透水材料,铺于路基下部或中部,以完全隔断地下水上升到路基上部,保持干燥持力层的稳定。

不透水材料加3cm厚沥青砂胶、防水土工布(涂沥青无纺布)、聚乙烯防渗膜(18mm厚)、涂膜编织袋等。

采用土工布割断毛细水和地下渗水也是行之有效的方法。土工布可以为单层,也可以为双层。用于盐渍土地区的土工布还应具有长期对硫酸盐、氯盐等盐类的抗腐蚀性,割断毛细水上升的土工布,一般设置在路基和垫层之间,双层时设置在路基和垫层之间以及路基和路面结构面层之间。此外,在路基和垫层之间设置一定厚度的滤水层也是行之有效的方法。

2. 结构加固

结构加固的方法有许多种,如强夯法、浸水预溶加强夯法、半刚性基层、挤密桩加固地基等方法。对有些地区,除了对地基进行加固外,还应对路肩和边坡进行加固。

1)路肩加固

在过盐渍土(含盐量大于8%)的地区,要对高速公路的路肩进行加固,加固方法有以下几种:

(1)用粗粒渗水材料在当地土内封闭路肩表层。

(2)用沥青材料封闭路肩。

(3)就地取材,用15cm厚的盐壳加固。

2)边坡加固

边坡经受雨水或化雪冲融后出现的沟槽、溶洞、松散等,可采用盐壳平铺或黏土掺砂砾铺上拍紧,防止疏松。

防止边坡水土流失,应结合当地的植物生长情况,种植一些耐盐性的树木或草本植物(如红杨、甘草、白茨之类)以增强边坡稳定。

对硫酸盐渍土路基,根据需要,宜采用卵石、砾石、黏土、废砖头或盐壳平铺在路堤边坡上,以防边坡疏松、风蚀和人畜踩踏而破坏。

3. 去除盐分

盐分是导致盐渍土具有盐胀、湿陷、腐蚀和加重翻浆等特性的根源,因而,如果能去除盐分,或者把有害的盐分转化为无害或者危害较小的盐分,则同样可以达到处治盐渍土道路路基病害的目的。

去除盐分包括换填法、浸水预溶法、化学处理法等,其中化学处理法使用掺加剂效果明显的有 $BaCl_2$、$CaCl_2$ 两种。化学反应式如下:

$$Na_2SO_4 + BaCl_2 \rightarrow BaSO_4 + 2NaCl$$

$$Na_2SO_4 + CaCl_2 \rightarrow CaSO_4 + 2NaCl$$

由于施工较复杂,费用也较高,化学处理法在公路上目前尚处于试验阶段。

四、盐湖地区的路基维护要点

盐湖地区的路基维护要点见表2-10。

盐湖地区的路基维护要点　　　　表 2-10

项　目	病　害	处 治 方 法
路基表面	覆盖层失散	用砂土混合料进行覆盖和恢复
路肩	车辙和泥泞	清除浮土,洒泼盐水湿润,再填补碎盐晶块整平夯实,仍用砂土混合料覆盖压实
边坡	沟槽、松散	采用岩盐或卵石、砂砾材料填补夯实及用盐壳平铺或用黏土掺砂砾铺上拍紧
较低等级道路	雨天行车打滑	可在岩盐路面中掺加砂砾材料

◇单元训练

一、填空题

1. 盐渍土是指包括_____和_____在内的,以及不同程度_____、_____壤的统称。
2. 在公路工程中,盐渍土是指地表全层_____ m 以内_____类含量平均达到_____以上的土。
3. 按盐渍土的形成条件分类,盐渍土分为:_____、_____、_____。
4. 盐渍土路基的主要病害有:_____、_____、_____、_____。
5. 对盐渍土地区路基病害的防治主要采取_____、_____、_____等方法。

二、简答题

1. 简述盐渍土地区的路基养护要点。

2. 简述盐湖土地区的路基养护要点。

单元六 泥石流地区路基养护

◇ **单元要点**

1. 泥石流的概念、分类;
2. 泥石流地区的路基养护要点。

◇ **相关知识**

山岭地区,暴雨或融雪水夹带大量土、石等固体物质汇入沟谷,形成突然的、短暂的、间歇的破坏性水流,称为泥石流。按其物质组成和运动特性可分为黏性泥石流、稀性泥石流和泥流三种。

泥石流对路基的危害主要通过堵塞、淤埋、冲刷、撞击等造成;也可以通过压缩、堵塞河道使水位壅升,以致淹没上游沿河路基,或迫使主河槽改道、冲刷,造成间接水毁。我国泥石流主要分布在西北、西南及华北山区,华南、台湾及海南岛等地山区也有零星分布。

对于泥石流病害,应通过访问、测绘、观测等获得的第一手资料,掌握其活动规律,采取综合治理措施,具体如下。

1. 治土措施

(1)植树造林,封山育林。对流泥、流石的山坡,特别是在分水岭、山坡、洪积扇上及沟谷内,在春秋两季,应大量进行植树造林。

(2)平整山坡,填充勾缝;修筑土埂以控制水土流失,防止滑坡发生。

2. 跨越措施

(1)桥梁适用于跨越流通区的泥石流或者洪积扇区的稳定自然沟槽。设计时应结合地形、地质、沟床冲淤情况、河槽宽度、泥石流的泛滥边界、泥浪高度、流量、发展趋势等,采用合理的跨度及形式。

(2)隧道适用于路线穿过规模大、危害严重的大型或多条泥石流沟。

3. 排导措施

(1)排导沟。

排导沟适用于有排沙地形条件的路段。出口应与主河道衔接,出口高程应高出主河道20年一遇的洪水水位。排导沟纵坡宜与地面坡一致。排导沟的横断面应根据流量计算确定,排导沟应进行防护。

(2)渡槽。

渡槽适用于排泄流量小于 $30m/s$ 的泥石流,且地形条件应能满足渡槽设计纵坡及行车净空要求,路基下方有停淤场地。

渡槽应与原沟顺直平滑衔接,纵坡不小于原沟纵坡,出口应满足排泄泥石流的需要。渡槽设计荷载按泥石流满载计算,并考虑冲击力,冲击系数可取1.3。

(3)导流堤。

当在堆积扇的某一区间内,需要控制泥石流的走向或限制其影响范围时,可设置导流堤,以防止泥石流直接冲击路堤或壅塞桥涵。

导流堤的高度应为设计使用年限内的淤积厚度与泥石流的沟深之和;在泥石流可能受阻

的地方或弯道处,还应加上冲起高度和弯道高度。

4. 拦截措施

(1)拦挡坝。

拦挡坝适用于沟谷的中上游或下游没有排泥沙或停淤的地形条件,且必须控制上游产泥沙的河道,以及流域内泥沙量大,沟内崩塌、滑坡较多的河段。

拦河坝体位置应根据设坝目的,结合沟谷地形及基础的地质条件综合考虑确定,并注意坝的两端与岸坡的衔接和基础埋置深度。坝体的最大高度不宜超过5m,坝顶宜采用平顶式。

当两端岸坡有冲刷可能时,宜采用凹形。

(2)格栅坝。

格栅坝适用于拦截流量较小、大石块含量少的小型泥石流。

格栅坝的格栅间隔按拦截大石块、排除细颗粒的要求布置,其过水断面应满足下游安全泄洪的要求。坝的宽度应与沟槽相同,坝基应设在坚实的地基上。

◇ 单元训练

一、填空题

1. 泥石流按其_____和_____可分为_____流、_____流和_____泥流三种。

泥石流对路基的危害主要通过_____、_____、_____、_____等造成。

2. 泥石流地区采取综合治理措施,具体有:_____措施、_____措施、_____措施。

二、简答题

简述泥石流地区的综合治理措施。

单元七 泥沼、软土地带路基养护

◇ 单元要点

1. 软土及泥沼的定义、特点;
2. 软土及泥沼地基的特点;
3. 软土及泥沼地基对高等级公路的危害;
4. 软土及泥沼路基的病害处治。

◇相关知识

1. 软土及泥沼的定义

软土是指以水下沉积的饱水的软弱黏性土或淤泥为主的地层,有时也夹有少量的腐泥或泥炭层。

根据软土的孔隙比及有机质含量,并结合其他指标可将其划分为软黏性土、淤泥质土、淤泥、泥炭质土及泥炭五种类型。习惯上常把淤泥、淤泥质土、软黏性土总称为软土,而把有机质含量很高的泥炭、泥炭质土总称为泥沼。

泥沼比软土具有更大的压缩性,但它的渗透性强,受荷后能够迅速固结。软土和泥沼沉积物,都具有天然含水率大、孔隙比大、压缩性高和强度低的特点,在其上修建公路时,容易产生路堤失稳或沉降过大等问题。

2. 软土及泥沼地基特点

1) 软土地基

软土在我国滨海平原、河口三角洲、湖盆地周围及山间谷地均有广泛分布。在软土地基上修筑路基若不加处理,往往会发生路基失稳或过量沉陷,导致路基病害的产生,继而影响路基的稳定和道路正常运行。我国各地成因不同的软土都具有近于相同的特性,主要表现在以下几方面:

(1) 天然含水率大,孔隙比大。含水率为 34% ~ 72%,孔隙比为 1.0 ~ 1.9,饱和度一般大于 95%,液限一般为 35% ~ 60%,塑性指数为 13 ~ 30,天然重度约为 16 ~ 19。

(2) 透水性差。大部分软土的渗透系数均为 10^{-8} ~ 10^{-6} cm/s。

(3) 压缩性高。压缩系数属于高压缩性土。

(4) 抗剪强度低。其快剪黏聚力在 10kPa 左右,快剪内摩擦角为 0° ~ 5°。

(5) 具有触变性。一旦受到扰动,土的强度明显下降,甚至呈流动状态。

(6) 流变性显著。其长期抗剪强度只有一般抗剪强度的 40% ~ 80%。

修建在软土地基上的路堤,要考虑稳定和沉降两方面的问题。为保证路堤在施工过程中和完工后的稳定,要对路堤填筑荷载可能引起的软土地基滑动破坏进行稳定计算,必要时应采取相应的稳定措施;为使工后剩余沉降量控制在路面的容许变形范围内,要计算软土地基的总沉降量和沉降速度,必要时应考虑变更工期或采取减少沉降、加速固结等措施。

软土地基沉降与泥沼地基不同之处是:软土地基压缩性大,透水性差,如不采取加速固结措施,在路堤荷载作用下,要经过很长时间才能完成主固结,因此沉降量大而时间又长;软土地基的次固结沉降量所占比例一般较小。

2) 泥沼地基

与软土地基相比,泥沼地基的天然含水率更高,一般大于 100%,最大可达 800% ~ 1000%;孔隙比更大,一般大于 3,最大可达 25;压缩系数更大,一般大于 5m²/MN;渗透系数较大,一般大于 1×10^{-6} cm/s;抗剪强度低,且有明显的各向异性,一般快剪内摩擦角小于 10°,黏聚力小于 10kN/m²。

泥沼地基上的路堤,同样要考虑稳定和沉降两方面的问题。因泥沼层与软土层相比,通常厚度较薄,地基在路堤荷载作用下滑动破坏的危险性一般较小。但当沼底坡度较大或泥沼层较厚而性质又较差时,仍需考虑地基活动破坏的稳定性。泥沼地基的压缩性很大,且不均匀,在路堤荷载作用下,常产生很大的不均匀下沉,这是修筑在泥沼地基上的路堤通常要考虑的主要问题。

3. 软土及泥沼地基对高等级公路的危害

在软土及泥沼地区修建高等级公路,多年来一直是公路建设的一个重大技术课题。因稳定性差、沉降过大,在荷载作用下常使高等级公路发生变形,其功能受到影响或破坏,同时还危害到通道、桥台等横向构造物和挡土墙等纵向构造物的安全使用。又由于计算理论、数学模式的不同,各地软土及泥沼性质的差异以及勘探手段、施工工艺等的差别,使软土及泥沼地基问题更为复杂和突出,软土及泥沼地基沉降控制是高等级公路建设中必须解决的一个问题,也是影响工期、造价的重要因素,因此软土及泥沼地基处理是非常重要的。

软土及泥沼地基对高等级公路的危害主要体现在以下几个方面。

1)对路基的影响

(1)过大的工后沉降导致路堤整体变差,易发生剪切变形破坏,高路堤时尤为危险。

(2)在路堤横断面上过大的工后不均匀沉降会导致路拱变形,结构层开裂,路面错台、裂缝、坑洞、翻浆等,影响正常的通行,容易造成堵车、滑溜、撞尾翻车等事故。

2)对路面的影响

工后不均匀沉降引起的路面裂缝,尤其是混凝土路面断板、裂缝,极大地缩短了维修周期。

3)对排水的影响

路堤底面沿横向产生盆形沉降曲线,使横坡变缓,影响排水,雨水容易渗入路基。

4)对结构物的影响

(1)台下软基不均匀沉降增加了桥台承受的水平推力,严重的可能导致桥台错位或断裂。

(2)过大的不均匀沉降导致通水管涵(节)错位,过水断面减小,降低了管涵的通水能力。

5)对行车的影响

(1)桥路连接处频繁加减速影响交通的迅速流动,降低单位时间内的交通量;小型结构物及桥头至桥梁引道间工后沉降差过大造成跳车,危及行车安全。

(2)桥头路堤差异沉降引起汽车的冲击荷载,加速了桥头路面及桥梁伸缩缝的破坏。

(3)高低不平的路面增加车辆的损耗和废气排放,影响运营效率和空气质量。

显然,高等级公路软土地基的沉降问题不仅破坏了乘车的舒适性及行车的平顺性,而且使车辆无法快速行驶,而达不到快速、安全、舒适的目的。此外,太大的工后沉降意味着太大的公路维修养护费用。

可见,软土及泥沼地基沉降问题是影响建成公路路面质量、行车速度、使用寿命、工程造价的关键性问题,务必引起高度重视。

4. 软土及泥沼路基的病害处治

泥沼、软土地带的路基,多因地面低洼、降雨充足、地下水位高、含水饱和、透水性小、压缩性大、抗剪强度低,在填土荷载和行车作用下,容易出现沉降、冰冻膨胀、弹簧、沉陷、滑动、基底向两侧挤出淤泥等病害。对软土、泥沼地带路基产生的病害,可采取以下处治方法。

1)置换法

对软土路基沉降等病害可采用换填土层法,即将路基一定深度范围的湿软土层挖去,换以强度较大的砂、碎(砾)石、灰土或素土,以及其他性能稳定、无侵蚀性的土类,并予以压实,填至路基高程。

2)挡墙、木排桩反压护道法

软土路基沉陷,可采取先在坡脚处修筑块、片石挡土墙或木排桩,然后填土,恢复到路基高程,这样可以限制基底软土的挤动,从而保持基底的稳定;或在路堤两侧填筑一定宽度和高度的土石反压护道,使堤下的淤泥或泥炭向两侧隆起的趋势得到平衡,然后填土,恢复路基高程。

3)挤密法

在软土路基中采取冲击或振动等方法造成一定直径的钻孔,在孔中灌以砂、石、灰土或石灰等材料,捣实而成直径较大的桩体,利用横向挤紧作用,使路基土粒彼此靠紧,孔隙减少,而且孔被填满和压紧,形成桩体。

桩体具有较高的承载能力,群桩的面积约占松散土加固面积的20%,以致桩和原土组成复合地基,达到加固的作用。

砂桩与石灰桩的布置与尺寸如下。

(1)砂桩。一般直径为20~30cm,桩的间距为桩径的3~5倍,桩长一般直通地下水位,按等距离梅花形布置,纵横方向均不少于3排;顶部应设有砂砾垫层,厚30~40cm,连成一片;砂桩灌填材料为中砂、粗砂,含泥量不大于3%,灌砂必须分层夯实。

(2)生石灰桩。布置及尺寸与砂桩相同,孔中以生石灰掺粗砂混合体积比为(1~2):1灌入,分层夯实,桩顶用黏土夯实封闭。石灰桩施工的基本要求:一是生石灰必须密封储存,最好选用新鲜块灰;二是灰块必须粉碎至一定要求。

4)抛石挤淤法

当泥沼及软土厚度小于3.0cm,表面无硬壳,呈流动状态,排水困难,采集石料方便时,可采用抛石挤淤。抛的片石,应采用不易风化的大石块,其尺寸一般不宜小于0.3cm。

5)化学加固法

利用化学溶液或胶结剂采用压力灌注或搅拌混合等措施,使土颗粒胶结起来,达到对土基加固的目的。常用化学溶液和胶结剂如下:

(1)以水玻璃溶液为主的浆液。其配方较多,常是水玻璃浆液和氯化钙浆液配合使用,但价格较高。

(2)以丙烯酸氨为主的浆液。我国研制的丙强是其中一种,但价格较高。

(3)水泥浆液。即由高强度等级的硅酸盐水泥,配以速凝剂而组成的常用浆液,使用较多。

(4)以纸浆溶液为主的浆液。如重铬酸盐木质素和木铵,加固效果好,但有毒性,易污染地下水。

6)土工布法

土工布在高压下具有较大的孔隙率,透水性能好,有优越的垂直、水平排水能力,很高的抗拉强度及隔水作用,能提高路基整体强度,重新分布土基压力,增强路基稳定性。

目前,由于合成纤维已具有较高的化学稳定性,已能制出不霉、不烂、耐酸、耐碱和良好耐热性、抗冻性能好的土工布。土工布的厚度一般为0.5~5mm,每平方米(m^2)质量一般多在500g以下;孔隙率有的可达90%,透水性在垂直方向可达3×10^{-3}m/s左右,水平方向可达6×10^{-3}m/s;抗拉强度可达200~250kPa,破坏强度一般为200~800kPa,延伸率约为50%~80%;可耐70~240℃的高温,在-70℃时不破损,恢复到常温时仍能保持其原有性能。

(1)土工布在加强松软地基中的作用。

①透水与过滤作用。在饱水的松软地基或翻浆路段敷设土工夹层后,在上部填土及行车荷载的作用下,可将土中多余的水挤出,通过土工布的垂直透水性和平面透水性沿设计的底坡迅速排出。又由于土工布的过滤作用,在促使饱水土基迅速排水的同时,可以阻止细粒土随水通过,使土体保持稳定,加速团结过程,减小土的孔隙比,使土基趋于密实,以提高土的内摩擦

角和黏聚力。

②分隔与补强作用。在饱水的松软地基上填筑路基时,为增强地基的承载力,防止毛细水对土基强度的影响,一般多采用水稳性好的碎石、砾石、砂砾等透水性集料作基层的铺筑料。在填料自重和行车荷载的作用下,总有相当部分的集料被陷进下面的淤泥软土之中,不仅集料起不到增强地基承载力的作用,而且使材料的用量增大。在地基与填料之间敷设土工布夹层后,既可有效地防止集料下陷,又可阻止淤泥软土在荷载作用下上翻,在土工布夹层的约束下,能促使集料对土基发挥应有的补强作用。

土工布夹层,在土基与填料之间具有较高的内摩擦力,使填料土工布—地基形成一个连续的整体,它能在纵向、横向均匀地传递并快速消散荷载,改善土基的受力状态,使土中的瞬时竖向应力和应变减小。松软土基受到汽车荷载的作用,轮迹部分下陷,轮迹外部往往出现隆起,使土体产生挤出离散的趋势,此时土工布夹层在平面内产生很大的弯拉作用。土工布因承受荷载而产生的这种拉力,不仅可将荷载分布到较大的面积上,减小了应力的局部集中程度,削弱或防止土体的局部隆起和轮辙的形成与下陷深度,同时可以使土体受到有力的侧向约束,起到稳定填料、增强土基承载力的作用。

(2)采用土工布处理松软地基的施工方法。

首先应做好工程地质调查工作,查明路段所处的地形、地质、水文地质等自然环境条件和路基排水条件;明确松软土层的成因、类型、分布范围及其在路线通过地带分布的具体界线,松软土层在纵向、横向的分布厚度、层次,各层土的土质及物理力学性质等(如天然重度、含水率、塑限、液限、孔隙比、黏聚力、内摩擦角、承载力及渗水系数等)。根据地基土的工程特性和路基填土高度,选用符合使用要求的土工布,安排合理的施工计划。

采用土工布处理软土路基时,通常应包括以下工序:

①开挖排水沟。当施工路段有积水时,根据设计要求在路基边缘先开挖排水沟,排除淤泥软土层的积水。

②清理场地。待积水排除后,人工清除淤泥软土层上的石块、树枝等杂物,并将场地整平,做好不小于2%的横坡路拱。

③铺设土工布。在整平好的松软地面上,以人工滚动的方法,把土工布卷材按需要长度从路基的一侧逐渐向路基的另一侧摊铺开来、拉平,不能有皱褶,然后拼幅连接,使土工布在整个覆盖区内形成一个整体。

土工布拼幅的连接,视土基强度的差异,可采用搭接、缝合或用黏合剂黏合连接的方式将拼幅连接在一起。缝合时缝合线应使用抗拉强度不低于土工布原材料的化学纤维线,搭接的宽度一般应不小于 25~30cm,土工布四周应宽出覆盖面 2m,用以包住排水沟中填的片石,或用片石挤压在内边坡上。

④固定土工布。将大块土工布的四周用片石压在已挖好的路基排水沟内,填压片石时要注意轻放,并使片石的大面与土工布接触,以防土工布撕裂或被顶破,如有破损,应及时修补。

⑤按设计要求填筑路堤。填筑路堤时,为隔断可能上升的毛细水,一般在土工布上层先铺筑一层透水性好的砂砾层。土工布本身良好的竖向与横向的排水性能与土工布上部的砂砾层,在路基与排水沟之间构成了一个统一的排水系统,有利于将固结水顺利地排出路基之外。

填筑路基时应分层填筑,每层填筑长度应不小于 20m。先用轻型压路机碾压,然后用重型压路机碾压成形。

据有关资料介绍,采用土工布处理松软地基,与换土工程相比,不但用工少,工期缩短,而且工程费用可节约 1/4 左右,可见土工布处理软土地基,具有良好的推广使用价值。

7)塑料排水板法

塑料排水板法是一种利用塑料板排水,以达到加固软土地基和防止公路翻浆等的新型材料。塑料排水板,可以代替常用的砂井法,应用插板机将塑料排水板插入土中,然后在上面加载预压,土中水即可沿塑料通道逸出,地基得以加固。排水板具有一定的强度和延伸度,适应地基变形的能力强,材料截面尺寸不大,插放时对路基扰动小,并能保持排水板条竖立,施工效率高,材料质量小,运输方便,插板质量也容易控制和检查。

塑料排水板的设计,可采用砂井地基的固结理论和设计方法。此时,将塑料板换算成相当直径的砂井。设换算直径为 D,塑料板宽度为 b,厚度为 δ,则:

$$D = 0.64(b+\delta)\alpha$$

式中:α——换算系数,考虑到塑料板截面并非圆形,且渗透系数和砂井不同而采取的。

对宽 $b=100$mm、厚 $\delta=3\sim4$mm 的标准型塑料板,取 $\alpha=0.75$,求得 $D=50$mm。可把这种塑料板换算成直径 50mm 的砂井来进行计算。理想的塑料板井,不考虑排水井用的水头损失,此时相当于 $D=66$mm,实际排水效果约相当于 700mm 的排水砂井。

◇ 单元训练

一、填空题

1. 软土是指以水下沉积的饱水的_____或_____为主的地层,有时也夹有少量的腐泥或泥炭层。

2. 根据软土的孔隙比及有机质含量,并结合其他指标可将其划分为_____、_____、_____、_____及_____五种类型。习惯上常把淤泥、淤泥质土、软黏性土总称为_____,而把有机质含量很高的泥炭、泥炭质土总称为_____。

3. 泥沼比软土具有更大的_____性,但它的_____性强,受荷后能够迅速固结。软土和泥沼沉积物,都具有_____大、_____大、_____高和_____低的特点,在其上修建公路时,容易产生路堤失稳或沉降过大等问题。

二、简答题

1. 简述软土及泥沼地基特点。

2. 简述软土及泥沼地基对高等级公路的危害。

3. 简述软土及泥沼路基的病害处治。

◇ 能力训练

任务驱动综合实训

一、实训内容

1. 综合特殊地区路基养护的内容,分组研究。每组由教师指定一种综合特殊地区路基,学生查阅教材、规范、网上相关资料,完成一篇研究报告,并做成PPT,全班汇报。
2. 学生到校外实训基地参观特殊地区的路基病害,并完成调查报告一份。

二、要求

1. 每组的研究报告应该有病害现象、原因分析、治理措施、预防措施。
2. 小组成员集体行动,分工协作,每小组填写工作分工计划。
2. 以小组为单位,用PPT向全班同学汇报特殊地区路基病害研究和参观病害的调查报告。

三、培养目标及方法

1. 团队协作精神。
2. 理论结合实践,课堂课外结合,基于工作过程的教学开发。
3. 任务驱动,查阅资料并分析总结的能力和意识。
4. 口头表述能力以及自信心培养。

学习任务三　沥青路面状况调查及评价

> 学习目标

1. 能够采用正确的方法完成沥青路面路况调查；
2. 能够计算沥青路面路况技术指标；
3. 能够制定出沥青路面维护对策。

> 任务描述

巡查一段沥青路面，填写沥青路面状况调查表，根据调查情况计算路况技术指标，制定出完整的沥青路面维护对策。

> 学习引导

本学习任务沿着以下脉络进行学习：

沥青路面常见病害的分类和分级→路况调查→路况技术指标→路况评价→路面维护对策。

单元一　沥青路面养护要求与内容

沥青路面在使用过程中，在行车荷载和自然因素的反复作用下，路面将产生各种各样的破损。对于半刚性基层的沥青路面，由于行车压密和半刚性基层材料强度随路龄增长，其强度和刚度在使用初期（1~2年）呈增长趋势，表现在整体回弹弯沉的降低，此后由于路面材料的逐渐疲劳，其强度和刚度逐年降低。而沥青路面的表面破损车辙逐年加剧，抗滑性能和平整度逐年衰减。

近年来，道路交通量日益增大，车辆迅速大型化且严重超载，使公路路面面临严峻考验，许多高等级公路沥青路面建成通车不久，由于不适应交通快速发展的需要，发生了较为严重的早期破损现象。路面的破损对车辆的行驶速度、荷载能力、机械磨损、燃油消耗、行车舒适性、交通安全以及环境保护会造成较大的影响，因此路面的养护与维修就成为保证其服务质量和使用寿命的重要手段。对路面进行预防性的、经常性的、及时性的、周期性的保养维修，使其保持平整完好、横坡适度、排水畅通，具有足够的强度和抗滑性能。同时对路面的养护应避免对高速公路和沿线设施的污染，做到干净整洁，达到高等级公路路面养护的质量标准，以适应交通运输的发展需求。

沥青路面养护的目的：

（1）及时预防和处理路面存在的各种病害，采取正确的养护措施，经常保持路面各部分完整，尺寸符合标准要求。

（2）保持路况良好，保证路面各项指标符合要求，为车辆提供舒适、安全、畅通的行车环境。

(3)采取正确的技术措施,提高路面养护的工作质量,以延长路面使用寿命。

一、沥青路面养护工作的基本要求

(1)沥青路面必须强化预防性、经常性和周期性养护,加强路况日常巡视,随时掌握路面的使用状况,根据路面的实际情况制订日常小修保养和经常性、预防性、周期性养护工程计划。对于较大范围路面损失和达到或超过设计使用年限的路面,应及时安排大中修或改建工程。

(2)应及时掌握路面的使用状况,加强小修保养,及时修补各种破损,保持路面处于整洁、良好的技术状况。

(3)沥青路面养护工程使用的沥青、粗集料、细集料和填料的规格、质量要求、技术指标、级配组成及大修、中修、改建工程的设计、施工、质量控制,均应符合现行《公路沥青路面设计规范》(JTG D50—2006)和《公路沥青路面施工技术规范》(JTG F40—2004)的有关规定。

(4)沥青路面的技术状况应符合现行《公路技术状况评定标准》(JTG H20—2007)的有关规定。

对沥青路面采取中修、大修、改建时,除遵守本规范的相关技术规定外,还应遵守现行《公路沥青路面施工技术规范》(JTG F40—2004)、《公路路基施工技术规范》(JTG F10—2006)、《公路路面基层施工技术规范》(JTJ 034—2000)的有关规定。

二、沥青路面养护作业内容

沥青路面的养护可分为日常巡视与检查、小修保养、中修、大修、改建和专项养护工程等,各类养护工作的内容如下。

1. 日常巡视与检查

为及时掌握路面的技术状况,必须对路面进行经常性的检查与巡视。内容如下:

(1)路面上是否有明显的坑槽、裂缝、拥包、沉陷、松散、泛油、波浪、麻面、冻胀、翻浆等病害,其危害程度及趋势。

(2)路面上是否有可能损坏路面或妨碍交通的堆积物等。

2. 小修保养

对沥青路面进行的预防性保养和轻微损坏部分的维修工作,小修保养又可分为日常保养和小修。

(1)保养。

①清除路面泥土、杂物,保持路面清洁。

②排除路面积水、积雪、积冰、积砂,铺防滑料、灭尘剂或压实积雪维持交通。

③修理车辙。

④处理沥青路面的泛油、拥包等病害。

⑤路缘石的修理和刷白。

(2)小修。

①修补沥青路面的坑槽、沉降,处理波浪、局部龟裂、裂缝、啃边、松散等病害。

②桥头、涵顶跳车的处理。

3. 中修工程

中修工程是对沥青路面的一般性磨损和局部损坏进行修理加固或局部改善,其内容如下:

(1)沥青路面整段(500m以上)铺装、罩面或封面(稀浆封层)。

(2)沥青路面严重病害处理。

(3)整段(500m以上)更换路缘石、整段维修路肩。

4. 大修工程

大修工程是对沥青路面较大范围内的损坏部分进行的综合性修理工作,以全面恢复原设计标准或原技术等级。大修工程的内容包括沥青路面加宽、翻修、补强等。

5. 改建工程

改建工程是对公路及沿线设施因不适应现有交通量增长和荷载需要而进行全线或逐段提高技术等级指标,显著提高其通行能力的较大工程项目。

对原有沥青路面因不适应现有交通要求而进行的翻修、加固补强、局部改线等较大的工程项目,其内容包括:翻修、补强、局部改线等。

(1)翻修。沥青路面出现大面积病害,破损严重时,应采用机械铣刨或挖除,然后重新铺筑沥青面层。

(2)补强。沥青路面强度不足,应在原有路面上进行补强,以提高路面技术状况,改善路面的使用性能。

(3)局部改线。对不适应交通要求、不符合路线标准的路段,通过局部改线,提高公路等级,使其符合技术标准要求。

6. 专项养护工程

专项养护工程是沥青路面因遭受突然自然灾害,而需要申请专款修复受损害路段的工程项目。

三、沥青路面养护质量标准

1. 沥青路面养护质量标准

(1)沥青路面的平整度、抗滑性能及路面状况的养护质量标准应符合表3-1的规定。

平整度、抗滑性及路面状况的养护质量标准　　　　　表3-1

序号	项　　目		高速公路、一级公路	其他等级公路
1	平整度(mm)	平整度仪 σ	≤1.2	≤2.5(≤3.5或4.5)[①]
		3m直尺 h	—	≤5(≤8或10)[②]
		IRI(m/km)	≤2.0	≤4.2
2	抗滑性能	横向力系数SFC	≥40	≥33.5
3	路面状况指数PCI		≥80	≥70

注:①对于其他等级公路的平方差 σ:沥青碎石取2.5,贯入式取值3.5,沥青表面处治取值4.5。
②对于其他等级公路的平整度3m直尺指标:沥青碎石取值5,贯入式取值8,沥青表面处治取值10。

(2)沥青路面强度的养护质量标准应符合表3-2的规定。

沥青路面强度的养护质量标准　　　　　表3-2

评价指数	高速公路、一级公路	其他等级公路
路面强度指标SSI	≥0.8	≥0.6

(3)沥青路面车辙的养护质量应符合表3-3的规定。

沥青路面车辙的养护质量标准　　　　　表3-3

评价指数	高速公路、一级公路	其他等级公路
路面车辙深度(mm)	≤15	—

注:对于其他等级公路不对车辙深度作要求。

(4)沥青路面应保持横坡适度,以利排水。各种路面类型的路拱坡度应符合表3-4的规定。

沥青路面横坡度　　　　　表3-4

评价指数	高速公路、一级公路	其他等级公路
路拱坡度(%)	1.0~2.0	—

注:对于高速公路、一级公路路拱横坡度的养护标准,可视情况比表列值低0.5%,其他等级公路的路拱横坡度的养护标准,可视情况比《公路工程技术标准》(JTG B01—2003)中相应的设计值低0.5%作为养护标准。

2. 中修、大修、改建及专项工程的质量标准

(1)对沥青路面采取大修补强、中修罩面、改建及实施专项养护工程时,除参照本章的相关技术规定外,还应满足《公路路基施工技术规范》(JTG F10—2006)、《公路沥青路面施工技术规范》(JTG F40—2004)、《公路路面基层施工技术规范》(JTJ 034—2000)、《公路工程质量检验评定标准(土建工程)》(JTG F80/1—2004)等有关技术规范的规定。

(2)沥青路面平整度、抗滑性能、路面状况、强度、车辙及路拱横坡度的养护,若达不到表3-1~表3-4的规定标准时,应采取适当的措施对其进行处治予以修复,以达到规定的要求。

四、养护材料要求

1. 基本要求

沥青路面养护维修材料主要有道路石油沥青、乳化石油沥青、液体石油沥青、改性沥青等沥青材料,以及各种规格的粗细集料、填料等砂石材料。这些材料必须具有足够的强度、耐久性和稳定性,以承受车辆的作用和抵抗自然环境的影响。各种维修养护材料都应进行必要的试验,不符合要求的,不得使用。

2. 技术要求

沥青路面养护维修材料的技术要求应符合《公路沥青路面设计规范》(JTG D50—2006)和《公路沥青路面施工技术规范》(JTG F40—2004)的要求。这些材料的试验应遵照《公路工程沥青及沥青混合料试验规程》(JTJ 052—2000))、《公路工程岩石试验规程》(JTG E41—2005)和《公路工程集料试验规程》(JTG E42—2005)的规定执行。

五、养护机械配备

1. 机械配备

沥青路面的养护维修,应根据实际要求配备各种机械设备。其机械设备的品种及规格,可参考表3-5。

公路养护每100km机械配备参考表

表 3-5

项目	机械名称	规格	沥青路面拥有量 高速公路	沥青路面拥有量 其他公路	备注
日常养护机械	路面清扫车	清扫宽度2~3	1~2	1~2	或真空吸扫车,按需配备
	多功能洒水车	5 000~10 000L	1~3	1~2	能洒水、浇树、喷药、清洗标志等
	割灌除草机	30cm²/s,≥1.8kW	2~4	2~4	背携式
	绿篱机		2~4	2~4	绿化修剪
	油锯		2~4	2~4	绿化修剪
	高枝剪		—	0.5	高大树木修剪
	防撞护栏清洗机		1~2	1~2	
	多功能养护机	≥26kW	1	1	可换装挖掘、挖护坑、挖沟等养护作业常用的十多种装置,按需配置
	公路巡查车	3~6座	2	2	
交通安全设施维修机械	路面画线机	线宽80~300mm	1~2	1~2	热熔或冷喷式,按需配置
	路面除线机	线宽80~300mm	1~2	1~2	按需配置
	高空作业车	举升高度10~12m	1	0.5	构造物、沿线设施、行道树用
	护栏打桩机	打桩力≥20kN	1	1	安装护栏立柱,按需配置
	护栏拔桩机		1	1	拔护栏立柱,按需配置
	护栏打桩机		0.5	0.5	按需配置
除雪、清方、排障、抢险机械	除雪撒布机(车)	除雪宽度1.5~3.5m 撒布宽度≥6m 撒布量≥50g/m²	1~2	1~2	推雪除冰,撒防结防滑剂,按需配置
	装载机(或推土机)	斗容量3~5t	1~2	1~2	清塌方、推雪,按需配置
	挖掘机	斗容量≥0.8m³	0.5	0.5	清塌方、挖边沟等,按需配置
	道路清障车	起吊5t,拖力20t	1	0.5	按需配置
	事故抢险车		1	0.5	
	移动标志车		2~3	1~2	施工安全标志移动
	移动式现场照明设施	照明范围≥200m	1~2	1~2	夜间抢险及施工,按需配置
	水泵	扬程≥25m,吸程≥6m	1~3	1~3	排水抗洪

续上表

项目	机械名称	规格	沥青路面拥有量		备注
			高速公路	其他公路	
路面养护维修机械	路面破碎机械	宽度0.5～2.1m	2～3	2～3	液压或气压破碎装置
	路面切割机		2～3	2～3	规范化修补切割
	吹风机		2～3	2～3	坑洞及伸缩缝清理
	路面铣刨机	宽度0.5～2m	1	0.5	按需配置
	沥青洒布机	500～2 000L	—	1～2	
	沥青洒布车	≥2 000L	1	1	
	稀浆封层机	厚度3～12m	0.5	0.5	拖式或自行式,按需配置
	沥青路面综合养护车	汽车底盘	1～2	1	具有破碎、洒布、拌和、压实等功能,按需配置
	沥青路面加热机	加热面积0.5～2m²	2～3	1～2	路面热铣或铲油包,按需配置
	沥青路面热再生修补车	加热面积0.5～4m²	1	—	按需配置
	沥青路面就地热再生机组		0.1		按需配置
	沥青料就地冷再生机		0.1		按需配置
	沥青混凝土摊铺机	摊铺宽度4.5～9m	1～2	1	
	清缝机		1	1	裂缝清理
	灌缝机		1	1	裂缝填充与修补
	路缘石成形机	250mm×250mm	0.5	0.5	按需配置
	石屑撒布机(车)	宽度1～3m	0.5	0.5	按需配置

2. 沥青路面改建工程所需机械

沥青路面改建工程所需机械可参照《公路沥青路面施工技术规范》(JTG F40—2004)的有关规定配备。

3. 路面状况调查设备

路面状况调查设备可参考表3-6。

路面状况调查设备　　　　表3-6

调查内容	调查设备	备注
路面破损状况	直尺等直观调查设备	可配备路况摄影车
路面结构强度	贝克曼梁弯沉仪及弯沉车	可配备自动弯沉仪或落锤式弯沉仪
路面平整度	路面平整度仪或3m直尺	
路面抗滑能力	摩擦系数仪	可配备横向力系数仪
路面车辙深度	路面车辙测试仪	

4. 机械保养

养护机械应配备具有上岗证书的技术工人,并注意做好机械的保养维修工作,确保安全使用,提高机械设备的完好率和使用率。

◇ **单元训练**

一、填空题

1. 沥青路面的养护作业内容包括_____、_____、_____、_____、_____和_____工程等。
2. 为及时掌握路面的技术状况,必须对路面进行经常性的检查与巡视。内容如下:
 (1)路面上是否有明显的坑槽、裂缝、拥包、沉陷、松散、泛油、波浪、麻面、冻胀、翻浆等病害,其_____及_____趋势。
 (2)路面上是否有_____或_____的堆积物等。
3. 沥青路面小修保养又可分为日常保养和小修。属于日常保养的内容有:①_____;②_____;③_____;④_____。
4. 沥青路面中修工程的内容有:①_____;②_____;③_____。
5. 沥青路面大修工程是对沥青路面较大范围内的损坏部分进行的综合性修理工作,以全面恢复_____或_____,大修工程的内容包括路面的_____、_____等。

二、简答题

1. 简述沥青路面养护的目的。

2. 简述沥青路面养护工作的基本要求。

3. 简述沥青路面养护质量标准。

单元二 沥青路面常见病害类型与分级

◇ **单元要点**

1. 沥青路面常见病害及其表现形式;
2. 沥青路面损坏的分级标准。

◇ **相关知识**

随着对沥青路面病害认识的不断深入,道路工作者们对其逐渐形成了基本统一的定义和分类。根据《公路技术状况评定标准》(JTG H20—2007),把沥青路面损坏分为11类21项。

1. 龟裂(图3-1)

(1)损坏特征。

在路面上表现为相互交错的小网格裂缝,其形状类似乌龟贝壳而被称为龟裂。龟裂是一种主要的结构损坏形式。

(2)严重程度分级。

①轻微——初期裂缝,裂区无变形、无散落,缝细,主要裂缝宽度在2mm以下,主要裂缝块度在0.2~0.5m之间,损坏按面积计算。

图3-1 龟裂

②中等——龟裂的发展期,龟裂状态明显,裂缝区有轻度散落或轻度变形,主要裂缝宽度为2~5mm,部分裂缝块度小于0.2m,损坏按面积计算。

③严重——龟裂特征显著,裂块较小,裂缝区变形明显、散落严重,主要裂缝宽度大于5mm,大部分裂缝块度小于0.2m,损坏按面积计算。

图3-2 块状裂缝

2. 块状裂缝(图3-2)

(1)损坏特征。

块状裂缝表现为纵向和横向裂缝的交错而使路面分裂成近似成直角的多边形大块。

按照裂缝块度和裂缝宽度的大小,将块裂分为轻、重两种等级。

(2)按严重程度分级。

①轻微——缝细、裂缝区无散落,裂缝宽度在3mm以内,大部分裂缝块度大于1.0m,损坏按面积计算。

②严重——缝宽、裂缝区有散落,裂缝宽度在3mm以上,主要裂缝块度为0.5~1.0m,损坏按面积计算。

3. 纵向裂缝(图3-3)

(1)损坏特征:与道路中线大致平行的长直裂缝,有时伴有少量支缝。

(2)严重程度分级:

①轻微——缝细、裂缝壁无散落或有轻微散落,无支缝或有少量支缝,裂缝宽度在3mm以内,损坏按长度计算,检测结果要用影响宽度(0.2m)换算成面积。

②严重——缝宽、裂缝壁有散落、有支缝,主要裂缝宽度大于3mm,损坏按长度(m)计算,检测结果要用影响宽度(0.2m)换算成面积。

图3-3 纵向裂缝

4. 横向裂缝(图3-4)

(1)损坏特征。

裂缝与道路中线近于垂直,有的还伴有少量支缝。最初多出现于路面两侧,逐渐发展形成贯通路幅的横缝。

（2）严重程度分级。

①轻微——缝细、裂缝壁无散落或有轻微散落，裂缝宽度在3mm以内，损坏按长度计算，检测结果要用影响宽度（0.2m）换算成面积。

②严重——缝宽、裂缝贯通整个路面、裂缝壁有散落并伴有少量支缝，主要裂缝宽度大于3mm，损坏按长度计算，检测结果要用影响宽度（0.2m）换算成面积。

5. 坑槽（图3-5）

（1）损坏特征。

面层混合料散失后使路表出现不同大小的坑。行车带内严重龟裂形成的小块，或松散的混合料为驶过的车轮带走而形成。

（2）严重程度分级。

①轻微——坑浅，有效坑槽面积在0.1m²以内（约0.3m×0.3m），损坏按面积计算。

②严重——坑深，有效坑槽面积大于0.1m²（约0.3m×0.3m），损坏按面积计算。

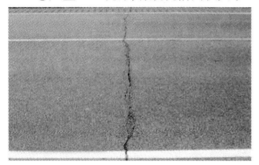

图3-4 横向裂缝

图3-5 坑槽

6. 松散（图3-6）

（1）损坏特征。

集料颗粒或沥青黏结料损失。

（2）严重程度分级。

①轻微——路面细集料散失、脱皮、麻面等表面损坏，损坏按面积计算。

②严重——路面粗集料散失、脱皮、麻面、露骨，表面剥落、有小坑洞，损坏按面积计算。

7. 沉陷（图3-7）

（1）损坏特征。

路面产生大于10mm的路面局部下沉。

（2）严重程度分级。

①轻微——深度为10~25mm，正常行车无明显感觉，损坏按面积计算。

②严重——深度大于25mm，正常行车有明显感觉，损坏按面积计算。

8. 车辙（图3-8）

（1）损坏特征。

轮迹处出现深度大于10mm的纵向带状凹槽（辙槽）。

（2）严重程度分级。

①轻微——辙槽浅，深度为10~15mm，损坏按长度计算，检测结果要用影响宽度（0.4m）换算成面积。

图 3-6 松散

图 3-7 沉陷

②严重——辙槽深,深度 15mm 以上,损坏按长度计算,检测结果要用影响宽度(0.4m)换算成面积。

9. 波浪拥包(图 3-9)

(1)损坏特征。

路表面出现有规律的纵向起伏或路表面的局部凸起。

(2)严重程度分级。

①轻微——波峰波谷高差小,高差为 10~25mm,损坏按面积计算。

②严重——波峰波谷高差大,高差大于 25mm,损坏按面积计算。

图 3-8 车辙

图 3-9 波浪拥包

10. 泛油(图 3-10)

路面沥青被挤出或表面被沥青膜覆盖形成发亮的薄油层,不分严重等级,损坏按面积计算。

11. 修补(图 3-11)

龟裂、坑槽、松散、沉陷、车辙等需进行修补,可计算修补面积或修补影响面积(裂缝修补按长度计算,影响宽度为 0.2m)。

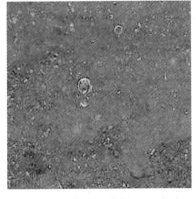

图 3-10 泛油

图 3-11 修补

◆ **单元训练**

1. 根据《公路技术状况评定标准》（JTG H20—2007），把沥青路面损坏分为_____类_____项。

2. 轻微龟裂主要裂缝宽度在_____以下，主要裂缝块度为_____；中等龟裂主要裂缝宽度为_____，部分裂缝块度小于_____；严重龟裂主要裂缝宽度_____，主要裂缝块度_____。

3. 块状裂缝按照裂缝块度和裂缝宽度的大小，将块裂分为轻、重两种等级。轻微块状裂缝宽度为_____，大部分裂缝块度大于_____，损坏按面积计算；严重块状裂缝宽度为_____，大部分裂缝块度大于_____，损坏按面积计算。

4. 轻微纵向裂缝宽度在_____以内，损坏按_____计算，检测结果要用影响宽度_____换算成面积。严重纵向裂缝的主要裂缝宽度大于_____。

5. 沉陷是路面产生大于_____的路面局部下沉。轻微沉陷深度为_____，正常行车无明显感觉，损坏按面积计算。严重沉陷深度大于_____，正常行车有明显感觉。

6. 车辙是轮迹处深度大于_____的纵向带状凹槽（辙槽）。轻微车辙辙槽浅，深度为_____，损坏按长度计算，检测结果要用影响宽度_____换算成面积。严重车辙辙槽浅，深度在_____以上。

7. 波浪拥包是路表面有规律的_____或路表面的_____。轻微的波浪拥包波峰波谷_____，高差为_____，损坏按面积计算。严重的波浪拥包波峰波谷_____，高差_____。

单元三　沥青路面路况调查

◆ **单元要点**

1. 沥青路面路况调查的内容；
2. 路况调查的方法。

◆ **相关知识**

路面状况调查和评价的目的及用途，是为省市公路管理部门计划资金需求和资源分配的决策提供依据；为制订公路大、中修项目的对策方案提供依据。此外，为确定日常养护维修工作也应进行调查和评定。

在上述目的和用途中，为省市公路管理部门决策提供依据的调查和评价属于路网级水平，该项工作在指标、项目和方法上要求较粗；而为项目制订对策方案提供依据的调查和评价属于项目级水平，调查和评价工作要求较细。

一、路面状况调查内容

路面状况是指路面在被调查、评价时所具有的外观和内在的状态，也称为路面使用性能。通常，外观状态指路面破损、车辙和平整度状况，内在状态指路面强度和表面抗滑性能。

1. 路面调查的目的

路面状况调查就是运用各种仪器设备,按照规定的调查频率对路面状况各项指标进行检测,以了解路面的状况,为建立路面管理系统积累数据并进行评价,为制订维护处治方案及年度计划、提高科学管理水平提供依据。

2. 路面调查的内容与频率

(1)检测与调查内容。

路面检测包括路面损坏、平整度、车辙、抗滑性能和结构强度五项指标。其中,路面结构强度为抽样检测指标。

(2)检测与调查单元。

公路技术状况检测以1 000m路段为基本检测或调查单元。

公路技术状况数据按上行方向(桩号递增方向)和下行方向(桩号递减方向)分别检测。二、三、四级公路可不分上、下行。

采用快速检测方法检测路面使用性能、评定所需数据时,每个检测方向至少检测一个主要行车道。

(3)最低检测与调查频率见表3-7。

最低检测与调查频率 表3-7

检测内容		检测频率	路面损坏(PCI)	路面平整度(RQI)	抗滑性能(SRI)	路面车辙(RDI)	结构强度(PSSI)
路面PQI	沥青	高速公路、一级公路	1年1次	1年1次	2年1次	1年1次	抽样检测
		二、三、四级公路	1年1次	1年1次			
	水泥混凝土	高速公路、一级公路	1年1次	1年1次	2年1次		
		二、三、四级公路	1年1次	1年1次			
	砂石		1年1次				

二、路面检测与调查的方法

现有路面数据采集应由地(市)级公路管理机构负责组织,由县级公路部门组成测试小组进行,也可委托专门的检测机构进行。参与数据采集的人员必须严肃认真,有较丰富的养护路面实践经验,并熟悉路面病害类型区分,确保数据真实、可靠。

1. 路面损坏状况检测

路面损坏的检测指标为破损率(DR)。

路面损坏状况检测,宜采用自动化的快速检测方法,条件不具备时,可人工检测。

自动化的快速检测可通过多功能路况快速检测系统(CiCS)设备自动检测。采用自动化快速检测设备检测沥青路面和水泥混凝土路面表面损坏时,从效率和效益角度考虑,必须使用如路面损坏识别系统(CiAS)等的机器自动识别技术。

采用快速检测设备检测路面损坏时,应纵向连续检测,横向检测宽度不得小于车道宽度的70%。检测设备应能够分辨1mm以上的路面裂缝,检测结果宜采用计算机自动识别,识别准确率应达到90%以上。

采用人工方法调查时,调查范围应包含所有行车道,按规定的损坏类型实地调查。有条件的地区,可借助便携式路况数据采集仪进行现场调查、汇总、计算与评定。紧急停车带按路肩处理。

路面损坏检测数据应以100m(人工检测)或10m(快速检测)为单位长期保存。

(1)调查方法。

①仔细查看路面上存在的损坏状况,正确区分病害类型和严重程度,丈量损坏面积,按病害类型及其严重程度记入沥青路面损坏情况调查表,准确至平方米(m^2)。不规则形状的损坏面积计算时先按当量面积计算,然后根据破损程度乘上系数确定;评价段次按100m设定,每张表为一个路段的实测记录。

②对于各种单条裂缝,其损坏面积按裂缝长度乘以0.2m计算。

③车辙的损坏面积按车辙的长度乘以0.4m计算。对于车辙、拥包、波浪、沉陷等类损坏,可用3m直尺测其最大垂直变形,以确定其严重程度。

④调查结果应按路段汇总,填入沥青路面损坏情况总表,每一行为一个路面的合计记录。路段长度宜采用1 000m,以整公里桩号为起讫点,并考虑以公路交叉及行政区分界为分段点。

(2)数据校核。

地(市)公路部门应组织小组进行抽查,抽查数量占实际调查路段的5%~10%,偏差范围在±10%以内为合格,不合格时应重新进行调查。

2. 路面平整度检测

路面平整度的检测指标为国际平整度指数(IRI)。

路面平整度宜采用快速检测设备,可结合路面损坏和车辙一并检测。单独检测路面平整度时,宜采用高精度的断面类检测设备。路面平整度检测设备必须定期标定,每年至少标定一次,标定的相关系数应大于0.95。

条件不具备的三、四级公路,路面平整度可采用3m直尺人工检测。

路面平整度检测数据应以100m(人工检测)或20m(快速检测)为单位长期保存。

国际平整度指数IRI可由反应类设备测定,测定结果需经试验标定。

IRI与其他设备的标定关系一般为:

$$IRI = a + b \times BI$$

式中:BI——平整度测试设备的测试结果;

a、b——标定系数。在使用中,各地可根据实际的标定结果确定其值;

IRI——国际平整度指数(m/km)。

路网的全面调查,宜采用车载式颠簸累积仪快速检测;小范围的抽样调查,可采用连续式平整度仪或3m直尺检测。条件允许可采用拖式颠簸累积仪或路面平整度数据采集系统进行检测。各种方法的测定结果应建立与国际平整度指数之间的对应关系。平整度测试方法比较见表3-8。

平整度测试方法比较　　表3-8

方　　法	特　　点	技术指标
3m直尺法	设备简单,结果直观,间断测试,工作效率低,反应凹凸程度	最大间隙h(mm)
连续式平整度仪法	设备较复杂,连续测试,工作效率高,反应凹凸程度	标准差σ(mm)
颠簸累积仪法	设备复杂,工作效率高,连续测试,反应舒适性	单向累计值VBI(cm/km)

路面平整度的检测设备分为断面类及反应类两大类,断面类检测设备是测定路面表面凹凸情况的一种仪器,如最常用的 3m 直尺及连续式平整度仪。国际平整度指数(IRI)便是以此为基准建立的,这是平整度最基本的指标。反应类检测设备是测定由于路面凹凸不平引起车辆颠簸的情况,这是驾驶员和乘客直接感受到的平整度指标。因此,它实际上是舒适性能指标。最常用的检测仪器是车载式颠簸累积仪。

沥青路面调查时,为提高效率,可采用连续式平整度仪法测定平整度。

连续式平整度仪是我国测定路面平整度的常用仪器,它的最主要优点是可沿路面连续测量。它一般采用先进的微机处理技术,可自动计算、自动打印,自动显示路面平整度的标准差、正负超差等各项技术指标,并绘出路面平整度偏差曲线。

3. 路面车辙检测

为了应对高速公路及一级公路不断出现的路面车辙问题,《公路技术状况评定标准》(JTG H20—2007)将路面车辙列为独立的检测指标,路面车辙用路面车辙深度指数(RDI)评价。与此同时,在实施高速公路和一级公路沥青路面技术状况评定时,路面车辙损坏不再重复计算。

路面车辙宜采用快速检测设备,可结合路面损坏和路面平整度一并检测。路面车辙检测设备必须定期标定,每年至少标定一次。根据断面数据计算路面车辙深度(RD),计算结果应以 10m 为单位长期保存。

4. 路面抗滑性能检测

路面抗滑能力的调查指标为横向力系数(SFC)。

路面抗滑性能宜采用基于横向力系数的路面抗滑性能检测设备或其他具有可靠数据标定关系的自动化检测设备。检测设备必须定期标定,每年至少标定一次。路面抗滑性能检测数据(横向力系数)应以 20m 为单位长期保存。

横向力系数(SFC)要利用大型检测设备独立检测,由于不能与路面表面损坏指标一起检测,由此增加了路面检测装备配置与检测的成本。为了控制横向力系数(SFC)的检评成本,标准规定仅检评高速公路和一级公路,并且将检测周期定为两年一次。

5. 路面强度调查

路面强度的调查指标为路面弯沉值。

路面结构强度宜采用自动检测设备检测。自动检测时,宜采用具有可靠数据标定关系的自动化检测设备,检测结果应能换算成我国相关技术规范规定的回弹弯沉值。自动检测设备必须定期标定,每年至少标定一次。标定的相关系数不得小于 0.95。弯沉检测数据应以 20m 为单位长期保存。

采用贝克曼梁检测时,检测数量应不小于 20 点/(km·车道)。

抽样检测时,检测范围可控制在养护里程的 20% 以内。

高速公路和一级公路路面弯沉值的调查,宜采用自动弯沉仪或落锤式弯沉仪进行调查,但应建立与贝克曼梁测定结果的对应关系;其他等级公路可采用贝克曼梁弯沉仪进行调查。

国内外普遍采用回弹弯沉值来表示路基路面的承载能力,回弹弯沉值越大,承载能力越小,反之则越大。

弯沉值是指在规定的轴载作用下,路基或路面表面轮隙中心处产生的总垂直变形(总弯沉),或垂直回弹变形(回弹弯沉),以 0.01mm 为单位。

常见的几种弯沉测定方法见表 3-9。

几种弯沉测定方法比较　　　　　　　　　　　　　　　表 3-9

方　　法	特　　点
贝克曼梁法	传统方法,速度慢,静态测试,比较成熟,目前属于标准方法
自动弯沉仪法	利用贝克曼梁原理快速连续测试,属于静态测试范畴,但测定的是总弯沉,因此使用时应用贝克曼梁进行标定换算
落锤式弯沉仪法	利用重锤自由落下的瞬间产生的冲击荷载测定弯沉,属于动态弯沉

沥青路面调查时,工作量较大,较适合采用连续快速的自动弯沉仪法。

◇ 单元训练

1. 公路技术状况检测与调查包括_____、_____路基、_____和_____四部分内容。

路面检测包括路面_____、_____、_____、_____和_____五项指标。其中,路面_____度为抽样检测指标。

2. 公路技术状况检测以_____ m 路段为基本检测或调查单元。公路技术状况数据按_____方向和_____方向分别检测。二、三、四级公路可不分_____。采用快速检测方法检测路面使用性能评定所需数据时,每个检测方向至少检测_____行车道。

3. 路面损坏的检测指标为综合_____。路面损坏状况检测,宜采用_____的快速检测方法,条件不具备时,可_____检测。

4. 采用快速检测设备检测路面损坏时,应纵向连续检测,横向检测宽度不得小于车道宽度的_____%。检测设备应能够分辨_____以上的路面裂缝,检测结果宜采用计算机自动识别,识别准确率应达到_____%以上。路面损坏检测数据应以_____ m(人工检测)或_____ m(快速检测)为单位长期保存。

5. 路面平整度的检测指标为_____指数。路面平整度宜采用_____检测设备,可结合路面_____和_____一并检测。条件不具备的三、四级公路,路面平整度可采用_____人工检测。路面平整度检测数据应以_____ m(人工检测)或_____ m(快速检测)为单位长期保存。

6. 路面车辙宜采用_____检测设备,可结合路面损坏和路面平整度一并检测。路面车辙检测设备必须定期_____,每年至少标定_____次。根据断面数据计算路面车辙_____,计算结果应以_____ m 为单位长期保存。

7. 路面抗滑能力的调查指标为_____。路面抗滑性能宜采用基于_____的路面抗滑性能检测设备或其他具有可靠数据标定关系的自动化检测设备。检测设备必须定期_____,每年至少标定一次。路面抗滑性能检测数据(横向力系数)应以_____ m 为单位长期保存。

8. 路面强度的调查指标为_____。路面结构强度宜采用自动检测设备检测。自动检测时,宜采用具有_____标定关系的自动化检测设备,检测结果应能换算成我国相关技术规范规定的_____值。自动检测设备必须定期标定,每年至少标定一次。标定的相关系数不得小于 0.95。弯沉检测数据应以_____ m 为单位长期保存。采用贝克曼梁检测时,检测数量应不小于_____点/(km·车道)。抽样检测时,检测范围可控制在养护里程的_____%以内。

单元四 沥青路面状况评定

◇**单元要点**

1. 沥青路面路况评价的内容;
2. 沥青路面评价指标。

◇**相关知识**

一、公路技术状况评价指标

公路技术状况监测与调查包括路面、路基、桥隧构造物和沿线设施四部分内容。评价指标见图3-12,各指标值域均为0~100。

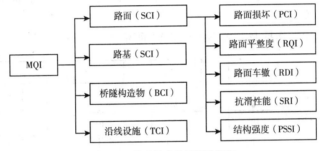

图3-12 公路技术状况评价指标

图中:

  MQI——公路技术状况指数;
  PQI——路面使用性能指数(Pavement Quality or Performance Index);
  SCI——路基技术状况指数(Subgrade Condition Index);
  BCI——桥隧构造物技术状况指数(Bridge,Tunnel and Culvert Condition Index);
  TCI——沿线设施技术状况指数(Traffic-facility Condition Index);
  PCI——路面损坏状况指数(Pavement Surface Condition Index);
  RQI——路面行驶质量指数(Riding Quality Index);
  RDI——路面车辙深度指数(Rutting Depth Index);
  SRI——路面抗滑性能指数(Skidding Resistance Index);
  PSSI——路面结构强度指数(Pavement Structure Strength Index)。

二、公路技术状况评定

1. 评定要求

公路技术状况评定以1 000m路段长度为基本评定单元。

2. 公路技术状况指数MQI的计算

MQI按式(3-1)计算:

$$MQI = w_{PQI}PQI + w_{SCI}SCI + w_{BCI}BCI + w_{TCI}TCI \tag{3-1}$$

式中：w_{PQI}——PQI 在 MQI 中的权重，取值为 0.70；

w_{SCI}——SCI 在 MQI 中的权重，取值为 0.08；

w_{BCI}——BCI 在 MQI 中的权重，取值为 0.12；

w_{TCI}——TCI 在 MQI 中的权重，取值为 0.10。

公路技术状况评定标准见表 3-10。

公路技术状况评定标准　　　　　　　　　　　　　　　表 3-10

评价等级	优	良	中	次	差
MQI 及各级分项指标	≥90	≥80，<90	≥70，<80	≥60，<70	<60

三、路面使用性能（PQI）

路面状况评定用路面使用性能（PQI）指标。

沥青路面使用性能评价包含路面损坏、平整度、车辙、抗滑性能和结构强度五项技术内容。其中，路面结构强度为抽样评定指标，单独计算与评定，评定范围根据路面大中修养护需求、路基的地质条件等自行确定。

各项评价内容所用的指标及其关系如图 3-13 所示。

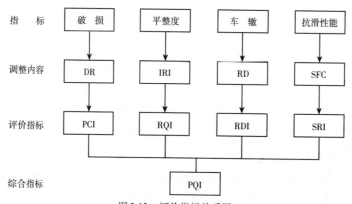

图 3-13　评价指标关系图

路面使用性能指数 PQI 按式(3-2)计算：

$$PQI = w_{PCI}PCI + w_{RQI}RQI + w_{RDI}RDI + w_{SRI}SRI \quad (3-2)$$

式中：w_{PCI}——路面损坏 PCI 在 PQI 中的权重，按表 3-11 取值；

w_{RQI}——平整度 RQI 在 PQI 中的权重，按表 3-11 取值；

w_{RDI}——车辙 RDI 在 PQI 中的权重，按表 3-11 取值；

w_{SRI}——抗滑性能 SRI 在 PQI 中的权重，按表 3-11 取值。

PQI 分项指标权重　　　　　　　　　　　　　　　表 3-11

路面类型	权重	高速公路、一级公路	二、三、四级公路
沥青路面	w_{PCI}	0.35	0.6
	w_{RQI}	0.40	0.40
	w_{RDI}	0.15	—
	w_{SRI}	0.10	—

1. 路面损坏(PCI)

(1)路面损坏状况指数(PCI)。

路面损坏用 PCI 评价,PCI 按式(3-3)计算:

$$PCI = 100 - 15DR^{0.412} \tag{3-3}$$

$$DR = 100 \times \frac{\sum_{i=1}^{i_0} w_i A_i}{A} \tag{3-4}$$

式中:DR——路面破损率(Pavement Distress Ratio),为各种损坏的折合损坏面积之和与路面调查面积之百分比(%);

A_i——第 i 类路面损坏的面积(m^2);

A——调查的路面面积(调查长度与有效路面宽度之积,m^2);

w_i——第 i 类路面损坏的权重,沥青路面按表3-12取值;

i——考虑损坏程度(轻、中、重)的第 i 项路面损坏类型;

i_0——包含损坏程度(轻、中、重)的损坏类型总数,沥青路面取21,水泥混凝土路面取20,砂石路面取6。

沥青路面损坏类型和权重   表3-12

类型(i)	损坏名称	损坏程度	权重(w_i)	计量单位
1	龟裂	轻	0.6	面积 m^2
2		中	0.8	
3		重	1.0	
4	块状裂缝	轻	0.6	面积 m^2
5		重	0.8	
6	纵向裂缝	轻	0.6	长度 m（影响宽度:0.2m）
7		重	1.0	
8	横向裂缝	轻	0.6	长度 m（影响宽度:0.2m）
9		重	1.0	
10	坑槽	轻	0.8	面积 m^2
11		重	1.0	
12	松散	轻	0.6	面积 m^2
13		重	1.0	
14	沉陷	轻	0.6	面积 m^2
15		重	1.0	
16	车辙	轻	0.6	长度 m（影响宽度:0.4m）
17		重	1.0	
18	波浪拥包	轻	0.6	面积 m^2
19		重	1.0	
20	泛油		0.2	面积 m^2
21	修补		0.1	面积 m^2

（2）路面破损状况评价标准。

根据路面破损情况，将路面分为优、良、中、次、差五个等级。评价标准见表3-13，PCI与DR的对应关系见表3-14。

路面破损状况评价标准　　　　　　　　　　　　　　表3-13

评定等级	优	良	中	次	差
路面状况指数PCI	≥90	≥80，<90	≥70，<80	≥60，<70	<60

PCI与DR的对应关系　　　　　　　　　　　　　　表3-14

PCI	90	80	70	60
DR（沥青路面）	0.4	2.0	5.5	11.0

2. 路面行驶质量（RQI）

（1）路面行驶质量指数（RQI）。

路面平整度用路面行驶质量指数（RQI）评价，按式（3-5）计算：

$$RQI = \frac{100}{1 + \alpha_0 e^{\alpha_1 IRI}} \tag{3-5}$$

式中：IRI——国际平整度指数（International Roughness Index，m/km）；

　　　α_0——高速公路和一级公路采用0.026，其他等级公路采用0.0185；

　　　α_1——高速公路和一级公路采用0.65，其他等级公路采用0.58。

（2）路面行驶质量评价标准，参见表3-15，RQI与IRI的对应关系参见表3-16。

路面平整度人工评价标准　　　　　　　　　　　　表3-15

技术等级	优	良	中	次	差
RQI	≥90	≥80，<90	≥70，<80	≥60，<70	<60
3m直尺（mm）	≤10	>10，≤12	>12，≤15	>15，≤18	>18
颠簸程度	无颠簸，行车平稳	有轻微颠簸，行车尚平稳	有明显颠簸，行车不平稳	严重颠簸，行车很不平稳	非常颠簸，非常不平稳

RQI与IRI的对应关系　　　　　　　　　　　　　　表3-16

RQI	90	80	70	60
IRI（高速公路、一级公路）	2.3	3.5	4.3	5.0
IRI（其他等级公路）	3.0	4.5	5.4	6.2

3. 路面车辙（RDI）

（1）路面车辙深度指数（RDI）。

路面车辙用路面车辙深度指数（RDI）评价，按式（3-6）计算：

$$RDI = \begin{cases} 100 - \alpha_0 RD & (RD \leq RD_a) \\ 60 - \alpha_1(RD - RD_a) & (RD_a < RD \leq RD_b) \\ 0 & (RD > RD_b) \end{cases} \tag{3-6}$$

式中：RD——车辙深度（Rutting Depth，mm）；

RD_a——车辙深度参数，采用 20mm；

RD_b——车辙深度限值，采用 35mm；

α_0——模型参数，采用 2.0；

α_1——模型参数，采用 4.0。

(2) 路面车辙质量标准，参见表 3-17，RDI 与 RD 的对应关系参见表 3-18。

路面车辙状况评价标准　　　　　　　　　　表 3-17

评定等级	优	良	中	次	差
车辙深度指数（RDI）	≥90	≥80，<90	≥70，<80	≥60，<70	<60

路面车辙深度指数（RDI）与路面车辙深度（RD）的特征数据对应关系　　表 3-18

RDI	90	80	70	60	0
RD	5	10	15	20	35

4. 路面抗滑性能（SRI）

(1) 路面抗滑性能指数（SRI）。

路面抗滑性能用路面抗滑性能指数（SRI）评价，按式（3-7）计算：

$$SRI = \frac{100 - SRI_{min}}{1 + \alpha_0 e^{\alpha_1 SFC}} + SRI_{min} \qquad (3-7)$$

式中：SFC——横向力系数（Side-way Force Coefficient）；

SRI_{min}——标定参数，采用 35.0；

α_0——模型参数，采用 28.6；

α_1——模型参数，采用 -0.105。

(2) 路面抗滑性能评价标准，参见表 3-19，SRI 与 SFC 的对应关系参见表 3-20。

路面抗滑能力评价标准　　　　　　　　　　表 3-19

评定等级	优	良	中	次	差
抗滑性能指数 SRI	≥90	≥80，<90	≥70，<80	≥60，<70	<60

SRI 与 SFC 的对应关系　　　　　　　　　　表 3-20

SRI	90	80	70	60
SFC	48	40	33.5	27.5

5. 路面结构强度（PSSI）

(1) 路面结构强度指数（PSSI）。

路面结构强度用路面结构强度指数（PSSI）评价，按式（3-8）和式（3-9）计算：

$$PSSI = \frac{100}{1 + \alpha_0 e^{\alpha_1 SSI}} \qquad (3-8)$$

$$SSI = \frac{l_d}{l_0} \qquad (3-9)$$

式中：SSI——路面结构强度系数（Structure Strength Coefficient），为路面设计弯沉与实测代表弯沉之比；

l_d——路面设计弯沉(mm);

l_0——实测代表弯沉(mm);

α_0——模型参数,采用15.71;

α_1——模型参数,采用 -5.19。

(2)路面结构强度评价标准,参见表3-21。

路面强度的评价标准   表3-21

评定等级	优		良		中		次		差	
	高速公路、一级公路	其他等级公路	高速公路、一级公路	其他等级公路	高速公路、一级公路	其他等级公路	高速公路、一级公路	其他等级公路	高速公路、一级公路	其他等级公路
强度指数SSI	≥1.0	≥0.83	<1.0~≥0.83	<0.83~≥0.66	<0.83~≥0.66	<0.66~≥0.5	<0.66~≥0.5	<0.5~≥0.3	<0.5	<0.3

6. 路面的综合评价

路面的综合评价采用 PQI 作为评价指标,PQI 用分项指标加权计算得出。PQI 的数值范围为 0~100。其值越大,路况越好,参见表3-22。

路面综合评价标准   表3-22

评 定 等 级	优	良	中	次	差
路面综合评价指标 PQI	≥85	≥70~<85	≥55~<70	≥40~<55	<40

◇ **单元训练**

1. 公路技术状况指数用_____表示;它包括路面使用性能指数_____,权重取值为_____;路基技术状况指数_____,权重取值为_____;桥隧构造物技术状况指数_____,权重取值为_____;沿线设施技术状况指数_____,权重取值为_____。

2. 路面状况评定用路面使用性能指标_____表示;沥青路面使用性能评价包含路面损坏状况指数_____,路面行驶质量指数_____,路面车辙深度指数_____,路面抗滑性能指数_____。路面结构强度指数_____为抽样评定指标,单独计算与评定。

3. 路面损坏状况调查内容为_____;路面行驶质量调查内容为_____;路面车辙调查内容为_____;路面抗滑性能调查内容为_____。

单元五　沥青路面的养护对策

◇ **单元要点**

1. 制定维护对策的依据;
2. 维护对策的适用条件。

◇ **相关知识**

(1)沥青路面养护对策应根据公路等级、交通量及分项路况评价结果及自然灾害等特殊情况的需要确定。分项路况评价包括路面破损状况、行驶质量、路面强度和抗滑性能。对于项目级路面的维修养护,宜采用分项路况评价指标的结果作为制订对策方案的依据,路面综合评价指标仅用于对路面质量的总体评价。对于网级路面的管理,宜采用综合评价指标的结果作为制订养护计划和决策资源分配的依据。

(2)维修养护对策包括:小修保养、中修罩面、大修补强、路面的改建和恢复,因自然灾害造成的破坏应进行的专项工程等。

(3)根据公路等级、交通量、分项路况的评价结果及自然灾害等特殊情况,可制订如下维修养护对策。

①小修保养对策。

在满足强度要求的前提下,当高速公路及一级公路的路面损坏状况指数(PCI)评价为优、良,行驶质量指数(RQI)也评为优、良;或者二级及二级以下公路的路面损坏状况指数评价为优、良、中时,行驶质量指数(RQI)也评为优、良、中的路段,以日常养护为主,并对局部破损进行小修。

②中修对策。

对高速公路和一级公路路面状况指数(PCI)评价为中,或行驶质量指数(RQI)评价为中的路段;对于其他等级公路,路面状况指数(PCI)评价为次、差,或行驶质量指数(RQI)也评价为次、差,但强度满足要求的路段,宜安排中修罩面等措施改善路面的平整度。

③大修对策。

对于强度不满足要求的路段(路面结构强度指数为中等以下时),应采取大修补强措施以提高其承载能力。

④抗滑处理。

高速公路及一级公路的抗滑能力不足(SFC<40)的路段,或二级及二级以下公路抗滑能力不足(SFC<35.5)的路段,应采取加铺罩面层等措施提高路表面的抗滑能力。

⑤改建对策。

因路面不适应现有交通量或载重的需要,应提高现有路面的等级,或通过加宽等措施提高道路的通行能力。

⑥专项养护。

因自然灾害致使路面遭受严重的损坏,可申请专款对路面进行修复。

(4)大、中修及改建工程的路面结构类型和厚度,可根据公路等级、交通量、当地经济条件和已有经验,通过设计确定,具体要求应符合有关规定。对于专项工程,采取的维修养护对策应符合相关规范的相应技术规定。

(5)结合路面管理系统的使用,公路养护管理部门应根据路况评价结果和所选择的养护维修对策,以及养护资金的情况,统筹安排路段的养护优先次序,重点考虑交通量大、等级较高、破损较严重路段的养护维修工作,制订好各年的养护工作计划。

◇单元训练

1. 在满足强度要求的前提下,当高速公路及一级公路的路面损坏状况指数(PCI)评价为_____,行驶质量指数(RQI)也评为_____;或者二级及二级以下公路的路面损坏状况指数评价为_____时,行驶质量指数(RQI)也评为_____的路段,以日常养护为主,并对局部破损进行小修。

2. 对高速公路和一级公路路面状况指数(PQI)评价为_____,或行驶质量指数(RQI)评价为_____的路段;对于其他等级公路,路面状况指数(PCI)评价为_____,或行驶质量指数(RQI)也评价为_____,但_____满足要求的路段,宜安排中修罩面等措施改善路面的平整度。

3. 对于强度不满足要求的路段,路面结构强度指数为_____以下时,应采取_____措施以提高其承载能力。

4. 高速公路及一级公路的抗滑能力不足(SFC < _____)的路段,或二级及二级以下公路抗滑能力不足(SFC < _____)的路段,应采取加铺罩面层等措施提高路表面的抗滑能力。

◇任务驱动综合实训

(沥青路面病害调查分析及评价)

一、实训内容

结合沥青路面各类病害的特点及成因,调查指定路段沥青路面病害情况及交通组成,根据现行规范,填写《沥青路面病害调查表》,计算路面破损状况指数 PCI 值,并分析病害成因,提出相应的养护对策。

二、要求

1. 小组成员集体行动,分工协作,对照病害特征,识别病害。
2. 正确填写沥青路面病害调查表,计算路面破损状况指数。
3. 每小组提交调查报告一份。
2. 以小组为单位陈述调查过程、心得及结论等。

三、培养目标及方法

1. 团队协作精神。
2. 口头表述能力以及自信心培养。
3. 沥青路面病害识别技能。
4. 沥青路面病害成因分析技能。
5. 沥青路面路况调查、记录及评价技能。

沥青路面损害调查表见表 3-23。

沥青路面损坏调查表 表 3-23

路线名称:		调查方向:			调查时间:			调查人员:				
调查内容	程度	权重 w_i	单位	起点桩号:				终点桩号:				累计损失
				路段长度:				路面宽度:				
				1	2	3	4	5	6	7	8	9	10	
龟裂	轻	0.6	m^2										
	中	0.8											
	重	1.0											

续上表

路线名称：		调查方向：			调查时间：			调查人员：						
调查内容	程度	权重 w_i	单位	起点桩号： 终点桩号： 路段长度： 路面宽度：										累计损失
				1	2	3	4	5	6	7	8	9	10	
块状裂缝	轻	0.6	m²											
	重	0.8												
纵向裂缝	轻	0.6	m											
	重	1.0												
横向裂缝	轻	0.6	m											
	重	1.0												
坑槽	轻	0.8	m²											
	重	1.0												
松散	轻	0.6	m²											
	重	1.0												
沉陷	轻	0.6	m²											
	重	1.0												
车辙	轻	0.6	m											
	重	1.0												
波浪拥包	轻	0.6	m²											
	重	1.0												
泛油		0.2	m²											
修补		0.1	m²											

评定结果：
DR ＝　　　％
PCI ＝

$$PCI = 100 - \alpha_0 DR^{\alpha_i}$$

$$DR = 100 \times \frac{\sum_{i=1}^{i_0} w_i A_i}{A}$$

$\alpha_0 = 15.00$　　$\alpha_i = 0.412$

学习任务四　沥青路面日常养护

学习目标

1. 能够独立完成路面日常巡查任务；
2. 能够独立完成巡查记录的填写；
3. 能够根据上级下达的养护计划，制订日、周、旬、月养护计划；
4. 能够完成沥青路面日常养护工作。

任务描述

巡查一段沥青路面，填写巡查记录，根据上级下达的养护计划，编制完整的养护计划。

学习引导

本学习任务沿着以下脉络进行学习：
沥青路面巡查→填写巡查记录→编制日常养护计划。

单元一　一般公路沥青路面日常养护

◇**单元要点**

1. 沥青路面日常养护的要求；
2. 一般公路沥青路面初期养护；
3. 一般公路沥青路面的日常养护。

◇**相关知识**

　　沥青路面的质量和使用寿命很大程度上与日常养护有关，通过及时的、良好的日常养护，可有效地减缓路面损坏状况的发展，延长路面的寿命（结构和使用功能上面）。对于沥青路面的养护管理，应加强经常性、预防性、小修保养，对局部轻微的初始破损必须及时进行修理。我国公路养护技术规范通常把清扫保洁，处理泛油、拥包、裂缝、松散等病害作为保养作业；修补坑槽、沉陷，处理啃边、波浪等病害作为小修作业。小修保养分初期保养、日常养护和预防性季节保养修理。可把其统称为预防性养护措施。

　　沥青路面经一段时间的使用后，在行车荷载和自然因素的作用下，可能会出现各种损坏现象。及时进行养护和维修，可使路面的强度和使用性能保持良好的状态，确保行车安全和畅通，延长道路使用年限。延迟养护和延期养护可能会加重路面的破损程度，不仅路用性能较差，而且会导致维修费用增加，所以延迟养护将付出高昂的代价。

一、沥青路面日常养护的要求

（1）路面日常养护工作应符合下列要求：

①建立路面巡视检查制度,配备日常的检测仪器,建立完善的信息网络,及时、准确地掌握路面状况及信息。科学、客观地评价路面状况,有依据、有计划、有针对性地安排养护项目。

②树立高度的服务意识和安全意识,在路面养护作业中,应满足正常行车的需要,尽量避免完全封闭交通。

③严格按照有关技术规范和标准进行养护作业。高速公路应采取机械化养护作业方式,迅速、优质、高效地处理各类路面损害和障碍,确保运行质量。

④不断探索和应用新材料、新设备、新技术、新工艺,提高养护作业的时效性、机动性、安全性和可靠性。

(2)沥青路面上出现的各类病害,必须及时、快速处理。当发现有危及行车安全的病害时,应立即修复或采取临时修复措施,并按有关规定安排修复。

(3)路面的日常养护应根据实际需要配置适用的机具,做好适当的材料储备,并建立可靠的养护材料供应网络,以确保路面养护作业正常进行。

(4)在高速公路上进行路面养护作业的人员,必须岗前接受专门的安全教育和养护作业规程的培训。

(5)在日常养护中,应注意收集、利用气象信息和交通信息等相关信息。

①每天应记录天气情况。在多风、多雨、多雾、多雪、多冰冻季节,应随时注意天气的变化。必要时应与当地的气象台、站取得并保持联系,随时获得最新气象信息,以便及时采取相应措施。

②每月应进行交通量调查统计。

(6)对修建于软土地基上和高填方路段上的公路沥青路面,应定期进行路面高程测量。

二、一般公路沥青路面日常养护作业

为了保证路面经常处于良好的使用状态,应对沥青路面进行经常性和季节性的日常养护。一般公路沥青路面的日常养护包括初期养护和日常养护两部分。

1. 初期养护规定

(1)热拌沥青混合料路面的初期养护。

①摊铺、压实后的热拌沥青混合料路面,待摊铺层自然冷却,混合料表面温度低于50℃后方可开放交通。

②纵横向施工接缝是沥青路面的薄弱环节,应加强初期养护,随时用3m直尺查找暴露出来的轻微不平,铲高补低,经拉毛后,用混合料垫平、压实。

(2)沥青贯入式路面的初期养护。

①路面竣工后,开放交通时,行驶车辆限速在15km/h以下,根据表面成形情况,逐步提高到20km/h。

②设专人指挥交通或设置临时路标,按先两边,后中间的原则控制车辆行驶,达到全面压实。

③应随时将行车驱散的嵌缝料回扫,扫匀、压实,形成平整密实的上封层。当路面泛油后,要及时补撒与最后施工的一层矿料相同的嵌缝料,并控制行车碾压。

(3)沥青表面处治路面的初期养护。

①层铺法施工的沥青表面处治路面,其初期养护与贯入式路面的要求基本相同。

②拌和法施工的沥青表面处治,其路面初期养护与热拌沥青混合料的要求相同。

(4)乳化沥青路面的初期养护。

乳化沥青路面的初期稳定性差,压实后的路面应做好初期养护工作,设专人管理,按实际破乳情况,封闭交通 2~6h;在未破乳的路段上,严禁一切车辆、人、畜通过;开放交通初期,应控制车速不超过 20km/h,并不得制动和掉头。当有损坏时应及时修补。

2. 沥青路面日常养护规定

(1)加强路况巡查,及时发现病害,研究病害产生原因,并有针对性地及时对病害进行维修处理。

(2)路面清扫应该按如下规定进行:

①巡查过程中,发现路面上有杂物,要及时清扫,保持路面清洁。

②沥青路面的日常清扫,应根据公路等级,采用机械或人工的方法进行清扫。高速公路和一级公路应以机械清扫为主,其他等级可以机械和人工相结合进行清扫。

③二级和二级以上公路路面的清扫作业频率,宜不少于 1 次/d;其他等级公路可根据路面污染程度、交通量大小及其组成、气候及环境等因素而定,但不宜少于 1 次/周;路面分隔带内的杂物清理宜不少于 1 次/月;长隧道内和大型桥梁的清扫频率应适当增加。

④为了防止清扫路面时产生扬尘而污染环境、危及行车安全,机械清扫时若缺少洒水装置,应适当配备洒水装置,并根据路面扬尘程度,确定适当的洒水量。

(3)严禁履带车和铁轮车在沥青路面上直接行驶,如必须行驶,应采取相应措施后才能行驶。

(4)雨后对路面有积水的地方要及时扫除,以免下渗,破坏路面。

(5)排水设施的养护。

在春融期,特别是汛前,应全面检查、疏通。雨天必须上路巡查,及时排除堵塞并疏通,防止水流直接冲刷路基、路面及路肩。暴雨过后应重点检查排水设施,如有冲刷、损坏,应及时修补。

(6)除雪防滑。

①当降雪影响正常通行时,应组织人员与机械清除路面积雪,对重要道路要争取地方政府组织沿线人员、设备除雪。

②在冬季降雪或下雨后,路面上有结冰现象时,应在桥面、陡坡、急弯、桥头引道撒一层沙等防滑料,以增大路面摩擦系数。在环保允许的情况下,下雪时也可以采用撒布药剂(氯化钙、氯化钠等),以降低冻结温度,达到行车安全的目的。

3. 预防性季节性养护

沥青路面对气温比较敏感,应根据不同季节的气候特点、水和温度变化规律,按照"预防为主、防治结合"的原则,结合本地区成功经验,针对季节性病害根源,因地制宜,采取有效的技术措施,做好预防性季节性养护工作。

(1)春季。

春季气温较暖,路基内的水分开始转移,是各种病害集中暴露的季节,所以春季应抓住时机,及时防治路面病害。春季容易出现的病害如下:

①路基含水率较大的路段,随着路基土解冻,路基强度减弱,在行车组合作用下,面层容易出现裂缝;含水率已达饱和、强度和稳定性差的路段,经车辆碾压容易出现翻浆。

②施工质量差的路段,在气温回升时容易变软,矿料经碾压产生松动,油层不稳定,容易出现油包、波浪等。

③秋末冬初低温施工路段,随着温度的上升,容易出现泛油。
④春融季节路面出现网裂后,如不及时处理,容易发展为坑槽。

(2)夏季。

夏季气候炎热,地面水分蒸发快,是沥青路面各种病害全面发展的季节。养护中要充分利用夏季气温高、操作方便的条件,及时消灭病害。夏季容易出现的病害如下:

①新铺沥青路面在高温作用下容易出现泛油。
②基层含水率较大或质量差的路段,在行车作用下容易造成路面发软或产生车辙。
③沥青用量过多,矿料过细或沥青黏度差的沥青路面容易出现拥包、波浪、发软等病害。

(3)秋季。

秋季气温逐渐降低,而雨水较多。应及时处理病害,为冬季沥青路面的正常使用打下基础。秋季容易出现的病害如下:

①雨水较多、容易积水的路面,如果有裂缝和基层不密实,容易出现坑槽。
②强度不够的路肩受雨水侵蚀或积水影响,在行车碾压下,易产生啃边。
③基层含水率较大、强度不够,或地基受水泡发软的路段,路面稳定受到影响,在行车碾压下容易出现网裂。

(4)冬季。

冬季气候寒冷,路基路面冻结,是沥青路面比较稳定的季节,但是也要注意路面的养护。
①冬季沥青路面在低温下发生不同方向的收缩,容易产生横向、纵向裂缝。
②积雪地区做好除雪防滑。

冬季容易出现的病害主要是由冰雪和沥青路面低温收缩而导致的。

◇单元训练

一、填空题

1. 摊铺、压实后的热拌沥青混合料路面,待摊铺层自然冷却,混合料表面温度低于_____℃后方可开放交通。

2. 沥青贯入式路面竣工后,开放交通时,行驶车辆限速在_____km/h以下,根据表面成形情况,逐步提高到_____km/h。

3. 乳化沥青路面的初期稳定性差,压实后的路面应做好初期养护工作,设专人管理,按实际破乳情况,封闭交通_____h;在未破乳的路段上,严禁一切车辆、人、畜通过;开放交通初期,应控制车速不超过_____km/h,并不得_____和_____。当有损坏时应及时修补。

二、简答题

1. 简述一般公路沥青路面日常养护的要求。

2. 简述沥青路面初期养护和日常养护的规定。

3. 简述预防性季节性养护的具体工作内容。

单元二 高速公路沥青路面日常养护

◇单元要点

1. 高速公路沥青路面日常养护的一般规定；
2. 高速公路沥青路面的日常养护中巡查与检测、清扫排水、排障清理、除雪防冻的要求。

◇相关知识

高速公路沥青路面的日常养护内容包括巡查与检测、清扫排水、排障清理、除雪防冻等。

一、一般规定

（1）对高速公路沥青路面，应进行经常性、及时性和预防性的日常养护，保证高速公路沥青路面经常处于良好的技术状态，确保在大交通量和各种条件下，为行驶车辆提供快速、畅通、安全、舒适、经济的行车环境。

（2）高速公路路面的日常养护，一般在大交通量和高速运行的开放条件下进行，工作程序应符合以下要求：

①建立完善的巡视检查和技术检测系统，建立完整的信息网络，及时、准确地掌握路面状况及相关信息，科学、客观地评价路面使用质量，有依据、有计划、有针对性地安排养护项目。

②树立高度的交通服务意识和安全意识，在路面养护作业中，应满足正常行车的需要，避免完全封闭交通作业和夜间作业。

③严格按照有关技术规范和标准进行养护作业，宜采取机械化养护作业方式，迅速、优质、高效地处理各类路面损害和障碍，确保运营质量。

④不断探索和应用新材料、新设备、新技术、新工艺，提高养护作业的时效性、机动性、安全性和可靠性。

（3）对于高速公路沥青路面上出现的各类病害，必须及时、快速地处理。当发现直接危及正常交通和行车安全的病害时，应立即修复或采取临时过渡措施，再按有关要求进行修复。

(4)高速公路沥青路面一般以50km左右为一个养护单元,日常养护的机械设备配置,除必要的手用工具及检测用具外,应以中轻型常用设备为主。大型养护设备、大型排障机具和技术检测仪器设备,根据实际需要,可以同一线路或相近线路的若干养护单元统一配货、协调使用。

(5)高速公路沥青路面的日常养护,应根据实际需要建立适当的材料储备,并组织可靠的养护材料供应网络,以确保路面养护作业正常进行。

(6)在高速公路上进行路面养护作业的人员,必须事前接受专门的安全教育和养护作业规程的培训。

二、巡查和检测

(1)高速公路沥青路面的日常养护中,应坚持执行巡视检查制度,及时发现路面及其附属设施的损坏情况和可能影响交通的路障,以便养护部门及时、合理地安排维修和清理,尽快恢复路面正常使用状态。

①高速公路沥青路面的巡视检查,分为日常巡查、定期巡查、特殊巡查和专项巡查,各类巡查的内容、频率、方法和装备见表4-1。

②巡查作业中,巡查人员应强化自身保护意识,按规定穿着安全标志服。

巡查车速一般控制在40~50km/h,并按规定开启黄色警示灯。如遇到需要停车检查的情况,应停在紧急停车带上。如果必须停在行车道上时,应开启巡查车的危险报警闪光灯,并采取必要的安全措施,巡查人员应在巡查车的前方迅速完成检查或测量作业。

③巡查作业中应由专人记录巡查情况,巡查结束后应尽快整理、汇总巡查记录,并通知有关部门采取相应的养护措施。

(2)高速公路路面的日常养护中,应注意采集、利用气象信息和交通信息等相关信息。

①应由专人每天记录当地的天气预报和实际天气情况。在多风、多雨、多雾、多雪、多冰冻季节,应随时注意天气的变化,必要时应与当地的气象台、站取得联系,随时获取最新气象信息,以便及时采取相应措施。

②应按规定进行交通量调查。

(3)高速公路沥青路面应根据本地区的特点,可选择典型路段进行路面破损、强度、平整度和抗滑能力的检测,进行必要的专项技术检测,具体按有关规定执行。

(4)各项巡视检查、专项检查和技术检测的结果,均应及时进行整理和初步分析,并输入公路路面管理系统,由该系统每年一次对管养路段沥青路面的技术状况和使用品质进行综合评价,作为制订下一年度养护工作计划的依据。当在各类巡查或专项检测中发现沥青路面某一方面的技术状况和使用品质明显下降时,应及时通过该系统作出阶段性评价,及时采取相应的养护对策。

(5)对修建于软土地基的高速公路沥青路面,应定期进行路面高程测量。测点的布设根据实际情况确定,沉降量较大的路段可适当加密。测量精度为0.01m,测量频率为:年沉降量大于0.01m的测点,每季度观测一次;年沉降量不大于0.01m的测点,每半年观测一次;连续三年观测的年沉降量不大于0.03m的测点,每年观测一次。

(6)当桥头引道的不均匀沉降出现下列情况,应及时予以修复:

①与桥台的连接部位沿桥台靠背产生错台,且最大高差达2cm以上。

②台后接近桥台部位的纵向坡度差超过5%。

高速公路的巡查　　　　　　　　　　表 4-1

巡查种类	巡查内容	巡查频率	巡查方法	巡查装备
日常巡查	检查沥青路面及附属设施的完好程度,发现各类病害及可能诱发病害的因素,发现可能妨害交通的路障	每天一次,双向全程	车行为主,人工观测、目测及手工计量为辅,并辅以摄影或摄像	有明显标识、装备黄色警示灯的巡查车,摄影或摄像器材,卷尺及检查锤等工具
定期巡查	检查各个养护单元中包括沥青路面在内的全部养护项目	每月一次,双向全程	步行检查全段,步行于双向1km之内,其余车行。定性与定量观测检查相结合,重要情况应予摄影或摄像	同日常巡查,参加人员可再配备一辆普通车辆,在行驶途中应位于巡查车的前方
特殊巡查	主要是在暴雨、台风、大雾、严重冰冻及其他可能危及沥青路面正常状态或妨碍高速公路正常交通的灾害性气候时进行的巡查,包括防汛巡查、雾天巡查、冰雪巡查等	在灾害天气到来之前进行预防性巡查;在灾害性天气中进行应急性巡查;在灾害性天气过后进行补救性巡查	车行为主,巡查车速适当降低,发现异常情况应立即向应急抢险指挥中心报告	巡查车同上,并应配备可靠的通信设备和摄影、摄像器材,夜间巡查时还应配备有效的照明设备
专项巡查	对某些数量较多且危害较大的路面病害,或路面状况发生异常变化的特殊路段进行的较为细致的检查	根据实际需要决定	车行与步行结合,定位、定量观测,重要情况应予摄影或摄像	同日常巡查,并配备与检查内容相适应的测量仪器

三、清扫和排水

(1)高速公路沥青路面,应根据尘土、落叶、杂物等造成的污染程度,对其进行日常清扫,保持高速公路良好的运行环境。

①高速公路沥青路面的日常清扫,应以机械作业为主,机械清扫沿路面右侧或左侧进行,并应尽量避免在中间行车道进行清扫作业及变换车道进行清扫作业。在机械清扫路面时留下的死角,可用人工进行辅助清扫。

②高速公路沥青路面日常清扫的作业频率,应根据路面污染程度、交通量的大小及组成、气候等因素确定,一般为每日一次全程清扫,节假日可适当增加清扫次数。清扫作业一般在日间进行,清扫时间尽量避开交通流高峰时段。

③为了防止清扫路面时产生扬尘而污染环境、危及行车安全,清扫机械必须配备洒水装置,机械清扫作业时应根据路面的扬尘程度确定适当的洒水量。

④在进行机械清扫作业之前,作业人员检查道路清扫车的机械状态和清扫工作装置的完好程度,并按清扫作业量的需要加水,以确保机械清扫作业正常进行。

⑤路面清扫后的垃圾不得随意倾倒,应运至指定地点或垃圾场妥善处理。

⑥桥面、隧道内沥青路面及收费广场的日常清扫作业频率,应根据路面污染程度确定,尤其是收费广场,不应有纸屑等垃圾,应适当加大隧道内沥青路面及收费广场的清扫频率。

(2)高速公路沥青路面除了定期的日常清扫作业外,还应根据路面污染的特殊情况,及时进行不定期的特殊清扫保洁作业。

①当发现路面上有妨碍正常交通的杂物时,应立即清除,以确保行车安全。

②当意外事件、事故等因素造成路面污染时,应及时清扫,以保持路面整洁。

③当沥青路面被油类物质或化学物品污染时,应先撒砂、撒木屑或用化学中和剂处理,然后进行清扫,必要时再用水冲洗干净。

(3)高速公路沥青路面应保持排水畅通,路面无积水。

①应经常对中央分隔带集水井、横向排水管、路侧拦水缘石及泄水槽、桥面泄水孔等路面排水系统进行清理和疏通,发现损坏部位应及时修复。

②应经常检查沥青路面排水情况,检查时间一般以在雨间或雨后 1~2h 为宜。发现路面明显积水的部位,应分析原因,分别采取以下不同措施:

对虽未破损,但造成雨后明显积水的行车道路路面局部沉陷部位,应及时清扫并予以整平;

对设置路侧拦水缘石及泄水槽的路段,如发现拦水缘石开口及泄水通道的位置不妥而造成路面积水时,应及时调整;

对因横坡不适而造成积水的路段,应采取临时措施,尽量减少行车道部位的积水,并在罩面工程中彻底调整解决。

③对高速公路沥青路面应加强雨季排水,尽量减轻水害。

在雨季到来之前,应对全部路面排水系统及路堤边沟、涵管、泵站、集水井、沉淀池等所有排水设施进行全面检查和疏通,修复损坏部位,处理水毁隐患,清除路肩和边坡高草,确保雨季排水畅通。

(4)排障和清理。

①为了及时处理并尽量减轻因不可抗拒因素和突发事件所造成的损害,高速公路管理机构应建立完善的应急抢险体制,该体制的基本功能如图 4-1 所示。

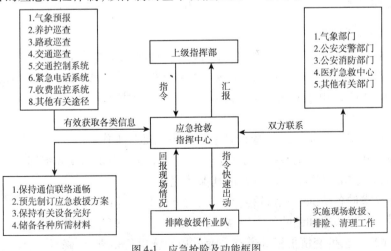

图 4-1 应急抢险及功能框图

高速公路的应急抢险指挥中心,应由同级管理机构负责人担任指挥,并配备专职值班人员,实行全天候不间断的值班,随时掌握、分析各类有关信息,做好各种应急抢险准备工作。一旦发生险情,快速做出反应,指挥应急抢险工作。

因不可抗拒因素或突发事件致使高速公路交通完全中断时,应急抢险指挥中心应全力组织人员、设备,迅速排除路障,恢复交通,必要时可请求当地政府和当地驻军支援。

②高速公路管理机构,应配备排障救援作业队,并对排障救援作业人员进行业务培训,主要内容为:交通安全和法制教育;排障设施及专业工具的使用;交通控制设施的设置;消防和各种危险品的排除;医疗急救以及其他有关业务知识。

高速公路排障救援作业队的常用设备有:排障车、汽车起重机、巡逻指挥车、车载式可变情报板等,配置数量及规格根据实际需要确定。其中抢险排障车和巡逻指挥车应配置可与应急抢险指挥中心有效沟通的通信设备。大型排障、抢险作业中所需的其他设备,由应急抢险指挥中心负责调集。

③排障、救援现场作业程序。

a. 排障救援作业队接到指令后,应快速赶赴现场,实施现场交通控制,并立即将现场具体情况向指挥中心汇报。

b. 有人员伤亡时,应首先进行现场处置,并尽快将伤员送往就近医院。

c. 按有关规定设置排障作业区,必要时可请求指挥中心临时封闭区段交通。排障作业现场的闲杂人员应尽快疏散到安全地带。

d. 实施排障作业,清除妨碍交通的路障。

e. 在车辆失火等紧急情况下,除用消防设备外,上述程序应同时快速进行。

f. 对交通事故车辆,应在公安交警进行现场勘测后,牵引(装运)至指定地点,听候进一步处理。

g. 对故障抛锚车辆,有条件的情况下应先牵引至紧急停车带,为其提供简易维修服务;对经简单维修后仍不能行驶的故障车,应尽快牵引(装运)离开高速公路。

h. 排障作业结束后,应按有关规定尽快清理现场,然后撤除作业区,恢复正常交通。发现沥青路面及附属设施受到损害的,应通过指挥中心通知有关部门尽快按规定予以修复。

四、除雪和防冻

1. 除雪和防冻的准备

(1)常年降雪地区的除雪和防冻是高速公路沥青路面冬季养护的重点,应根据当地历年气象记录资料、气象预测资料、路面结构、沿线条件等,事先制订切合实际情况的除雪和防冻工作计划,制订适用于各种不同气温、降雪量和积雪深度条件下的除雪和防冻作业规程。

(2)在严寒降雪季节到来之前,应按计划做好下列准备工作:

①落实除雪和防冻工作的指挥体系和作业人员,并组织必要的业务培训;

②维修、保养除雪和防冻作业机械,使其保持完好状态;

③按实际要求储备防冻、防滑材料和除雪、防冻作业工具;

④对路面、路肩、桥梁伸缩缝等予以整修,以便除雪机械充分发挥作用;

⑤对可变限速板、可变情报板等道路交通监控设施进行检查、维修,使其保持完好状态,以便降雪时有效实施交通控制。

(3)在严寒降雪季节到来后,应随时监测气象变化情况,一旦降温、降雪,立即按计划部署相应的除雪和防冻作业,特别注意桥面、坡道、匝道、收费广场等重点区段,尽量减轻积雪和冰冻对行车安全造成的危害,缩短交通中断的时间,尽快恢复高速公路正常交通。

2. 下雪中的除雪作业

路面除雪应以机械作业为主,人工作业为辅。在条件允许的情况下,应尽量采取这种方法除雪,必要时反复进行,以便及时清除路面积雪,保障交通安全。

(1)当雪厚大于1cm时,即可开始除雪。主要是用多功能扫雪车或推雪铲推除车道上的积雪。推雪铲铲刀走向与正常行车方向相同。行驶速度为30～50km/h,当风向等条件影响驾驶员视线时,可进行适当调整。

(2)当气温在0℃以上时,一般以铲为主,还可使用淡水融雪以增强铲雪效果,但时间一般控制在10:00至14:00之间,对洒水除雪路段的积雪必须清除干净。

(3)当气温在0℃以下时,在大、中桥等结构物上,桥头引道纵坡大于2.5%的路段以及匝道转弯处半径小于500m的平面曲线范围内,应撒盐、盐砂混合料或盐水,以防冻防滑。待雪停后,撒布的盐、盐砂混合料与积雪一并清除干净。所用的盐必须采用细盐(粉状或细粒状),盐的撒布量为$30kg/1\,000m^2$。

盐砂混合料中盐砂的质量百分比为1:500(即$1m^3$砂中掺盐30kg),盐砂混合料的撒布量为$1m^3/1\,000m^2$。盐水中的水盐质量百分比为10:1,盐水的喷洒量为$100kg/1\,000m^2$。

(4)在除雪过程中,要注重人机配合。主线路段以机械作业为主,人工配合;匝道段则以人工为主。在机械作业后,由人工清除所有残留积雪。另外,需特别注意不要损坏路面交通设施。

(5)下雪中的除雪作业,应从路面左侧向右侧依次进行。对紧急停车带上的积雪,可待雪停后一并清除。除雪作业路段必须实施交通控制,可利用车载式可变情报板在除雪作业机械后30～50m处指挥车辆减速绕行,具体按有关规定执行。

3. 降雪量较大的除雪作业

当降雪量较大,难以在降雪过程中清除全部积雪,应在雪停后尽快清除路面全部积雪。

(1)对主线路面积雪采用两辆多功能扫地车或推雪铲同步进行,前后铲道相搭30～10cm,以不留雪埂为宜;两车相距100～150m,如图4-2所示;行车速度为30～50km/h。对机械不易全部除净的主线路面积雪和匝道收费广场处,应以人工辅助彻底扫净。

(2)路面除雪次序应按行车方向由左向

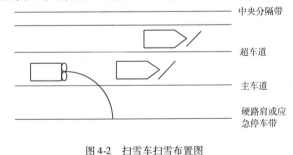

图4-2 扫雪车扫雪布置图

右依次清除。当清至最右侧积雪时,最后铲雪的行进速度应适当加快,以便把积雪推入道路边坡,使路面上无积雪,防止积雪昼化夜冻,影响行车安全。

(3)在有中央绿化分隔带的路段,可将超车道的积雪推入绿化带,存雪量以积雪融化不流入路面为宜。但如雪量较大时,路面积雪应向路肩方向推除。

4. 防冻防滑措施

当路面上的压实雪、融化的雪水、未及时排除的雨水可能形成冰冻层时,应及时采取防冻防滑措施。盐、砂、融雪剂等防冻防滑料的撒布时间及频率,宜与除雪作业同步。

5. 作业现场的指挥协调

除雪和防冻作业需根据天气变化,不分昼夜快速进行,尽量减轻积雪和冰冻对沥青路面和正常交通造成的损害。必要时除雪机械可配备两名以上操作人员轮流操作,以保证除雪和防冻作业的速度。作业现场必须实行统一指挥,并配备可靠的通信联络设备,协调全部作业人员和作业机具按安全操作规程,有秩序进行除雪和防冻作业,同时指挥落实与作业形式相适应的交通控制措施,以确保除雪和防冻工作顺利进行。

◇ 单元训练

一、填空题

1. 高速公路沥青路面的日常养护内容包括_____与_____、_____、_____、_____等。

2. 高速公路沥青路面的巡视检查,分为_____巡查、_____巡查、_____巡查和_____巡查。

3. 高速公路沥青路面日常清扫的作业频率,应根据路面_____、_____的大小及组成、_____等因素确定,一般为每日_____全程清扫,节假日可适当增加清扫次数。清扫作业一般在_____日间进行,清扫时间尽量避开_____时段。

二、简答题

1. 简述高速公路沥青路面日常养护的一般规定。

2. 简述高速公路各种巡查的内容、巡查频率、巡查方法、巡查装备。

3. 简述排障、救援现场作业程序。

4. 简述下雪中的除雪作业内容。

◈ 能力训练

在老师的带领下完成一段沥青路面的巡查工作,填写表4-2。

公路养护巡查记录表　　　　　　　　　　　　表4-2

管养单位：　　　　　　　　　　　　　　　　　　　　　　　　　编号：_____

路线编码		路线名称		天气	
巡查起讫桩号		巡查里程		巡查时段	
巡查项目	巡查情况		处理措施	处理结果	验收人
路面					

负责人：　　　　　　　　　　　　　　　　　　　　　　　　　　　　　记录人：

学习任务五　沥青路面常见病害的维修

📋 学习目标

1. 能够判断沥青路面病害的类型、等级；
2. 能够分析产生病害的原因；
3. 能够制订完整的维修方案；
4. 能够正确完成病害的维修工作；
5. 能够记录维修工作过程，并完成总结报告。

📋 任务描述

以实训基地沥青路面的某种病害为对象，根据病害的现象，分析其产生的原因，制订出相应的维修方案，指导维修操作，并记录维修操作的过程，最后对整个过程进行总结。

📋 学习引导

本学习任务沿着以下脉络进行学习：

观察病害的现象→判断病害类型和等级→分析产生病害的原因→讨论并制订维修方案→进行维修操作→填写工作过程记录→编写总结报告。

◇ 相关知识

对于沥青路面常见病害的维修，应满足下列一般要求：

(1)对各种路面病害的维修，应找准其产生的原因，并根据路面的结构类型、龄期、维修季节、气温等实际情况，采取相应措施。

(2)为防止病害发展和破损面积的扩大，对路面病害的处理应及时，宜早不宜迟。

(3)高速公路和一级公路路面病害的维修宜采用机械作业，所使用的沥青混合料应集中厂拌，并采取保温措施以保证适宜的摊铺温度。其他等级的公路也应尽量提高维修作业的机械化水平。

(4)对病害的维修，事先应有周密的计划，做好材料准备，保证工序之间的衔接，凡需将原路面面层挖除后进行机械修补作业的坑槽、沉陷、车辙等，宜当日开挖当日修补。

(5)修补面积应大于病害的实际面积，修补范围的轮廓线应与路面中心线平行或垂直，并在病害以外10~15cm处，应采取措施使修补部分与原路面连接紧密。

(6)在病害的处治中，凡需挖除原路面面层后重新再铺面层的，其技术要求应符合现行《公路沥青路面施工技术规范》(JTG F40—2004)的规定；凡需挖除原路面后重做基层的，其技术要求应符合现行《公路路面基层施工技术规范》(JTJ 034—2000)的规定。如果病害不是由于面层或基层材料的性质、结构层或级配类型引起的，重做时所采用的材料、结构及级配类型等宜与原路面相同。

单元一　沥青路面裂缝类病害的维修

◇ 单元要点

1. 沥青路面形成的原因；
2. 裂缝路面的维修材料；
3. 裂缝维修的步骤；
4. 裂缝维修的方法。

◇ 相关知识

裂缝是沥青路面最主要的病害。它的危害在于从裂缝中不断进入水分使基层甚至路基软化，造成基层、路基强度降低，最终导致沥青路面承载能力下降，进而造成路面局部或成片损坏，加速路面破坏。

一、沥青路面裂缝的成因

沥青路面裂缝形式有各种各样，按其表现不同，除龟裂、横裂、纵裂外，还有块裂、放射裂缝、不规则裂缝等多种类型。这里只对主要类型的成因进行分析。

龟裂主要是路面的整体强度不足而引起的。其原因可能是路面结构设计不合理，路基压实度不足，路面材料配比不当或未拌和均匀等，也可能是由于路面出现横向或纵向裂缝后未及时封填，致使水分渗入下层，尤其在融雪期间冻融交加，加剧了路面的破损。沥青在施工以及长期使用过程中的老化，也是导致沥青面层形成龟裂的原因之一。

横裂按其成因不同，可分为荷载性裂缝和非荷载性裂缝两大类。荷载性裂缝是由于路面设计不当和施工质量低劣，或由于车辆严重超载，致使沥青面层或半刚性基层内产生的拉应力超过其疲劳强度而产生裂缝。非荷载性裂缝是横向裂缝的主要形式，它有两种情况，即沥青面层温度收缩性裂缝和基层反射性裂缝。这种病害比较普遍，主要由于沥青面层温度变化而引发病害。

纵向裂缝通常由路基、基层沉降，或施工接缝质量或结构承载力不足而引起。由路基、基层沉降引起的纵缝，通常断断续续，绵延很长。由沥青面层分幅摊铺、施工搭接引起的纵缝，其形态特征是长且直。而由结构承载力不足引起的纵缝多出现在路面边缘，因路基湿软造成承载力不足，从而产生纵缝。

二、沥青路面裂缝的维修材料

要使裂缝维修的质量和寿命提高，就必须满足以下三个条件：
（1）应具有良好的黏结力（和沥青混合料相融合）。
（2）低温状态下具有优良的延伸性和弹性。
（3）应具备持久的抗老化和抗疲劳能力。
目前普遍采用的裂缝填缝材料可分成三种类型。
第一类是热灌式橡胶沥青，因其价格最为低廉，对施工人员的要求不苛刻而得到广泛采用。

第二类是有机硅树脂,由于其黏度太大,不易充分渗入裂缝,且对施工条件要求高,既费时又昂贵,故大多用于密封新建混凝土路面的接缝。

第三类是冷灌式填缝料,是以乳化沥青为基本物质的填缝料,其受限制条件较少,不需加热使用,可用在潮湿的路面、有灰尘的壁面,其性能受影响较小。

近几年,随着沥青改性技术的发展,不断研制出以改性沥青为基本物质的新型填缝料。如美国公路部门研究出一种CRF—PM聚合物改性乳液,具有很好的弹性、流动性和黏结力,不受季节和气候的影响,填缝后能牢牢地黏附在勾缝壁上,和路面连成一体。施工时只要将CRF—PM聚合物改性乳液放到一个专用壶中,由人工浇入裂缝中,再铺砂子,即可开放交通。美国CRAFCO公司也研制了适用于不同场合的改性沥青密封胶,适合寒、温、热三种不同气候带使用。

三、沥青路面裂缝的处治措施

沥青路面裂缝修补方法很多,一般可根据裂缝的宽度和深度确定具体的修补工艺。

确定沥青路面裂缝的处治措施应综合考虑裂缝损坏程度、交通量、路面类型、区域气候等环境条件、可用材料与养护费用的限制等因素,制订技术经济均合理的处治措施。

1. 处治措施的选择

处治措施的选择可按以下7步进行。

(1)施工与养护历史资料的调查。

沥青路面资料包括路面服务年限、设计要求、维修历史等及其他对选择裂缝处治措施有参考价值的资料与数据。

(2)进行路面状况调查,特别是裂缝损坏调查。

确定要对某一路段进行裂缝维修后,选择措施前应更进一步观测路面损坏类型、数量和严重程度,分析路面开裂的原因。

(3)选择开裂路面适宜的养护类型。

根据路面开裂的密度和裂缝状况,确定存在开裂病害的路面适宜的养护措施。养护技术规范将路面裂缝损坏分为四类(龟裂、不规则裂缝、纵裂和横裂),又根据裂缝外观状况和裂缝宽度分为不同的损坏等级。根据裂缝病害程度和路面结构功能、使用功能的要求确定采取的养护措施。

(4)选择材料与施工工艺。

对选定的养护技术措施,考虑气候条件、交通量、裂缝状况、可选用的养护机械设备、养护费用等,选择适当的材料与施工工艺。

(5)准备材料与设备。

(6)实施养护技术方案。

(7)定期观测养护措施实施后的效果,总结经验。

2. 裂缝的修补方法

(1)在高温季节全部或大部分愈合的轻微裂缝,可不加处理。

(2)在高温季节不能愈合的轻微裂缝,可采用以下方法之一进行处治:

①将有裂缝的路段清扫干净,并均匀喷洒少量沥青(在低温、潮湿季节宜喷洒乳化沥青),再匀撒一层2~5mm的干燥洁净石屑或粗砂,最后用轻型压路机将矿料压入路面。

②沿裂缝涂刷少量稠度较低的沥青。

(3)由于路面基层温缩和干缩等造成的纵向或横向的裂缝,应按裂缝的宽度分别予以处治。

①缝宽在5mm以内的,按下列步骤修补:

a. 清除缝中杂物及尘土。

b. 将稠度较低的热沥青(缝内潮湿时应采用乳化沥青)灌入缝内,灌入深度约为缝深的2/3。

c. 填入干净石屑或粗砂,并捣实。

d. 将溢出缝外的沥青及石屑、砂清除。

②缝宽在5mm以上的,按下列步骤修补:

a. 除去已松动的裂缝边缘。

b. 用热拌沥青混合料填入缝中,捣实。缝内潮湿时应用乳化沥青混合料。

(4)因沥青性能不好,路面龄期较长或油层老化等原因出现的大面积裂缝(包括网裂),如基层强度尚好时,通过技术经济比较,可选用下列维修方法:

①乳化沥青稀浆封层,封层厚度宜为3~6mm。

②加铺沥青混合料上封层,或先铺设土工合成材料后,再在其上加铺沥青混合料上封层。

③改性沥青薄层罩面。

④单层沥青表处。

(5)由于土基、基层强度不足或路基翻浆等引起的严重龟裂,应先处治好基层后再重做面层。

◇单元训练

1. 简述沥青路面常见病害维修的一般要求。

2. 简述沥青路面裂缝产生的原因。

3. 简述沥青路面裂缝处治的一般步骤。

4. 简述沥青路面裂缝的修补方法。

5. 选择某段有裂缝病害的沥青路面完成下列工作：
（1）调查该段沥青路面资料，并将结果填入表 5-1 中。

表 5-1

路面服务年限	设 计 标 准	维 修 历 史	其他资料与数据

（2）根据观察到的现象判断裂缝的类别、严重程度。
（3）分析裂缝成因。
（4）编写裂缝维修方案（包括：修补方法、机具、材料、人员配备）。
（5）按照维修方案实施裂缝维修，填写路面维修记录表（表 5-2）。
（6）请叙述在维修过程中遇到的问题及解决方案。
（7）通过观察和仪器检测，判断本小组的维修质量，并说明原因。

公路路面维修记录 表 5-2

养护单位： 路线名称： 路面种类： 路面宽度：
天气： 单位：m²

施工过程：

工程量：

合计：A   m²   B   m²

技术人员姓名： 施工人员姓名： 统计员姓名： 年 月 日

注：A 代表面层修补数量，B 则代表底层。

单元二 沥青路面松散类病害的维修

◇单元要点

1. 沥青路面松散的种类及其表现形式；
2. 各种松散类病害的维修方法。

◇相关知识

一、沥青路面坑槽的成因及处治

1. 坑槽的成因

坑槽产生的主要原因是面层开裂后未及时养护而逐渐形成的，是由龟裂和松散等水损坏进一步发展的结果。另外，基层局部强度不足，在行车作用下也易产生坑槽。

2. 处治措施

（1）路面基层完好，仅面层有坑槽时可按下述方法进行维修。

坑槽修补主要是针对坑槽、局部网裂、龟裂等病害的修补和加强，同时还可对局部沉陷、拥包以及滑移裂缝等病害进行修补。通常沥青路面坑槽修补的施工工艺为：测定破坏部分的范围和深度，按"圆洞方补"原则，画出大致与路中心线平行或垂直的挖槽修补轮廓线（正方形或长方形）。槽坑应开凿到稳定部分，槽壁要垂直，并将槽底、槽壁清除干净，在干净的槽底、槽壁薄刷一层黏结沥青，随即填铺备好的沥青混合料；新填补部分应略高于原路面，待行车压实稳定后保持与原路面相平。具体的坑槽修补方法较多，一般有热补法、喷补法、热再生法三种方式。

①热补法。其修补工序是首先用破碎工具铲除需补部位旧路面，然后喷洒沥青黏结层，填充新混合料，并摊平、压实。

②喷补法。这种方法利用高压喷射方式，将乳化沥青经过喷管与输送来的集料相混合，通过控制喷管上的乳液、集料和压缩空气三个开关，把混合料均匀、高速地喷洒到坑槽中，达到密实黏结效果，无需碾压，不需沥青混凝土拌和厂配合，且不受气候变化影响。

③热再生法。其修补方法是先将高效热辐射加热板放置到待补区域，使旧沥青路面软化，然后耙松被软化的沥青旧料，喷洒乳化沥青使旧料现场再生，补充新沥青混合料拌和，并摊铺、压实。这种方法可对旧料进行现场再生利用，减少了环境污染、资源浪费，降低了维修成本，进行修补作业时不受气候变化影响。

除了上述几种坑槽修补方法外，还有一些特殊的或新近发展的方法。比如采用沥青混合料预制块修补，沥青路面破损处开槽修补的尺寸应等于预制块的倍数，预制块之间的接缝用填缝料填塞。此种坑槽修补方法较为简单，修补料的配比较易控制，密实度能得到保证。日本研究出一种方法被称为"荒川式斜削施工法"，是在返土、压平和补铺沥青混合料前，先将被切坑槽的边缘用特制工具切成45°斜坡形，然后再用喷燃器将边缘烧成粗糙形状，接着再铺压沥青混合料。这样可使新料和旧料紧密吻合在一起，不易出现裂缝。

近年来，国内外竞相研制能够全天候使用、修补工艺更易于掌握的修补料——常温（冷）拌和沥青混合料。常温拌和混合料是一种预先加热拌和、储存，常温下使用的沥青混合料，通常添加一些特殊的外加剂,以保证其路用性能在储存期间不发生变化。混合料一般袋装或桶装储存,使用方便、修补迅速,特别是在寒冷、多雨季节,在传统热补法不易开展的情况下,利用常温拌和混合料修补是一种较适宜的方法。美国 SHRP 计划进行的坑槽修补研究推荐使用最好的材料,以减少重新修补的工作量。如在修补时使用质量不佳的材料,则重复修补同一个坑槽的费用将很快抵消购买廉价修补用沥青混合料所节省的费用。因而当前趋向于在修补料中添加改性剂,研制专供补坑用的高性能改性沥青混合料,使其具有极强的抗湿性、低温和易性、与坑洞的黏结力。

(2)对交通量较小的路段,在低温寒冷或阴雨连绵的季节,无法采用常规方法,也无条件采用合适的材料补坑槽时,为防止坑槽面积的扩大,可采取临时性的措施,对坑槽予以处治,待天气好转后再按规范要求重新修补。

(3)若因基层结构组成不良,如含泥多、含水率过高或基层局部强度不足等,使基层破坏而形成坑槽,应先处治基层,再修复面层。

二、沥青路面麻面与松散的成因及处治

1. 麻面与松散的成因

麻面与松散产生的原因主要是使用的沥青稠度偏低、用量偏少、黏结力差,或沥青加热时温度过高,与矿料黏附力不足;矿料级配偏粗、过湿,嵌缝料不规格,或在低温、雨季施工等,均可使粒料脱落形成松散或麻面。基层或土基湿软变形,也可导致麻面与松散。

2. 维修措施

(1)基层稳定,仅面层出现麻面或松散时按下列要求进行处治:

①路面因嵌缝料散失出现轻微麻面,当沥青面层不贫油时,可在高温季节撒适当的嵌缝料,并用扫帚匀扫,使嵌缝料填充到石料的空隙中。对于轻微麻面也可用稀浆封层处治。

②小面积麻面可用棕刷在麻面部位涂刷稠度较高的沥青,再撒铺矿料。

③大面积麻面应喷洒稠度较高的沥青,撒适当粒径的嵌缝料,并使麻面部分中部嵌缝料稍厚,周围与原路面接口要稍薄,定形要整齐,再控制机械碾压成形。

④因沥青量偏少或低气温施工造成的沥青面层松散,应采用以下方法处治:

先将路面上已松动了的矿料收集起来,待气温升至 15℃ 以上时,按 $0.8 \sim 1.0 \text{kg/m}^2$ 的用量喷洒沥青,再均匀撒上 $3 \sim 5\text{mm}$ 的石屑或粗砂($5 \sim 8\text{m}^3/1\,000\text{m}^2$),用轻型压路机压实。

⑤如在低温潮湿季节,宜采用乳化沥青做封层处理。

⑥对于因油温过高,沥青老化失去黏结性而造成的松散,应将松散部分全部挖除后,重铺面层。

⑦对因沥青与酸性石料间的黏附性不良而造成路面松散,应将松散部分全部挖除后,重铺面层。重铺面层的矿料不应再使用酸性石料。应在沥青中掺入抗剥离剂、增黏剂或使用干燥的生石灰、消石灰、水泥等表面活性物质作为填料的一部分,或采用石灰浆处理粗集料等抗剥离措施,以提高沥青与矿料的黏附力,并增加混合料的水稳性。

(2)由于基层或土基软化变形而造成的路面松散,应参照有关规定,先处理好基层后,再重铺面层。

三、沥青路面脱皮的成因及处治

1. 脱皮的成因

路面脱皮产生的原因主要有以下几点：

（1）铺筑面层时，基层未洒透层油，面层与基层黏结不良，在行车作用下，面层发生推移现象，形成脱皮。

（2）层铺法施工时，上下层间有浮土或因潮湿而形成隔层，表层被行车推移。

（3）面层矿料含土量大，粉料多或矿料潮湿，施工中碾压过度，矿料被压碎，形成阻碍油料渗透的隔离层，破坏了嵌缝料和主层矿料的黏结，在行车作用下使面层矿料脱落。

（4）在原沥青路面上做沥青加铺层时，老路面上未洒黏层油，或低温施工，或加铺层渗水，春融季节，在行车的作用下，使加铺沥青层破坏脱落。

2. 处治措施

（1）若沥青面层与封层之间黏结不好，或初期养护不良引起脱皮时，应清除已脱落和已松动的部分，再重新做封层。封层的沥青用量及矿料粒径规格应视封层的厚度而定。

（2）若面层与基层之间因黏结不良而产生脱皮时，应先清除掉脱落、松动的面层，分析黏结不良的原因。若面层与基层间所含水分较多，应晾晒或烘干；若面层与基层之间夹有泥层，则应将泥沙清除干净，喷洒透层沥青后，重铺面层。

四、沥青路面啃边的成因及处治

1. 啃边的成因

啃边产生的主要原因如下：

（1）路面宽度不适应交通量的需要，路肩不密实，机动车会车或超车时碾压路面边缘造成啃边。

（2）路肩与路面衔接不平顺，以致使路肩积水，路面边缘湿软，在行车作用下形成啃边。

（3）沥青路面两边未设置路缘石或路基宽度不够。

2. 处治措施

（1）因路面边缘沥青面层破损而形成的啃边，应将破损的沥青面层挖除，在接茬处涂刷适量的沥青，用沥青混合料进行填补，再整平压实。修补啃边后的路面边缘应与原路面边缘齐顺。出现大面积啃边，应进行修补，其修补方法与处治坑槽方法基本相同。

（2）路面边缘的基层因松软、沉陷而形成的啃边，应先对路面边缘基层局部加强后再恢复面层。

（3）加强路肩的养护工作，及时铲除高路肩；随时注意填补路肩上的车辙、坑洼或沟槽；经常保持路肩与路面衔接平顺，并保持路肩应有的横坡，以利排水。

（4）为防止路面出现啃边，宜采取以下措施：

①用砂石、碎砖（瓦）、工业废渣等改善、加固路肩或设硬路肩，使路肩平整、坚实。

②将路面基层加宽到其面层宽度外 20~25cm，在行车量较少的路段，可在路面边缘设置略低于路面的路缘石。

③在交叉道口或曲线半径较小路面内侧，可适当加宽路面。

◇单元训练

1. 沥青路面松散有哪些种类?说明它们产生的原因,简述处治措施。

2. 选择某段有松散病害的沥青路面完成下列工作:
(1)调查该段沥青路面资料,并将结果填入表 5-3 中。

表 5-3

路面服务年限	设 计 标 准	维 修 历 史	其他资料与数据

(2)根据观察到的现象判断松散的类别、严重程度。
(3)分析病害产生的成因。
(4)编写维修方案(包括:修补方法、机具、材料、人员配备)。
(5)按照维修方案实施维修,填写路面维修记录表(表 5-4)。
(6)请叙述在维修过程中遇到的问题及解决方案。
(7)通过观察和仪器检测,判断本小组的维修质量,并说明原因。

公路路面维修记录　　　　表 5-4

养护单位:	路线名称:	路面种类:	路面宽度:
天气:			单位:m²

施工过程:

工程量:

合计:A　　　m²　　　B　　　m²

技术人员姓名:　　　施工人员姓名:　　　统计员姓名:　　　年　月　日

注:A 代表面层修补数量,B 则代表底层。

单元三　沥青路面变形类病害的维修

◇单元要点

1. 沥青路面变形的种类及其表现形式；
2. 各种变形类病害的维修方法。

◇相关知识

一、沥青路面拥包的成因及处治

1. 拥包的成因

（1）沥青面层中沥青含量过多、黏度和软化点偏低，矿料级配不良，细料偏多，致使面层材料自身的高温抗剪强度不足，在行车作用下产生拥包。

（2）基层局部含水率过大，水分滞留于基层，或基层浮土过多，或透层沥青洒布不合要求等原因，影响面层和基层之间的结合，在行车水平力的作用下，使路面产生推移而形成局部不规则隆起的变形。

（3）由于基层局部强度不足或水稳性不好，使基层松软，在行车作用下，形成局部拥包。

2. 处治措施

根据拥包产生的不同情况，可采用下列方法之一进行处治：

（1）属于施工时操作不慎将沥青漏洒在路面上形成的拥包，将拥包除去即可。

（2）已趋于稳定的轻微拥包，将拥包采用机械刨削或人工挖除。如果除去油包后，路表不够平整，可刷少量沥青，再撒上适当粒径的矿料后扫匀、整平。

（3）因面层沥青用量过多或细料集中而产生较严重拥包，应用机械或人工将拥包全部除去，并低于路面约10mm。扫尽碎屑、杂物及粉尘后用热沥青混合料填平并压实。

（4）如果路面连续多处出现拥包且面积较大，但路面基层仍属稳定，则应将有拥包的路面面层全部挖除，然后重做面层。

（5）因基层局部含水率过高，使面层与基层层间结合不良而被推移变形造成的拥包，应把拥包连同面层挖除，将水分晾晒干，或用水稳定性较好的材料更换已变形的基层，再重铺面层。

（6）属于基层局部强度不足或水稳性不好，使基层松软而导致的拥包，应将面层和基层完全挖除。如土基中含有淤泥，还应将淤泥彻底挖除，换填新料并夯实。在地下水位较高的潮湿路段，应采取措施引出地下水并在基层下面加铺一层稳定性好的材料，最后重铺面层。

二、沥青路面沉陷的成因及处治

1. 沉陷的成因

沉陷是由于路基、路面产生竖向变形而导致路面下沉的现象。通常有以下三种情况：

（1）均匀沉陷。是由于路基、路面在自然因素和行车作用下，达到进一步密实和稳定引起的沉落，一般不会引起路面破坏。

（2）不均匀沉陷。由于路基、路面不密实，碾压不均匀，在水的侵蚀下，经行车作用引起的变形。

（3）局部沉陷。由于路基局部填筑不密实或路基有枯井、树坑、沟槽等，当受到水的侵蚀时而发生的沉陷。

2. 处治措施

(1)因路基不均匀沉降而引起的局部路面沉陷,若土基和基层已经密实稳定,不再继续下沉,可只修补面层。此时应根据路面的破损状况,分别采取不同的处治措施。

①路面略有下沉,无破损或仅有少量轻微裂缝,可在沉陷处喷洒或涂刷黏层沥青,再用沥青混合料将沉陷部分填补到与原路面齐平并压实。

②因路基沉陷导致路面破损严重,矿料已松动、脱落形成坑槽的,应按照坑槽的维修方法予以处治。

(2)因土基或基层结构遭到破坏而引起路面沉陷,应参照有关要求处治好基层后再重做面层。

(3)桥涵台背因填土不实出现不均匀沉降的处治方法如下:

①对于台背填土密实度不够的,应重新进行压实处理。台背死角处的压实采用夯实机械。

②对含水率和孔隙比均较大的软基或含有机物质的黏性土层,宜采取换土处理。换土深度应视软层厚度而定。换填材料首先选择强度高、透水性好的材料,如碎石土、卵砾土、中粗砂及强度较高的工业废渣。填料要求级配合理。

③在对台背填土重作压实处理的基础上,加设桥头搭板。

三、沥青路面车辙的成因及处治

1. 产生原因

车辙是沥青路面上较为常见的病害形式,为了便于鉴别道路路况恶化的原因,可根据其问题性质、位置和路面类型,将车辙分为两种。

(1)有车辙无推移。

此类车辙主要起因于路面结构深层的位移,因而其宽度通常比较大,车辙边缘的推移很小。此种类型车辙可能是由于荷载扩散能力不足或二次压实造成的。造成荷载扩散不够的原因是道路面层和基层太薄,不足以防护路基。车辙随交通荷载作用次数的增大而增大,如果有车辙和交通历史资料,或者在两个车道交通荷载明显不同的道路,可以建立车辙交通量关系。对产生该类车辙的路段,可沿线测定路面弯沉,评价整体强度和荷载扩散能力,分析是否由于路面整体强度过低造成。如果车辙的严重程度与路面强度无关,则发生车辙的原因很可能是由于在道路的早期交通作用下路面基层或面层受到二次压实所致。在此种情况下,车辙的扩展速度将在初期压实后下降。

(2)有车辙又有推移。

在车辙的边缘产生明显的推移,表明路面中某一层有剪切破坏,这是由于路面面层的剪切强度难以抵御荷载应力所致。其严重程度通常并不与以弯沉或修正结构数表示的路面总体强度有关。

2. 车辙的维修

(1)路面车道在高温季节因沥青面层软化后受车辆的作用发生侧向位移而形成的车辙,若面层仅有轻微变形,可以通过控制行车碾压使路面恢复平整。

(2)车道表面因磨损过度而产生的车辙,应将出现车辙的路面开凿成槽。槽深应根据破损情况而定,但至少不得小于原路面沥青混合中主集料粒径的 $1\sim 2$ 倍。在槽底及槽壁均匀喷洒或涂刷一层黏结沥青,再将沥青混合料填入槽内,摊平碾压。在高速公路及一级公路上可采用沥青玛蹄脂碎石混合料(SMA)、SBS改性沥青混合料或聚乙烯改性沥青混合料来修补车辙。

(3)路面受横向推挤形成的横向波形车辙,如果已经稳定,可将凸出的部分削除,在波谷部分喷洒或涂刷黏结沥青并填补沥青混合料并找平、压实。

(4)因面层或基层层间有不稳定的夹层而形成的车辙,应将面层挖除,消除夹层后,重做面层。

(5)由于基层强度不足,水稳性能不好,使基层局部下沉而造成的车辙,应先处治基层。其方法可参照上述有关做法。

四、沥青路面波浪与搓板的成因及处治

1. 波浪与搓板的成因

影响路面平整度的主要原因,有路面设计强度、路面底基层及基层的施工质量、路面施工机械的选用及路面材料的质量等。

(1)沥青混合料的配合比不合理、设计强度不足,难以抵抗行车水平荷载的作用。

(2)基层铺筑得不平,无论怎样使面层摊铺平整,但压实后也因虚铺厚度不同,路面产生不平整。

(3)路基不均匀沉降,造成已铺筑路面出现坑洼。

(4)沥青混合料的拌和不均匀等都会造成面层的不平整和波浪。

(5)路面摊铺机结构参数不稳定、行走装置打滑、摊铺机摊铺的速度快慢不匀、机械猛烈起步和紧急制动以及供料系统速度忽快忽慢都会造成面层的不平整和波浪。

(6)碾压工艺不合理造成的路面不平整。

2. 处治措施

(1)属于面层原因形成的波浪或搓板,可按下述方法进行维修。

①路面仅有轻微波浪或搓板,可采用以下方法之一予以处治:

a. 在高温季节路面发软时,利用重型压路机沿与路中心线成45°角的方向反复进行碾压,以适当改善路面的平整度。

b. 在波谷部分喷洒沥青,并匀撒适当粒径的矿料,找平后压实。

c. 将凸起部分铣刨削平。

②波峰与波谷高差起伏较大时,应顺行车方向将凸出部分铣刨削平,并低于路面约10mm。削除部分喷洒热沥青,再匀撒一层粒径不大于10mm的矿料,扫匀、找平,并压实。

③严重的、大面积波浪或搓板,应将面层全部挖除,然后重铺面层。

(2)如果基层平整度太差,应将基层处治后再重铺面层。

(3)若面层与基层之间存在不稳定的夹层,面层在行车荷载的作用下推移变形而形成波浪(搓板),应挖除面层,清除不稳定的夹层后,喷洒黏结沥青,重铺面层。

(4)属于基层局部强度不足,或稳定性差等原因造成的波浪(搓板),应先对基层进行处治,再重铺面层。

◇单元训练

1. 沥青路面变形有哪些种类?说明它们产生的原因,简述处治措施。

2. 选择某段有变形病害的沥青路面完成下列工作：
(1)调查该段沥青路面资料,并将结果填入表5-5中。

表5-5

路面服务年限	设 计 标 准	维 修 历 史	其他资料与数据

(2)根据观察到的现象判断病害的类别、严重程度。
(3)分析病害成因。
(4)编写维修方案(包括:修补方法、机具、材料、人员配备)。
(5)按照维修方案实施维修,填写路面维修记录表(表5-6)。
(6)请叙述在维修过程中遇到的问题及解决方案。
(7)通过观察和仪器检测,判断本小组的维修质量,并说明原因。

公路路面维修记录 表5-6

养护单位： 路线名称： 路面种类： 路面宽度：
天气： 单位:m²

施工过程：

工程量：

合计:A　　m²　　B　　m²

技术人员姓名： 施工人员姓名： 统计员姓名： 年　月　日
注:A代表面层修补数量,B则代表底层。

单元四 沥青路面其他破坏的维修

◇单元要点

1. 沥青路面其他破坏的种类及其表现形式；
2. 各种其他破坏的维修方法。

◇相关知识

一、沥青路面冻胀和翻浆的成因及处治

1. 冻胀和翻浆的成因

冻胀和翻浆多发生在北方和东北地区挖方或填挖交界的路段，主要是由于路基排水设计不合理，造成路基含水率过大引起的冬季冻胀、春融翻浆。

2. 处治措施

(1)因路基冻胀使路面局部或大面积隆起影响行车时，应将冻胀的沥青路面刨平，待春融后按翻浆处理方法予以处治。

(2)因冬季基层中的水结冰引起冻胀，春融季节化冻而引起的翻浆，应根据情况采用以下方法之一予以处治：

①在有翻浆迹象的地方，用人工或机械将2～5m直径的钢钎打入(钻入)路面以下，穿透冻层(一般1.3m以上)，然后灌入砂粒，使化冻的水迅速渗入冻层以下。

②局部发生翻浆的路段，可采用打石灰梅花桩或水泥砂砾桩的办法加以改善。桩的排列密度及深度，应视翻浆程度而定。

③加深边沟，并在翻浆路段两侧路肩上交错开挖宽30～40cm的横沟，其间距为3～5m，沟底纵坡不小于3%，沟深应根据解冻情况，逐渐加深，直至路面基层以下。横沟的外口应高于边沟的沟底。如路面翻浆严重，除挖横沟外，还应顺路面边缘设置纵向小盲沟。交通量较大的路段也可挖成明沟。但翻浆停止后，应将明沟填平恢复原状。

(3)因基层水稳定性不良或含水率过大造成的翻浆，应挖去面层及基层全部松软部分。将基层材料晾晒干，并适当增加新的硬粒料(有条件时应换填透水性良好的砂砾或工业废渣等)，分层(每层不超过15cm)填补并压实，最后恢复面层。

(4)低温季节施工的石灰稳定类基层，在板体强度未形成时雨水渗入，其上层发生翻浆形成坑槽，应先处治基层，再修复面层。

二、沥青路面泛油的成因及处治

1. 泛油的成因

泛油主要是由于沥青面层沥青用量过大、稠度太低、热稳性差等原因引起，或者高温时下层黏结料上溢等都易引起泛油。

2. 处治措施

根据泛油的程度，选择不同的方法进行处治。

(1)对泛油的路段，应先取样做抽提试验，测定其油石比，然后采取相应的处治措施。

(2)只有轻微泛油的路段,可撒 3～5mm 粒径的石屑或粗砂,并控制行车碾压。

(3)泛油较重的路段,可先撒 5～10mm 粒径的碎石,控制行车碾压。待稳定后,再撒 3～5mm 粒径的石屑或粗砂,并引导行车碾压。

(4)面层含油量高,且已形成软层的严重泛油路段,可先撒一层 10～15mm 粒径碎石,用压路机将其强行压入路面,待基本稳定后,再分次撒上 5～10mm 粒径的碎石,并引导行车碾压成型。

(5)处治泛油应注意以下事项:

①处治时间选择在泛油路段已出现全面泛油的高温季节。

②撒料应顺行车方向,先粗后细;做到少撒、薄撒、匀撒、无堆积、无空白。

③禁止使用含有粉粒的细料。

④引导行车碾压,使所撒石料均匀压入路面。

⑤在行车碾压过程中,应及时将飞散的粒料扫回,待泛油稳定后,将多余浮动的石料清扫并回收。

三、沥青路面磨光的成因及处治

1. 磨光的成因

磨光多发生在高等级公路上,主要是由于路面在行车水平力的作用下,路面表层集料棱角被磨掉,或沥青路面油石比含油量过大,泛油严重所造成。

2. 处治措施

(1)对已磨光的沥青面层,可用路面铣刨机直接恢复其表面的粗糙度。

(2)对高速公路、一级公路的沥青路面,石料棱角被磨掉,路面光滑,摩阻系数低于要求值时,应加铺抗滑层。

(3)对表面过于光滑,摩擦系数特别小的路段,应作封层或罩面处理。

①封层可以采用拌和法或层铺法施工的单层表面处治,也可以用乳化沥青稀浆封层。

②罩面宜采用拌和法。

③封层与罩面前,应先处治好原路面上的各种病害,若原路表面有沥青含量过多的薄层,应将其刮除掉后洒黏层油。罩面及封层的技术要求应符合现行《公路沥青路面施工技术规范》(JTG F40—2004)的规定。

以上仅介绍了规范中所列病害的处理措施,近几年国内外在对病害进行处理时,还有不少行之有效的新方法、措施,也不断有新材料和新设备使用,在此不能一一介绍。

四、桥面沥青铺装层的养护与维修

1. 病害形式

沥青混凝土桥面铺装与正常路面和水泥混凝土桥面铺装相比,损坏形式有所不同,主要有如下几种:

(1)铺装层内部产生较大的剪应力,引起不确定破坏面的剪切变形,或者由于铺装层与桥面板层间结合面黏结力差,抗水平剪切能力较弱,在水平方向上产生相对位移发生剪切破坏,产生推移、拥包等病害。

(2)因温度变化并伴随桥面板或梁结构的大挠度而产生的裂隙,在车辆荷载及渗入的水的作用下产生面层松散和坑槽破坏。

2. 病害形成原因

(1)铺装层内部应力变化。

铺装层内部产生较大的剪应力,引起不确定破坏面的剪切变形,或者由于铺装层与桥面板层间结合面黏结力差,抗水平剪切能力较弱,在水平方向上产生相对位移发生剪切破坏,产生推移、拥包等病害。桥梁结构与沥青混合料铺装层之间的黏结层对桥面铺装层起着至关重要的作用。黏结层位于刚性桥板与柔性沥青铺装层之间,剪应力往往很大,由于车辆荷载的作用,会产生"剪切滑动效应"。进而导致桥面撕裂、脱皮等损坏。因此,黏结层必须具备足够的黏韧性和合理的用量。

(2)温度变化。

因温度变化及桥面板或梁结构产生过大挠度等原因而产生裂缝,车辆荷载作用及水的渗入造成面层松散、坑槽及冻融破坏。

(3)荷载作用。

对于连续梁桥、拱桥及悬臂梁桥等结构,由于荷载的作用而产生负弯矩或拉力,使桥面板铺装层受到拉力作用而容易产生裂缝,从而造成桥面铺装的损坏。

汽车的大型化及超载运营,加重了桥面铺装层的负荷。轮荷载的大型化产生更大的冲击力,特别是路面不平整或桥面伸缩缝处,冲击力更大,从而造成桥面铺装层的过早破坏。实践证明,超载是桥面铺装层损坏的一个重要原因。

在高速公路的交通组织管理中,由于车道功能不同,人为地使桥梁结构在运营中始终处于偏载状态,加快了主车道铺装层的疲劳。

(4)防水层设置。

如果桥面铺装未设防水层,则从面层渗入的水或防冻盐溶液会进入桥面板中,在温度和荷载综合作用下,将会造成桥面板的损坏,甚至渗入水或防冻盐溶液会腐蚀主梁钢筋,威胁主梁的安全,降低桥梁使用寿命。由于沥青的黏附性差、桥面铺装层的空隙率过大或铺装层开裂,水会渗入铺装层内部,如果水不能及时排走,会加速铺装层的损害;如果防水层被破坏,渗水将直接腐蚀桥体,危及桥梁的安全。

(5)铺装层结构。

铺装层较薄或采用单层式沥青混凝土,因桥面板不平整造成铺装层平整度达不到规范要求时,会影响行车舒适性。另外,桥梁上部结构在施工中由于支架的沉降及预应力反拱无法对其十分准确地预测,或由于施工工艺控制欠佳,施工中主梁顶面高程与设计值不一致,造成铺装层厚度不均,有的地方厚度偏小。

(6)铺装层材料。

桥面结构完全暴露在空气中,直接受气候条件的影响。因而,同正常路面相比,铺装层材料在夏季其温度更高,即夏季的"煎烤效应";冬季温度更低,即冬季的"冰柜效应"。相同的条件对桥面铺装材料的影响更大。在普通路面中使用性能良好的材料,用在桥面铺装层中就有可能产生温度损坏。这就对材料的温度敏感性提出了更高的要求。

(7)施工因素。

桥面铺装层与水泥混凝土未黏结好,在桥面铺装层(防水层)施工前没有将水泥混凝土表面的松散砂石粒、泥污等清洗干净,表面没有凿毛或者凿毛的密度不够,这些都大大降低了桥面铺装层与水泥混凝土桥之间的黏结力,在车轮的冲击和荷载的作用下容易使桥面出现脱皮、裂缝、剥落等现象。

3. 防治对策

针对水泥混凝土桥梁沥青桥面铺装病害的特点,应主要从以下几个方面着手进行防治:

(1)基层处理要平整、干燥、拉毛符合设计要求,表面无垃圾、浮浆、污渍。

(2)防水层粘贴牢固,表面平整、无空鼓、脱落、翘边等缺陷。在未做沥青混凝土铺装层前要严加保护。排水系统要完善。

(3)沥青混凝土铺装层与水泥混凝土桥之间要有足够的黏结力,并且沥青混凝土铺装层要有足够的厚度。资料表明,当沥青混凝土层厚度大于12cm时,由行车荷载引起的剪应力将不会造成防水层的破坏。

另外,在保证层间抗剪能力的前提下,也可采用1.5cm厚微表处作为铺装层。由于更薄结合面产生的剪应力更小,更不易脱开。微表处属于冷料施工,施工方便,能很快开放交通。由于微表处施工时无找平功能,要使平整度满足规范要求,在桥面防水混凝土施工时必须精细。微表处采用改性沥青作混合料,破乳水分蒸发后留下的空隙,必须经过高温多次碾压才能闭合,结构层才能成型稳定。如果高温时施工并很快通车,效果较好。如低温时通车,在结构层成型前必须做好保护,严禁在其上制动、掉头造成结构层破坏。

(4)适用的桥面铺装层材料要具有较高的高温抗变形能力、良好的低温抗开裂能力以及很高的抗疲劳、抗老化、抗水损害的能力,并与桥面有较好的黏结性和良好的变形适应。

(5)严格控制超载车辆

要严格限制超载车上桥,在设计中应根据运营中车辆荷载的实际分布情况,在明确桥梁结构受力的基础上,对桥面铺装层进行受力计算。同时也要提高桥面铺装层材料等级与设计标准。

(6)桥面沥青铺装出现的各种病害,经检查不是由桥梁结构破坏而引起的沥青面层损坏,应按上述有关病害的处治方法进行。

◇ 单元训练

1. 沥青路面其他类病害有哪些种类?说明它们产生的原因,简述处治措施。

2. 选择某段有其他类病害的沥青路面完成下列工作:

(1)调查该段沥青路面资料,并将结果填入表5-7中。

表5-7

路面服务年限	设计标准	维修历史	其他资料与数据

(2)根据观察到的现象判断病害的类别、严重程度。

(3)分析病害成因。

(4)编写维修方案(包括:修补方法、机具、材料、人员配备)。

(5)按照维修方案实施维修,填写路面维修记录表(表5-8)。

(6)请填写在维修过程中遇到的问题及解决方案。

(7)通过观察和仪器检测,判断本小组的维修质量,并说明原因。

公路路面维修记录 表5-8

养护单位:	路线名称:	路面种类:	路面宽度:
天气:			单位:m^2

施工过程:

工程量:

合计:A m^2 B m^2

技术人员姓名: 施工人员姓名: 统计员姓名: 年 月 日

注:A代表面层修补数量,B则代表底层。

学习任务六　沥青路面预防性养护

学习目标

1. 能够描述罩面、封层、抗滑层的适用范围、材料要求、厚度要求；
2. 能够描述沥青路面罩面的施工、乳化沥青稀浆封层的施工技术要求；
3. 能够描述稀浆封层与微表处的定义、特点、用途、施工工艺；
4. 能够根据旧路面的状况制订完整的罩面维修方案。

任务描述

以实训基地沥青路面的某处需要进行中修罩面处理的病害为对象，根据病害的现象，分析其产生的原因，确定路面状况，制订出相应的中修罩面方案。

学习引导

本学习任务沿着以下脉络进行学习：
观察病害的现象→判断病害类型和等级→确定路面状况→讨论并制订预防性养护方案。

单元一　沥青路面罩面技术

◇ **单元要点**

1. 一般罩面层和抗滑层的适用范围、封层的适用范围；
2. 罩面、封层、抗滑层对材料和厚度的要求；
3. 罩面的施工技术。

◇ **相关知识**

当沥青路面只有轻微病害时，在已有路面上敷设一层防护层来保护原有路面的方法称为预防性处治。预防性养护可以防止路面病害的进一步扩展，减缓路面使用性能的恶化进程，延长路面使用寿命，提高路面的服务效能，节约养护维修资金，通常用于尚没有发生损坏或只有轻微病害的路面。在已有路面上敷设一层防护层来保护原有路面的方法是预防性养护的主要手段。由于预防性养护具有巨大的经济效益和社会效益，人们越来越重视对这种技术的研究与应用。

预防性养护技术可以分为：裂缝填封、雾层封层、石屑封层、冷薄层罩面（包括稀浆封层、微表封层和覆盖封层）、热薄层罩面（包括开级配、密级配和间断级配）。这里介绍如下几类预防性处治技术。

凡旧路面强度指标符合要求的情况，在旧沥青路面面层上加铺沥青混合料处理层，统称为沥青路面罩面。

沥青路面罩面按使用功能，划分为普通型罩面（简称罩面）、防水型罩面（简称封层）、抗滑层罩面(简称抗滑层)等。沥青路面罩面按采用沥青品种或其他材料的不同,又可分为沥青罩面、改性沥青罩面、乳化沥青罩面、乳化沥青稀浆封层、改性沥青稀浆封层以及各种路面加筋的沥青混合料罩面。

罩面主要适用于消除破损、完全或部分恢复原有路面平整度、改善路面性能的修复工作;封层主要适用于提高原有路面的防水性能、平整度和抗滑性能的修复工作;抗滑层主要适用于提高路面抗滑性能的修复工作。

一、公路沥青路面罩面的一般规定

1. 一般罩面层和抗滑层的适用范围

(1)在沥青路面养护中,应根据沥青路面养护质量评价指标等级确定是否罩面和罩面的种类。

需要罩面的路段其路面强度系数 SSI 必须符合中等等级以上范围的要求。而路面状况指数 PCI、行驶质量指数 RQI、抗滑系数 SFC(或 BPN)三项指标等级在下列情况时,应按下列要求分别采取措施进行处理。

①当路面状况指数(PCI)、行驶质量指数(RQI)和路面抗滑系数指标等级均为次或差等级时,各级公路必须按一般罩面层养护。

②当路面状况指数(PCI)或行驶质量指数(RQI)评为中等时,高速公路、一级公路应按一般罩面层养护。

③当路面状况指数(PCI)或行驶质量指数(RQI)评为次、差等级时,二级及二级以下公路应按一般罩面层养护。

④当路面抗滑系数(SFC)评为次、差等级时,高速公路、一级公路应加铺抗滑磨耗层;二级及二级以下公路宜对陡坡、急弯、交叉路口等事故多发地段进行抗滑层处理。

(2)沥青路面使用年限已达设计年限的一半以上时,可按罩面层进行预防性养护,以延长使用寿命。

(3)沥青混凝土适用于各级公路沥青路面罩面层。热拌沥青碎石混合料、乳化沥青碎石混合料适用于二级及二级以下公路的沥青路面一般罩面层;沥青表面处治适用于三级及三级以下公路的沥青路面一般罩面层;沥青贯入(上拌下贯)式路面结构不宜用于一般罩面层;改性沥青混合料、路面加筋材料可用于沥青路面的一般罩面层。

(4)一般罩面层中的沥青混合料粒料类型宜采用中粒式、细粒式密级配型结构。

(5)以上各种沥青混合料也可用于抗滑层,但沥青、石料要符合抗滑性能要求,也可选用改性沥青或沥青玛碲脂碎石混合料(SMA)做高速公路、一级公路抗滑层。

2. 一般罩面层和抗滑层的厚度规定

1)罩面

(1)罩面厚度应根据所在路段的交通量、公路等级、路面状况、使用功能等综合考虑确定。

(2)当路面状况指数(PCI)、行驶质量指数(RQI)在中、良等级,路面仅有轻度网裂时,可采用较薄的罩面层厚(10~30mm)。

(3)当路面破损、平整度、抗滑三项指标都在中等以下,又要求恢复到优、良等级时,应采用较厚的罩面层厚(30~50mm)。

(4)一般情况下,高速公路、一级公路罩面宜采用40~50mm的厚度;其他等级公路可采用较薄的罩面层厚度(10~40mm)。

(5)各级公路的罩面层厚度不得小于最小施工层厚度。

2)抗滑层

(1)用于高速公路、一级公路时,宜采用不小于40mm的厚度。

(2)用于二级公路时,宜采用中粒式、细粒式沥青混凝土结构,也可采用热拌沥青碎石或沥青表面处治结构,厚度不得小于最小施工层厚度。

(3)用于三、四级公路时,可采用乳化沥青封层结构,厚度可为5~10mm。

3. 封层

1)封层的适用范围

封层是一种较薄的罩面处理层(厚度5~15mm),且主要用于减少路面水下渗、网裂,从而改善抗滑,弥补磨损,提高路面防御病害的能力。当二级或二级以下公路的路面状况为下列情况时,按下述要求分别进行封层处理:

(1)当路面状况指数处于较低的中等等级值范围,行驶质量指数为中等等级时,可采用封层处理。

(2)当路面状况指数在中等较好值范围,但其中透水、裂缝、麻面、松散较严重,表面抗滑系数在次、差等级,可做封层处理。

(3)采用乳化沥青或改性乳化沥青稀浆封层时,仅适用于原路面强度、路面状况指数、行驶质量指数均在中等等级以上范围,而对路面采取预防性、保护性养护。

一般情况下,二级或二级以上公路可在使用2年以后,达到设计年限一半期限时,可用稀浆封层养护;三级及三级以下公路可在使用达到设计年限1年半后,用稀浆封层养护。

2)封层的厚度

(1)交通量较大、重型车较多的路段宜采用厚约10mm的封层。

(2)在中等交通量路段,宜采用厚约7mm的封层。

(3)在交通量小、重型车少的路段,宜采用厚约3~4mm的封层。

4. 材料要求

1)罩面

(1)罩面的结合料宜采用使用性能较好的黏稠沥青型道路石油沥青、乳化石油沥青、改性乳化沥青、改性沥青。

(2)矿料的选择宜采用耐磨、强度高的石料。

(3)高速公路、一级公路宜采用中粒式、细粒式密级配沥青混凝土或沥青玛蹄脂结构。

二级或二级以下的公路可采用热拌沥青碎石混合料结构;三级或三级以下的公路可采用沥青表面处治层结构。

(4)沥青罩面所采用的结合料、矿料、沥青混合料的规格、各项技术指标均应符合《公路沥青路面施工技术规范》(JTG F40—2004)或其他有关规范的规定。

2)封层

(1)封层的结合料宜采用乳化石油沥青、改性乳化石油沥青。

(2)矿料的选择宜采用耐磨、强度高的石料。

(3)封层所采用的结合料、矿料、填料及乳化沥青混合料的各项技术指标均应符合《公路沥青路面施工技术规范》(JTG F40—2004)或其他有关规范的规定。

(4)高速公路、一级公路可采用沥青稀浆封层养护,但宜使用粗粒式改性乳化沥青混合料。其他等级公路可采用乳化沥青混合料。

3)抗滑层

(1)抗滑层应选用适合铺筑抗滑表层的材料和沥青混合料。

(2)高速公路、一级公路宜采用重交通道路石油沥青、改性石油沥青、改性乳化石油沥青作为结合料。

(3)抗滑层应选用抗滑、耐磨的石料,磨光值应大于42。

(4)所选用的各种材料以及沥青混合料的技术指标要求应按《公路沥青路面施工技术规范》(JTG F40—2004)中有关对抗滑层方面的要求执行。

二、沥青路面罩面施工技术

1. 沥青路面罩面的施工

沥青路面罩面的施工,除应按《公路沥青路面施工技术规范》(JTG F40—2004)有关规定执行外,还应注意下列要求:

(1)对确定罩面的路段,在罩面前必须完成翻浆、坑槽、严重裂缝、沉陷、拥包、车辙等病害的修复工作,并清除路面上的泥土杂物。

(2)根据施工气温、旧沥青路面状况等因素,采取相应施工工艺措施,罩面前必须喷洒沥青,确保新老沥青层能很好地结合。沥青用量宜为 $0.3 \sim 0.5 \text{kg/m}^2$,裂缝及老化严重时,宜为 $0.5 \sim 0.7 \text{kg/m}^2$。有条件时,洒黏层沥青前最好用机械打毛处理。

(3)罩面不应铺在逐年加厚的软沥青层上,也不应铺在和原沥青路面结合不好、即将脱皮的罩面薄层上,应将其铲除,整平后,再进行罩面。

(4)当气温低于10℃或路面潮湿时,不得浇洒黏层沥青,不得摊铺一般沥青罩面层。

2. 乳化沥青稀浆封层

采用乳化沥青稀浆封层时,除应按《公路沥青路面施工技术规范》(JTG F40—2004)有关规定执行外,还应满足下列要求:

(1)采用乳化沥青稀浆封层时,必须有固定的专业人员,固定的专业乳液生产和施工设备,专职的检测试验人员,并按有关规定标准进行检测和质量控制。稀浆封层机在使用前,应根据稀浆混合料配合比设计,对滑料、乳液、填料、加水量进行认真调试。

(2)在铺筑的过程中,发现有沟迹、松散时,应立即修补或挖除重铺,刮平、固化成型。

(3)乳化沥青混合料没有固化成型前,初期养护应注意控制车速和避免紧急制动。施工稀浆封层前路面上不得有积水,雨天禁止施工。

3. 抗滑层的施工

(1)抗滑层除按《公路沥青路面施工技术规范》(JTG F40—2004)中有关规定的方法施工外,还应注意以下要求:

①抗滑层所用沥青应选用符合重交通道路石油沥青指标要求的,也可用经过试验论证、行之有效的改性沥青。

②石料磨光值应大于42。

(2)热拌沥青混合料马歇尔试验技术指标应符合《公路沥青路面施工技术规范》(JTG F40—2004)中对抗滑表层的要求。

4. 加筋路面材料罩面

加筋路面材料罩面时,加强路面材料(无纺土工织物、有纺土工织物、土工网格、土工格栅及玻璃纤维网格等)应在充分试验,并鉴定后方可大面积推广。

三、改性沥青薄层罩面技术

1. 概述

薄层罩面也是一种很早采用的传统预防性养护方法,它是在原有路面上加铺一层厚度不超过5cm的热沥青混合料,薄层罩面可以有效地防止品质正在下降的路面继续恶化,改善其平整度、恢复其抗滑阻力,校正路面的轮廓,对路面也有一定的补强作用,但在多数情况下效益较其他预防性养护方法差。薄层罩面在施工中最大的困难是由于层面较薄、容易冷却又不宜使用振动压路机,因而不易达到较高的密实度。

2. 材料与结构要求

(1)结合料宜使用性能较好的SBR改性沥青。

(2)矿料的选择宜采用耐磨、强度高的石料。

(3)高速公路、一级公路宜采用中粒式、细粒式密级配沥青混凝土或沥青玛蹄脂结构;二级公路可采用热拌沥青碎石混合料结构;三级或三级以下公路可采用沥青表面处治层结构。

(4)所采用的结合料、矿料、沥青混合料的规格、各项技术指标要求符合《公路沥青路面施工技术规范》(JTG F40—2004)或其他有关规范的规定。

3. 厚度要求

罩面厚度应根据所在路段的交通量、公路等级、路面状况、使用功能等综合考虑确定。

(1)当路面状况指数、行驶质量指数为中、良等级,路面仅有轻度网裂时,可采用较薄的罩面层厚(10~30mm)。

(2)当路面破损,平整度、抗滑三项指标都在中等以下,又要求恢复到优、良等级时,应采用较厚的罩面层厚(30~50mm)。

(3)高速公路、一级公路罩面宜采用40~50mm的厚度;其他公路可采用较薄的罩面层厚度(10~40mm)。

(4)各级公路的罩面层厚度不得小于最小施工层厚度。

4. 施工

改性沥青罩面的施工,除应按《公路沥青路面施工技术规范》(JTG F40—2004)有关规定执行外,还应按下列要求进行:

(1)对确定罩面的路段,在罩面前必须完成翻浆、坑槽、严重裂缝、沉陷、拥包、松散、车辙等病害的修复工作,并清除路面上的泥土杂物。

防止原路面的裂缝发射到罩面层上的方法,是在原路面与罩面层间设置中间层,常用的有:大粒径透水性沥青碎石连接层、SAMI(应力吸收薄膜中间层)、土工布或玻璃纤维格栅夹层。

(2)根据施工气温、旧沥青路面状况等因素采取相应施工工艺措施,罩面前必须喷洒黏层沥青,确保新老沥青层结合,沥青用量为 $0.3 \sim 0.5 kg/m^2$,裂缝及老化严重时宜为 $0.5 \sim 0.7 kg/m^2$。有条件时,洒黏层沥青前最好用机械打毛处理。

(3)罩面不应铺在逐年加厚的软沥青层上,也不应铺在和原沥青路面结合不好、即将脱皮的沥青罩面薄层上,应将其铲除,整平后,再进行罩面。

(4)当气温低于10℃或路面潮湿时,不得浇洒黏层沥青,不得摊铺沥青罩面层。

(5)碾压机械应选择高频低幅振动压路机(如频率70Hz左右、振幅0.2mm左右)。

四、超薄层沥青混凝土罩面技术

1. 概述

薄层沥青混凝土罩面在国外发达国家早已进行了研究与应用,法国是国际上采用薄层沥青混凝土路面的代表性国家。关于薄层沥青路面结构层,主要是指新建或旧路改造过程中设置的抗滑磨耗层。在法国,薄沥青混凝土面层(BBM)的定义为:用纯沥青或改性沥青、集料及可能的添加剂(矿质的或有机的)制成的混合料,摊铺厚度为30~40mm。在美国,一般认为薄层沥青混凝土的厚度应为15~30mm。我国《公路沥青路面设计规范》(JTG D50—2006)规定,超薄磨耗层是一种具有较大构造深度、抗滑性能好的磨耗层,适用于路面较平整、辙槽深度小于10mm、无结构性破坏的公路,是提高表面层服务功能的养护维修措施,也适用于新建公路的磨耗层。磨耗层一般厚度为20mm左右,混合料宜选用断级配、改性沥青或其他添加剂,以提高超薄磨耗层的水稳性。按薄沥青混凝土面层的厚度,可将其分为三种,即薄沥青混凝土面层25~30mm,很薄沥青混凝土面层20~25mm,超薄沥青混凝土面层15~20mm。

超薄沥青混凝土具有以下特点:

(1)是明显的断级配;胶砂的含量较少;不需要沥青流出抑制剂,如纤维。结合料常用纯沥青或改性沥青。

(2)空隙率约为6%~12%,在空隙率过大而产生透水时必须采用厚黏层(通常采用改性结合料),粗糙的表面可保证高的抗滑能力。

2. 超薄层沥青混凝土罩面的适用性

因为超薄层沥青混凝土不能提高路面结构的强度或承载能力,也不能提高沥青路面的高温抗形变能力和防止原路面的反射裂缝,所以,超薄层沥青混凝土罩面必须铺筑在路面结构强度和下层沥青面层的高温抗形变能力满足要求的路面上。另外,超薄层罩面结构应分为两个层次:表面磨耗层和黏结防水层。由超薄层沥青混凝土罩面形成的表面抗滑磨耗层可提供一个安全、舒适、耐久的行驶表面,恢复路面的表面功能,提高路面的抗滑性能,改善路面的平整度;通过黏结防水层保证超薄层罩面与原路面结合紧密,防止雨水下渗,适度延缓旧沥青路面的反射裂缝。

超薄层沥青混凝土罩面主要解决以下路面问题:

(1)路面有轻微到中等病害。

(2)路面光滑,摩擦系数不够。

(3)行驶过程中路面噪声过大。

(4)路面纹理深度不够。

3. 超薄层沥青混凝土施工工艺

(1)原路面的准备。

将所需罩面的原沥青混凝土面层用铣刨机铣刨20mm,且使构造深度达到2mm以上,然后清理路面,不得有尘土、杂物或油污。

(2)SBS改性沥青黏结防水层施工技术。

准备喷洒沥青的工作面应整洁无尘埃。当黏有土块或在铣刨过程中形成有沥青胶砂残块时,应铲除掉并用强力吹风机吹扫干净。洒布沥青材料的气温不应低于10℃,风速要适度。

在浓雾或下雨天路面潮湿时不应施工。洒布改性沥青,沥青须全路满铺,达到无破洞、漏铺、脱开等现象的要求。防水层改性沥青的喷洒量为$1.6kg/m^2$,为保护此沥青膜在施工过程中不被破坏,一般须在沥青膜上稀撒满铺50%~60%的9.5~13.2mm的单一粒径碎石,碎石粒径应与黏结防水层上铺筑的沥青混凝土粒径相匹配,并用两轮或轮胎压路机碾压成型。

(3)超薄层沥青混凝土的施工温度控制由于沥青混凝土层厚较薄,且碎石含量很大,在施工时热量散发较快,所以各环节的温度控制都应较规范规定稍加提高。采用改性沥青时,沥青加热温度控制在170℃左右,矿料加热温度控制在190℃左右,出厂温度控制在180℃左右,摊铺温度在170℃左右,碾压温度不低于160℃为宜;采用改性沥青并掺加橡胶粉时,矿料加热温度再提高5℃左右;采用重交通沥青时,沥青加热温度控制在165℃左右,矿料加热温度控制在185℃左右,出厂温度控制在165℃左右,摊铺温度在155℃左右,碾压温度不低于155℃为宜。

(4)沥青混合料的压实。

由于罩面层摊铺厚度小,压路机的振频与振幅宜采用"高频、低幅"的方式碾压。在倒车时,应先停止振动,并在向另一方向运动后再进行振动,以避免混合料因"过压"而形成"拥包"。

五、质量管理与检查验收

(1)沥青路面罩面的施工质量管理与检查验收,应遵照《公路沥青路面施工技术规范》(JTG F40—2004)、《公路沥青路面养护技术规范》(JTJ 073.2—2001)的规定执行。

(2)使用乳化沥青、改性乳化沥青时,其乳液、稀浆混合料的质量检测要求按《公路沥青路面施工技术规范》(JTG F40—2004))、《公路沥青路面养护技术规范》(JTJ 073.2—2001)等相关规范要求执行。

(3)罩面层、封层、抗滑层施工验收评定标准,可按《公路沥青路面养护技术规范》(JTJ 073.2—2001)等规范执行。

◈ 单元训练

一、填空题

1. 凡旧路面_____指标符合要求的情况下,在旧沥青路面面层上加铺沥青混合料处理层,统称为沥青路面罩面。

2. 沥青路面罩面按使用功能划分为_____罩面(简称_____)、_____罩面(简称_____)、抗_____罩面(简称_____)等。沥青路面罩面按采用沥青品种或其他材料的不同,又可分为_____罩面、_____罩面、_____罩面、_____以及各种路面_____的沥青混合料罩面。

3. 罩面主要适用于_____、完全或部分恢复原有路面_____、_____的修复工作;封层主要适用于提高原有路面的_____性能、_____和_____性能的修复工作;抗滑层主要适用于提高路面_____性能的修复工作。

4. 需要罩面的路段路面_____必须符合中等等级以上范围。

5. 当路面状况指数(PCI)或行驶质量指数(RQI)评为_____等时,_____公路、_____公路应按一般罩面层养护。当路面状况指数PCI或行驶质量指数RQI评为_____等级时,_____级及_____级以下公路时,应按一般罩面层养护。

6. 封层是一种较薄的罩面处理层(厚度5~15mm),且主要用于减少路面_____、_____,从而改善_____,弥补_____,提高路面防御病害的能力。

二、简答题

1. 简述沥青路面养护的目的。

2. 简述沥青路面罩面的施工要求。

3. 简述乳化沥青稀浆封层的施工技术要求。

4. 简述抗滑层的施工技术要求。

5. 简述改性沥青薄层罩面的材料、结构和厚度要求,施工要求。

6. 简述超薄层沥青混凝土的特点和施工工艺。

7. 观察一段病害路面,根据需要进行罩面的沥青路面实际情况,制订养护方案。

单元二 稀浆封层技术

◇ **单元要点**

1. 稀浆封层技术的定义与发展概括；
2. 稀浆封层技术的特征及应用；
3. 稀浆封层材料组成和基本要求；
4. 稀浆封层的类型和选择。

◇ **相关知识**

一、概述

稀浆封层是指用适当级配的石屑或砂、填料（水泥、石灰、粉煤灰、石粉等）与乳化沥青、外掺剂和水，按一定比例拌和而成的流动状态的沥青混合料，将其均匀地摊铺在路面上形成的沥青封层。

这种稀浆混合料的稠度较稀，形态似浆状，铺筑厚度一般为 3～10mm，主要起防水或改善恢复路面功能的作用，故称乳化沥青稀浆封层，又简称为稀浆封层。

稀浆封层用于路面工程，始于 20 世纪 20 年代末期的德国。稀浆封层技术的最初研究目的是为了改善沥青路面的表面功能，延长沥青路面使用性能而开发的一种快捷且经济的表面处治结构层。该项技术的初期阶段是采用普通水泥混凝土拌和机具来拌制稀浆混合料，现场采用人工摊铺，结合料是阴离子乳化沥青材料。该项技术的初期由于采用集中拌和、人工摊铺，结合料是阴离子乳化沥青材料，封层的形成主要依靠沥青乳液中的水分蒸发，因而养护时间较长。若遇上阴雨或低温季节，水分蒸发缓慢，需要养护时间更长，影响开放交通行车，并且对矿料要求较高。所以主要在气候温暖的季节或地区使用，应用在交通量较小的乡村道路、居民区或公园小路等场所。

20 世纪 40 年代，稀浆封层技术传入美国。20 世纪 50 年代，美国开始出现了稀浆混合料机械搅拌设备。1955 年，加利福尼亚州研制出了世界上第一台稀浆封层摊铺车，从而实现了稀浆封层的机械化施工。

20 世纪 60 年代以后，对阳离子乳化沥青进行了深入的试验研究，发现阳离子乳化沥青具有较短的硬化时间和更强的黏附性能，并且对矿料的要求也较低。同时美国斯堪道路公司（当时是杨氏稀浆封层公司）研制出了专用的稀浆封层机，使稀浆封层的手工作业变为机械化施工。此后稀浆封层技术得到了广泛的应用。20 世纪 70 年代，连续式稀浆封层摊铺车的问世，进一步提高了稀浆封层的施工效率。

近几年稀浆封层的最新发展是利用聚合物改性沥青乳液铺筑稀浆封层，它分为聚合物改性稀浆精细表面处治（PSM）和用于填补车辙的聚合物改性稀浆封层（PSR），通常把这两类简称为改性稀浆封层。稀浆层机具也越来越大型化、自动化，能正确控制各种材料的配比。阿克苏最新生产的 CRM500 型稀浆封层机，可边摊铺、边上料，连续不间断施工。据有关资料报告，许多国家已把稀浆封层用于高速公路的预防性养护和修补高速公路的车辙。

国际上已成立了国际稀浆封层协会（简称 ISSA），该协会经常进行各国间的学术交流，推动了稀浆封层技术的发展。同时美国沥青协会制定了稀浆封层施工手册,美国材料和试验协会(简称 ASTM)制订了 D3910 稀浆封层混合料试验和检验标准。我国建设部(现更名为"住房和城乡建设部")1995 年也颁布了《路面稀浆封层施工规程》(CJJ 66—95)。这一切都为稀浆封层技术的规范化提供了足够的依据,使稀浆封层得到了迅速发展。

我国最早应用稀浆封层是在 20 世纪 80 年代初,当时在援建赞比亚的赛曼公路上铺了乳化沥青稀浆封层双层表面处治,经行车使用,效果良好。1987 年,辽宁省组织力量对稀浆封层进行了研究,并参照赛曼公路工程中用的 SB—804 型稀浆封层机,研制出了自行式和拖挂式稀浆封层摊铺机,为我国推广应用稀浆封层施工技术创造了条件。现在我国大部分省、市、自治区的公路部门都已在应用稀浆封层技术方面取得了明显的经济效益和社会效益。应用于稀浆封层施工的乳化剂和稀浆封层机国内均有生产。慢裂乳化剂既有阴离子又有阳离子,既有快凝型,又有普通型,可满足不同的需要。稀浆封层机既有自行式又有拖挂式,既有高档的又有低档的,用户可根据自己的经济条件和需要进行选用。

工程实践证明:稀浆封层技术是对路面早期病害进行及时维修养护和对在建公路下封及桥面防水的有效措施,该技术经济、迅速,可起到防水作用,且可有效治理沥青路面的病害,从而延长路面和桥隧结构的使用寿命。

稀浆封层技术充分利用乳化沥青材料的裹覆性、流动性好和渗透力、黏结力强的特点,能够治愈路面裂缝,提高路面防水性、抗滑性和改善行车舒适性。该技术既可用于旧路面维修,也可用于新路面养护,对于砂石路面可以作为防尘措施,还可用于路面下封层和桥面防水层。

二、稀浆封层的特性及应用

1. 稀浆封层的特性

稀浆封层技术应属乳化沥青材料在工程应用方面的发展,所以稀浆封层的特性主要取决于稀浆混合料的性能。稀浆封层具有如下特性:

(1)乳化沥青与矿料的吸附性。

①当选用阳离子乳化沥青时,由于沥青乳液中的沥青微粒表面带有正电荷,湿矿料表面带负电荷,乳化沥青微粒与矿料接触时,异性电荷相吸,沥青微粒可透过矿料水膜牢固地吸附在矿料表面,将矿料表面及沥青乳液中的水离析出来,稀浆固化成型不完全靠水分蒸发,主要靠离子电荷的吸附作用。

②当选用阴离子乳化沥青时,由于沥青乳液中沥青微粒表面带负电荷,湿矿料接触时,表面同性电荷相斥,稀浆破乳固化成型要靠水分蒸发,不但干燥凝固的时间长,而且沥青与矿料的黏附力也不如阳离子沥青乳液牢固。当在拌和稀浆时,先在矿料中加入水泥或石灰粉,再加水拌和后,矿料表面附有钙、镁离子,表面带有正电荷,可与沥青微粒表面的负电荷产生异性吸附作用,沥青与矿料的黏附力提高很大。

铺筑稀浆封层时,不论选用阳、阴离子乳化沥青或用酸、碱性矿料,沥青与集料都能牢固黏附。但从破乳过程看,阳离子乳化沥青主要靠离子电荷吸附作用排出水分,而阴离子乳化沥青中水分主要靠蒸发排出,为此选用阳离子乳化沥青优于阴离子乳化沥青,在加入水泥或石灰后,两种乳化沥青使用效果都很好。

(2)乳化沥青与矿料的裹覆性。

沥青乳液同矿料拌和时,沥青乳液的黏度越低其流动性越好,沥青对矿料的裹覆性能也越好。沥青稀浆加水拌和时,加入的水对沥青乳液起稀释作用,降低了沥青乳液的黏度,使之有更好的流动分散性,加之沥青微粒与矿料表面的离子电荷的吸附作用,能使沥青微粒完全地裹覆在所有矿料的表面上,形成一定厚度的沥青薄膜,使沥青在集料表面均匀分布,形成既有足够的结构沥青黏附矿料,又无过多的自由沥青降低稀浆混合料硬化后的热稳性和强度。

(3)稀浆封层与原路面的黏结性。

稀浆混合料中含有较多水分,具有良好的流动性,稀浆中沥青微粒与矿料又有牢固的黏附力。沥青稀浆摊铺时,只要原路面扫净润湿,稀浆中沥青微粒能与原路面上露出的矿料很好黏结,稀浆并能渗透到路面缝隙中去,加强了原路面的结合。由于沥青稀浆同原路面上的沥青与矿料都能很好地黏结,为此,乳化沥青稀浆封层既可用于新、旧沥青路面,又可用于砂石路面或桥面防水。

(4)稀浆封层的耐久性。

稀浆封层用矿料偏细,接近于细粒式沥青混凝土的级配,由于稀浆封层混合料中细粉料含量多,在热拌沥青混凝土拌和温度状态下无法拌和均匀,更无法进行摊铺,为此其拌和摊铺温度需要提高。乳化沥青稀浆拌和时,在矿料中加水拌和后掺入沥青乳液,稀浆中的水对矿料起润湿作用,对沥青乳液起稀释作用,降低了沥青乳液的黏度,增加了混合料的和易性,虽然矿料较细,由于混合料很稀,在常温下仍能拌和摊铺。待稀浆封层破乳成型硬化后,稀浆封层矿料级配组成与热细粒式沥青混凝土相当。

(5)稀浆封层具有良好的防水性。

由于稀浆混合料使用密级配细集料和沥青用量的增多,使得稀浆封层混合料的密实度高、空隙率小。铺筑稀浆封层后,对路面或桥面具有良好的防水作用,地表雨水不能渗透,地下水不能迁移。由于稀浆有良好的流动性,能灌满原路面的裂隙,可起到封闭路面裂缝的作用。

改性稀浆封层技术,除具有普通稀浆封层技术所有的性能外,还独具如下特性:

①施工进度快,封闭交通时间短;

②可修补路面车辙,能治理路面裂缝;

③提高路面抗滑性能,同时降低行车噪声。

2. 稀浆封层技术的应用范围

由于稀浆封层的铺筑厚度很薄,根本起不到补强层或整平层的作用,但若将稀浆封层铺筑在旧路面上,能明显改善或恢复原路面的使用性能,起到沥青表面处治结构层的作用。铺筑在新路面的基层上可作为防水封层并起到施工养生的作用。我国在拓宽稀浆封层应用范围方面做了大量的试验研究工作,目前主要用于以下几个方面:

(1)沥青路面表面处治。在旧沥青路面上加铺稀浆封层,可以治理裂缝,提高路面耐久性和使用性能;在新铺沥青贯入式路面或粗粒式沥青混凝土面层上加铺稀浆封层,可以提高路面防水性,延长使用寿命,降低养护费用。

(2)水泥凝土路面表面处治。在旧水泥混凝土路面上,尤其在碾压混凝土路面上加铺稀浆封层,可以改善行车条件,降低行车噪声,增加乘客舒适感。

(3)桥面维修或防水处理。在旧桥面上加铺稀浆封层,对桥面病害进行有效处治,除明显改善行车条件外,还相对减小桥面自重;在新建水泥混凝土桥面上加铺稀浆封层,可显著提高桥面铺装层的防水性(尤其对城市高架桥)和桥面耐久性,延长桥梁使用寿命。

(4)路面下封防水处治。在高等级公路的路面基层上或隧道路面排水基层以下加铺稀浆封层,能显著提高路面的防水性能,可起到增强高等级路面耐久性的作用。

(5)砂石路表面处治。在低等级道路的砂石路面上加铺稀浆封层,可使砂石路面的外观具有沥青路面的特征,可提高砂石路面的耐久性能,防止扬尘,改善行车条件,明显降低砂石路面的日常养护费用。

(6)其他应用。稀浆封层技术还可用于城市道路、厂区道路、停车场、运动场以及飞机场等场所。

3. 稀浆封层技术应用的局限性

稀浆封层作为一项新技术,无疑有它的先进性,但对待该项技术应有客观的认识,科学地应用。经过工程实践证明,稀浆封层技术不能处理所有路面病害,例如:

(1)当路面的强度或承载能力不能满足交通荷载的基本要求时,不能采用稀浆封层技术方案。

(2)当沥青路面出现泛油或水泥混凝土路面出现断板等病害时,不能选用稀浆封层技术去进行表面处治。

(3)当路面结构层出现反射性开裂时,采用稀浆层技术方案不可能阻止或控制路面反射性开裂的发生。

三、稀浆封层材料组成和基本要求

1. 稀浆封层混合料基本组成

稀浆封层混合料由乳化沥青、外加剂、填料、集料和水等基本原材料组成,常用工程材料配比见表6-1。混合料的施工配比应通过试验来确定。

稀浆封层混合料基本组成配比 表6-1

材料名称	乳化沥青	外加剂	填料	集料	水
组成配比(%)	10~20	2~4	1~3	100	5~15

2. 稀浆封层原材料基本要求

(1)乳化沥青。这里所说的乳化沥青既包括聚合物改性乳化沥青,又包含常规普通乳化沥青。若在高等级公路或桥隧结构上应用稀浆封层,应尽可能选用改性乳化沥青材料,若在低等级道路的砂石路面上加铺稀浆封层,可选用普通乳化沥青材料,若在低等级路面上加铺稀浆封层,选用普通乳化沥青更合理。乳化剂、改性剂、沥青三者各自的性能和相互匹配是决定稀浆封层路用性能的关键。选用快凝型阳离子乳化剂才可能达到尽早(1小时内)开放交通的目的,改性剂与乳化剂匹配不当可能达不到改性的目的,改性剂掺配工艺影响稀浆混合料路用性能。用改性稀浆封层技术进行高等级公路养护维修,选用的沥青材料要满足重交通道路的技术指标要求(表6-2)。

乳化沥青技术指标 表6-2

项 目	指标要求
筛上剩余量,不大于	0.3%
电荷	+
破乳速度试验	慢裂
黏度:C25.3(s)	40~100
蒸发残留物含量,不小于	60%

续上表

项　目		指标要求
蒸发残留物性质	针入度(100g,25℃,5s)(0.1mm)	80~200
	残留延度比(25℃),不小于	80%
	溶解度(三氯乙烯),不小于	97.5%
储存稳定性5d,不大于1d,不大于		5%,1%
与矿料的黏附性,裹覆面积,不小于		2/3
低温储存稳定度(-5℃)		无粗颗粒或结块

（2）外加剂。外加剂又称为添加剂,外加剂的主要功能是改善稀浆混合料的施工和易性,调节破乳时间。外加剂的选择应与乳化沥青材料相匹配,掺量和掺配工艺根据施工现场具体条件通过试验确定。

（3）填料。稀浆封层中的填料,不仅填充混合料的空隙,还可以调节混合料稠度,提高封层强度与耐久性。因此,稀浆封层的填料最好选用普通硅酸盐水泥,也可用磨细粉煤灰代替。

（4）集料。集料的级配、坚固性、抗压碎能力和清洁度是选择集料的重要参数。采用符合级配要求的集料,才能形成密实的稀浆混合料,稀浆封层厚度超过10mm时,建议采用特粗级配或双层摊铺工艺。铺筑厚度大于20mm时,集料级配有待于进一步研究。

（5）水。水的作用是用控制加水量来保证混合料的稠度、摊铺效果以及破乳时间。

四、稀浆封层的类型和选择

1. 稀浆封层的类型

稀浆封层的分类是以稀浆混合料中集料的最大粒径及级配为依据,各国有不同的分类标准,国际稀浆封层协会(ISSA)将稀浆封层分为细封层(第Ⅰ型)、一般封层(第Ⅱ型)、粗封层(第Ⅲ型)和特粗层。

西班牙将稀浆封层分为：AL—1型、AL—2型、AL—3型、AL—4型、AL—5型五类,其相对应的最大铺筑厚度分别为2、3、4、5、9mm。

日本根据本国的实际情况,总结出集料的理想级配范围,超标准级配范围的稀浆封层,都将可能产生病害。

我国稀浆封层的稀浆混合料中矿料的级配和材料用量详见表6-3。

沥青稀浆封层类型及其矿料的级配和材料用量　　　　表6-3

筛　号	筛孔尺寸(mm)	通过筛孔百分率(%)		
		Ⅰ型	Ⅱ型	Ⅲ型
3/8	10	100	100	100
4	5	100	90~100	70~90
8	2.5	90~100	65~90	45~70
16	1.2	65~90	45~70	28~50
30	0.6	40~60	30~50	19~34
50	0.3	25~42	18~30	12~25
100	0.15	15~30	10~21	7~18
200	0.074	10~25	5~15	5~15

续上表

筛 号	筛孔尺寸(mm)	通过筛孔百分率(%)		
		Ⅰ型	Ⅱ型	Ⅲ型
封层厚度(mm)		2~3	6~8	9~11
集料用量(kg/m²)		2.2~5.4	5.4~8.1	8.1~13.6
残留沥青用量(%)		10~16	7.5~13.5	6.5~12.0

2. 稀浆封层类型选择

选择稀浆封层类型,应根据道路交通量、原有路面状况、当地气候条件和要求封层的使用寿命予以论证。

Ⅰ型为细粒式封层,厚度为2~3mm。这类封层沥青用量较大,因而混合料具有较好的渗透性,有利于治愈裂缝,表面纹理清晰,可用于基层的保护层或下封层以及气候温暖、交通量低的乡村地方道路面层。对于外观要求高的停车场、机场跑道、住宅区道路等更为适宜,造价也较低。也可以用于桥面防水层,更多用于高等级公路的路面下封层。对于基层稳定的路面,可用作磨耗层,但不适用于冰冻或冻融交替地区。

Ⅱ型为中粒式封层,厚度为6~8mm。这类稀浆封层的特点是混合料有足够的细粒料,易于渗入裂缝,表面纹理清晰,用途广泛,适用于交通量较大的公路与城市道路,并可用作热拌粗级配沥青混合料或贯入式路面上的罩面。这种封层既可作为下封层或桥面防水层,又可以作为新旧路面的上封层或低等级公路的表面磨耗层。

Ⅲ型为粗粒式封层,厚度为9~11mm。这类封层的表面粗糙,适用于大交通量路段,对于温度变化较大、重交通量的路段更为适宜。如在这种粗粒式封层上再加铺一层中粒式或细粒式封层,采用双层结构则效果更好。

在稀浆封层的沥青乳液中可掺入不同颜色的乳状液,用它铺筑彩色稀浆封层。在高等级路面的养护维修和桥面下封防水层中,还可采用掺加橡胶乳或高分子聚合物的改性乳液,以提高封层的强度和耐久性,并可缩短开放交通的时间。

稀浆封层类型的选择,应考虑以下因素:

(1) 要详尽了解原有路面的性质及情况。
(2) 了解该路段的交通量及行车类型及数量。
(3) 当地的集料类型及规格,可能得到集料的质量及价格。
(4) 该区域的气候条件。
(5) 可能得到的工程资金。

应当综合考虑上述因素,以便选择经济合理的封层类型,并保证封层的使用寿命。

五、稀浆封层机的系统组成和主要参数

稀浆封层机是稀浆封层施工的关键设备。可以说有了这种施工机具的发明,才使稀浆封层施工技术得到发展,它对于稀浆封层的施工质量与进度,起着至关重要的作用。最早期的稀浆封层是在拌和厂里拌制好稀浆混合料,再运到现场用人工进行摊铺,这种施工方法功效很低,而且质量也难以保证。国外从20世纪60年代开始研制稀浆封层施工机具,我国从20世纪80年代后期开始,经过几十年的努力,稀浆封层机生产技术日趋成熟。稀浆封层机通常分为两大类,即普通稀浆封层机和改性稀浆封层机。不论哪类稀浆封层机,都是将各种原材料的

储存、运送、掺配、拌和、摊铺等各种工序都集中于一台车上,可按要求的配合比,将各种原材料在很短的时间内拌制成稀浆混合料,并能在运行中进行摊铺。稀浆封层机从配料到摊铺,均由机械自动进行连续作业,全过程几分钟即可完成。

1. 稀浆封层机系统组成

(1)稀浆封层机工艺流程,如图 6-1 所示。

(2)稀浆封层机主要由以下系统组成:

①原材料的储存与供应系统。包括集料、填料、沥青乳液和水以及外加剂的储存罐,以及各自的计量和输送设备等。

②拌和系统。原材料按比例进入拌和机后,应用螺旋叶片以连续方式进行拌和,并出料至摊铺器。

③摊铺系统。为一箱形摊铺器,最大摊铺宽度可达 4m,备有三个可调滑块,用液压控制摊铺器的升降。箱上有稀浆分料器,箱内有螺旋给料器,它将箱内稀浆混合料分布均匀。

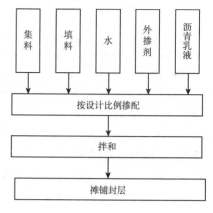

图 6-1 稀浆封层机工艺流程

④动力与电源系统。为了减少稀浆封层机的装料与运料时间,提高铺筑速度,国外生产的稀浆封层机逐渐在向大型化发展,例如集料储罐由 $3.8m^3$ 已发展到 $10m^3$,其他材料的储罐容积也相应增加,稀浆封层机的载质量已由 8t 增加到 30t,它既可以是自行式的,也可以是拖挂式的。

⑤计量与操作控制系统。由操纵台、自动控制计量配料、拌和与摊铺系统组成。

2. 改性稀浆封层机特征

改性稀浆封层机是改性稀浆封层施工必不可少的专用机具。改性稀浆封层技术的发展与改性稀浆封层机的发展密切相关,改性稀浆封层机与普通稀浆封层机二者的拌和系统和摊铺系统结构有很大差别。实践证明,改性稀浆封层机可替代普通稀浆封层机的施工,但普通稀浆封层机却不能满足改性稀浆封层的施工技术。

改性稀浆封层机与普通稀浆封层机主要差别有以下三个方面:

(1)拌和系统结构不同。改性稀浆封层机采用双轴叶片式,拌和能力强,效率高,混合料均匀性好,普通稀浆封层机拌和结构为单轴螺旋式叶片。

(2)摊铺系统结构不同。普通稀浆封层机的摊铺箱内设一组横向螺旋分料器,改性稀浆封层机的摊铺箱中设置两组或三组螺旋分料器,多组分料器结构可更快、更均匀地摊铺混合料。

(3)动力配置不同。为满足双轴强制式拌和及多组分料器摊铺的需要,改性稀浆封层机动力配置是普通封层机动力的 3 倍。

另外,在改性稀浆封层机上还配备有修补车辙用的辅助设备,更适合于高等级公路的维修养护。虽然有资料介绍,改性稀浆封层机摊铺厚度可以达到 50mm,但经过实际铺筑后证明,厚度超过一定数值(10mm)时,集料级配和铺筑工艺均需要调整。

3. 稀浆封层机主要技术参数

目前稀浆封层机的生产厂家主要有:瑞典斯堪道路公司(Scan Road Inc)、德国韦西格公司(Wisig Co)和美国威莱依公司(Vallew Slarry Seaiso)以及日本和中国。

六、稀浆封层施工技术要点

稀浆封层施工技术能否应用成功的关键,在于结构组合方案选择、原材料质量控制、混合料配比设计、施工机具性能和正确的工艺。

1. 稀浆封层施工工序流程(图6-2)

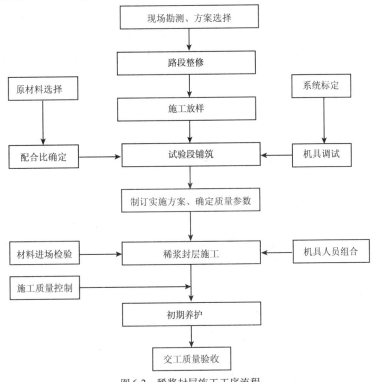

图6-2 稀浆封层施工工序流程

2. 稀浆封层施工工艺

1)基本要求

稀浆封层技术包括新材料、新机具和新工艺,成功地应用该项技术,现场施工应满足以下几方面基本要求:

(1)严格筛选和控制原材料质量,必须符合现行有关技术标准规定。

(2)稀浆封层机工作状态良好,计量控制准确可靠,混合料拌和均匀,摊铺平整。

(3)配备技术熟练的操作人员,建立原材料筛选、配比试验、机具标定及操作控制等一系列严格自检制度。

2)施工要点

(1)设备标定。

稀浆封层摊铺机在施工之前,应使用施工用料对各种材料的输出速度加以标定,以便使摊铺机能够按试验室确定的配合比摊铺。通常在施工用料不改变时可每年标定一次,当某种材料发生改变时应使用新材料重新标定。

(2)下承层的准备。

修补缺陷。下承层严重的缺陷在正式施工前应予以修补,如大的裂缝要进行灌缝封闭,坑槽需要补平。

清洁下承层表面。对于下承层的尘土、树叶、树枝等杂物应清洗干净，否则会造成稀浆封层脱皮。

洒布黏层油。有条件时，在下承层上洒布少量黏层油（乳化沥青 0.3L/m²）以便于黏结。

（3）摊铺。

当各项准备工作完毕后即可进行摊铺施工。摊铺过程中对于表面或边缘小的缺陷可人工修补。稀浆封层具有较高的施工速度，以 Akzo-Nobel 设备为例，一次装载石料 10m²，可摊铺中粒式稀浆封层 1 500m²，耗时略多于 10min。一般稀浆封层不需碾压，可由行车进行压实。

但在某种特定条件下或在低交通量的路段要用小质量压路机碾压，也可以采用轮胎压路机碾压。

（4）养生。

稀浆封层路面的养生过程实际上是乳液中的沥青颗粒取代集料表面的水分，由半液态转变为固态，同时彻底排出水分的过程。一般水分的驱除依靠两个因素：沥青颗粒取代和水分的物理蒸发。慢裂—慢开放交通体系以水分物理蒸发为主，而快裂—快开放交通体系以沥青颗粒取代为主。

对于大面积的施工宜在常温状态下进行，一般气温在 10℃ 以下，并有逐渐下降的趋势时不能进行稀浆封层的施工；气温在 7℃ 以上，并有上升趋势时，可以进行稀浆封层的施工。但在上述低温情况下施工时，需要特别注意封层的初期养护。

3）稀浆封层的外观质量要求

表面应平整、密实、无松散、无轮迹；纵、横缝衔接应平顺，外观颜色均匀一致；与其他构造衔接应平顺，无污染；摊铺范围之外无流出的稀浆混合料；表面粗糙，无光滑现象。

3. 施工中可能出现的问题及相应技术措施

（1）稀浆封层固化过慢，可以采取如下措施：

①改变乳液类型，采用破乳速度较快的乳液；

②适当减少拌和用水量；

③适当增加水泥用量；

④改变矿料的配合比例；

⑤采用外掺剂。

（2）稀浆封层产生剥落，可以采取如下措施：

①适当增加乳液用量；

②改善集料的级配比例；

③适当减少拌和用水量；

④加强原路面的清扫工作。

（3）稀浆封层起泡或出现海绵状，可以采取如下措施：

①适当减少水泥用量；

②适当减少稀浆混合料的拌和时间；

③改善乳液性能。

（4）摊铺箱内稀浆混合料出现硬化现象，可以采取如下措施：

①适当减少摊铺箱内的稀浆混合料数量；

②适当减少水泥用量；

③适当增加拌和用水量。

4. 施工质量检验标准及方法

1) 原路面(或基层)质量标准

施工前应对原路面或基层厚度、平整度、路拱度、强度和稳定性等进行检查,原路面或基层质量符合要求后,方可铺筑稀浆封层,其检验项目、要求的质量标准及检验方法见表6-4。

原路面(或基层)质量标准及检验方法 表6-4

检验项目	标准或允许偏差	检验方法
厚度	±10%	每1 000m² 为一段,每段路中及两侧各测一处
宽度	不小于设计规定	每段用皮尺检查三处
平整度	不大于10mm	每段3m直尺检查一次,每处连续量10尺,每尺检查一点
横坡度	±0.5	每段用水准仪测量三处
压实度	根据不同基层类型要求	每段检查不少于一处
弯沉值	不大于设计要求	用弯沉仪测定,每段50m

2) 稀浆封层施工检验项目和质量标准

(1) 稀浆封层的质量检验,一般应经过一个夏季的行车后进行。检验的项目、标准及方法规定如表6-4。

(2) 稀浆封层的外观要求。

①表面应平整、密实、无松散、无轮迹;

②纵、横缝衔接应平顺,外观颜色应均匀一致;

③与其他构造衔接应平顺,无污染;

④摊铺范围之外无流出的稀浆混合料;

⑤表面粗糙,无光滑现象。

乳化沥青稀浆封层是应公路养护技术发展及生产发展之急需而产生的一项新技术。工程实践证明,稀浆封层技术既可以节省材料与资金,又可加快维修养护的速度,提高工作效率。

稀浆封层技术无论是对旧沥青路面或新建路面,无论是对低等级道路或高等级公路,无论是对城市道路或乡村地方公路,都可以适用,并产生显著的经济效益和社会效益。稀浆封层可以使路面的磨损、老化、裂缝、光滑、松散等病害迅速得到修复,起到防水、防滑、耐磨等作用。对于新建的路面表层上加铺稀浆封层处理后,可以作为保护层与磨耗层,显著提高路面质量。在新建的路面面层加铺稀浆封层,可以起到防水作用,延长路面的耐久性。在桥梁的表层上用稀浆封层处理后,可以起到防水作用,延长路面的耐久性。在桥梁的表层上用稀浆封层处理后,可以起到罩面和防水作用,但很少增加桥身自重。在隧道中的路面上加铺稀浆封层,可以不影响隧道的净空高度。因此,稀浆封层技术在道路工程中有着广阔的发展前景。

稀浆封层施工质量检验标准见表6-5。

沥青稀浆封层施工质量检验标准 表6-5

检验项目	标准或允许偏差	检验方法
厚度	±2mm	每100m² 为一段,每段在路中及两侧各测一处
宽度	≥设计宽度≤10mm	每100m用皮尺检测三处
横坡度	±0.5	每100m用水准仪测量两处
平整度	≤5mm	每100m用3m直尺检查一处,每处连续量10尺,每尺检查一点

续上表

检验项目		标准或允许偏差	检验方法
油石比		±15%	抽提试验,每100m²检查一次
透水系数		≤5mm/min	每100m检查二处,用渗水仪测定
摩擦系数	高速公路	52~55	用摆式仪测定摆值
	一级公路		
	二级公路	47~50	
	三、四级公路	>45	
构造深度	高速公路	0.6~0.8mm	每100m测五处,用铺砂法测定
	一级公路		
	二级公路	0.4~0.6mm	
	三、四级公路	0.2~0.3mm	

◈ 单元训练

一、填空题

1. 稀浆封层是指用适当级配的_____或_____、_____（水泥、石灰、粉煤灰、石粉等）与_____沥青、_____和_____，按一定比例拌和而成的流动状态的沥青混合料，将其均匀地摊铺在路面上形成的沥青封层。

这种稀浆混合料的稠度_____，形态_____状，铺筑厚度一般在_____mm之间，主要起_____或_____路面功能的作用,故称乳化沥青稀浆封层，又简称为稀浆封层。

2. 稀浆封层的分类是以稀浆混合料中集料的_____及_____为依据，各国有不同的分类标准，国际稀浆封层协会(ISSA)分有_____封层(第Ⅰ型)、_____封层(第Ⅱ型)、_____封层(第Ⅲ型)和_____层。

二、简答题

1. 简述稀浆封层的特性、应用和局限性。

2. 简述稀浆封层材料组成和基本要求。

3. 简述稀浆封层的类型和选择。

4. 简述稀浆封层施工工艺。

5. 简述施工中可能出现的问题及相应技术措施。

6. 简述施工质量检验标准及方法。

单元三　微表处技术

◇ **单元要点**

1. 微表处技术的定义、特点与应用场所；
2. 微表处技术对原材料的基本要求；
3. 微表处的材料组成设计；
4. 微表处技术的施工技术；
5. 微表处和稀浆封层的区别。

◇ **相关知识**

一、微表处的特点与应用

微表处是指采用适当级配的石屑或砂、填料（水泥、石灰、粉煤灰、石粉等）与聚合物改性乳化沥青、外掺剂和水，按一定比例拌和而成的流动状态的沥青混合料，将其均匀地摊铺在路面上形成的沥青封层。

在国外，随着聚合物改性沥青的普遍应用，聚合物改性乳化沥青也在迅猛地发展。微表处技术源于20世纪60年代末70年代初的德国。当时，德国的科学家用传统的稀浆做试验，主要是增加稀浆使用的厚度，看是否能找到在狭窄的车道上填补车辙，但同时不破坏昂贵的高速公路路面的方法。德国科学家使用精心挑选的沥青及其混合物，加入聚合物和乳化剂，摊到深陷的车辙上，形成了稳定牢固的面层。于是，使用聚合物改性的快凝、快开放交通的稀浆封层——微表处车辙填充技术就诞生了。随后，微表处混合料也开始用于整幅路面的罩面。微表处技术在1980年传入美国，目前被认为是处理车辙和其他各种路面的最经济的方法。

时至今日，聚合物改性乳化沥青稀浆封层已被认为是修复道路车辙及其他多种路面病害最有效、最经济的手段之一。它在欧美和澳大利亚已得到普及，并且正在向世界其他地区推广、发展。因此，国际稀浆封层协会也将其英文名字由 International slurry seal Association 改为 International slurry surfacing Association，仍然简称 ISSA。ISSA 将 slurry surfacing 分成 slurry seal 和 Microsurfacing。slurry seal 翻译为稀浆封层，Microsurfacing 翻译为微表处，其技术要求和使用性能均有较大的区别。微表处可用于超薄抗滑表层（PSM）和车辙填补（PSR）。ISSA 在原来的稀浆封层实施细则 ISSA 143—91 的基础上，修订成为 ISSA 143—2000，对微表处的设计、试验、质量控制、测试等作出规定，使微表处在全世界范围内有了很大的发展。美国沥青协会制订了稀浆封层施工手册，制定了 D3910 稀浆封层混合料试验和检验标准，日本乳化沥青协会制定了橡胶沥青乳液标准。

为了使专业名词与国际一致，"聚合物改性乳化沥青稀浆封层"一词统称微表处。

微表处是功能最完善的道路养护方法之一，它是一种采用高分子聚合物使乳化沥青改性的铺筑技术，对出现在城市干道、高速公路和机场道路上的各种病害的修复最为有效。

目前世界上稀浆封层技术已被广泛应用，它不仅能延长道路寿命，同时也很经济。普通稀浆封层技术与微表处技术都是利用由级配集料、乳化沥青、填料和水所组成的混合料进行施工的，不同的是后者所采用的材料是经过严格检测筛选出来的，其中还包括高分子聚合物和其他添加剂，因而相比之下微表处技术具有更多的优点。

我国的稀浆封层及微表处技术起步较晚。20世纪80年代，稀浆封层开始进入我国。为了适应我国高等级公路养护工作的需要，微表处技术开始进入我国并受到国内广大公路工作者的关注，开始在我国得到初步应用，其中相当数量应用在了高速公路的养护工程中。

通过最近几年间微表处的应用，基本上形成了对微表处的初步认识：

(1)其使用寿命明显长于普通稀浆封层，对路面表面功能的恢复、延长道路的大中修周期具有显著的作用，是一种经济、有效的高等级公路维修养护方法。

(2)在路基路面稳定的前提下，对于较轻车辙的填补，路面抗滑性能的恢复，封闭路表水的下渗，中、轻度裂缝，泛油处治等是理想的维修养护措施。但是，由路基路面整体强度不足引起的路面各种病害、严重开裂和车辙，必须在进行补强、挖补后再进行封层，否则病害很快会再次发生。

(3)作为一种快凝、快开放交通的混合料体系，微表处的施工难度大于慢裂慢凝的稀浆封层，要求施工队伍有较丰富的施工经验。

1. 微表处技术应用特点

(1)施工速度快。连续式稀浆封层机 1d 之内能摊铺 500t 微表处混合料，折合为一条 10.6km 长的标准车道，摊铺宽度最小可达 9.5m，施工后 1h 即可通车，适用于大交通量的高速公路及城市干道。

(2)微表处可提高路面的防滑能力，增加路面色彩对比度，改善路面性能，延长路面使用寿命。

(3)养护时间由一般稀浆封层的 4~5h 缩短为 1.5~2.5h，成型快，工期短，施工季节长，可以夜间作业，尤其适于交通繁忙的公路、街道和机场道路。

(4)常温条件下作业,降低能耗、不释放有毒物质,符合环保要求。

(5)在面层不发生塑性变形的条件下,可修复深达38mm的车辙而无需碾压。

(6)因为微表层很薄,所以在城市主干道和立交桥上应用不会影响排水,用于桥面也不会增加多少重量。

(7)在机场,密级配的微表处能作防滑面而不会产生破坏飞机发动机的散石。

(8)由于它能填补厚达38mm的车辙,而且十分稳定,也不产生塑性变形,所以它是不用铣刨解决车辙问题的独特方法。

微表处弥补了普通稀浆封层和热拌沥青混凝土摊铺各自存在的缺陷,确切地说,微表处是一种完善的道路养护方法。

2. 微表处应用场所

国内外的研究和应用证明:微表处确是功能最完善的道路养护方法之一,对出现在高速公路、城市干道和机场道路上的各种病害的修复最为行之有效。就广义来说,普通稀浆封层能够使用的地方,微表处都能使用。但就我国的实际情况,道路建养费用还十分缺乏,还不可能大量地、普遍地采用这项技术。微表处主要用于道路表面层,首先应该考虑使用的地方如下:

(1)高速公路的抗滑表层和车辙处理。

(2)城市快速路和主干路的表面抗滑、低噪声、美观处理。

(3)公路重交通路面,重载及超载车多的路段,解决渠状车辙,公路弯道、匝道、坡道、交叉路口。

(4)在水泥混凝土路面上起磨耗层作用,可治理表面磨光、露骨,提高平整度,降低渗水率。

(5)机场停机坪道面,可以耐磨、抗变形,显著减少集料的飞散量。

(6)立交桥和桥梁桥面,特别是钢桥面铺装,在治理病害、改善表面状况的同时,不会过多地增加桥身自重。

另外,养护时间由一般稀浆封层的4~5h缩短为1.5~2.5h,这最适应高速公路车流量大、需夜间养护的特点,可使高速公路最大限度发挥社会、经济效益,是养护保障的手段,是经济比值较好的一种方法。

随着我国高速公路和城市道路建设及使用年限的增长,路面的维修养护工作量增加。因此,微表处技术在我国高速公路和城市道路的维修养护将具有广阔的市场需求和良好的推广应用前景。

二、微表处技术对原材料的基本要求

微表处混合料是由合理配比的乳化沥青、改性剂、集料、水和填料等组成的,材料质量的好坏直接关系到混合料的性能。微表处混合料中,集料质量占了混合料总质量的90%以上,而改性剂则是微表处区别于普通稀浆封层最重要的特征之一。因此,集料和改性剂质量的好坏直接影响混合料的性能。

1. 集料的基本要求

微表处成败与否的关键是集料。由于其功能是制造一个封闭、粗糙的表面,石料的耐磨耗性特别重要。故微表处所用集料,特别是粗集料部分应该使用耐磨耗的硬质石料,这与我国对高速公路沥青面层用耐磨耗粗集料的要求相同。

用于微表处的集料,必须坚硬、耐磨,不含泥土杂质,其砂当量大于65%,高于对普通稀浆封层用集料砂当量不低于45%的要求,也高于规范中高速公路沥青面层用细集料砂当量不小于60%的要求。对不同砂当量值的集料进行湿轮磨耗试验,结果表明:砂当量越低,混合料的湿轮磨耗值就越大,耐磨耗能力也就越差;砂当量低的集料还可能使改性剂无法发挥改性效果。因此,微表处用集料砂当量不宜低于65%。

级配组成必须符合一定的级配标准。一般采用ISSA的Ⅱ、Ⅲ型级配,美国、加拿大等北美国家均采用这些级配。表6-6为ISSA推荐级配。

ISSA推荐级配 表6-6

筛孔尺寸(mm)	Ⅱ	Ⅲ	筛孔尺寸(mm)	Ⅱ	Ⅲ
9.5	100	100	0.6	30~50	19~34
4.75	90~100	70~90	0.3	18~30	12~25
2.36	65~90	45~70	0.15	10~21	7~18
1.18	45~70	28~50	0.075	5~15	5~15

2. 改性乳化沥青材料的基本要求

改性乳化沥青是微表处的黏结材料,其质量的好坏对封层质量的影响最直接、最明显。

改性乳化沥青的特性主要与乳化剂和改性剂的选择有关,为了达到快开放交通的要求,乳化剂必须是慢裂的阳离子乳化剂,且所用乳化剂不能对沥青性能造成影响,对各种沥青的适应性要好,与改性剂要有良好的配伍性;改性剂的选择应根据不同地区的气候、交通特点进行试验后确定。

3. 填料、水和添加剂材料的基本要求

微表处混合料中填料,外加水和添加剂的作用、规格与普通稀浆封层混合料所要求的基本一样。

三、微表处的材料组成设计

1. 矿料级配

(1)微表处级配宜粗不宜细。

随着微表处使用期的延长,最初外观表现较好、级配较细的微表处容易出现抗滑功能不足的问题,而最初表观粗糙的微表处,不仅外观效果变得美观,而且可以保持良好的抗滑性能。因此,微表处用于交通量大、重载车多的高速公路时,不宜采用Ⅱ型级配,而应采用Ⅲ型级配。交通量特别大的道路,级配曲线宜在Ⅲ型级配范围中值与下限之间。

(2)谨慎使用间断级配。间断级配存在施工和易性的问题,且间断级配曲线将加重矿料在运输、装载过程中出现粗料与细料离析的现象,影响摊铺的均匀性。此外,间断级配会显著影响混合料的使用效果,这种级配往往会造成微表处表观不均匀、大料容易飞散的现象发生。

2. 油石比的确定

(1)在混合料设计时,应根据实际情况选择合理的油石比。

①根据原路面情况进行选择。如果原路面有泛油,特别是对于采用以前高标号沥青的,微表处材料层可以采用较小的油石比;如果原路面贫油,或者原路面沥青老化较严重时,可以考虑采用稍大的油石比;原路面表面层空隙率大或渗水严重的,宜采用稍大的油石比。

②根据交通量的大小进行选择。交通量大,微表处应采用较小的油石比;交通量较小的,微表处可以采用相对较大的油石比。

③高温季节微表处施工,油石比宜小不宜大。

(2)在允许的油石比范围内,微表处混合料的油石比宜小不宜大。

四、微表处的施工技术

1. 施工设备和基本要求

1)施工设备

(1)比较准确的计量仪器。由于微表处施工时对各种物料的配比要求较严,所以,要有准确的计量。

(2)双轴强制式搅拌箱。因为要达到微表处施工,混合料搅拌时间不能过长,但又必须在规定时间内搅拌均匀,因而传统的螺旋式搅拌箱就不能满足要求。

(3)特殊设计的填补车辙的摊铺箱。它能将粒料最大的部分送到车辙的深处,从而使稳定性最好,其边缘能自动变薄铺开。

(4)添加剂系统。这样就能方便地把缓凝剂或促凝剂加入混合料中。

2)标定

在施工之前,每台封层机都要进行标定。在标定已经完成并且合格后,封层机才能投入使用。

对摊铺车进行标定,是施工配合比符合要求的重要保证。微表处摊铺车在以下情况下必须必须进行计量标定:

(1)第一次使用;

(2)每年第一次使用;

(3)新工程项目实施;

(4)同一工程项目中原材料和配合比发生较大变化时。

3)气候要求

在路面或空气温度达到10℃并且持续下降时,不允许进行微表处施工,但是在路面或空气温度达到7℃并且持续上升时,允许进行微表处施工。

2. 施工基本要点

1)施工前路面清理

(1)在进行微表处施工前,必须把路面上遗留的所有材料、泥土、杂草和其他有害物都清理干净。如果用水冲洗路面,则要使所有的路面裂缝完全干燥后,才能进行微表处施工。

(2)一般不要求洒黏层油,对于光滑、松散路面以及水泥路面,可以采用洒黏层油的方法。

(3)已有的微表处应用实践表明,当原路面存在以下病害时,应在微表处施工前对原路面进行妥善处理。

①原路面结构强度不足和出现结构性破坏时,应首先进行补强处理。

微表处作为厚度仅为10mm左右的薄层结构,要求原路面有充足的结构强度,否则在行车作用下,微表处层会因为过大的挠度变形而很快出现裂缝,甚至与原路面剥离。

②原路面的结构性车辙,或者车辙深度过大时,应对车辙进行预处理。

沥青路面因强度不足形成的结构性车辙,必须进行必要的补强处理后方可进行微表处。

对于深度不大的流动性车辙,微表处具有很好的维修效果。原路面15mm以下的流动性车辙采用单层微表处可起到很好的维修效果;车辙深度在15～25mm之间,宜采用双层微表处;车辙深度大于25mm,应首先采用微表处车辙填充;深度过大的车辙(40mm以上),建议铣刨加铺后进行单层微表处。

③原路面表面太光滑,完全丧失构造深度,宜采用双层摊铺。

微表处的一个重要作用就是恢复路面的宏观构造和抗滑性能。因此,一般来说,对原路面的抗滑性能是没有特殊要求的。但是,当沥青表面层采用石灰石等不耐磨的石料,在行车作用下原路面的宏观构造已经完全丧失,成了"水磨石",这时如果进行三层微表处,往往摊铺的表观效果不理想,摊铺厚度没有保证,这是由于原路面太滑,导致"不挂料"的情况出现。因此,对于这一类路面,应采用两层摊铺。第一层摊铺厚度可以很薄,起到增加原路面挂料能力的作用,等成型后再摊铺第二层,可以得到很好的表观效果。

④原路面存在宽裂缝时,应首先进行灌缝处理。

微表处厚度仅有10mm左右,原路面未经处理的裂缝会在温差作用下反复张缩而产生反复张拉应力,再加上车辆荷载在裂缝处引起的差动位移,会很快引起上覆的微表处层产生疲劳开裂,导致反射裂缝的出现,影响微表处的美观和封水效果。裂缝应采用专用设备进行扩缝、清缝并灌入专用填缝料。

2)施工基本要点

(1)使用搅拌箱前的喷水管将路面进行预先湿润,喷水量可根据当天施工期间的气温、湿度、表面纹理和干燥情况进行调节。

(2)封层机启动前,摊铺箱中必须有一定量的混合料,而且稠度适当,分布均匀,封层机才能匀速前进。

(3)在已完成的微表处路面上不得存在由超大集料所引起的拖痕,如果出现拖痕,应立即采取措施。

(4)在纵向或横向接缝上不允许出现接缝不平、局部漏铺或过厚,纵向接缝尽可能设置在车道标线上,并尽可能减少纵向接缝。

(5)在拌和与摊铺过程中,混合料不得出现水分过多和离析现象,任何情况下都不能在摊铺过程中直接向摊铺箱内注水。

(6)在摊铺箱不能到达的地方,必须采用人工施工,通过人工用橡胶辊碾压封层达到均匀和平整。

(7)固化成型前禁止一切车辆驶入,行人不得踏入,严格管制交通。

3)微表处施工质量控制

(1)微表处施工前的材料质量检查与要求见表6-7。

微表处施工前的材料质量检查与要求　　　　　表6-7

材　料	检查项目	要求值	检验频率
改性乳化沥青	微表处用改性乳化沥青技术要求设计的各项指标	符合设计要求	每批到货1次
矿料	砂当量	符合设计要求	每批来料1次
	级配	符合设计要求	每批来料1次
	含水率	实测	每天1次

（2）微表处施工过程质量检验要求见表6-8。

微表处施工过程质量检验要求 表6-8

项目	要求	检验频率	检验方法
稠度	适中	1次/100m	经验法
油石比	设计油石比±0.3%	1次/日	三控检验法
矿料级配	符合设计要求	1次/日	摊铺过程中从集料输送带末端接出集料筛分
外观	表面平整、均匀，无离析，无划痕	全线连续	目测
WTAT 浸水1h 浸水6d	不大于540s/m² 不大于800s/m²	1次/周	

（3）微表处竣工验收标准见表6-9。

微表处竣工验收标准 表6-9

项目		检验频率	质量要求	方法
表观质量	外观	全线连续	表面平整、密实、均匀，无松散，无花白料，无轮迹，无划痕	目测
	横向接缝	每条	对接，平顺	目测
	纵向接缝	全线连续	宽度小于80mm，平整度小于6mm	目测或用尺量3m直尺
	边线	全线连续	任一30m长度范围内的水平波动不得超过±50mm	目测或用尺量
抗滑性能	摆值（BPN）	5个点/km	符合设计要求	摆式仪
	构造深度（mm）	5个点/km	符合设计要求	铺砂法
渗水系数		10mL/min	3个点/km	T 0971
厚度		±10%	3个点/km	挖小坑测量

五、微表处和稀浆封层的区别

微表处与稀浆封层在表面形式上是相同的，但在原材料选择、混合料技术要求、使用性能与寿命、摊铺设备等诸多因素上都存在较大差别。

从定义上就可看出，微表处与稀浆封层的最基本差别就在于是否使用了改性乳化沥青。此外，是否可以填充车辙和是否可以迅速开放交通也是微表处和稀浆封层比较显著的区别。对微表处来说，它应能满足摊铺不同截面厚度（楔形、凹形）的要求，不同沥青用量和不同摊铺厚度的混合料，经养生和初期交通固化后，能经受住行车作用，并在使用寿命内保持良好的抗滑性能（高的摩擦系数）。它应能适应迅速开放交通的需要，一般来说，在气温24℃、湿度小于50%的情况下，12.7mm厚的微表处要求施工后1h开放交通。

除此之外，稀浆封层和微表处还存在以下不同之处。

（1）适用范围不同。

微表处主要用于高速公路和一级公路的预防性养护以及填补轻度车辙，也适用于新建公路的抗滑磨耗层。而稀浆封层一般主要用于二级及二级以下公路的预防性养护，也适用于新建公路的下封层。

（2）集料的质量要求不同。

微表处用通过4.75mm的合成矿料的砂当量必须大于65%，明显高于用于普通稀浆封层时不小于50%的要求。这说明微表处用集料必须干净,不能含有太多的泥土。

(3)集料级配不同。

普通稀浆封层有Ⅰ、Ⅱ、Ⅲ型级配,而微表处的级配只有Ⅱ型和Ⅲ型级配,即微表处中舍弃了普通稀浆封层中最细的Ⅰ型级配。

(4)技术要求不同。

微表处和稀浆封层的技术要求见表6-10。从表中可以看出,微表处混合料要满足的技术要求明显高于稀浆封层。

微表处必须能够快速开放交通,因此要求混合料满足反映成型速度和开放交通时间的黏聚力指标,而普通稀浆封层仅对快开放交通系统提出了这一要求,一般稀浆封层不作要求。

与稀浆封层相比,微表处多用于大交通量的场合,沥青用量不宜过大,因此必须通过黏附砂量指标控制最大沥青用量,以防止泛油的出现。而普通稀浆封层仅在用于重交通道路时才有这一要求。

稀浆封层和微表处混合料的技术要求 表6-10

项 目		单位	微表处	稀浆封层
可拌和时间		s		>120
稠度		cm	—	2~3
黏聚力试验	30min(初凝时间)	N·m	≥1.2	≥1.2
	60min(开放交通时间)		≥2.0	
负荷轮碾压试验(LWT)	黏附砂量	g/m²	<450	<450
	轮迹宽度变化率	%	<5	—
湿轮磨耗试验的磨耗值(WTAT)	浸水1h	g/m²	<540	<800
	浸水6d		<800	—

注:①稀浆封层黏聚力试验仅适用于快开放交通的稀浆封层。
②稀浆封层负荷轮碾压试验仅适用于重交通道路表层。
③负荷轮碾压试验(LWT)的宽度变化率适用于需要修补车辙的情况。

微表处混合料浸水1h的湿轮磨耗指标(500g/m²)明显高于稀浆封层(800g/m²),说明微表处混合料的耐磨能力优于稀浆封层混合料;微表处混合料还必须满足6d湿轮磨耗指标,这说明微表处混合料比稀浆封层有更好的抵抗水损害的能力。

微表处可以用作车辙填充,因此对微表处混合料提出了负荷车轮碾压1 000次后试样侧向位移不大于5%的要求,而普通稀浆封层没有这一指标的要求。

综上所述,可以将微表处理解成使用了改性乳化沥青的、能够快速开放交通的、能够满足微表处技术要求的稀浆封层,或者说是一种"最高水平"的稀浆封层。

◇单元训练

一、填空题

1. 微表处是指采用适当级配的_____或_____、_____(水泥、石灰、粉煤灰、石粉等)与_____沥青、外掺剂和水,按一定比例拌和而成的流动状态的沥青混合料,将其均匀地摊铺在路面上形成的沥青封层。

2. 从定义上就可看出,微表处与稀浆封层的最基本差别就在于是否使用了_____沥青。此外,是否可以填充_____和是否可以_____交通也是微表处和稀浆封层比较显著的区别。

3. 微表处主要用于_____公路和_____公路的_____养护以及填补_____,也适用于新建公路的_____层。而稀浆封层一般主要用于_____及_____公路的_____养护,也适用于新建公路的_____封层。

二、简答题

1. 简述微表处技术的特点和应用范围。

2. 简述微表处技术对原材料的基本要求。

3. 简述微表处的材料组成设计。

4. 简述施工基本要点。

5. 简述微表处和稀浆封层的区别。

单元四　同步碎石封层技术

◇ **单元要点**

1. 同步碎石封层的概念和特点;
2. 同步碎石封层的材料和设备要求;
3. 同步碎石封层施工工艺特点。

◇相关知识

1. 概述

所谓同步碎石封层,就是用专用设备即同步碎石封层车将碎石及黏结材料(改性沥青或改性乳化沥青)同步铺洒在路面上,通过自然行车碾压,形成单层沥青碎石磨耗层。它主要作为路面表处层使用,也可用于低等级公路面层。同步碎石封层技术的最大优点是同步铺洒黏结材料和石料,实现喷洒到路面上的高温黏结料在不降温的条件下即时与碎石结合的效果,从而确保黏结料和石料之间的牢固结合。

可以使碎石颗粒立即与刚喷洒的黏结剂相接触。此时,由于热沥青或乳化沥青流动性较好,能随时更深地埋入黏结剂内。同步碎石封层技术缩短了黏结剂喷洒与集料撒布之间的间隔,增加了集料颗粒与黏结剂的裹覆面积,更易保证他们之间稳定的比例关系,提高了作业效率,减少了设备配置,降低了施工成本。沥青路面经过同步碎石封层处理后,使路面具有良好的抗滑性能和防渗水性能,能有效治愈路面贫油、掉粒、轻微龟裂、车辙、沉陷等病害,主要用于道路的预防性养护和修复性养护,无论是高速公路还是普通公路都可以使用此项新技术。

同步碎石封层技术,从20世纪80年代开始在法国被大规模采用,20世纪90年代传播到整个欧洲各国及美国,还在俄罗斯、印度、非洲、澳洲等数十个国家和地区中得到推广。据统计,在欧洲有95%以上的公路均采用这项技术进行养护。

据记载,在美国同步碎石封层可延长路面使用寿命10年以上;澳大利亚有关机构研究表明,同步碎石封层技术能使损坏比较严重的道路寿命增加10~15年。

目前,同步碎石封层技术在我国辽宁省、湖南省、陕西省等地的高速公路下封层及国道、省道的建设中已经得到应用。总的来说,由于这项技术在我国才刚刚开始得到应用,许多施工工艺还没有完全掌握,更缺乏施工经验,在施工材料的研究上还处于空白,在同步碎石封层车的研究上还没有开始,还有许多理论上和应用上的问题没有掌握。

2. 同步碎石封层技术的适用性

同步碎石封层主要对公路表面进行处治,可用于高速公路、普通公路、城市道路及乡村公路,也可用作新建道路的基层磨耗层,取代热铺沥青。

同步碎石封层技术主要有以下几个特点:

(1)同步碎石封层实质是靠一定厚度沥青膜(1~2mm)黏结的超薄沥青碎石表面处治层,其整体力学特征是柔性的,能增加路面抗裂性能、治愈路面龟裂、减少路面反射裂缝、提高路面防渗水性能,用于道路养护可延长路面使用寿命10年以上,若使用聚合物改性黏结料效果更佳。

(2)同步碎石封层可以大大提高原路面的摩擦系数,即增加路面防滑性能,并能使路面平整度得到一定程度的恢复。

(3)通过采用局部多层摊铺不同粒径石料的施工方法,同步碎石封层能有效治愈深达10cm以上的车辙、沉陷等病害。

(4)同步碎石封层可以作为低等级公路的过渡型路面,以缓解公路建设资金严重不足的矛盾。

(5)同步碎石封层工序简单、施工速度快,可即时限速开放交通。

(6)同步碎石封层的性能价格比明显优于其他表处方法,从而大大降低道路的维修养护成本。

3. 同步碎石封层的材料

(1) 黏结料

同步碎石封层技术的领先性能很高,但对适用沥青没有特别严格的要求。可以使用不同的沥青结合料,如软化纯沥青、聚合物改性沥青、乳化沥青、聚合物改性乳化沥青、稀释沥青等,热沥青主要用于大规模封层。

(2) 石料

碎石要求是经过反击破碎(或锤式破碎)得到的碎石,针片状石料严格控制在15%以内,几何尺寸要好,不含杂质和石粉,压碎值小于14%,对石料酸碱性无特殊要求,并严格经过水洗风干。

4. 同步碎石封层设备

同步碎石封层技术主要是同步碎石封层车,与1辆同步碎石封层车配套的主要机械设备有:50型以上装载机1台、石料加工清洗设备1台、12~16t胶轮压路机1台、8t以上水车1台、路面除尘设备1台、小型铣刨设备1台、25t热沥青加(保)温车1台、(乳化)沥青运输车若干台。在同步碎石封层车的使用上,该项技术对操作人员的要求较高,操作人员必须懂得机械的工作原理,同时操作要相当熟练,否则将铺不出高质量的路面。

同步碎石封层车的结构设计可以在稀浆封层车的基础上进行,根据碎石封层技术的特点,要求同步碎石封层车应该具有给料、拌和、摊铺和计量等功能。同步碎石封层车从结构上可以分为行驶底盘部分、作业部分和控制部分。行驶底盘部分完成机器的行驶任务,并支承其他部分的重量,要求工作速度能够精确控制并达到恒速;作业部分完成作业过程中各种物料的存储、输送、搅拌、摊铺等任务,这部分可以由给料系统、拌和系统、摊铺系统、动力传动系统等组成;控制部分完成对车辆速度、给料速度、各种物料计量、黏结剂保温、拌和时间等的控制,是同步碎石车的关键部分。在目前的沥青路面养护技术中,乳化沥青及改性沥青的生产工艺已经相当成熟。同步碎石封层车可以将黏结剂的喷洒与石料的撒布同时进行,相比于传统的石屑封层设备来说,必须解决一些关键技术,以完成下列一些特殊的技术要求:

(1) 设计合理的黏结剂喷洒装置,保证对喷洒量及其均匀性进行精确调节与控制。

(2) 设计先进合理的沥青温度控制系统。

(3) 能够精确调节和控制碎石的撒布量及其均匀性。

(4) 保证黏结剂喷洒与碎石撒布保持高度一致。

5. 同步碎石封层施工工艺

1) 要求

从对沥青路面的预防性养护的角度来看,与其他的技术相比,同步碎石封层技术并没有对施工条件提出更高的要求,但是为了提高养护性能,充分发挥这种新技术的优势,还是需要有一定的条件。首先,要对公路表面损伤进行诊断,明确将要进行修补的要害问题;充分考虑沥青结合料和集料的质量标准,比如其润湿性、黏合性、耐磨性、抗压性等;在技术规范所允许的范围内进行摊铺操作;正确合理地选择材料,确定级配,正确操作摊铺设备。

2) 同步碎石封层施工工艺

(1) 常用的结构。普遍采用间断级配结构,碎石封层所用石料粒径范围有严格要求,即等粒径石料最理想。考虑到石料加工的难易程度及路面防滑性能的要求不同,可采用2~4mm、4~6mm、6~10mm、8~12mm、10~14mm 五类粒径范围的石料。比较常用的粒径范围为4~6mm、6~10mm 这两类,而8~12mm 和 10~14mm 两类主要用于低等级公路过渡型路面的下面层或中面层。

（2）根据路面平整度情况和抗滑性能要求确定石料的粒径范围。一般路面进行一次碎石封层即可，在路面平整度较差时可选用适宜粒径的石料作为下封层找平，然后再做上封层。碎石封层作为低等级公路路面时需 2 层或 3 层，各层石料粒径应互相搭配以能产生嵌挤作用，一般遵循下粗上细的原则。

（3）封层前要对原路面进行认真清扫，作业过程中应保证足够数量的胶轮压路机，以便在沥青温度降低之前或乳化沥青破乳后能及时完成碾压定位工序。另外，封层后即可通车，但在初期应限制车速，待 2h 后可完全开放交通，从而防止快速行车造成石子飞溅。

（4）使用改性沥青作为黏结料时，为保证雾状喷洒而形成均匀、等厚度的沥青膜，必须保证沥青的温度在 160~170℃ 范围内。

（5）同步碎石封层车的喷油嘴高度不同，所形成的沥青膜厚度会不同（因为各个喷嘴喷出的扇形雾状沥青重叠情况不同），通过调整喷嘴高度使得沥青膜的厚度符合要求。

（6）同步碎石封层车应以适宜的速度均匀行驶，在此前提下石料和黏结料两者的撒布率必须匹配。

（7）作为表处层或磨耗层的碎石封层，其使用条件是原路面平整度和强度满足要求。

◇单元训练

一、填空题

1. 所谓同步碎石封层，就是用专用设备将_____及_____（改性沥青或改性乳化沥青）_____铺洒在路面上，通过自然行车碾压形成单层沥青碎石磨耗层，它主要作为路面_____使用，也可用于低等级公路面层。

2. 同步碎石封层技术的最大优点是同步铺洒_____和_____，实现喷洒到路面上的高温黏结料在_____的条件下即时与碎石结合的效果，从而确保_____和_____之间的牢固结合。

二、简答题

1. 简述同步碎石封层技术的适用性与特点。

2. 简述同步碎石封层的施工工艺。

学习任务七　沥青路面翻修与再生技术

学习目标

1. 能够描述翻修与再生的适用条件；
2. 能够描述翻修与再生的施工过程；
3. 能够描述沥青路面再生利用的技术要求。

任务描述

以实训基地沥青路面的某处需要进行翻修处理的病害为对象，根据病害的现象，分析其产生的原因，制订出相应的改善与翻修方案。

学习引导

本学习任务沿着以下脉络进行学习：
观察病害的现象→判断病害类型和等级→确定路面状况→讨论并制订翻修方案。

单元一　沥青路面翻修

◇单元要点

沥青路面翻修的条件和翻修前的准备工作；
沥青路面翻修的步骤。

◇相关知识

(1)路面破损严重，采用罩面等养护方法不能使路面具有良好的工作状态时，为保证必要的服务功能，应进行翻修。

(2)翻修前，应对需要翻修路段的路面结构、路基土特性和交通量等进行调查分析。必要时，按《公路沥青路面设计规范》(JTG D50—2006)的规定进行结构厚度设计。

(3)翻修沥青面层时按下列步骤进行：

①根据调查分析资料或厚度设计，需要翻修部分或全部沥青层时，宜采用铣刨机进行铣刨作业，以免损坏完好的下面层或基层。铣刨机在铣刨作业时必须避免忽上忽下，按预定翻修深度正确铣刨，如局部翻修的面积较小，可采用小型机械或人工翻挖。对铣刨后的旧料，应及时收集，运送至沥青拌和厂(场)用于再生沥青混合料。

②清扫碎屑、灰尘后，下层表面浇洒 0.3~0.6kg/m² 黏层沥青，与不翻修路段接界的原路侧壁涂刷 0.3kg/m² 左右黏层沥青。

③采用与原沥青相同或按设计要求的材料和厚度进行铺筑。

④用压路机碾压密实，如果采用热拌沥青混合料铺筑时，压实后对与不翻修路段的接缝采

用热烙铁烫边密封。

⑤开放交通后,应根据具体情况做好初期养护工作。

(4)面层和基层同时翻修时应按下列步骤进行:

①可先将沥青面层铣削,后翻挖基层,也可采用合适重量的落锤或风镐将路面破碎;沥青面层的翻修宽度应超出基层翻修宽度的边缘线30cm左右,以使基层、面层接缝错开。

②将沥青旧料收集运送后,才可清除基层材料,应避免两种材料混杂,影响旧料的再生利用。

③避免雨天翻修,必要时在路肩处布置盲沟,防止路床积水。

④整平路基表面并经碾压后,采用与原路段相同或符合设计要求的基层材料进行铺筑,每层压实厚度应不大于20cm;当翻修面积小,压路机难以碾压时,可采用小型振动压路机或振动夯板压实,但每层压实厚度应不大于15cm。

⑤当基层稳定并达到要求强度后,浇洒 $0.7 \sim 1.1 kg/m^2$ 透层沥青,与不翻修路段接界的原路侧壁涂刷 $0.3 kg/m^2$ 左右黏层沥青,然后采用与原路段相同或符合设计要求的材料铺筑面层。

⑥开放交通后应根据具体情况做好初期养护工作。

(5)如路基软弱导致路面损坏时,在翻挖面层、基层后,应对软弱路基采取有效措施进行处理,达到质量标准后,再修筑基层、面层。

◇ 单元训练

一、填空题

1. 路面破损严重,采用_____等养护方法不能使路面具有良好的工作状态时,为保证必要的服务功能,应进行翻修。

2. 翻修前,应对需要翻修路段的路面_____、路基_____和_____等进行调查分析。

二、简答题

1. 简述翻修沥青面层的步骤。

2. 简述面层和基层同时翻修时的步骤。

单元二　沥青路面再生利用

◇ **单元要点**

1. 沥青路面再生技术的概念和分类；
2. 沥青路面再生原理；
3. 沥青路面再生利用的技术要求。

◇ **相关知识**

一、国内外沥青路面再生利用状况

沥青路面再生利用的试验研究，最早是于1915年首先在美国开始的。但相比大规模的新路建设，再生沥青路面里程很少。直到1973年，石油危机爆发，燃油供应困难，严格的环保法制，使得砂石材料开采受到限制，筑路用砂石材料供不应求，以至砂石材料价格上涨。1974年，美国开始大规模推广沥青路面再生技术。1980年，有25个州共使用了200万吨热拌再生沥青混凝土；到1985年，美国全国再生沥青混合料的用量就猛增到2亿吨，几乎是全部路用沥青路面的一半。现在再生沥青路面的应用已非常普遍，而且每当新材料用于沥青路面时，都要说明是否会影响沥青路面的再生利用。

我国自20世纪70年代开始陆续修建沥青路面。20世纪80年代，随着经济的发展，交通量迅速增长，重型车辆日益增多，不少沥青路面处于超负荷工作状态，病害日趋严重，道路的改建和大修任务日益繁重。但当时我国沥青的供应量尚不足需求量的一半；公路建设投资有限，不能满足公路交通迅速发展的需要。在这种背景下，沥青混合料再生利用技术开始提上公路建设者的工作日程。

但是，随后到来的大规模的公路建设，尤其是高等级公路的建设，带来了大量亟待解决的新困难、新问题，如何克服这些新的困难、新的问题，成为这个时期公路科研的主题，大量的人力、物力投入其中。沥青混合料再生利用技术暂被搁置到了一边。

直到最近几年，我国很多沥青路面开始到了使用年限，即将开始进入大规模改建及修复阶段，以恢复其使用性能。作为沥青路面改建、修复的环保性、经济性技术——沥青混合料再生利用技术再一次成为公路科研和应用中的一个热点问题。国际油价的攀升和震荡，促使我国公路建设寻求一条低能耗，可持续的发展道路。北京奥运会的成功举办，彰显了绿色奥运的主题，促进了环保意识的全民觉醒，进一步推动了沥青混合料再生利用技术的研究。所以说对废旧沥青混合料的再生利用是有其现实性和时代性的，随着我国高等级沥青路面维修养护量的不断增加，沥青混合料再生技术必将得到更广泛的应用。

二、沥青路面再生利用的定义及分类

沥青路面若产生了破损，除了采用前述的罩面、封层、灌缝、修补坑槽等技术措施外，还可以采用路面再生技术进行修复。

1. 沥青路面再生利用的定义

沥青路面再生技术是将需要翻修或者废弃的旧沥青路面，经过翻挖回收、破碎、筛分，再和新集料、新沥青材料适当配合,重新拌和,形成具有一定路用性能的再生沥青混合料,用于铺筑路面中、下面层或路面基层的整套工艺技术。

"再生利用"有以下三个层次:

(1)既有沥青路面基层和(或)底基层的再生利用。

(2)既有沥青面层的再生利用。

(3)既有沥青的再生利用。

对于既有沥青路面基层和(或)底基层的再生,由于组成材料复杂,故首要的问题是解决材料的分类和破碎,然后按基层或底基层的设计要求进行级配。它可以单独再生后做基层或底基层,也可以与既有沥青面层一起再生后做基层或底基层。一般采用冷再生技术。

对于既有沥青面层的再生,首要条件是其沥青的再生,然后是将其混合料进行再生,最后重铺成为面层。但是,由于既有沥青面层中的沥青不能单独分离出来,因此沥青的再生只能在其沥青混合料的再生过程中完成。

2. 沥青路面再生技术分类

路面再生的种类很多,按再生形成的层位不同,可分为再生面层、再生基层和再生底基层;按再生方式的不同,可分为热再生和冷再生;按拌和地点的不同,可分为现场再生和厂拌再生。因此,沥青路面再生技术可分为:现场热再生、现场冷再生、工厂热再生和工厂冷再生四大类。

在工程中应考虑旧路面基层损坏情况和沥青路面面层的厚度来选择再生方案。表 7-1 给出了再生推荐方案。

沥青路面再生方案推荐　　　　表 7-1

基层情况	面层厚度(mm)	再生方案
损坏	90~200	工厂再生
完好	≤40	现场再生
	40~60	工厂再生或现场再生
	≥60	工厂再生

三、沥青路面再生原理

沥青路面材料分为胶结材料(沥青材料)和骨架材料(砂石材料)两大类,其中砂石材料只需略加处理就可直接利用,所以沥青路面材料的再生,关键在于沥青材料的再生。

1. 沥青的老化

沥青在使用过程中,由于长时间受阳光、空气和水的作用,以及沥青与矿料之间的物理、化学作用,沥青分子会发生氧化和聚合作用,使低分子化合物转变为较高分子化合物,导致路用性能劣化,这种现象通常称之为"老化"。沥青老化后,化学组分改变,性质也发生改变,表现为针入度减少,延度降低,软化点升高,绝对黏度提高,脆点降低等。

2. 旧沥青材料的再生机理

旧沥青再生的机理研究目前有两种理论:一种理论是"相容性理论",认为沥青产生老化的原因是沥青胶质物系中各组分相容性降低,导致组分间溶度参数差增大,认为掺入一定的再生剂使其溶度参数差减小,沥青即能恢复到(甚至超过)原来性质。

另一理论是"组分调节理论",认为由于组分的移行,沥青老化后,各组分间比例不协调导致沥青路用性能降低,认为通过掺加再生剂调节其组分,可使沥青恢复原来的性质。因此,要使老化沥青恢复原有性能,就需要将老化沥青和原沥青的组分进行比较后,向老化沥青中加入所缺少的组分(即添加沥青再生剂),使组分重新协调。

3. 旧沥青材料的再生

沥青材料是由油分、胶质、沥青质等几种组分组成的混合物,而且沥青的某一种组分,如油分,也同样是由分子量大小不等的碳氢化合物所组成的混合物。根据沥青材料是混合物的原理,将几种不同组分进行调配,可得到性质各异的调和沥青。用这种方法所生产的沥青,在石油工业中称之为调和沥青。

旧沥青材料再生,就是根据生产调和沥青的原理,在已经老化的沥青中加入某种组分的低黏度油料(再生剂)或适当黏度的沥青材料,进行调配,使调配后的再生沥青具有适合的黏度和所需的使用性质。

所以再生沥青实际上是由旧沥青与新沥青材料(必要时添加再生剂)经过调配混合而成的一种调和沥青。当然在实际施工中,旧沥青与再生剂、新沥青材料的混合是在伴随有砂石材料的情况下进行的,并不是专门抽提出旧沥青再进行调和,远不及石油工业中生产调和沥青调配得那么好,但它们的理论基础是相同的。

4. 再生剂的作用

沥青路面因沥青材料老化而老化,一般说来,当沥青路面材料中的旧沥青的黏度高于 $1MPa \cdot s$,或者其针入度低于 $40(1/10mm)$ 时,就应考虑使用低黏度油料做再生剂。用来做再生剂的低黏度油料主要是一些石油系列的矿物油,如精制润滑油时的抽出油、润滑油、机油和重油等。有些植物油也可作为再生剂。在工程中可以利用上述油料的废料做再生剂,以降低成本。再生剂有以下作用:

(1)调节旧沥青的黏度,使旧沥青过高的黏度降低,达到沥青混合料所需的沥青黏度。

使过于脆硬的旧沥青混合料软化,以便在机械和热的作用下充分分散,和新沥青、新集料均匀混合。

(2)渗入旧混合料中和旧沥青充分交融,使在老化过程中凝聚起来的沥青质重新溶解分散,调节沥青胶体结构,从而达到改善沥青流变性质的目的。

四、沥青路面再生利用的一般要求

(1)再生沥青混合料的拌制,一般分为热拌和冷拌两种。热拌再生混合料是旧料、新矿料与新沥青在热态下拌和而成;冷拌再生沥青混合料是旧料、新矿料与乳化沥青在常温下拌和而成。热拌再生混凝土沥青混合料强度高,路用性能良好。冷拌再生沥青混合料成型期较长、强度相对较低。

(2)热拌再生沥青混合料一般适用于翻修养护工程,可用于一、二、三级公路中的下面层,以及四级公路的面层。对于一级、二级及三级公路的上面层,以及高速公路基层,必须经试验、总结、评定合格后才能使用。冷拌再生混合料一般适用于翻修养护四级公路的路面。

(3)旧料是沥青路面翻修时所得的面层材料。翻挖路面可采用机械、人工或两种方式联合进行作业。其质量应符合下列要求:

①旧料必须洁净,不得混入有机垃圾。混入无沥青黏结的砂石料的比例不得大于10%,含泥量不得大于1%。

②块状旧料可采用机械轧碎或人工敲碎,也可将块料置放在硬场地上用钢轮压路机压碎,这几种破碎方法一般在气温较低的季节进行,有条件时可用热蒸汽分解。

③破碎后的旧料最大粒径按用途确定。用于粗粒式再生沥青混合料时,最大粒径为 26.5mm 或 31.3mm(方孔筛);用于中粒式再生沥青混合料时,最大粒径为 16mm 或 19mm(方孔筛);用于细粒式再生沥青混合料时,最大粒径为 9.5mm 或 13.2mm(方孔筛)。

④破碎后的旧料应按质量分类堆放在平整、坚实和排水良好的场地。堆放高度以不结块为度,一般小于 1.5m。

(4)根据地区使用条件和公路等级与旧沥青性能,可对旧料掺入适用的再生剂。适用的再生剂有:机油、润滑油、抽出油和玉米油。再生剂的性能和储放应符合下列要求:

①再生剂具有较强的渗透和软化能力,以降低旧沥青黏度,达到要求的针入度。

②能与旧沥青互溶,使之和新沥青均匀地混合成一体的再生沥青。

③能调节旧沥青的成分,达到路用沥青的质量要求,有较好的抗老化性能。

④再生剂应储存在有盖的容器中,防止水和垃圾等杂质混入。储存和使用必须满足防火要求。

(5)用于再生沥青混合料的新沥青和乳化沥青的类型和标号可根据公路等级、用途和当地气候条件选定,它的质量应符合有关规定。

(6)再生沥青混合料使用的新粗、细集料应具有足够强度,与沥青能够黏附良好,并无风化和杂质,颗粒形状接近立方体,其他质量要求应符合有关规定。

(7)热拌再生沥青碎石的沥青用量可根据本地区经验或试验确定;冷拌再生沥青混合料的级配和乳化沥青用量可按乳化沥青路面实践经验确定。

(8)冷拌再生沥青混合料宜采用机械拌和,受条件限制时可采用人工拌和。

(9)再生沥青路面的运输、施工和质量管理等技术要求应符合现行规范《公路沥青路面施工技术规范》(JTG F40—2004)的规定。

五、沥青路面再生技术

1. 现场热再生技术

1)概述

现场热再生是沥青路面再生中最早的方法之一。有些现场热再生方法可以追溯到 20 世纪 30 年代。现场热再生就是在现场用原地再生的方法修复已破坏的沥青路面,因此该方法中新材料的使用最少。具体是指现场加热软化旧路面表面,然后将路面表面材料移开,与再生剂混合,也可能加入新沥青或集料,不必从老路面运走回收的材料,只需在现场直接重新摊铺路面。

这种方法有时也被称为表面再生。加热翻松通常将原表面以下 25mm 的沥青路面翻开,使之再生,并使路面最终成型。而重新铺面则将路表面以下 25mm 的路面进行循环利用,加入再生剂以改进沥青黏度,然后在再生后的面层上摊铺一层薄罩面。重新拌和是将新材料与回收的材料一起在拌和锅中拌和均匀,然后将混合料摊铺为磨耗层。这些方法中的翻松过程有时以铣刨来代替。工艺流程见图 7-1。

一般来说,现场热再生时路表面加热温度不应超过 177℃。施工气温应大于 10℃,且路表面应没有积水。现场热再生的处理深度一般为 20~50mm,典型深度为 25mm。现场热再生后的路面一般 1h 左右即可开放交通。

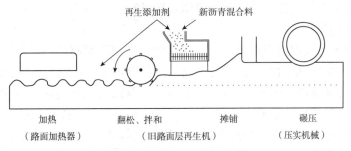

图 7-1 现场热再生工艺流程图

2）现场热再生的优缺点和适用性

现场热再生可用于修正大多数路表面破坏，甚至包括表面混合料组成缺陷而引起的破坏。与其他修复方法相比，用现场热再生方法修复路面不会改变排水、路缘、下水道、人行通道、路肩及其他结构物。同时，现场热再生的优点还在于路面的高程和桥梁的净空能得到保证，而且经济上相对便宜，与其他修复技术相比，对交通控制的要求较低。这个方法也可用于表面集料剥落的重新罩面，重新建立路拱和排水，修改集料级配和沥青用量，改善表面抗滑性能。但此种再生方法对沥青路面的基层或底基层没有改善。

现场热再生仅限于路面有足够承载能力时使用，只对表面 25～50mm 或适当厚一点的路面进行再生。结构不足的道路不适用此方法，除非设计中考虑了强度的要求。

旧路有明显基层破坏、不规则的频繁修补，以及需对排水进行较大改进时，该方法不适用。虽然有报告称现场热再生可处理路面最大深度达 75mm，但一般情况下最大深度为 38～50mm。

适于现场热再生的道路，沥青面层至少应有 75mm 厚，过薄的沥青面层容易使基层被翻松齿轮产生的横向剪切应力撕开、打散。如果表面开裂已到达基层，此方法不适用，因为再生后裂缝还会重新出现。对于很窄的道路，现场热再生也不是首选方案，因为再生设备的工作宽度就已达到 3.3～4.8m。

由此可见，此法看似十分先进，但是由于在一台大型机组上集成了旧料的加热装置、计量装置、新旧料的搅拌装置，很难应对旧路翻修过程中的各种情况，无法一一满足沥青混合料再生的要求。所以该技术主要局限性如下：

（1）仅适用于基层完好的沥青路面再生。

（2）加热沥青面层的深度一般不超过 50mm。

（3）施工容易受气候的影响，寒冷季节一般不宜施工。

（4）在现场加热时，很容易出现表层沥青焦化而里层沥青还未软化的现象。

2. 现场冷再生技术

1）概述

现场冷再生是指利用旧沥青路面材料（包括面层材料和部分基层材料）进行破碎加工，需要时加入部分新集料或细集料，按比例加入一定剂量的添加剂（水泥、石灰、粉煤灰、泡沫沥青、乳化沥青等）和适量的水，在自然的环境温度下，连续地完成材料的铣刨、破碎、添加、拌和、摊铺及压实成型的作业过程，重新形成结构层的一种工艺方法。

现场冷再生有两种方式：全深度和半深度。在全深度再生中，沥青层和一部分集料基层被铣刨、破碎，与胶结料混合，摊铺作为稳定的基层。在半深度再生中，一部分沥青层，通常为 50～100mm，被再生作为低交通量或中等交通量的道路的基层。随着冷铣刨技术的提高，全深度再生技术现在可用于再生相当一部分无黏结基层材料。

2) 现场冷再生的作用

采用现场冷再生可以使路面恢复所需的线形、断面,消除原路面的车辙、不规则和不平整的区域,还可以消除横向、反射和纵向裂缝。路面现场冷再生的应用不断增加的另一些主要原因有:减少对材料特别是碎石的开采,生产效率高,费用低,对交通的影响减少到最小,可以保留原有的路面高程,对环境的影响小,节约石油资源。对于那些离拌和厂较远的次要道路和低交通量道路,现场冷再生比集中厂拌冷再生更适用。现场冷再生不需要将沥青路面再生材料运到拌和厂,然后再将冷再生材料运回施工现场,节约了运输费用。

3) 现场冷再生优点

(1) 充分利用旧路面的集料,减少对石料的开采,从而保护资源,特别是在路面集料比较紧缺的地区更是如此。

(2) 通过再生利用减少了对沥青材料的需求,路面中残留的沥青可以通过再生方式得到利用。

(3) 现场冷再生可以使已破坏的路面恢复到原有的路面路拱及坡度,这对于路面排水、跨线桥净空控制等非常重要。

(4) 现场冷再生不需要加热,节约能源,减少了烟尘、废气对环境的污染,现场冷再生比现场热再生更环保。

(5) 现场冷再生已被证明可以减少沥青路面的反射裂缝。通过延缓和减少反射裂缝,可以延长路面的使用寿命,并提高行车的舒适性。

(6) 由于现场利用旧路面材料,减少了材料的往返运输,减少了燃油消耗。

(7) 在相同的条件下,与其他的路面改造方案相比,现场冷再生由于利用了旧路面材料,工程造价降低。

(8) 现场冷再生减少路面材料的往返运输,施工时对相邻车道的交通影响较小,减少了公众的交通延误。

(9) 通过现场冷再生和加铺新的罩面,可以比较彻底地解决各种路面病害,如纵横缝、坑洞、车辙、不规则裂缝。

(10) 现场冷再生可以减少工程设计、测量的时间和费用。

4) 现场冷再生缺点

(1) 现场冷再生还是比较新的路面改造技术,其混合料配比设计的经验还不是很成熟,目前很多大学、公司等研究机构正在进行配合比设计的研究工作。

(2) 现场冷再生的质量不如集中厂拌再生可靠,旧路面的材料状况影响再生路面的性质。如果旧路面的材料性质比较一致,再生后的路面会比较均匀;如果旧路面材料变化较大,设计施工中应根据不同路段的情况调整配比和施工工艺,以获得均匀一致的路面,这往往取决于工程人员的经验和施工工艺的应变能力。

(3) 现场冷再生的工艺需要相对温暖、干燥的施工环境,气候条件要求高。

(4) 现场冷再生的路面水稳性差,易受水分的侵蚀而剥落,因此需要一个封层或热拌沥青混凝土罩面层。

(5) 为了获得足够的强度,乳化沥青冷再生路面通常需要两周的养生时间。

(6) 通常沥青路面的铣刨深度为 10~15cm,这样可以消除反射裂缝。根据旧路面开裂的情况,现场冷再生可能会侵入一部分基层材料,这样很难保证再生后路面的均匀性。

3. 工厂热再生技术

1）概述

厂拌热再生是一种较为成熟的技术,能提供及时的道路养护和修复,对现有设备只需进行较小的改动。工厂热再生技术是将旧的沥青面层混合料切削回收,集中到再生拌和厂,再根据旧沥青混合料技术性能的变化,掺入不同的添加材料,然后拌和成符合路面技术性能要求的再生混合料,运入施工现场,摊铺并碾压成为新的沥青路面。

工厂热再生出来的沥青混合料常用做高等级公路的中、下面层或一般公路的各结构层。

一般在再生热沥青混合料中,沥青再生材料的用量可达10%～30%。与常规的热拌沥青混合料相比,再生热沥青混合料有着相同甚至更好的性能。

2）厂拌热再生的优点

(1)再生混合料的性能与传统的混合料性能相同或比其更优,可用于沥青路面的表层。

(2)再生沥青路面可以重复使用旧沥青路面材料,减少新材料的用量,节约自然资源,减少废料处理问题并降低相关费用,具有较高的经济性。

(3)厂拌热再生技术可以用来修正原沥青路面的设计问题,使其性能优化,且可修复路表面绝大多数的破坏,如松散、泛油、集料磨光、车辙和裂缝等。

(4)通过添加新的集料、沥青或添加剂改善原混合料的级配和沥青问题,可以在厚度不变或变化较小的情况下改善路面结构。

(5)可以维持原路面的线形和高程不变。

(6)再生热拌沥青混合料的运输、摊铺和碾压设备及施工工艺与传统的热拌沥青混合料基本相同,只需要对现有的机械设备作较小的改动,且可以满足现有的环保要求。

3）厂拌热再生的局限性

(1)一般的厂拌热再生混合料中回收的沥青混合料用量较少,仅为混合料总量的10%～30%。

(2)厂拌热再生混合料生产过程中的产量和生产效率受沥青混合料用量的影响。

(3)厂拌热再生施工队对交通的干扰较大。

(4)混合料运输的费用较高。

(5)厂拌热再生混合料的摊铺温度比传统的热拌沥青混合料略低,这主要是为了避免出现拌和楼中混合料加热温度过高的现象。由于厂拌热再生混合料的出料温度略低,再生混合料比一般混合料硬,因此可供碾压的时间也略为减少。

4）热拌再生沥青混合料配合比

热拌再生沥青混合料配合比应按下列步骤进行设计。

(1)旧料分析与新旧沥青掺配。

①将破碎后的旧料按《公路工程沥青与沥青混合料试验规程》(JTJ 052—2000)规定的方法作抽提分析,计算旧沥青含量和旧矿料的颗粒组成。

②对被抽提出的旧沥青溶液按《公路工程沥青与沥青混合料试验规程》(JTJ 052—2000)规定的方法回收旧沥青,测定旧沥青的针入度、延度和软化点等质量指标。

③当旧沥青老化严重、针入度较小时,须掺入再生剂,掺量应达到本地区要求的沥青稠度标准。

④将含有再生剂的旧沥青掺入符合质量要求的新沥青,测定针入度、延度和软化点等质量指标。

⑤按沥青材料质量的技术要求,确定新、旧沥青掺配比例。如经反复试验,调整新、旧沥青掺配比例仍达不到质量要求时,该旧沥青不能用于再生沥青。

(2)根据上述方法确定新、旧沥青掺配比例,选定新矿料与沥青混合料的配合比例,并根据新矿料的颗粒组成,计算新矿料的用量。

(3)对破碎的旧料先按上述方法①确定的再生剂用量进行喷洒拌和,后按上述方法②确定的再生沥青混合料级配和根据本地区经验初定混合料的沥青用量,扣除旧料的旧沥青含量后作为新沥青用量的中值,每次增减0.5%新沥青用量制备混合料试件进行马歇尔试验,根据试验结果和马歇尔试验技术标准确定再生沥青混凝土的最佳沥青用量。在路面铺筑过程中,如材料发生变化,抽检的马歇尔试验结果未达到技术标准时,应调整新旧料比例或新沥青用量。

5)热拌再生沥青混合料的施工工艺

热拌再生沥青混合料可采用间歇式拌和机或连续式拌和机拌制,应按下列工艺进行拌和:

(1)当旧沥青混合料需要掺入再生剂时,应先将破碎后的旧料按用量喷洒,并拌和均匀,堆放时间以再生剂已充分渗透到旧沥青为度,堆放高度宜不超过1.5mm,避免结块。

(2)当采用间歇式拌和机拌制时,新集料加热温度应高于普通沥青混合料的集料加热温度,但不宜超过230℃。旧料不得进入烘干筒,按配合比设计用量经计量后直接进入拌缸,与热新集料相混,通过热交换使旧集料升温、旧沥青热融,干拌15s后,加入新沥青再拌和30~45s,拌和时间以新、旧料混合均匀,混合料颜色均匀、无花白为准。再生沥青混合料出厂温度为140~160℃。

(3)间歇式拌和机热拌再生沥青混合料的拌和,宜按图7-2工艺流程进行拌制。

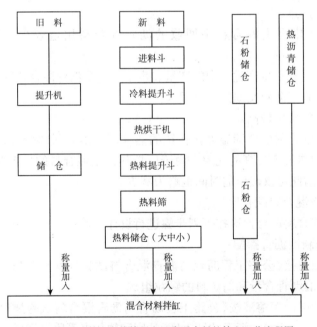

图7-2 间歇式拌和机热拌再生沥青混合料的拌和工艺流程图

(4)当采用连续式拌和机拌和时,必须避免旧料被明火烧焦。宜在筒体中部进料口输入旧料,并设置挡板遮挡火焰,如旧料与新集料在筒体始端同一料口输入筒体时,可先对旧料配洒适量水分,旧料总含水率宜不超过3%,以降低进料口处的热气流量温度,防止沥青老化。

拌和后的再生沥青混合料色泽应均匀一致,出厂温度为 140～160℃。

4. 工厂冷再生技术

1)概述

工厂冷再生是将旧的沥青路面切削回收,集中到再生拌和厂,采用乳化沥青或水泥与旧料和新集料在常温下拌和成混合料,经摊铺、碾压而成沥青路面的施工方法。

若回收的是半刚性基层材料,可采用水泥与旧料和新集料在常温下拌和成混合料,用做基层或底基层。其施工工艺同半刚性基层材料的施工。

若回收的是沥青面层材料,采用乳化沥青与旧料和新集料在常温下拌和成混合料,用做高等级公路的下面层、基层或底基层,或用做一般公路的面层或基层。

对冷拌再生材料进行试验非常重要。可以使用多种冷再生剂或乳化液将旧沥青胶结料的性能恢复至接近原有状态。将回收材料研磨成适宜的尺寸,然后通过试验确定适量的添加剂,再摊铺、碾压到要求的密度,表面再以热沥青薄层罩面、表面处治层等罩面。

2)工厂冷再生的适用性

冷再生需要较高的生产率,对混合料级配控制较严格。旧沥青面层料堆适合厂拌生产或因某些原因旧路面材料需运走,现场冷再生不作考虑时可选择工厂冷再生。

工厂冷再生可用于沥青路面结构性破坏时的重建,修复面层和基层的病害。这些破坏包括:横向裂缝、车辙、坑洞、表面不规则破坏或上面几种破坏的综合。冷厂拌再生的最大优点在于:在不改变路面横向、纵向几何特征的情况下,对路面的病害有显著的改善;冷厂拌再生也可改善路面的几何线形和修复任何类型的裂缝。冷厂拌再生的路面一般能满足正常的需要,但为了防止冷厂拌再生路面发生水损害以及分散交通荷载作用的需要,常常在冷厂拌再生路面上加铺一层热拌沥青混合料。

◇单元训练

一、填空题

1. 沥青路面再生技术,是将需要翻修或者废弃的旧沥青路面,经过_____、_____、_____,再和新集料、新沥青材料适当配合,重新拌和,形成具有一定路用性能的再生沥青混合料,用于铺筑路面_____、_____层或路面_____的整套工艺技术。

2. 路面再生的种类很多,按再生形成的层位不同,可分为再生_____、再生_____和再生_____;按再生方式的不同,可分为_____再生和_____再生;按拌和地点的不同,可分为_____再生和厂拌再生。因此,沥青路面再生技术可分为:_____再生、_____再生、_____再生和_____再生四大类。

3. 旧沥青再生的机理研究目前有两种理论:一种理论是"相容性理论",认为沥青产生老化的原因是沥青胶质物系中各组分_____降低,导致组分间_____增大,认为掺入一定的_____使其_____减小,沥青即能恢复到(甚至超过)原来性质。

另一理论是"组分调节理论",认为由于组分的_____,沥青_____后,各组分间_____导致沥青路用性能降低,认为通过掺加_____调节其组分,可使沥青恢复原来的性质。因此,要使老化沥青恢复原有性能,就需要将老化沥青和原沥青的组分进行比较后,向老化沥青中加入所缺少的组分(即添加沥青再生剂),使组分重新协调。

二、简答题

1. 简述沥青路面再生技术的概念和分类。

2. 简述沥青路面再生原理。

3. 简述沥青路面旧料的质量要求。

4. 简述再生剂的性能和储放的要求。

5. 简述热拌再生沥青混合料配合比的设计步骤。

6. 简述厂拌热再生的优点和局限性。

学习任务八　沥青路面补强和加宽技术

> **学习目标**

1. 能够描述沥青路面补强的条件和要求；
2. 能够描述沥青路面补强层材料的类型及适用范围；
3. 能够描述沥青路面补强施工的要求；
4. 能够描述沥青路面加宽的适用范围、沥青路面加宽的基本要求。

> **任务描述**

以实训基地沥青路面的某处需要进行补强与加宽处理的路段为对象，根据病害的现象，分析其产生的原因，制订出相应的补强与加宽方案。

> **学习引导**

本学习任务沿着以下脉络进行学习：
观察病害的现象→判断病害类型和等级→确定路面状况→讨论并制订补强与加宽方案。

单元一　沥青路面补强

◇单元要点

1. 沥青路面补强设计；
2. 沥青路面补强的施工。

◇相关知识

沥青路面投入使用后，受行车荷载和自然因素的综合作用，会出现不同程度的损害，采用罩面等养护方法不能使路面恢复良好的工作状态，为保证必要的服务功能，应进行补强。

一、沥青路面补强设计

1. 沥青路面补强的条件和要求

在现有的公路等级不变的情况下，沥青路面因强度系数(SSI)不符合要求，损坏严重，经判断采用其他技术措施已不能维持良好的状况时，应进行路面补强。同时补强也适用于因公路等级提高而进行的改建工程。沥青路面补强应符合下列一般要求：

(1)对原有沥青路面必须作全面的技术调查和经济比较。

(2)补强设计应对路面高程提高后纵坡的顺适、排水、周围环境的适应等因素作周密考虑。

补强施工往往造成原有路面纵坡不顺适，因此在设计阶段应结合原有路面的纵坡，综合考虑补强后路面的纵坡设计,纵坡的坡度和坡长应满足《公路工程技术标准》(JTG B01—2003)的有关技术规定。同时补强设计应考虑路面排水系统的完整性和沟底纵坡的合理性,必要时应对原有排水系统进行重新设计和施工,保证路面排水系统的正常工作。若原有公路纵坡线形未达到《公路工程技术标准》(JTG B01—2003)的要求,或排水系统不完善,宜结合公路补强设计使其达标或完善。

(3)补强设计中应考虑补强结构层与原路面结构的连接问题,在旧沥青面层上直接加铺沥青补强层时,旧沥青面层上应浇洒黏层油。

2. 沥青路面补强层材料的类型及适用范围

(1)沥青面层类型有:沥青混凝土,热拌沥青碎石,乳化沥青碎石混和料,沥青贯入式,沥青表面处治等。

(2)沥青路面基层补强材料,有无机结合料稳定材料(水泥稳定类,二灰稳定类,工业废渣稳定类)和无结合料粒料类(级配碎石,级配砾石,填隙碎石)。

(3)适用范围。

①沥青混凝土适用于各级公路的沥青面层;

②热拌沥青碎石适用于二级及二级以下公路的路面面层或高速公路、一级公路补强的下面层;

③乳化沥青碎石混合料适用于三级及三级以下公路补强的沥青面层;

④沥青贯入式路面适用于二级次高级路面及三级以下公路的路面结构补强;

⑤沥青表面处治适用于三级及三级以下公路的路面结构补强;

⑥水泥稳定集料适用于各级公路的多层补强结构的基层与底层,但水泥稳定细粒土不能用作沥青混凝土路面的基层补强,只能用作底基层;

⑦石灰稳定集料适用于二级及二级以下公路的多层补强结构的基层和底基层,但石灰稳定细粒土不能用作沥青混凝土路面的基层补强;

⑧工业废渣稳定土包括石灰粉煤灰稳定类和石灰煤渣类,工业废渣稳定土适用于各级公路多层补强结构的基层与底基层,但二灰稳定细粒土不能用作沥青混凝土路面的基层补强,只能用做底基层。

⑨级配碎石、级配砾石,适用于高速公路、一级公路的底基层和二级及二级以下公路的基层。

(4)路面补强结构形式的选择

①对于高速公路、一级和二级公路的补强,宜采用半刚性基层加沥青混合料面层的结构形式;

②对于三级公路的补强,在不提高公路等级的情况下,可采用单层或多层补强结构;对于提高公路等级的情况,宜采用半刚性基层加沥青混合料面层的补强结构形式;

③对于四级公路的补强,可采用单层或多层补强的结构形式。

3. 原有公路的技术调查与处理

(1)原有公路技术调查的内容如下:

①调查原有公路路况,如平整度、摩擦系数、路表面排水(积水)状况、积雪(砂)状况等;路面的破损及病害的情况和程度,路肩采取的加固措施等。

②调查原有路面设计、施工、养护的技术资料及从使用开始至改建的年限、使用效果等。

③调查年平均双向日交通量,交通组成和交通量增长率等。

④调查路基和路面的宽度、路线纵坡、路面横坡、平曲线半径等;测定原有路面结构层的厚度、各层材料的回弹模量及路基干湿类型,每500m测一断面,每个断面如路面宽度大于等于7m时选两个点,不足7m选一个点;对沥青面层、基层和底层材料应按层取样试验,判断其结构层材料是否还可利用。

⑤原有路面的分段及弯沉调查按《公路沥青路面设计规范》(JTG D50—2006)的有关规定进行。

(2)原有公路的处理。

原有公路路拱不符合《公路工程技术标准》(JTG B01—2003)时,应结合补强设计,对路拱进行调整,使其符合规定。

对原路面的病害,应视其层位、严重程度和范围,按有关规定进行处理。若面层有病害,可直接处理后进行补强;若基层有病害,应先开挖面层对基层进行处理后,再进行补强。

4. 与桥涵的衔接

路面补强路段内若有桥涵等构造物,应做好路面与桥涵构造物的衔接。在补强前应对桥涵构造物铺装层进行检查。若原有铺装层出现破损,应及时修复。若原有铺装层完好,可在桥涵构造物的承载能力范围内,适当加铺2~3cm新的铺装层。

为保证路面与桥涵顶面的纵坡顺适,应综合考虑和重新设计路线纵坡。路面的补强可从桥涵两侧的搭板处开始设计和施工,衔接点即为搭板两侧的端点,以衔接点为高程作为控制高程。对于无搭板的情况,衔接点设在桥涵台背两端外10m处。设计时要注意路面与桥涵构造物的衔接,应保证路线纵坡顺适。在衔接点处,路面补强结构的施工可视设计高程的情况向下开挖原有路面结构层,以重新铺筑补强结构层。

5. 新技术的利用

补强设计中,应结合当地的条件,积极推广成熟的科研成果,对技术先进、经济合理、安全可靠的新材料、新工艺和新技术,应在路面补强设计方案中积极慎重地加以利用。

6. 补强层材料设计参数的选择

补强设计中,补强层材料设计参数的选择,按新建路面材料设计参数的选择方法进行,原有路面的整体强度以当量回弹模量表示。补强设计步骤,路面的分段和各路段的计算弯沉值的计算,原有路面当量回弹模量及补强厚度的计算,应参照《公路沥青路面设计规范》(JTG D50—2006)的有关规定进行。

二、沥青路面补强施工

1. 对沥青路面补强层原材料的要求

沥青路面补强层原材料应符合规范的基本要求,混合料的组成设计应符合《公路沥青路面设计规范》(JTG D50—2006)、《公路沥青路面施工技术规范》(JTG F40—2004)和《公路路面基层施工技术规范》(JTJ 034—2000)的要求。

2. 沥青路面补强

除应满足《公路沥青路面设计规范》(JTG F40—2004)和《公路路面基层施工技术规范》(JTJ 034—2000)的有关规定外,沥青路面补强还应做好下列工作。

(1)原有路面技术状况不良时,应按下列要求处理:

①平整度或路面横坡不符合规定要求时,应加铺整平层,或在加铺补强层时,同时找平或调整路面横坡。在调整路面横坡时,可将原基层翻松6~8cm,重新整形后调整,也可以在基层

上加铺三角垫层来校正路面横坡。

②对原有路面出现的各种病害,应根据产生的原因,采取有效的处理措施后再铺筑路面基层。

③排水较好的路段,应采取加深边沟、设置盲沟、渗井或设隔水层等措施。

(2)沥青路面补强时,应使新旧基层联结良好,不形成夹层。

(3)为了使路面边缘坚实稳定,基层应比面层宽 20~25cm 或埋设路缘石。路肩过窄路段,应先加宽路基达到标准宽度,或采用护肩石的方法,再加宽基层。

(4)用砂石路面作沥青路面的基层时,在干燥地带可适量掺入粗集料(应按旧路面的细料含量而定);在中湿、潮湿地带宜将基层翻松 6~8cm,再掺入适量的石灰或水泥材料,碾压密实,并做好排水设施。

(5)挖除面层或基层时,应尽量做到基层材料重复利用。对于沥青材料的旧料利用,应把沥青面层先进行铣刨或挖除,并按旧料质量分别收集储存于拌和场(厂)。

(6)在边通车边施工的交通繁忙路段进行补强施工时,应适当掌握施工路段的连续长度,保持通车的半幅路面有必要的宽度和平整度;同时应设立施工标志,加强施工现场交通指挥和管理,保障车辆正常通行、施工安全顺利。

3. 沥青路面补强施工

根据补强设计的类型、结构和施工方案,按现行《公路路面基层施工技术规范》(JTJ 034—2000)和《公路沥青路面施工技术规范》(JTG F40—2004)的有关规定进行施工。

4. 质量管理和控制

沥青路面补强施工,应切实做好施工的质量管理和控制。质量管理和质量控制应参照《公路路面基层施工技术规范》(JTJ 034—2000)、《公路沥青路面施工技术规范》(JTG F40—2004)和《公路工程质量检验评定标准(土建工程)》(JTG F80/1—2004)的技术规定执行。

◇单元训练

一、填空题

1. 沥青路面基层补强材料,有无机结合料稳定材料(_____稳定类,_____稳定类,_____稳定类)和无机结合料粒料类(_____碎石,_____砾石,_____碎石)。

2. 路面补强结构形式的选择。

①对于高速公路、一级和二级公路的补强,宜采用_____基层加_____面层的结构形式。

②对于三级公路的补强,在不提高公路等级的情况下,可采用_____或_____补强结构;对于提高公路等级的情况,宜采用_____基层加_____面层的补强结构形式。

③对于四级公路的补强,可采用_____或_____补强的结构形式。

二、简答题

1. 简述沥青路面补强应符合的一般要求。

2. 简述沥青路面补强层材料的适用范围。

3. 简述原有公路的技术调查内容。

4. 除应满足有关规范规定外,沥青路面补强还应做好哪些工作?

单元二　沥青路面加宽

◈ 单元要点

1. 沥青路面加宽的适用范围;
2. 沥青路面加宽的基本要求。

◈ 相关知识

一、沥青路面加宽设计

1. 沥青路面加宽的适用范围

(1)原有公路线形不需改善,但由于路面的宽度不能适应交通的需求,必须加宽路面以提高通行能力。

(2)原有公路因线形较差,不利于交通,而需提高公路等级,按新等级公路必须加宽路面。

2. 沥青路面加宽的基本要求

(1)沥青路面加宽方案,应根据原有路面的交通量、公路等级及线形等确定。如原有公路线形不需改善,且路基较宽,加宽后路肩宽度大于50cm时,可在老路的基础上直接加宽;如原有公路因线形较差而需改善,设计时应尽可能利用原有的沥青路面,在此基础上先加宽路基,再加宽路面。

(2)若路面的横断面为整体断面形式,沥青路面加宽使用的材料和路面结构宜与原有沥青路面相近。加宽的基层强度应不低于原有沥青路面的基层强度,宜采用压实性、透水性均较好的材料。若路面断面的形式为分离式,加宽部分所用的结构和材料不同于原路面,加宽部分的路基强度和稳定性及路面厚度,应按《公路路基设计规范》(JTG D30—2004)和《公路沥青路面设计规范》(JTG D50—2006)的规定进行计算确定。

(3)加宽时必须处理好新旧路基的纵横向衔接,对于软土地基高路堤加宽时,还应对新路基进行加固处理,待固结沉降稳定后方可进行加宽施工,避免加宽路面出现非均匀沉降。

(4)路面基层需加宽时,除对原有路面作全面调查外,对加宽部分按新建路面进行调查、设计,其结构强度宜与原有路面基层相当。路面基层的加宽,应按就地取材的原则,结合原有路面基层材料的利用,合理地应用旧结构,选择好材料,进行组合设计。

(5)若路基加宽宽度小于1m时,加宽的路面或基层压实质量不好控制,不宜采用双侧加宽而宜采用单侧加宽的方式;单侧加宽也包括因线形的约束只能在一侧进行加宽的处理情况。单侧加宽时必须调整原有路面的路拱横坡。

(6)加宽路面处于路线平曲线处,均应按《公路工程技术标准》(JTG B01—2003)的规定,根据需要设置相应的超高和加宽,如原来未设置的,也应结合加宽设计补设。

(7)加宽以后的路基,应保证原有路面排水系统的完善;在必要时要对原有路面的排水系统进行重新设计加工。

(8)加宽路面的基层和面层,必须进行材料试验和配合比设计,试验方法和设计方法应符合《公路沥青路面施工技术规范》(JTG F40—2004)和《公路路面基层施工技术规范》(JTJ 034—2000)的有关规定。

(9)处于特殊地区的公路加宽,应采取措施对原地面进行处理,使其有足够的强度和稳定性。具体方法应参照《公路路基设计规范》(JTG D30—2004)和《公路路基施工技术规范》(JTG F10—2006)的有关规定。

3. 沥青路面基层的加宽

(1)基层加宽前应对原有路面进行详细调查和测定,调查和测定的方法可以参照相关规定执行。

(2)设计时注意以下几点:

①基层加宽部分的处理。加宽部分应按新路基设计,即将旧路面分段实测的计算弯沉值L_0,作为加宽部分的设计弯沉值;根据调查测定土质和路基干湿类型,确定土基的弹性模量E_0;依据不同材料的模量按新建路面的设计方法设计加宽部分的基层厚度,使其与原有路面强度一致。

②计算路面和基层厚度时,依据已定设计弯沉值,采用弹性层状体系理论进行计算。

③砂石路面作为路面基层时,如其强度的水稳性不足,应进行补强设计,中湿、潮湿路段,应铲除砂土磨耗层,对原有老路的病害或破损应采取措施进行补治。

(3)基层同时加宽、补强时应符合下列要求:

①对旧路面应进行全面的技术调查,逐段分析技术状况,并根据有关加宽和补强的要求,综合考虑路线纵坡与桥涵通道等构造物的衔接、路基的防护与加固、路面排水系统、环境保护、绿化等因素,再进行设计。设计应符合相关规范的技术规定。

②原路基宽度符合要求,路面宽度不够时,宜在两侧加宽;路基窄,加宽路面宽度不够时,应先加宽路基或采用护肩石的办法,再加铺基层。

③在原老路上加宽和补强时,因老路压实太差,强度低,要首先采用重型压实或夯碾设备对老路进行全面的压实和处理,使其符合规定的压实度要求后再进行加宽和补强。补强部分的设计和施工应符合有关规定和要求。

4. 沥青路面双侧加宽

(1)加宽前原有路面的调查和测定要求同前面所述。

(2)如原有路面路基较宽,路面加宽后路肩宽度大于50cm时,可直接加宽;如路基较窄,不具备加宽路面条件的路段,应先加宽路基,为使路面边缘坚实,可随即加宽路面,否则应待路基稳定后,再加宽路面。

(3) 路面双侧加宽宜采用两侧相等的加宽方式,如图 8-1 所示。

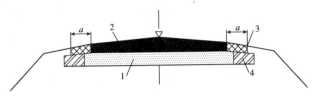

图 8-1　两侧相等加宽路面
1-原基层;2-原路面;3-加宽路面;4-加宽基层

(4) 对不能采取两侧相等加宽的路面,如加宽差数在 1m 以下时,不必调整横坡,可按图 8-2 所示进行加宽设计。若两边加宽差超过 1m 时,必须调整路拱横坡,可按图 8-3 所示进行加宽设计。

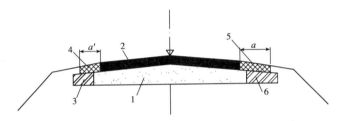

图 8-2　两侧不等加宽路面[$(a-a') < 1m$ 时不调整路拱]
1-原基层;2-原路面;3-加宽基层较窄;4-加宽面层较窄;5-加宽面层较宽;6-加宽基层较宽

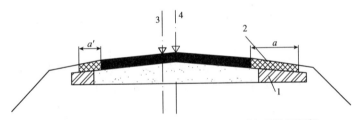

图 8-3　两侧不相等加宽路面[$(a-a') > 1m$ 时必须调整路拱]
1-加宽基层;2-加宽面层;3-原路拱中点;4-新铺路拱中点

5. 沥青路面单侧加宽

沥青路面单侧加宽前,原有路面的调查和测定要求同前面规定。由于受线形和地形条件限制必须采用单侧加宽时,可采用如图 8-4 所示的图示进行加宽设计,加宽一侧需设置调拱三角垫层。调拱三角垫层应视所用材料的要求满足一定的厚度规定,以免在加宽面层和旧面层之间形成薄夹层,同时要注意三角垫层与上下路面结构层的联结。

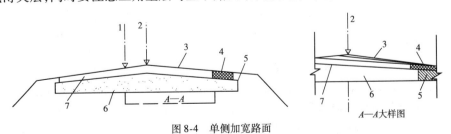

图 8-4　单侧加宽路面
1-旧路拱中心;2-调拱后中心;3-调拱三角垫层;4-加宽面层;5-加宽基层;6-旧基层;7-旧面层

二、沥青路面加宽施工质量控制

（1）路基加宽施工质量控制。

路基施工时所用填料宜与旧路相同或选用透水性较好的土，并应符合《公路路基施工技术规范》（JTG F10—2006）、《公路土工试验规程》（JTG E40—2007）的规定。

（2）在边通车边施工的交通繁忙路段进行挖方路基施工，应控制施工路段最大连续长度不超过500m，施工方法宜采用横挖法。保持通车的半幅路面必要的宽度和平整度，同时还应设立施工标志，加强施工现场交通指挥和管理，保证车辆正常通行，施工安全顺利。路面加宽施工若遇石方开挖，为保证运输的安全，应中断交通。

（3）由于加宽路堤易产生不均匀沉陷，故路堤加宽一侧填土宽度应宽于填土层设计宽度50cm以上，压实宽度须超过设计宽度25cm以上，最后削坡。对于压路机无法操作的路段，应采用小型机具分层夯实，并达到规定的压实度。为防止新老路基出现不均匀沉降，应沿旧路基边坡挖成向内倾斜的台阶，台阶宽度应不小于1m，以增加加宽部分路基的稳定性。如压路机械无法操作，应用小型机具夯实至规定的压实度。

（4）路基施工中应做好路基防护与加固，保证其稳定性。施工完毕后应进行养护，路基的防护应与改善环境、保护生态平衡和做好公路绿化相结合。

（5）路基施工及质量控制标准可参照《公路路基施工技术规范》（JTG F10—2006）和《公路工程质量检验评定标准（土建工程）》（JTG F80/1—2004）的技术规定执行。

三、基层加宽施工质量控制

（1）路面基层加宽施工时，应做好基层接茬处的处理工作，纵向接茬应与路中线平行。

（2）新旧基层衔接应符合下列要求：

①基层厚度超过25cm时，宜采用相错搭接法，见图8-5。搭接长度不小于30cm，搭接部位应首先用小型机具夯实至设计规定的压实度，然后再对整个加宽基层机械全面压实。压实质量应符合设计要求。压实成型的新基高度应与原路面基层平齐。

②基层厚度小于25cm时，宜采用平头接头法，见图8-6。新铺筑的基层成型后高度应与原路面基层平齐。

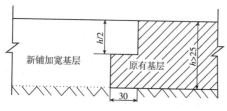

图8-5 相错搭接（尺寸单位：cm）

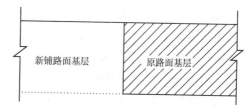

图8-6 平头接头（尺寸单位：cm）

③在加宽部位以外，应宽出30cm。将原有的旧面层揭掉，原有沥青路面露出坚硬的边缘，原路面面层粒料不可松动，保持面层边缘垂直和基层顶面平整。把旧基层上的松散浮土、浮石渣清扫干净，并将其顶面拉毛。如果有路段旧基层损坏，要求将其材料重新翻修利用，再根据试验资料适量掺配新材料与加宽混合料一起拌和、铺装、碾压。

（3）在加宽部分两侧无拓宽条件时，可采取埋设路缘石的方法。

（4）基层若需调拱时，加宽部分与调拱部分应按路面横坡的要求一次调整，整型压实。为了使调拱部分新旧基层结合良好,应将旧面层先铲掉,把原基层拉毛后再与调拱垫层结合。调拱垫层的最小厚度应大于15cm,不足时可向下开挖原基层,以保证调拱垫层的最小厚度要求,然后再做面层。

(5)基层施工及质量控制可参照《公路路面基层施工技术规范》(JTJ 034—2000)和《公路工程质量检验评定标准(土建工程)》(JTG F80/1—2004)的技术规定执行。

四、面层加宽施工质量控制

(1)路面面层加宽施工时,应做好面层接茬处的处理工作,纵向接茬应与路中线平行。

(2)新旧面层衔接应符合下列要求:

①面层衔接一般应采用热接的方法。

a. 在基层加宽的基础上,将原有沥青路面边缘刨切整齐,使其露出坚硬的垂直边缘,原路面层和新铺基层的粒料不可松动,并将加宽的基层表面清扫干净。

b. 在接茬处应均匀涂一层黏结沥青,以保证新铺混合料与旧沥青面层更好地黏结。

c. 沥青面层混合料摊铺时应与原路面平齐对接,压实后的高度与原路面面层平齐。

d. 双层式路面接茬时,上下层不宜接在同一垂直面上,应错开30cm以上,做成台阶式,加宽后新上面层的压实后高度与原路面上面层平齐。

②面层接茬部位的施工。

a. 接茬部位沥青混合料的摊铺可视路面加宽的情况选择人工摊铺或机械摊铺。采用人工摊铺时,先沿边缘用热沥青混合料覆盖于原有沥青路面边缘预热。其厚度为10cm,宽度为20cm,待接茬处的沥青路面软化后(约5~10min),再将预热的混合料按松铺厚度摊平,随时用小型振动板沿纵向接茬部位向外振动压实沥青混合料,新铺沥青面层可比原有面层略为高一些,最后用重型压路机对新铺面层进行全面碾压,但应注意随时对接茬部位进行整平和补料。

b. 在加宽部位,若原有路面不需调拱,新铺沥青混合料的碾压应从接茬处向外碾压,以便形成设计规定的路拱。若原有路面需要调拱,压实方法同新建沥青路面的有关施工规定。施工完毕,纵向接茬不应有凹凸不平的表面,应保证接缝位置平顺和具有正确的设计路拱,压实度达到设计规定的要求。

(3)沥青面层的施工及质量控制可参照《公路沥青路面施工技术规范》(JTG F40—2004)和《公路工程质量检验评定标准(土建工程)》(JTG F80/1—2004)的技术规定执行。

◇单元训练

1. 简述沥青路面加宽的适用范围和基本要求。

2. 简述沥青路面基层加宽设计时注意的问题。

3. 简述沥青路面加宽施工的质量控制。

4. 选择一条需要进行加宽的路面,制订加宽施工方案。

学习任务九　水泥混凝土路面路况调查及评价

> 📖 **学习目标**

1. 能够采用正确的方法完成水泥混凝土路面路况调查；
2. 能够计算水泥混凝土路面路况技术指标；
3. 能够制订出水泥混凝土路面维护对策。

> 📖 **任务描述**

巡查一段水泥混凝土路面，填写沥青路面状况调查表，根据调查情况计算路况技术指标，制订出完整的沥青路面维护对策。

> 📖 **学习引导**

本学习任务沿着以下脉络进行学习：
水泥混凝土路面病害的分类和分级→路况调查→路况技术指标→路况评价→路面维护对策。

单元一　水泥混凝土路面养护要求与内容

◇ 单元要点

1. 水泥混凝土路面养护工程分类与内容；
2. 水泥混凝土路面养护质量标准和基本要求。

◇ 相关知识

水泥混凝土路面也称刚性路面，具有强度高、耐久性好、初期养护费用低等特点，是高等级重交通路面主要结构形式之一。随着高等级公路的大规模建设，水泥混凝土路面的应用迎来了突飞猛进的发展阶段。这主要是因为水泥混凝土路面更加适合我国的资源条件。所以水泥混凝土路面的养护、维修技术也越来越受到重视。

一、水泥混凝土路面养护工作的基本要求

（1）做好预防性、经常性的保养和破损修补，保持路面处于良好的技术状况与服务水平。
（2）应保持路容整洁，定期进行清扫保洁，清扫频率按规范有关要求执行。
（3）水泥混凝土路面的接缝应保持良好，表面平顺。
①填缝料凸出板面的高度，高速公路及一级公路不得超过3mm，其他等级公路不得超过5mm。
②填缝料局部脱落、缺损时，应及时灌缝填补；填缝料老化、接缝渗水严重时，应及时进行

整条接缝的填缝料更换。填缝料更换前,应清除原接缝内的填缝料和杂物。新灌注填缝料时,应做到饱满、密实、黏结牢固。材料应符合相关规范的规定。

(4)水泥混凝土路面应加强日常巡查,并做好定期检查。

(5)日常巡查是对水泥混凝土路面外观状况进行的日常巡视检查。主要检查拱起、沉陷、错台等病害,以及路面油污、积水、结冰等诱发病害的因素和可能妨碍交通的路障。

(6)定期检查是按一定周期对水泥混凝土路面的基本技术状况进行全面检查。主要检查内容按现行《公路技术状况评定标准》(JTG H20—2007)执行。

(7)水泥混凝土路面的养护应符合现行《公路技术状况评定标准》(JTG H20—2007)的有关规定。

二、水泥混凝土路面养护作业内容

水泥混凝土路面的养护可分为日常巡视与检查、小修保养、中修、大修、改建和专项养护工程等,各类养护工作的内容如下。

1. 日常巡视与检查

为及时掌握路面的技术状况,必须对路面进行经常性的检查与巡视。内容包括如下方面:

(1)路面上是否有明显的破碎板、裂缝、板角断裂、错台、唧泥、接缝料损坏、坑洞、拱起等病害,其危害程度及趋势如何。

(2)路面上是否有可能损坏路面或妨碍交通的堆积物等。

2. 小修保养

对水泥混凝土路面进行的预防性保养和轻微损坏部分的维修工作为小修保养,其又可分为日常保养和小修。

(1)保养。

①清除路面泥土、杂物,保持路面清洁。

②排除路面积水、积雪、积冰、积砂,铺防滑料、灭尘剂或压实积雪维持交通。

③接缝保养及填缝料更换。

④路面排水设施的疏通。

(2)小修。

①水泥路面板块的局部修理。

②水泥路面局部清缝、灌缝及裂缝封填。

3. 中修工程

中修工程是对水泥路面其沿线设施的一般性损坏部分进行定期的修理加固,以恢复水泥路面原有技术状况的工程。其工作内容包括如下方面:

(1)水泥路面整块换板。

(2)水泥路面整段进行板底灌注,整段进行裂缝、断角、错台、沉陷等病害处治。

(3)水泥路面整段刻纹,恢复路面抗滑性能。

(4)水泥接缝材料的整段更换。

(5)桥头搭板或过渡路面的整修。

(6)整段安装、更换路缘石。

4. 大修工程

大修工程是对水泥路面及其沿线设施的较大损坏进行周期性的综合修理,以全面恢复到原技术标准的工程项目。其工作内容包括如下方面：

(1) 不改变原有道路技术等级整段改善线形；
(2) 翻修或补强重铺水泥路面；
(3) 补强、重铺或加宽水泥路面；
(4) 护栏、隔离栅、防雪栏栅的增设。

5. 改建工程

改建工程是对水泥路面及其沿线设施因不适应现有交通量增长和载重需要而提高技术等级指标，显著提高其通行能力的较大工程项目。其工作内容包括如下方面：

(1) 整段加宽水泥路面，改善道路线形，提高技术等级。
(2) 整线整段提高道路技术等级、铺筑水泥路面。
(3) 水泥路面病害处理后，补强或改造为沥青混凝土路面。
(4) 整段增设防护栏、隔离栅等。

三、水泥混凝土路面养护质量标准

在水泥混凝土路面使用过程中，由于行车荷载作用和自然因素影响，使路面逐渐产生各种破损，逐渐降低其使用质量。因此，对路面不管采取预防性养护，还是经常性养护和维修措施，都应严格按照养护质量标准要求进行实施，才能使路面保持良好的技术状况，以保证路面的服务水平。

1. 水泥混凝土路面养护质量标准

水泥混凝土路面养护质量标准见表 9-1。

水泥混凝土路面养护质量标准　　　　表 9-1

项　　目		高速公路、一级公路	其他等级公路
平整度(mm)	平整度仪(σ)	≤1.2	≤2.0
	3m 直尺(h)	—	≤5
	国际平整度指数 IRI(m/km)	≤2.0	≤3.2
抗滑	横向力系数 SFC	≥40	≥33.5
相邻板高差(mm)		3	5
接缝填缝料凹凸(mm)		3	5
路面状况指数(PCI)		≥80	≥70

2. 水泥混凝土路面质量检查

水泥混凝土路面在使用中，应对其使用质量进行检查。凡不符合养护质量标准的，应及时维修，或安排大中修或专项工程，予以改善和提高。恢复和改善工程的质量标准，可参照《公路工程质量检验评定标准(土建工程)》(JTG F80/1—2004)执行。

四、养护材料要求

(1) 水泥混凝土路面养护维修的常规和专用材料，必须具有足够的强度、耐久性和稳定性，以承受车辆的作用和抵抗自然环境的影响。养护维修的各种材料均应进行必要的试验，不符合要求的，不得使用。

(2) 水泥混凝土路面养护维修的常规材料技术要求应符合《公路水泥混凝土路面设计规

范》(JTG D40—2003)、《公路水泥混凝土路面滑模施工技术规范》(JTJ 037.1—2000)和《公路沥青路面施工技术规范》(JTG F40—2004)以及《公路水泥混凝土路面养护技术规范》(JTJ 073.1—2001)的规定。

(3)水泥混凝土路面养护维修所用的路面标线材料的技术要求应符合现行《道路交通标志和标线》(GB 5768—1999)的规定;其他专用材料的技术要求应符合《公路水泥混凝土路面养护技术规范》(JTJ 073.1—2001)附录A"水泥混凝土路面修补材料"的规定。

五、养护机械配备

水泥混凝土路面的养护维修应根据实际要求配备各种机械设备。其机械设备的品种及规格,可参考表9-2。

公路养护每100km机械配备参考表　　　　　　　　　　　表9-2

项目	机械名称	规格	水泥路拥有量		备注
			高速公路	其他公路	
日常养护机械	路面清扫车	清扫宽度2~3m	1~2	1~2	或真空吸扫车,按需配备
	多功能洒水车	5 000~10 000L	1~3	1~2	能洒水、浇树、喷药、清洗标志等
	割灌除草机	30cm²/s,≥1.8kW	2~4	2~4	背携式
	绿篱机		2~4	2~4	绿化修剪
	油锯		2~4	2~4	绿化修剪
	高枝剪		—	0.5	高大树木修剪
	防撞护栏清洗机		1~2	1~2	
	多功能养护机	≥26kW	1	1	可换装挖掘、挖坑、挖沟等养护作业常用的十多种装置,按需配置
	公路巡查车	3~6座	2	2	
交通安全设施维修机械	路面画线机	线宽80~300mm	1~2	1~2	热熔或冷喷式,按需配置
	路面除线机	线宽80~300mm	1~2	1~2	按需配置
	高空作业车	举升高度10~12m	1	0.5	构造物,沿线设施,行道树用
	护栏打桩机	打桩力≥20kN	1	1	安装护栏立柱,按需配置
	护栏拔桩机		1	1	拔护栏立柱,按需配置
	护栏打桩机		0.5	0.5	按需配置
除雪清方排障抢险机械	除雪撒布机(车)	除雪宽度1.5~3.5m 撒布宽度≥6m 撒布量≥50g/m²	1~2	1~2	推雪除冰,撒防结防滑剂,按需配置
	装载机(或推土机)	斗容量3~5t	1~2	1~2	清塌方、推雪,按需配置
	挖掘机	斗容≥0.8m³	0.5	0.5	清塌方、挖边沟等,按需配置
	道路清障车	起吊5t,拖力20t	1	0.5	按需配置
	事故抢险车			0.5	
	移动标志车		2~3	1~2	施工安全标志移动
	移动式现场照明设施	照明范围≥200m	1~2	1~2	夜间抢险及施工,按需配置
	水泵	扬程≥25m,吸程≥6m	1~3	1~3	排水抗洪

续上表

项目	机械名称	规格	水泥路拥有量		备注
			高速公路	其他公路	
路面养护维修机械	水泥混凝土摊铺机		1	—	按需配置
	水泥混凝土摊铺整平机		0.5	1	
	真空吸水机	真空度≥97%	2	2	
	振捣器	1.1kW	4	4	
	抹平机	叶片直径800mm	2	2	
	切缝机	刀宽2.5~6mm	2	2	
	路面凿毛机		2	2	
	砂浆灌注机		1	1	
	水泥路面破碎机		1~2	1	
	多锤头破碎机或共振破碎机		0.1	0.1	
	冲击式压实机		0.1	0.1	
	清缝机		1	1	裂缝清理
	灌缝机		1	1	裂缝填充与修补
	路缘石成形机	250mm×250mm	0.5	0.5	按需配置

◇单元训练

一、填空题

1. 水泥混凝土路面做好_____、_____的_____和_____修补,保持路面处于良好的技术状况与服务水平。

2. 应保持路容整洁,定期进行_____,清扫频率按规范有关要求执行。

3. 水泥混凝土路面的接缝应保持良好,表面平顺。填缝料凸出板面的高度,高速公路及一级公路不得超过_____mm,其他等级公路不得超过_____mm。

4. 水泥混凝土路面应加强_____,并做好_____检查。

5. 日常巡查是对水泥混凝土路面_____进行的日常巡视检查。主要检查拱起、沉陷、错台等病害,以及路面油污、积水、结冰等诱发病害的因素和可能妨碍交通的路障。

6. 水泥混凝土路面的养护可分为_____、_____、_____、_____、_____和_____专项养护工程等。

二、简答题

1. 简述水泥混凝土路面养护工作的基本要求。

2. 简述水泥混凝土路面养护作业内容。

单元二 水泥混凝土路面常见病害类型及分级

◇ **单元要点**

1. 水泥混凝土路面常见病害及其表现形式；
2. 水泥混凝土路面损坏的分级标准。

◇ **相关知识**

根据病害发生的原因、表现形态、对使用性能的影响、对应的处治措施等因素，并考虑简明实用和避免不必要的烦琐，《公路技术状况评定标准》（JTG H20—2007）将水泥混凝土路面损坏分为11类20项。

1. 破碎板（图9-1、图9-2）

图9-1 轻微破碎　　　　　　　　　　图9-2 严重破碎

（1）损坏特征。

裂缝将板分为3块以上。如全部断块或裂缝发生在一个角局部应归为断角。

（2）严重程度分级。

①轻微——板块被裂缝分为3块以上，破碎板未发生松动和沉陷，损坏按板块面积计算。

②严重——板块被裂缝分为3块以上，破碎板有松动、沉陷和唧泥等现象，损坏按板块面积计算。

2. 裂缝（图9-3、图9-4）

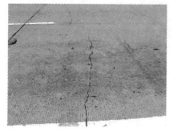 

图9-3 轻微裂缝　　　　　　　　　　图9-4 中等裂缝

(1)损坏特征。

板块上只有一条裂缝,裂缝类型包括横向、纵向和不规则的斜裂缝等。

(2)严重程度分级。

①轻微——裂缝窄,裂缝处未剥落,缝宽小于3mm,一般为未贯通裂缝,损坏按长度计算,检测结果要用影响宽度(1.0m)换算成面积。

②中等——边缘有碎裂,裂缝宽度为3~10mm,损坏按长度计算,检测结果要用影响宽度(1.0mm)换算成面积。

③严重——缝宽、边缘有碎裂并伴有错台出现,缝宽大于10mm,损坏按长度计算,检测结果要用影响宽度(1.0m)换算成面积。

3. 板角断裂(图9-5、图9-6)

图9-5 轻微断角

图9-6 严重断角

(1)损坏特征。

裂缝与纵横接缝相交,且交点距板角小于或等于板边长度一半。

(2)严重程度分级。

①轻微——裂缝宽度小于3mm,损坏按断裂板角的面积计算。

②中等——裂缝宽度为3~10mm,损坏按断裂板角的面积计算。

③严重——裂缝宽度大于10mm,断角有松动,损坏按断裂板角的面积计算。

4. 错台(图9-7)

(1)损坏特征。

接缝两边出现的高差大于5mm的损坏。

(2)严重程度分级。

①轻微——高差小于10mm,损坏按长度计算,检测结果要用影响宽度(1.0m)换算成面积。

②严重——高差10mm以上,损坏按长度计算,检测结果要用影响宽度(1.0m)换算成面积。

图9-7 错台

5. 唧泥(图9-8)

板块在车辆驶过后,接缝处有基层泥浆涌出,损坏按长度计算,检测结果要用影响宽度(1.0m)换算成面积。

6. 边角剥落(图9-9)

(1)损坏特征。

沿接缝方向的板边碎裂和脱落,裂缝面与板面成一定角度。

(2)严重程度分级。

①轻微——浅层剥落,损坏按长度计算,检测结果要用影响宽度(1.0m)换算成面积。

②中等——中深层剥落,接缝附近水泥混凝土有开裂,损坏按长度计算,检测结果要用影响宽度(1.0m)换算成面积。

③严重——深层剥落,接缝附近水泥混凝土多处开裂,深度超过接缝槽底部,损坏按长度计算,检测结果要用影响宽度(1.0m)换算成面积。

图9-8　唧呢

图9-9　接缝剥落

7. 接缝料损坏(图9-10)

(1)损坏特征。

由于接缝的填缝料老化、剥落等原因,接缝内已无填料,接缝被砂、石、土等填塞。

(2)严重程度分级。

①轻微——填料老化,不密水,但尚未剥落脱空,未被砂、石、泥土等填塞,损坏按长度计算,检测结果要用影响宽度(1.0m)换算成面积。

②严重——三分之一以上接缝出现空缝或被砂、石、土填塞,损坏按长度计算,检测结果要用影响宽度(1.0m)换算成面积。

8. 坑洞(图9-11)

板面出现有效直径大于30mm、深度大于10mm的局部坑洞,损坏按坑洞或坑洞群所涉及的面积计算。

图9-10　接缝料损坏

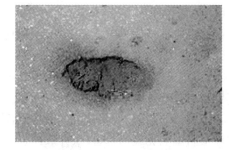

图9-11　坑洞

9. 拱起(图9-12)

横缝两侧的板体发生明显抬高,高度大于10mm,损坏按拱起所涉及的板块面积计算。

10. 露骨(图9-13)

板块表面细集料散失、粗集料暴露或表层松疏剥落,损坏按面积计算。

11. 修补

板块表面细集料散失、粗集料暴露或表层松疏剥落,损坏按面积计算。

图 9-12　拱起

图 9-13　露骨

◆ 单元训练

1.《公路技术状况评定标准》(JTG H20—2007)，将水泥混凝土路面损坏分为_____类_____项。

2. 轻微破碎板块被裂缝分为_____块以上，破碎板未发生_____和_____，损坏按板块面积计算。

3. 轻微裂缝窄、裂缝处_____，缝宽小于_____mm，一般为未贯通裂缝，损坏按长度计算，检测结果要用影响宽度_____换算成面积。中等裂缝边缘有碎裂，裂缝宽度为_____mm，严重裂缝的缝宽、边缘有碎裂并伴有_____出现，缝宽大于_____mm。

4. 轻微板角断裂的裂缝宽度小于_____mm，中等板角断裂的裂缝宽度为_____mm，严重板角断裂的裂缝宽度大于_____mm，损坏按断裂板角的面积计算。

5. 错台的损坏特征是接缝两边出现的高差大于_____mm 的损坏。轻微错台高差小于_____mm，严重错台高差在_____mm 以上，损坏按长度计算，检测结果要用影响宽度_____m 换算成面积。

6. 唧泥是板块在车辆驶过后，接缝处有基层泥浆涌出，损坏按_____计算，检测结果要用影响宽度_____m 换算成面积。

7. 严重接缝料损坏_____以上接缝出现空缝或被砂、石、土填塞，损坏按_____计算，检测结果要用影响宽度_____换算成面积。

8. 坑洞是板面出现有效直径大于_____mm、深度大于_____mm 的局部坑洞，损坏按坑洞或坑洞群所涉及的面积计算。

9. 拱起是横缝两侧的板体发生明显抬高，高度大于_____mm，损坏按_____的板块面积计算。

单元三　水泥混凝土路面路况调查

◆ 单元要点

1. 水泥混凝土路面路况调查的内容；
2. 水泥混凝土路面路况调查的方法。

◆ 相关知识

水泥混凝土路面使用性能随着使用年限的增加而逐渐衰退，养护部门应定期组织专业技术人员对路面使用状况进行评定。路面调查的目的是:运用各种仪器设备对路面状况各种指标进行检测,了解当时路面状况,以便选择相应的养护措施,制定养护政策,规划养护工程项目,编制养护计划;为建立路面管理系统积累数据,以便进行科学管理。

一、路面状况调查

路面状况调查内容包括路面破损状况、路面结构承载能力、路面行驶质量、路面抗滑能力、交通状况(包括车辆组成和轴载)、路基和路面排水状况、路面修建和养护历史七项内容。按调查需求和路面状况的不同,分别选择不同的调查内容和调查深度或细度,采用不同的评定指标和标准。

目前,水泥混凝土路面调查内容主要是路面破损状况、路面行驶质量、抗滑能力、路面结构承载能力。

1. 路面破损状况调查

按前面所述病害分类,对每个路段的各类病害进行现场识别和记录。路面病害调查是水泥混凝土路面调查的主要内容。

2. 路面行驶质量调查

采用断面类或反应类平整度仪,测定各路段的平整度指标,并将其转化成国际平整度指数。

3. 路面抗滑能力调查

采用抗滑系数测定仪测定各路段路面与轮胎间的摩擦系数或横向力系数,或者采用铺砂法测定各路段的抗滑构造深度。

4. 路面结构承载能力调查

路面结构整体强度的调查包含两项内容:一是调查路面板混凝土的实际强度和厚度,可采取钻芯进行劈裂(或抗压)试验,然后换算成抗折强度;二是采用落锤式弯沉仪或长杆贝克曼梁检测板块边角弯沉。板块边角弯沉与板厚、水泥混凝土的弹性模量、基层类型厚度、板底支撑情况等均有关系,可综合反映路面结构总体强度。

二、路面调查的频率

病害调查、平整度调查应当每年进行1次。路面板混凝土的实际强度通过钻芯检测调查,仅在拟加铺路段或必要时进行。抗滑能力调查,高速公路和一级公路应当每2年进行1次,一般公路仅在必要时进行调查。

当路面调查的目的仅是为了了解和评价路网状况以制订养护政策、分配养护资金、规划养护工程项目或编制养护工程计划时,除特别重要的线路外,一般可按水泥混凝土路面里程数的10%~20%(每500~1 000m抽查100m)进行抽样调查。

三、水泥混凝土路面病害调查方法

1. 病害数据采集方法

(1)病害数据采集小组。

外业调查宜按每50~100km作为一个调查区段,由一个数据采集小组完成调查。每个小组由技术人员2人、安全维护人员2人和辅助人员2人共6人组成。技术人员负责对病害情况进行判读和记录,安全维护人员负责指挥两个方向的车辆交通,确保外业调查的便利和安全,辅助人员负责拉尺量测桩号。

在上路调查过程中,外业数据采集小组全体人员,必须穿着醒目的安全标志服,并且任何时候不得越过中线进入放行车道进行病害观察,以防发生意外。

(2)外业数据采集方法。

对右侧车道100m长度范围实行交通封闭,安全维护人员应站在封闭路段两端,面朝来车方向,用停车牌等工具指挥车辆暂停或慢行通过。调查人员顺桩号沿封闭车道行进,边走边判断路面的病害类型和分级,两个技术人员一个主要负责搜寻和判读病害,一个主要负责记录并协助搜寻和判读病害。各种病害按"水泥混凝土路面病害调查记录图符及记录代号"在原始记录表上进行记录,记录表应采用"水泥混凝土路面病害调查原始记录表"(见能力训练)。在上路调查过程中,外业数据采集小组全体人员必须穿着醒目的安全标志服,并且任何时候不得越过中线进入放行车道进行病害观察,以防止发生意外。

(3)外业数据的抽查复核。

各调查小组的上级管理单位应对外业调查资料按10%的比例进行抽查。当抽查路段(一般为1km)裂板率相对误差<5%并且坏板率相对误差<10%时为合格。当有一个抽查路段不合格时,应当对该路段两端各5km返工重新调查;当有两个及以上抽查路段不合格时,应对该外业数据采集小组调查的50km全部返工重新调查。

(4)资料汇总和整理。

外业调查原始资料按路段进行汇总和计算病害指标。路段长度一般为1km,按整桩号划分;当路面宽度、面层结构、基层结构、施工年份或管养单位有变化时,应在变化点处划分路段。资料整理和计算可用电子表格(Microsoft Excel)完成。

2. 水泥混凝土路面病害调查记录图符及记录代号

进行路面病害现场调查时,须对路面上观察到的各类病害进行现场记录,记录时采用的病害图符和代号详见表9-3,原始记录表每百米记录一页。接缝位置必须画出,建议第一次调查时沿路中线拉钢尺,准确量测并画出各接缝位置,以公里碑为量测起点,每公里可断链一次,要求读数精确到厘米,并将成果形成计算机文档存入计算机。裂缝位置可估读准确到分米。

水泥混凝土路面病害调查记录图符及记录代号　　　　表9-3

病害分类	病害类型	调查中记录的信息	病害分级	病害记录图符	病害代号	计量单位
断裂类	破碎	按实际裂缝位置、长度和走向画出裂缝图,注明是否松动、沉陷、唧泥等。必要时注明裂缝宽度	轻		PS1	块
			中		PS2	
			重		PS3	

续上表

病害分类	病害类型	调查中记录的信息	病害分级	病害记录图符	病害代号	计量单位
断裂类	裂缝	按实际裂缝位置、长度和走向画出裂缝图，注明是否松动、沉陷、唧泥等。必要时注明裂缝宽度	轻		LF1	块
			中		LF2	
			重		LF3	
	断角	画出裂缝图，注明是否松动、沉陷、唧泥等。必要时注明裂缝宽度	轻		DJ1	块
			重		DJ3	
	补块	画出补块接缝和裂缝图并记录补块的状况，注明是否松动、沉陷、唧泥等。必要时注明裂缝宽度	轻		BK1	块
			重		BK3	
变形类	脱空唧泥	记录是否松动、有否唧泥。有松动则记△，有唧泥则在唧泥接缝旁边记——			JN	
	错台	记录错台高差	轻		CT1	块
			中		CT2	
			重		CT3	
	拱起	记录拱起高度。每处拱起接缝两侧2块板均记为病害板块			GQ	块

续上表

病害分类	病害类型	调查中记录的信息	病害分级	病害记录图符	病害代号	计量单位
变形类	胀起	记录胀起的度	轻		ZQ1	块
			重		ZQ3	
	沉陷	记录沉陷的度	轻		CX1	块
			重		CX3	
接缝类	接缝剥落	画出接缝剥落出现的部位,必要时记录剥落处长、宽、深	轻		BL1	块
			重		BL3	
	纵缝张开	标出纵缝张开的部位及张开数值(mm)。中线纵缝张开记1块板,每侧路肩纵缝张开记0.5块板	轻		ZK1	块
			重		ZK3	
	接缝填缝料损坏	标出接缝填缝损坏的部位			TL	块

续上表

病害分类	病害类型	调查中记录的信息	病害分级	病害记录图符	病害代号	计量单位
表面类及路肩	露骨	画出损坏范围，必要时记录损坏面积大小	轻		LG1	块
			重		LG3	
	表层裂纹	画出表层裂纹出现的部位、范围			BL	块
	层状剥落	画出层状剥落出现的部位、范围			CB	块
	坑洞	画出层状剥落出现的部位			KD	块
	路肩损坏	记录路肩类型（混凝土——H、油 Y、土 T）及混凝土路肩中的裂缝、破碎和油路肩、土路肩沉陷翻浆情况	轻		HJ1 YJ1 TJ1	块
			重		HJ3 YJ3 TJ3	

3. 病害统计注意事项

（1）当板块判断存在"破碎"、"裂缝"、"补块"病害时，不再统计其他病害。

（2）有补块的板在补块外又出现新的裂缝或有脱空、唧泥现象时，判断为破碎板，则只记录"破碎"病害（根据具体情况分级），不再记"补块"病害。

（3）裂缝板上兼有较大尺寸的断角（裂缝与纵横缝的交点至角点的距离均在1.8m以上）时应判断为破碎板。

（4）同一板块上有多处断角时，应记录和统计多块断角板。

（5）变型类、接缝类和表面类病害只对非断裂板块（即不包括"破碎板"、"裂缝板"、"补块扳"，但包括断角板）进行计数和统计，并且同一板块上同时存在这三类病害中的两个以上不同类型病害时，均应分别进行记录和统计，但同一型病害只记录其最严重的病害程度分级。

（6）各种病害均以"块"为单位进行计数和统计。对于唧泥、错台、拱起、接缝剥落、纵缝张开、接缝填缝料损坏等必须在接缝处进行观察和判读的病害，只要板块四个周边的一条边存在上述病害的一型或几型，则该板块即为相应的一型或几型病害板块，并且每型病害均以周边中最严重的病害程度为准记录其分级。

（7）路肩损坏宜采用统一的计量单位。当所调查路段路肩结构为水泥混凝土路肩和沥青混凝土路肩混合型时,沥青混凝土路肩损坏按标准尺寸水泥混凝土路肩一块板面积折算成块数,例如标准路肩板为5m长、1.5m宽时,每7.5m²折算为1块。

◎ 单元训练

1. 路面状况调查内容包括路面_____、路面_____、路面_____、路面_____、_____、路基和路面_____、路面_____七项内容。

2. 路面破损状况调查按前面所述病害分类,对每个路段的各类病害进行现场识别和记录。路面_____是水泥路面调查的主要内容。路面行驶质量调查采用_____类或_____类平整度仪,测定各路段的_____指标,并将其转化成_____指数。路面抗滑能力调查采用抗滑系数测定仪测定各路段路面与轮胎间的_____或_____系数,或者采用铺砂法测定各路段的抗滑_____。路面结构整体强度的调查,包含两项内容:一是调查路面板混凝土的_____和_____。

3. 病害调查、平整度调查应当_____年进行1次。路面板混凝土的实际强度钻芯检测调查,仅在_____路段或必要时进行。抗滑能力调查,高速公路和一级公路应当每_____年进行1次,一般公路仅在必要时进行调查。除特别重要的线路外,一般可按水泥混凝土路面里程数的_____%~_____%进行抽样调查。

4. 外业调查宜按每_____作为一个调查区段,由一个数据采集小组完成调查。
各调查小组的上级管理单位应对外业调查资料按_____的比例进行抽查。当抽查路段(一般为1km)裂板率相对误差<_____并且坏板率相对误差<_____时为合格。当有一个抽查路段不合格时,应当对该路段两端各_____返工重新调查;当有两个及以上抽查路段不合格时,应对该外业数据采集小组调查的_____km全部返工重新调查。

单元四 水泥混凝土路面状况评价与养护对策

◎ 单元要点

1. 水泥混凝土路面状况评价;
2. 水泥混凝土路面养护对策。

◎ 相关知识

一、水泥混凝土路面状况评价

路面状况评定采用路面使用性能(PQI)指标进行。
水泥混凝土路面使用性能评价包括路面损坏、平整度、抗滑性能三项技术内容。

$$PQI = w_{PCI}PCI + w_{RQI}RQI + w_{SRI}SRI \tag{9-1}$$

式中:w_{PCI}——路面损坏PCI在PQI中的权重,按表9-4取值;

w_{RQI}——平整度RQI在PQI中的权重,按表9-4取值;

w_{SRI}——抗滑性能SRI在PQI中的权重,按表9-4取值。

PQI 分项指标权重 表9-4

路面类型	权重	高速公路、一级公路	二、三、四级公路
水泥混凝土路面	w_{PCI}	0.50	0.60
	w_{RQI}	0.40	0.40
	w_{SRI}	0.1	—

1. 路面损坏(PCI)

(1)路面损坏状况指数(PCI)。

路面损坏用 PCI 评价,PCI 按式(9-2)计算。

$$PCI = 100 - \alpha_0 DR^{\alpha_1} \tag{9-2}$$

$$DR = 100 \times \frac{\sum_{i=1}^{i_0} w_i A_i}{A} \tag{9-3}$$

式中:DR——路面破损率(Pavement Distress Ratio),为各种损坏的折合损坏面积之和与路面调查面积之百分比(%);

A_i——第 i 类路面损坏的面积(m^2);

A——调查的路面面积(调查长度与有效路面宽度之积,m^2);

w_i——第 i 类路面损坏的权重,水泥混凝土路面按表9-5取值;

α_0——沥青路面采用15.00,水泥混凝土路面采用10.66,砂石路面采用10.10;

α_1——沥青路面采用0.412,水泥混凝土路面采用0.461,砂石路面采用0.487;

i——考虑损坏程度(轻、中、重)的第 i 项路面损坏类型;

i_0——包含损坏程度(轻、中、重)的损坏类型总数,沥青路面取21,水泥混凝土路面取20,砂石路面取6。

水泥混凝土路面损坏类型和权重 表9-5

类型(i)	损坏名称	损坏程度	权重(w_i)	计量单位
1	破碎板	轻	0.8	面积 m^2
2		重	1.0	
3	裂缝	轻	0.6	长度 m（影响宽度:1.0m）
4		中	0.8	
5		重	1.0	
6	板角断裂	轻	0.6	面积 m^2
7		中	0.8	
8		重	1.0	
9	错台	轻	0.6	长度 m（影响宽度:1.0m）
10		重	1.0	
11	唧泥		1.0	长度 m（影响宽度:1.0m）

续上表

类型(i)	损坏名称	损坏程度	权重(w_i)	计量单位
12	边角剥落	轻	0.6	长度 m（影响宽度:1.0m）
13		中	0.8	
14		重	1.0	
15	接缝料损坏	轻	0.4	长度 m（影响宽度:1.0m）
16		重	0.6	
17	坑洞		1.0	面积 m²
18	拱起		1.0	面积 m²
19	露骨		0.3	面积 m²
20	修补		0.1	面积 m²

(2)路面破损状况评价标准

根据路面破损情况,将路面分为优、良、中、次、差五个等级。评定标准见表9-6。PCI 与 DR 的对应关系见表9-7。

路面破损状况评价标准　　　　表9-6

评定等级	优	良	中	次	差
路面状况指数 PCI	≥90	≥80,<90	≥70,<80	≥60,<70	<60

RCI 与 DR 的对应关系　　　　表9-7

PCI	90	80	70	60
DR(水泥路面)	0.8	4.0	9.5	18.0

2. 路面行驶质量(RQI)

(1)路面行驶质量指数(RQI)。

路面平整度用路面行驶质量指数(RQI)评价,按式(9-4)计算:

$$RQI = \frac{100}{1 + \alpha_0 e^{\alpha_1 IRI}} \quad (9-4)$$

式中:IRI——国际平整度指数(International Roughness Index,m/km);

α_0——高速公路和一级公路采用0.026,其他等级公路采用0.0185;

α_1——高速公路和一级公路采用0.65,其他等级公路采用0.58。

(2)路面行驶质量分为五个等级,各个等级的行驶质量等级评定标准参见表9-8。

路面行驶质量的评价标准　　　　表9-8

评定等级	优	良	中	次	差
行驶质量 RQI	≥90	≥80,<90	≥70,<80	≥60,<70	<60

3. 路面抗滑性能(SRI)

(1)路面抗滑性能指数(SRI)。

路面抗滑性能用路面抗滑性能指数(SRI)评价,按式(9-5)计算:

$$SRI = \frac{100 - SRI_{xmin}}{1 + \alpha_e^{\alpha_1 SFC}} + SRI_{min} \quad (9-5)$$

式中:SFC——横向力系数(Side-way Force Coefficient);
  SRI_{min}——标定参数,采用 35.0;
  α_0——模型参数,采用 28.6;
  α_1——模型参数,采用 -0.105。

(2)路面抗滑性能评定标准,参见表 9-9。

路面抗滑能力评价标准   表 9-9

评定等级	优	良	中	次	差
抗滑性能指数 SRI	≥90	≥80,<90	≥70,<80	≥60,<70	<60
横向力系数 SFC	≥48	≥40,<48	≥33.5,<40	≥27.5,<33.5	<27.5

4. 路面结构承载能力评定

路面结构承载能力的评定,按《公路水泥混凝土路面设计规范》(JTG D40—2002)中规定的方法进行。

二、水泥混凝土路面养护对策

(1)高速公路及一级公路的路面损坏状况指数评价为优和良,二级及二级以下公路的路面损坏状况指数评价为中及中以上时,可采取日常养护和局部或个别板块修补措施。

(2)高速公路及一级公路的路面损坏状况指数评价为中及中以下,二级及二级以下公路的路面损坏状况指数评价为次及次以下时,就采取全路段修复或改善措施。

(3)高速公路及一级公路的路面行驶质量指数、抗滑性能指数评价为中及中以下,二级及二级以下公路的路面行驶质量指数、抗滑性能指数评价为次及次以下时,应分别采取措施,改善路面平整度,提高路表面的抗滑能力。

(4)路面结构承载能力不满足现有交通的要求时,应采取铺筑沥青混凝土或水泥混凝土加铺层措施,提高其承载能力。

◇ 单元训练

1. 水泥混凝土路面使用性能评价包括_____、_____、_____三项技术内容。

2. 根据路面破损情况,将路面分为_____、_____、_____、_____、_____五个等级。

3. 高速公路及一级公路的路面损坏状况指数评价为_____,二级及二级以下公路的路面损坏状况指数评价为_____以上时,可采取日常养护和局部或个别板块修补措施。

4. 高速公路及一级公路的路面损坏状况指数评价为_____以下,二级及二级以下公路的路面损坏状况指数评价为_____以下时,就采取全路段修复或改善措施。

5 高速公路及一级公路的路面行驶质量指数、抗滑性能指数评价为_____以下,二级及二级以下公路的路面行驶质量指数、抗滑性能指数评价为_____以下时,应分别采取措施,改善路面平整度,提高路表面的抗滑能力。

◇ 任务驱动综合实训

一、实训内容

结合水泥混凝土路面各类病害的特点及成因,调查指定路段水泥混凝土路面病害情况及交通组成,根据现行规范,填写《水泥混凝土路面病害调查表》,计算路面破损状况指数 PCI

值,并分析病害成因,提出相应的养护对策。

二、要求

1. 小组成员集体行动,分工协作,对照病害特征,识别病害;
2. 正确填写沥青路面病害调查表,计算路面破损状况指数;
3. 每小组提交调查报告一份;
4. 以小组为单位陈述调查过程、心得及结论等。

三、培养目标及方法

1. 团队协作精神;
2. 口头表述能力以及自信心培养;
3. 水泥混凝土路面病害识别技能;
4. 水泥混凝土路面病害成因分析技能;
5. 水泥混凝土路面路况调查、记录及评价技能。

水泥混凝土路面病害调查及病害特征见表9-10。

水泥混凝土路面破损调查表　　　　　　　　表9-10

路线名称:		调查方向:		调查时间:					调查人员:				
调查内容	程度	权重 w_i	单位	起点桩号: 路段长度:					终点桩号: 路面宽度:				累计损失
				1	2	3	4	5	6	7	8	9	10	
破碎板	轻	0.8	m²											
	重	1.0												
裂缝	轻	0.6	m											
	中	0.8												
	重	1.0												
板角断裂	轻	0.6	m²											
	中	0.8												
	重	1.0												
错台	轻	0.6	m											
	重	1.0												
唧泥		1.0	m											
边角剥落	轻	0.6	m											
	中	0.8												
	重	1.0												
接缝料损坏	轻	0.4	m											
	重	0.6												
坑洞		1.0	m²											
拱起		1.0	m²											

续上表

路线名称：		调查方向：		调查时间：				调查人员：				
调查内容	程度	权重 w_i	单位	起点桩号： 路段长度：					终点桩号： 路面宽度：			累计损失
				1	2	3	4	5	6	7	8	9	10	
露骨		0.3	m²											
修补		0.1	m²											
评定结果： DR = % PCI =				$PCI = 100 - \alpha_0 DR^{\alpha_1}$ $\alpha_0 = 10.66$ $DR = 100 \times \dfrac{\sum_{i=1}^{i_0} w_i A_i}{A}$ $\alpha_1 = 0.461$										

212

学习任务十　水泥混凝土路面日常养护

学习目标

1. 能够根据上级下达的养护计划,制订日、周、旬、月养护计划;
2. 能够完成水泥混凝土路面日常养护工作。

任务描述

巡查一段水泥混凝土路面,填写巡查记录,根据上级下达的养护计划,编制完整的养护计划,完成日常养护工作。

学习引导

本学习任务沿着以下脉络进行学习:
水泥混凝土路面巡查→填写巡查记录→编制日常养护计划→完成日常养护工作。

单元一　日常养护基本要求与内容

◇ **单元要点**

1. 水泥混凝土路面日常养护的要求;
2. 水泥混凝土路面日常养护内容与计划。

◇ **相关知识**

公路使用寿命的长短,除建设中的质量问题外,在很大程度上取决于养护工作的好坏。水泥混凝土路面作为高级路面,虽然具有使用周期长、养护工作量小、耐久性好的特点。但一旦开始破坏,其破损就会迅速发展,且修补较其他路面困难。因此,必须在对水泥混凝土路面进行经常性认真检查的基础上,及时发现存在的问题和缺陷,采取有效的技术措施,做好预防性、经常性养护,保证路面处于完好状态,充分发挥水泥混凝土路面使用寿命长的特点。

一、水泥混凝土路面日常养护的要求

(1)路面日常养护工作应符合下列要求:

①根据水泥混凝土路面日常养护工作的需要,制订日常养护工作计划,道路养管部门应编制月、季和年度养护计划,建立日常巡查制度,及时、准确地掌握路面状况信息,有计划、有针对性地安排养护项目。

②做好预防性、经常性养护,通过制度性的巡视检查,及早发现缺陷,查清原因,采取适当措施对路面进行养护。

③路面日常养护应达到有关技术规范和标准规定的养护质量。

④养护作业应严格按照有关技术规范和标准进行。高速公路应采取机械化养护作业方式,迅速、优质、高效地处理各类路面损害和障碍,确保运行质量。

⑤树立高度的服务意识和安全意识,保证养护作业安全,在路面养护作业中,应满足正常行车的需要,尽量避免完全封闭交通。

⑥不断探索和应用新材料、新设备、新技术、新工艺,提高养护作业的时效性、机动性、安全性和可靠性。

(2)水泥混凝土路面上出现的各类病害,必须及时、快速地处理。当发现有危及行车安全的病害时,应立即修复或采取临时修复措施,并按有关规定安排修复。

(3)路面的日常养护应根据实际需要配置适用的机具,做好适当的材料储备,并建立可靠的养护材料供应网络,以确保路面养护作业正常进行。

(4)在高速公路上进行路面养护作业的人员,必须接受专门的岗前安全教育和养护作业规程的培训。

(5)在日常养护中,应注意收集、利用气象信息和交通信息等相关信息。

①每天应记录天气情况。在多风、多雨、多雾、多雪及多冰冻季节,应随时注意天气的变化。必要时应与当地的气象台、站取得并保持联系,随时获得最新气象信息,以便及时采取相应措施。

②每月应进行交通量调查统计。

二、水泥混凝土路面日常养护内容与计划

水泥混凝土路面的日常养护分为路面、路基、构造物、桥梁、涵洞、隧道、交通安全设施、绿化等部分,具体内容见表10-1。

水泥混凝土路面的日常养护内容　　　　表10-1

工作项目	日常养护内容
路面	1. 水泥混凝土路面病害的日常观察和经常性检查; 2. 水泥混凝土路面病害的日常保洁; 3. 水泥混凝土路面破损的临时性修补; 4. 水泥混凝土路面的接缝养护; 5. 水泥混凝土路面的冬季养护
路基构造物	1. 整理路肩、边坡,保持路容整洁; 2. 疏通排水设施,保持排水系统畅通; 3. 清理浮石及坍方,填充水沟,保持边坡平顺稳定; 4. 经常修护路基构造物使其处于完好状态
桥梁、涵洞、隧道	1. 清除污泥、杂物,保持桥面清洁; 2. 清除桥下和涵洞中及隧道排水沟的淤泥,保持泄水孔、涵管、桥梁的排水畅通; 3. 随时保持桥梁伸缩缝整洁、无杂物,使其处于正常工作状态; 4. 注意隧道照明灯的更换及照明设施和监视设施的清洁
交通工程设施	1. 经常清洗和擦拭标志、标牌、里程碑、百米桩; 2. 对失去功能和破损严重的安全设施应及时更换
绿化	1. 乔、灌、花草的修检、施肥、打药、浇水管护; 2. 缺株、死树的补栽和更换; 3. 路树的粉刷

三、制订日常养护作业计划

根据水泥混凝土路面日常养护的内容需要,养路部门应编制月、季、年度计划,养路班组根据上级主管部门的安排,制订日、周、旬、月计划,根据计划合理安排养护所需的人、财、物。

制订作业计划时应根据路面状况,结合交通量调查、气象和水文资料分析,按照工作量合理确定。

年计划应按养护维修工作量和各种养护作业时期,均衡安排,避免工作过分集中。如清扫应全年安排,水泥混凝土路面灌缝、道路植树一般安排在春秋季节,清理排水设施安排在夏季,4月份和10月份可进行路基整修,11月份~次年3月份除雪等。

季计划、月计划、旬计划、周计划、日计划应逐步细化、相互衔接,工作安排均衡、合理。

四、日常养护机具和材料准备

(1)采用人工进行日常清扫时应准备好清扫工具;采用机械清扫时,应在清扫前检修好机械,保证清扫设备能正常使用。

(2)更换或补充路面接缝的填缝料时,根据修补、更换的接续长度准备好填缝料。

(3)在冰冻地区的冬季养护中,根据养护里程和面积及撒布次数准备防滑融雪材料。

◎ 单元训练

1. 简述水泥混凝土路面养护工作的基本要求。

2. 简述水泥混凝土路面日常养护内容。

3. 简述制订日常养护作业计划的内容。

单元二　水泥混凝土路面日常养护作业

◎ 单元要点

1. 水泥混凝土路面日常巡查;
2. 水泥混凝土路面清扫保洁;

3. 水泥混凝土路面接缝养护；
4. 水泥混凝土路面排水设施的养护；
5. 水泥混凝土路面冬季养护；
6. 水泥混凝土路面病害的临时性处理措施。

◇相关知识

一、水泥混凝土路面日常巡查

水泥混凝土路面在行车和自然因素的不断作用下，由正常使用到破损，其初期有一个逐渐的变化过程。养护工人在巡查中，通过直接观察或简单的量测工具(如手锤、钢卷尺、3m 直尺等)能及时发现这一变化。如水泥混凝土板块出现错台，填缝料脱落，车辆通过时接缝喷水或冒浆等，均系病害产生的特征。巡查时对此应做好记录(表 10-2)，逐级上报。当破损量大、破损状况发展迅速时，应专题上报，供上级制订养护维修方案使用。

1. 巡查的目的
(1)发现路面的破损情况和结构物的损坏情况。
(2)发现并清除道路上影响交通的障碍物。
(3)检查排水系统是否完好畅通。若阻塞则及时采取措施疏通。
(4)掌握养护工作的实施情况及工程质量。
2. 巡查的种类
巡查分日常巡查和特殊巡查。
(1)日常巡查是对水泥混凝土路面外观状况进行的日常巡视检查。由养护班组进行，每天一次。主要检查拱起、沉陷、错台等病害，以及路面油污、积水、结冰等诱发病害的因素和可能妨碍交通的路障。
①巡查频率应不小于 1 次/d。雨季、冰冻季节和遇台风暴雨等灾害性气候，应加强日常巡查工作。
②日常巡查可以车行为主，采用观察、目测及人工计量，定性与定量观测相结合，重要情况应予摄影或摄像。
③发现妨碍交通的路障应及时清除，一时无法清除的，应采取相应的安全措施。
④日常巡查结果应及时做好记录。
(2)特殊巡查一般是指台风、暴雨、大雪、大雾、地震等可能危害道路交通安全时进行的巡查，如雨前、雨中、雨后查路即是特殊巡查。特殊巡查可由班组进行，也可由上级部门组织进行。
(3)夜间巡查的主要项目有：道路照明设施状况，道路标志状况，路面标线状况，视线导标状况。夜间巡查主要是针对夜间交通安全及交通功能进行的，一般 1 次/周～1 次/月。

水泥混凝土路面日常养护巡查记录表 表 10-2

巡查时间： 气候： 巡查类型： 路线名称：

项 目	内 容	里程桩号	病害原因	处理方法
路面				
路肩边坡				

续上表

项目	内容	里程桩号	病害原因	处理方法
结构物				
交通设施				
绿化				
桥梁隧道				
交通状况				
其他情况				
主要经过地点及到达时间				

巡查人员：

二、水泥混凝土路面清扫保洁

水泥混凝土路面的清扫是为了维护路面的使用功能、保持路容路貌整洁、保护沿线环境、保证车辆安全。汽车在行驶过程中可能将泥土、灰尘、石子或其他硬质物体带上公路，污染水泥混凝土路面，甚至造成飞石伤人。路面上散落的石子或其他硬质物在行车的作用下会破坏路表结构，其嵌入路面接缝时会使混凝土路面板块伸缩缝丧失功能。因此要经常保持水泥混凝土路面整洁，清除路面上的泥土、污物、石子及其他硬质物。清扫的主要范围包括：行车道、人行道、中央分隔带、隧道、桥梁伸缩缝、交通标志等附属设施。

1. 水泥混凝土路面保洁方式

水泥混凝土路面可采用人工保洁、机械保洁或人工结合机械保洁三种方式。

1）高速公路及高等级公路路面保洁

高速公路、一级公路和交通繁忙的其他等级公路，其水泥混凝土路面保洁多采用机械作业，机械清扫不到的死角辅以人工清扫干净。采用机械清扫时，应根据作业路段、作业面积、作业要求，拟定行驶路线，保证机械使用效率。

（1）机械清扫作业。

①机械作业能力。

根据清扫机械功率、行驶速度、道路状况、垃圾量等因素确定清扫距离，一般为20~10km。

②清扫频率视交通量大小、污染程度及环保要求确定。

（2）人工辅助清扫作业。

①在机械清扫之前，先清除、回收大块垃圾。

②清扫因障碍物或机械不能清扫到的行车道部分。

③有人行道时扫除人行道的垃圾。

④对附属设施进行清扫。

2）交通量小的水泥混凝土路面保洁

交通量小的二级（含二级以下）公路水泥混凝土路面，可采用人工清扫，根据情况逐渐过渡为机械清扫。

（1）采取人工清扫时，应穿着安全标志服，清扫时应面向来车，并避让行车，以保证安全作业。

（2）人工清扫应根据不同路段路面污染状况，确定相应的清扫次数，每次清扫范围按定额标准执行。

(3)对交通量大、污染快的城市近郊区、不同路面连接处、平交道口及保洁有特殊要求的路段,应适当增加清扫人员、增加清扫次数。

3)保洁作业安排

无论机械或人工清扫,均宜避开交通量高峰时段,即交通量大时可利用清晨或夜晚进行。清扫时,不得污染环境和危及行车安全,清扫后的垃圾应运至指定地点进行处理。

2. 水泥混凝土路面油污、化学药品污染的清除

路面被油类物质或化学药品污染时,应及时清洗干净,以防止污染和损害路面。其清除作业如下。

1)油类清洗

当油类洒落路面面积较大时,要迅速撒砂,以防车辆出现滑溜事故,然后在交通量较少时用水冲洗干净。

2)化学物品清洗

化学物品洒落路面后,有时必须采用相应的中和剂进行化学处理,经处理后再用水清洗干净。

3)路面清洗的注意事项

(1)一般性污染,应在交通量小的时候进行清洗。对突发事故造成的油类洒落,一定要及时处理,不得污染环境。

(2)对于清洗作业速度、喷水压力、用水量要预先试验确定。

(3)冬季清洗时,如气温在0℃以下,则路面有结冰的危险,应力求避免。

3. 沿线交通安全设施保洁

对隧道、桥梁和交通标志标牌、示警桩、轮廓标及防撞栏等交通安全设施要定期清洗、拭擦,对局部脱落、破损的部分用原材料及时进行修复或更换,确保其发挥正常功能

(1)隧道侧壁和内部装饰材料,受到煤烟等赃物污染时,采用中性洗涤剂清洗效果较好。

(2)隧道内的灯具,经常受油烟和粉尘的污染,应采用柔软的抹布或海绵擦拭,同时注意不要让水渗入灯具或线路内。

(3)应经常清扫桥梁伸缩缝,保证伸缩缝的功能正常。

(4)清洗标志和护栏时,一般要采用洗涤剂,但要注意洗后一定要用干净水将洗涤剂冲掉,否则会引起锈蚀。

三、水泥混凝土路面接缝养护

水泥混凝土路面接缝养护质量的优劣,直接影响水泥混凝土路面的使用周期和使用功能。如果接缝失养,往往导致水泥混凝土板块唧泥、脱空、胀裂,接缝剥落、错台等病害。水泥混凝土路面的接缝,分为纵缝、横缝两大类。纵缝是与路线中线平行的缝,一般分为纵向缩缝和纵向施工缝。横缝一船分为横向缩缝、胀缝和横向施工缝。

1. 对接缝养护的要求

(1)防止硬质杂物落入接缝缝隙内,妨碍混凝土板块伸长从而造成接缝损坏。

①清扫路面杂物。

②剔除缝内硬物。

(2)防止雨水侵入缝隙内软化路基,导致混凝土板块损坏。

①保持路面排水通畅。

②保持接缝填料完好。

(3)保持接缝料饱满、密实、黏结牢固,从而保证接缝完好,表面平顺、不渗水。

①当气温上升、水泥混凝土板伸长、填缝料挤出缝外并高出路面(高速公路、一级公路 3mm,其他等级公路 5mm)时,应将高出部分用小铁铲或其他工具铲出,以保证路面平整。

②当气温下降、水泥混凝土面板块收缩、接缝扩大有空隙时,应选择当地气温较低时灌注同样的填缝料,以防泥、砂挤进接缝,雨水渗入接缝。

2. 填缝料的周期性和日常性更换及施工工艺

1)填缝料日常性更换

当填缝料发生局部脱落、缺失损坏时,应当及时填补更换,这是一项经常性的养护工作。

2)缝缝料更换的周期

缝缝料何时更换,主要取决于填缝料自身的寿命与施工质量,以及路面条件。从我国目前填缝料研制和使用的状况来看,填缝料的使用周期一般在三年左右。

3)更换填缝料的施工工艺

(1)材料及机具准备。

根据更换填缝料的缝的长度,准备好填缝料,在现场配制时,按照配方准备好各组分材料,以便现场配制;检查清缝机、灌缝机工作是否正常,人工作业的工具是否齐备。

(2)接缝内杂物清除作业。

采用人工或清缝机,将原填缝料及掉入缝槽内的砂石杂物清除,人工清缝时,采用下列方法进行:

①用铁钩钩出缝内原填缝料和砂石等杂物;

②用钢丝轮将残存的旧料打掉,同时打毛缝壁;

③利用空压机或压力水将缝内灰尘吹洗干净,保证缝槽干燥(采用压力水冲洗时应进行烘干或晒干)、清洁;

④在缝两侧撒滑石粉、砂或涂刷泥浆等,确保灌缝时不污染路面。

(3)灌缝。

①灌缝可采用灌缝机或灌缝枪。采用灌缝机时,灌缝机的出料嘴中心与导向轮必须在一条直线上。

②填缝料灌注深度宜为 3~4cm。当缝深过大时,缝的下部可采用 2.5~3.0cm 高的多孔柔性垫底材料或泡沫塑料支撑条(图 10-1)。

③填缝料的灌注高度,夏天宜与板面齐平,冬天宜稍微低于板面,多余的或流淌到面板上的填缝料应予以清除。

(4)待灌缝料冷却后,将缝两侧撒落的灌缝料及滑石粉、砂或泥浆等材料清除干净。

3. 填缝料应具备的主要技术性能

(1)与水泥混凝土面板缝壁具有较好的黏结力。

当混凝土板伸缩时,填缝料能与混凝土板壁黏结牢固,而不会从混凝土缝壁上脱落。

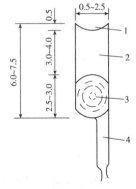

图 10-1 填缝料灌注示意图(尺寸单位:cm)
1-膨胀空间;2-填入接缝材料;3-支撑条;4-导裂缝

(2)具有较高的拉伸率。回弹力好,能适应混凝土面板收缩而不至于断裂。

(3)耐热且嵌入性好。夏季高温时,填缝料不溢出、流淌,并不溶于水、不渗水。

(4)具有较好的低温塑性。在冬季低温时,填缝料不发生脆裂,并具有一定的延伸性。

(5)耐久性好。在恶劣的气候条件下,填缝料应能耐磨、不过早产生老化,在较长时间保持良好的使用性能。

4. 接缝修补材料

水泥混凝土路面的接缝修补材料分为接缝板和填缝料两大类。填缝料又可分为加热施工式填缝料和常温施工式填缝料。

1)接缝板

用于水泥混凝土路面接缝修补材料的接缝板应具备如下技术性能:

具有一定的压缩性及弹性,当混凝土板高温膨胀时不被挤出;当混凝土板低温收缩时,能与混凝土板缝壁连接,不被拉断,不产生缝隙。

耐久性好,在混凝土路面施工时不变形且具有较高的耐腐蚀性。

(1)软木板。

预制型软木伸缩缝填料简称软木板,其原料为栓皮(又称软木),是从栓皮树上剥下来的树皮。我国生长的栓皮树称栓皮栎,其栓皮层较发达,厚度一般在15~50mm。栓皮具有相对密度小、质地轻柔、富有弹性、传热低、透水性小、透气性低和耐磨、耐腐蚀等特性。

软木板是由栓皮栎树的外皮经破碎分选后获得的纯净软木粒,用高级弹性树脂胶合制得的预制型产品,用作接缝板不需进行防腐处理。

工厂产品规格(mm)有:950×640×(3~25);950×200×(20~25)。

软木板的性能参见表10-3。

软木板性能　　　　　　　　　　　表10-3

吸水率(%)	40.1	复原率(%)	93
抗压强度(MPa)	1.4	挤出量(mm)	2.7

(2)聚氨酯硬泡沫板。

它由特制的聚醚树脂与多次甲基多苯基多异氰酸酯在催化剂、稳定剂、发泡剂等的作用下,经发泡反应而制得,具有吸水性小、耐磨、耐油、耐腐蚀及耐热等优点。

工厂产品规格(mm)有:12000×1200×(20~200);8000×1200×(20~200);4000×1200×(20~200)。

聚氨酯硬质泡沫板的性能见表10-4。

聚氨酯硬质泡沫板的性能　　　　　　　　　　　表10-4

吸水率(%)	23.5	复原率(%)	80.3
抗压强度(MPa)	0.8	挤出量(mm)	0.3

(3)松木板。

松木板是公路部门多年采用的传统接缝材料,由于木板复原率低,树节较多,易吸湿,易腐蚀,耐久性差,所以使用效果较差,其主要性能见表10-5。

松木板主要性能　　　　　　　　　　　表10-5

吸水率(%)	57.7	复原率(%)	57.7
抗压强度(MPa)	7.1	挤出量(mm)	1.4

2) 填缝料

填缝料有加热施工式和常温施工式填缝料方法。

(1) 加热施工式填缝料。

加热施工式填缝料品种主要有聚氯乙烯胶泥、橡胶沥青类和沥青玛蹄脂等，其技术要求应符合表10-6的规定。

加热施工式填缝料的技术要求　　　　表10-6

试验项目	低弹性型	高弹性型
针入度(0.1mm)	<50	<90
弹性(复原率)(%)	>30	>60
流动度(mm)	<5	<2
拉伸量(mm)	>5	>15

①聚氯乙烯胶泥。

聚氯乙烯胶泥是以煤焦油为基料，加入聚氯乙烯树脂、增塑剂、填充料和稳定剂等配制而成。聚氯乙烯焦泥配合比见表10-7。

聚氯乙烯胶泥系工厂配制好的单组分材料，固体状，外观呈黑色。

聚氯乙烯胶泥配合比　　　　表10-7

原料名称	质量配合比	
	一般地区	寒冷地区
煤焦油	100	100
聚氯乙烯树脂(固化剂)	9~12	12~14
邻苯二甲酸二丁酯(增塑剂)	20	1
己二酸(增塑剂)	1	25
二盐基亚硫酸(稳定剂)	0.5	0.5
滑石粉或粉煤灰(填充料)	25~35	20~35

表10-7中各原料成分的作用如下。

a. 煤焦油：可与其他成分相溶，与水泥混凝土的黏结力强，是制备填料的良好基料。

b. 聚氯乙烯树脂：加热时塑化，冷却后使填缝料固化成型。

c. 邻苯二甲酸二丁酯及己二酸：改善填缝料的低温塑性。

d. 二盐基亚硫酸：防止填缝料加热时分解变质。

e. 滑石粉或粉煤灰：改善填缝料耐热性并降低成本。

施工工艺要求：

施工时加热至灌入温度(130~140℃)，为防止焦化变质，应采取间接加热法，即预热工作在双层锅中进行，两层锅之间用石蜡或高温机油等作传导温度介质，达到灌入温度后滤出杂物，采用灌缝机进行灌缝，冷却后即可成型。

②橡胶沥青。

橡胶沥青填缝料系石油沥青掺加废橡胶粉等配制而成。施工前将废橡胶粉预先溶于有机溶剂中或先与少量沥青溶解，然后加入热沥青与之搅拌。此法配制工艺繁杂、不易搅拌溶解均匀。

③丁苯橡胶沥青。

a. 丁苯橡胶具有耐磨、耐油、耐老化及弹性较好等优点,改性后沥青的7℃延度可达150cm以上。丁苯胶乳中橡胶的粒子约为0.05μm,有利于它在沥青中溶解,使改性后的沥青形成稳定的胶体状态。

b. 丁苯橡胶沥青系由工厂采用预混式方法生产的单组分材料,外观呈黑色固体状。当加热温度偏低时,丁苯橡胶沥青黏度较大,造成施工困难;而加热温度过高,黏度虽下降,但易引起沥青老化,因此,加热温度至关重要,以170~180℃为宜。

(2)常温施工式填缝料。

常温施工式填缝料的品种主要有聚氨酯酶焦油类、氯丁橡胶类、乳化沥青橡胶类等,其技术要求应符合表10-8的规定。

常温施工式填缝料的技术要求　　　　表10-8

试验项目	技术要求	试验项目	技术要求
灌入稠度(s)	<20	流动度(mm)	0
失黏时间(h)	6~24	拉伸量(mm)	>15
弹性(复原率)(%)	>75		

①聚氨酯焦油类。

这类填缝料为双组分材料。甲组分是聚氯氨基甲酸酯,乙组分主要由煤焦油及填充料等组成。两个组分均是具有较好流动状态的黏稠液体,易于搅拌均匀混合,固化后形成橡胶状弹性体,具有耐磨、耐油、耐腐蚀及耐热等优点。

②聚氨酯类。

此类材料主要由多异氰酸酯和多羧基化合物合成,不含煤焦油成分。

填缝料更换工作一般应由养路工人在春秋季节实施,较理想的填缝时间是当地气温居中的时间段内或遵照生产厂家的建议。平时发现缺损应即时补填。

四、水泥混凝土路面排水设施的养护

水泥混凝土路面若排水不好,水渗透入路面基层及路基后,将软化路面基层及路基,使混凝土板块下形成唧泥,产生脱空,从而导致混凝土板块破坏。此外,水泥混凝土路面积水形成水膜,影响行车安全,故必须对其进行妥善的日常养护,保证排水系统的排水功能。

水泥混凝土路面、路肩、中央分隔带、边沟、边坡、截水沟、排水沟等组成地面排水系统。对排水系统养护提出如下要求:

(1)对路面排水设施,应进行经常性的巡查和重点检查,发现损坏及时修复,发现堵塞立即疏通,发现路段积水及时排出。

(2)应坚持雨前、雨中、雨后上路检查制度。雨天重点检查有超高路段的中央分隔带纵向排水沟、横向排水管、雨水井、集水井等的排水状况。

(3)保持路面横坡及路面平整度。当快车道是水泥混凝土路面,慢车道或非机动车道是沥青路面时,应保持沥青路面横坡大于水泥混凝土路面横坡。

(4)保持路肩横坡大于路面横坡,并且保持横坡顺适,土路肩应定期铲路肩,及时修复路肩缺口。

(5)清除路肩杂草、污物,疏通路肩排水设施和中央分隔带排水设施,同时定期清除雨水

井、集水井的沉积物。

（6）保持排水构造物的完好，发现损坏应及时安排修复，修复宜采用与原构造物相同的材料。

（7）对路面板裂缝应进行封闭，对路面接缝、路肩接缝以及路缘石与路面接缝出现接缝变宽渗水时，应进行填缝处理。

（8）地下水常以毛细水、结合水、气态水和游离水形式存在于土和粒料路面材料内，存在于路面基层、垫层和土基内的游离水会使材料的强度降低，产生唧泥和造成路面冻胀破坏。

①为排出路面下的游离水，常沿水泥混凝土路面外侧边缘稳定基层上设边部排水设施（一般采用多孔塑料管外包渗滤层），把可能产生唧泥或喷射出的板与基层间的截留水排出。

②由于排水系统的不均匀沉降及重沉积物可能造成管内沉积物的聚积，应使用大量清水冲洗聚水管，或采用管道清理工具疏通，要注意清除出水口的植物、淤积物、堵塞物。

五、水泥混凝土路面冬季养护

在冰冻地区或冬季公路上，常常积冰、积雪，导致路面太滑而经常发生交通事故。冰雪水渗入路面以下，常引发冻融病害，从而破坏水泥混凝土路面。因此，对冰雪地区加强路基和水泥混凝土路面冬季养护十分必要。

1. 冬季水泥混凝土路面养护要求

（1）路基养护要点：保证路基排水畅通，保持边坡完好，以利冰雪融化水顺利排出路基以外。

（2）路面养护重点：除冰、防滑。养护作业的关键部位是桥面、坡道、弯道、垭口及其他严重危害行车安全的路段。

2. 冬季养护的方法及施工工艺

（1）清除路面冰雪主要采用下列四种方法：

①机械清理；

②化学处理；

③路面加热；

④减少冰与路面的黏着力。

目前比较成熟，使用较为便利的是前两种方法。

（2）除雪、除冰、防滑，要根据气象资料、沿线条件、降雪量、积雪深度、危害交通范围等条件，制订作业计划。对于高速公路及冰雪期较长路段的养护管理部门，还要加强与气象部门的联系，广泛收集气象资料，做好信息预报。

（3）冰雪期前要做好专用机械驾驶、操作人员的培训，做好机械设备、作业工具、防冻、防滑材料的准备工作。

（4）除雪工作应力求在雪刚落时即开始清扫，不使它形成大量堆积。

（5）路面积雪后要及时清除，防止路面积雪被压实后变成冰，导致清除困难。除雪作业，应以清除新雪为主，化雪时应及时清除薄冰。

（6）清雪质量受温度影响较大，抓住有利时机融雪非常重要。

①在降雪量较大的情况下，当雪天转晴后，如室外温度在0℃以上，机械推除积雪后，只需撒非常少量的融雪剂，随着地表温度的增加和行驶汽车的轮胎与地面的摩擦，残留的薄雪将自行融化。

②室外温度在0℃以下时,清雪时间控制在上午10:00～下午2:00之间。

③机械清除积雪后,要及时撒融雪剂融雪、防冻。

④白天行车道的雪残留到夜晚没化而室外温度又低时,由于路面有残存融雪剂不会形成冰面,但为了使雪尽快融化干净,要在清晨交通量增大之前,或者在一昼夜中温度最低的时刻来临之前,再撒一层融雪剂防冻,然后借助过往车辆的车轮压、带、磨,加快残雪的融化速度。

⑤对桥面、高填方等温度低的路段,要适当加大融雪剂撒布量。

(7)除冰作业时应防止破坏路面,除冰困难的路段应以防滑措施为主,除冰为辅,以提高养护作业效率。

(8)路面防滑的主要措施有如下几种:

①使用盐或其他融雪剂降低路面上的结冰温度。

②使用砂等防滑材料或砂与盐掺和使用,既降低结冰温度又加大轮胎与路面间的摩擦系数。

③防冻防滑料撒布时间主要根据气象条件、路面状况等来确定。一般在刚开始下雪时就撒布融雪剂或与防滑料掺和撒布,或者估计在路面出现冻结前1~2h撒布。

④防止路面结冰时,通常撒布一次防冻料即可。除雪作业时,撒布次数可以和除雪作业频率一致;盐的撒布量随温度而变化(表10-9)。

盐的撒布量(每次)(g/m^2)　　　　　　表10-9

路段\条件	撒布前4h气温0~7℃	撒布前4h气温低于-7℃
一般路段	5~15	15~30
严寒多雪路段	30	30~50

(9)常用的融雪剂有:氯化钠($NaCl$)、氯化钙($CaCl$)、氯化镁、异丙醇、乙二醇、氮和磷酸盐化合物等。广泛使用的是氯化钠和氯化钙。用融雪药剂时应注意如下几点:

①对路面的损伤。

②对汽车、护栏产生的腐蚀作用。

③对绿化植物的影响。

④对环境的污染。

(10)在冰冻和积雪期间,应经常巡视路面和涵洞。

①当冰阻塞涵洞时,要及时清除洞内的冰,防止因涵洞堵塞,流水从路面经过。

②在春季气温回升前,应将积雪及时清除在路肩以外,以免雪水渗入路肩,同时不得将含盐的积雪清除堆积于绿化带内,以防污染绿化植物及绿化地。

③冰雪消融后,应清除路面上的残留物。

六、水泥混凝土路面病害的临时性处理措施

水泥混凝土路面产生病害后,为了道路使用的安全,避免病害的进一步恶化,在日常养护中常常要对病害采取临时性处理措施。

1. 病害的临时性处理要求

公路养护维修具有经常性、周期性、预防性、及时性、快速性、安全性的特点,要求发现病害立即处理,确保行车安全。不能彻底处理时,必须采取临时处理措施。

2. 对病害的临时处理方法及施工工艺

(1)裂缝。

①裂缝分为表面裂缝和贯穿混凝土板全厚度的裂缝。为防止雨水从裂缝中渗透至基层和路基,对裂缝常常采用封闭处理。

②对于表面裂缝及虽然贯穿板厚但面板仍能满足强度要求的裂缝、且面板稳定的,可采用聚氨酯类、烯类、橡胶类、沥青类胶黏剂对裂缝进行封闭。

③对于裂缝造成板块强度不足的,采用环氧树脂类、酚醛和改性酚醛树脂类胶黏剂对裂缝进行封闭。

④封闭方法及工艺流程。

a. 将缝内脱落物及灰尘等清除干净,一般采用铁钩和吸尘器等工具清理,对宽度小于3mm 的表面裂缝,也可以采取扩缝灌浆的办法封缝。

b. 根据裂缝长度配备封缝料。

c. 为防止污染路面,在灌缝前应在缝的两侧撒砂或滑石粉。

d. 用灌缝机或灌缝器将封缝料灌入缝中。

e. 待封缝料冷却硬化后清理干净施工现场。

(2)坑洞。

①水泥混凝土路面坑洞产生的主要原因如下:

a. 粗集料本身不干净而脱落,混凝土材料中带泥块、朽木等杂物。

b. 施工质量差,如局部振捣不到位等。

c. 车辆的金属硬轮或掉落硬物的撞击所致。

②临时处理坑洞的方法有:填充沥青混凝土、沥青冷补材料、高强度水泥砂浆等。

③填充前应将坑洞内的松动物及尘土清除干净。

(3)沉陷。

水泥混凝土板块沉陷,主要是路基强度不足所致。沉陷的临时处理方法如下:

①当沉陷量较小时,可采取铺沥青混凝土方式处理。

②当沉降量大时,可下面铺沥青碎石,上面铺沥青混凝土。

(4)断板。

①当断板无变形时,采取灌填缝料将缝封闭。

②当断板有变形时,冬季可采取铺筑沥青冷补材料,一般情况可采用沥青混凝土进行临时处理,以保证行车安全。

(5)板角破损处理。

对于板角破损,但无变形的,可采取封缝临时处理;对于板角破损且发生变形的,加铺沥青混凝土或沥青冷补料补平碾压后开放交通。

◇单元训练

一、填空题

1. 日常巡查是对水泥混凝土路面_____进行的日常巡视检查。

2. 巡查的目的:发现路面的_____情况和结构物的_____情况;发现并清除道路上影响交通的_____;检查_____是否完好畅通。若阻塞则及时采取措施疏通;掌握养护工作的_____情况及_____。
3. 巡查分_____巡查和_____巡查。
4. 水泥混凝土路面可采用_____保洁、_____保洁或_____保洁三种方式。
5. 纵缝是与路线中线平行的缝,一般分为纵向_____缝和纵向_____缝。横缝一般分为横向_____缝、_____缝和横向_____缝。
6. 水泥混凝土路面的接缝修补材料分为_____和_____两大类。
7. 当油类洒落路面面积较大时,要迅速_____,以防车辆出现滑溜事故,然后在交通量较少时用水冲洗干净。化学物品洒落路面后,有时必须采用相应的_____进行化学处理,经处理后再用水清洗干净。
8. 水泥混凝土路面的接缝修补材料分为_____和_____两大类。
9. 清除路面冰雪主要采用四种方法:_____、_____、_____、_____。

二、简答题

1. 简述对接缝养护的要求。

2. 简述更换填缝料的施工工艺。

3. 简述填缝料应具备的主要技术性能。

4. 简述排水系统养护的要求。

5. 简述冬季养护的方法及施工工艺。

6. 简述对病害临时处理的方法及施工工艺。

◈ 能力训练

在老师的带领下完成一段水泥混凝路面的巡查工作,填写表 10-10。

公路养护巡查记录表　　　　　　　　　　　　　　　表 10-10

管养单位:　　　　　　　　　　　编号:＿＿＿＿＿＿

路线编码		路线名称		天　气	
巡查起讫桩号		巡查里程		巡查时段	
巡查项目	巡查情况		处理措施	处理结果	验收人
路　面					

负责人:　　　　　　　　　记录人:

学习任务十一　水泥混凝土路面局部破损处理

学习目标

1. 能够判断水泥混凝土路面病害的类型，等级；
2. 能够分析产生病害的原因；
3. 能够制订完整的维修方案；
4. 能够正确完成病害的维修工作；
5. 能够记录维修工作过程，并完成总结报告；
6. 能够操作部分养护维修机械。

任务描述

以实训基地水泥混凝土路面的某种病害为对象，根据病害的现象，分析其产生的原因，制订出相应的维修方案，指导维修操作，并记录维修操作的过程，最后对整个过程进行总结。

学习引导

本学习任务沿着以下脉络进行学习：

观察病害的现象→判断病害类型和等级→分析产生病害的原因→讨论并制订维修方案→进行维修操作→填写工作过程记录→编写总结报告。

单元一　水泥混凝土路面裂缝与断板维修

◇ **单元要点**

1. 水泥混凝土路面裂缝的种类及其表现形式；
2. 裂缝和断板形成的原因；
3. 裂缝维修的步骤；
4. 裂缝维修的方法。

◇ **相关知识**

水泥混凝土路面裂缝与断板的形式是多种多样的，其产生的原因也是多种多样的。有施工养生不当引起的早期表层开裂，有基层脱空引起的面板全厚度断裂，有在荷载和温度应力共同作用下的疲劳开裂，有活性集料反应引起的网裂，也有板过长的翘曲或过量收缩而产生的横向裂缝等。裂缝与断板的出现如果不及时维修处治，病害将继续扩大，面板将丧失传荷作用，导致路面的严重损坏，影响行车安全。

一、裂缝的类型及产生的原因

混凝土面板的裂缝,可分为表面裂缝和贯穿板全厚度裂缝(简称贯穿裂缝)。

1. 表面裂缝

混凝土面板的表面裂缝主要是混凝土浇筑后表面未及时复盖,在炎热或大风天气,表面游离水分蒸发过快,混凝土体积急剧收缩和碳化收缩引起的。

混凝土混合料是由多相不均匀材料组成的。由于构成混合料的各种固体颗粒大小和密度不同,混凝土表面过度振荡,使水泥和细集料过多而上浮至表面,粗集料下沉,水分向上游动,从而形成表层泌水。

泌水的结果,使混凝土路面表面含水率增加。当混合料表面水的蒸发速度比泌水速度快时,水的蒸发面就会深入到混合料表面之内,水面形成凹面,其凹面较凸面所受压力大,同时固体颗粒间产生毛细管张力,致使颗粒凝聚,当混凝土表面尚未充分硬化,不能抵抗这一张力时,混凝土表面则产生裂缝。这种塑性裂缝的发生时间,大致与泌水消失时间相对应,在混凝土浇筑后数小时,混凝土表面将普遍出现细微的发丝龟裂。

混凝土的碳化收缩也会引起其表面龟裂。当混凝土配比不合理、水泥用量较少、水灰比较大时,空气中的 CO_2 易渗透到混凝土内,与其中的碱性物质起化学反应后生成碳酸盐和水,而碳化作用引起的收缩仅限于混凝土路面表层,故产生混凝土的表面裂缝。

混凝土的碳化收缩速度较失水干缩速度慢得多,因而由碳化带来的表面裂缝对混凝土强度的危害并不大,有时碳化甚至能增加混凝土的强度。但是无论是哪种表面龟裂都给水泥混凝土路面表面的耐磨性带来不利影响,严重的表面裂缝,会使其路面出现起皮和露骨现象,如不及时维修处理将会影响路面的使用功能。

2. 贯穿裂缝

水泥混凝土路面贯穿裂缝为贯穿面板全厚度的横向裂缝、纵向裂缝、交叉裂缝、板角断裂等。

(1)干缩裂缝。

在水泥混凝土中,水在混凝土硬化过程中散失时,水泥浆体就会收缩,这就是干缩。但是自由收缩不会导致裂缝产生,唯有收缩受到限制而发生收缩应力时,才会引起干燥收缩裂缝。

水泥浆干缩的内部限制主要是混凝土中集料对水泥浆的限制。在普通水泥混凝土中,水泥浆的收缩率被限制为90%,所以,混凝土内部经常存在着引起干缩裂缝的应力状态。

水泥混凝土干缩的外部限制,主要是路面板块间或路面整体的限制。处于限制状态下的混凝土结构,只有当混凝土本身的抗拉应变以及徐变应变二者与混凝土硬化干燥过程中的自由收缩值不相适应时,混凝土才会发生裂缝。

从配合比来看,虽然混凝土的坍落度、水泥用量、集料粒径、细集料含量等对混凝土的干缩有影响,但最重要的影响因素还是混凝土的单位用水量。单位用水量越小,自由收缩应变值越小。但在实际施工中,过小的单位用水量,往往不能满足路面施工要求,因而在实际施工中,通常以缩小侧限系数为目的,对于路面长度则借助于设置接缝的方法来缓和约束;对于基层和侧边,则借助于隔离层和平整度来缓和约束。

(2)冷缩裂缝。

水泥混凝土和其他材料一样具有热胀冷缩的性能。混凝土板块的热胀冷缩都是在相邻部分或整体性限制条件下发生的。故热胀属于变形压缩,而冷缩属于拉伸变形,很容易引起开裂。

水泥的水化过程是一个放热过程,在混凝土硬化过程中,释放大量热能,致使温度上升。在通常温度范围内,混凝土温度上升1℃,每米膨胀0.01mm。因此,这种温度变形,对大面积混凝土板块极为不利。

据有关试验证明,水泥水化过程中的放热速度是变化的,初始较缓慢,25min后增温,大约在水泥终凝后12h的水化热温度可达到80～90℃,使混凝土内部产生显著的体积膨胀,而板面温度随着晚上气温降低,湿水养护而冷却收缩,致使混凝土路面内部膨胀,外部收缩,产生很大拉应力。当外部混凝土所受拉应力一旦超过混凝土当时的极限抗拉强度时,板块就会产生裂缝或横向裂缝。此外,从最高温度降温,由于受到已有基层或已有硬化混凝土的约束力,在温度下降时,就不能自由收缩,从而产生裂缝。这种裂缝大多是贯穿路面的。

(3) 切缝不及时。

水泥混凝土路面施工时,采用切缝将路面分成块,以防止路面的干缩和冷缩裂缝。但由于施工中切缝的时间难以控制准确,故造成混凝土路面出现横向裂缝,从混凝土收缩因素考虑,最好是混凝土中水泥水化初始阶段就切缝。但事实上因抗压强度过低,根本无法切缝。

对于已切缝的混凝土板,除第一天的应力有可能大于该龄期的抗折强度外,其余温度应力均小于相应龄期强度。所以,切缝不及时,就会导致水泥混凝土路面横向裂缝的产生。

3. 纵向裂缝

顺路方向出现的裂缝称为纵向裂缝。水泥混凝土路面的传荷顺序为面层、基层、垫层、路基。尽管面板传到路基顶面的荷载应力值很小,往往不会超过0.05MPa,但路基作为支承层却很重要。

由于路基填料土质不均匀,湿度不均、膨胀性土、冻胀、碾压不密实等原因,导致路基支承不均匀。在混凝土浇筑之前,基底弹性模量在不符合规范要求情况下而盲目施工,在路基稍有沉陷时,在板块自重和行车压力作用下而产生纵向断裂。开始缝很细,但随着水浸入基层,使其表层软化,而产生唧泥、脱空,使裂缝加大。

在拓宽路基时,由于路基处理不当,新路基出现沉降,混凝土板下沿纵向出现脱空,在行车荷载作用下,使混凝土板发生纵向断裂。

4. 交叉裂缝

两条或两条以上相互交错的裂缝称为交叉裂缝。产生交叉裂缝的主要原因,一是水泥混凝土强度不足,车轮荷载应力和温度应力作用下产生交叉裂缝;二是路基和基层的强度与水稳性差,一旦受到水的浸入,将会发生不均匀沉陷,在行车作用下混凝土板产生交叉裂缝;三是由于水泥的水化反应和碱集料反应。水泥混凝土在拌和、运输、振捣、凝结、硬化的过程中,始终存在着水泥的水化反应。水泥水化反应,在混凝土发生升温和降温过程中产生体积的膨胀变形,在内部集料及外部边界的约束下使混凝土的自由胀缩变形受阻,而产生拉压应力,使水泥产生不安定因素,这对混凝土的质量影响很大。在水泥的生产过程中,有时会出现一些过烧的CaO和MgO,它们的水化速度较慢,往往在水泥硬化后再水化,引起水泥浆体膨胀、开裂甚至溃散。如果用了安定性差的水泥,浇筑的混凝土路面就会产生大面积龟裂或交叉裂缝。

二、断板产生的原因

由纵向、横向、斜向交叉裂缝发展而产生的贯穿板厚、折断成两块以上的水泥混凝土路面板称为断板。

混凝土面板浇筑完成后,未完全硬化和开放交通就出现的断板为早期断板或施工断板;混凝土面板开放交通后出现的断板称为使用期断板或后期断板。

1. 早期断板的原因

(1)原材料不合格。

水泥安定性差,且强度不足。水泥中的游离氧化钙(f-CaO)在凝结过程中水化很慢,水泥在硬化后还在继续水化作用。当 f-CaO 超过一定限量时,就会破坏已经硬化的水泥石或使抗拉强度下降。水泥强度不足也会影响混凝土的初期强度,使断板的可能性大为增加。当水泥的水化热高、收缩大时也会导致开裂。

水泥混凝土中水泥石与集料的界面黏结不良,往往易产生初期开裂。集料的含泥量和有机质含量超过规范标准,必然会造成界面缺陷,容易产生开裂。

(2)基层高程失控、基层不平整。

由于基层高程失控,导致路面厚度不一致,而面板厚薄交界处即成为薄弱断面,在混凝土收缩时难以承受拉应力而开裂。基层的不平整会大大增加其与混凝土界面的摩阻力,因此,在较薄路面易产生开裂。如果用松散材料处理基层不平整,上层混凝土拌和物的水分会下渗被基层吸收,使下部混凝土变得疏松,强度下降,也易产生开裂。基层干燥会吸收混凝土拌和物的水分,使底部混凝土失水,强度降低而导致开裂。

(3)混凝土配合比不合理。

混凝土中引起收缩的主要材料是水泥石部分,因此,单位水泥用量过大,必然会导致较大的收缩,易产生开裂。水泥完全水化的最低水灰比约为 0.26~0.29,施工中为了满足其和易性的需要,一般采用了较高水灰比。但是水灰比偏大,会增大水泥水化初期集料表面的水膜厚度,影响混凝土强度。施工中用水量不佳,或使用长期阳光暴晒的过干集料也会影响混凝土配合比的准确性,从而影响其初期强度。

(4)施工工艺不当。

混凝土拌和时,搅拌不足或过分,振捣不密实,会使混凝土强度不足或不均匀,易导致早期断板;振捣时间过长,会造成拌和物分层,集料沉底,细料上浮,造成强度不均匀,表面收缩裂缝增加;拌和时,如果水泥和集料温度过高,再加上水泥的水化热,其拌和物的温度更高,而在冷却、硬化过程中会使温差收缩加大,导致开裂。切缝时间掌握不当或切缝深度不足,造成混凝土内应力集中,在面板的薄弱处形成不规则的贯穿裂缝。采用真空吸水工艺时,如果因两吸垫之间未重叠而导致漏吸,则漏吸处水灰比较大,混凝土强度较低,收缩也大,形成薄弱环节而开裂。传力杆安装如果上下翘曲,则在混凝土伸缩和传力过程中混凝土就会被破坏,形成开裂等。

2. 使用期(后期)断板原因

根据美国的研究资料,路面的使用寿命与路面厚度成 5 次方关系。如果因设计时交通量调查不准,路基、底基层、基层的模量和材料参数选用不当等原因,而使路面厚度偏薄,就会在使用过程中过早地出现断板。水泥混凝土路面常年直接暴露在大气之中,其温度、湿度的周期性变化和昼夜气温的变化,都会使混凝土面板在交替伸缩和翘曲中处于拉应力和压应力的反复作用状态,这种拉、压应力称之为温度应力。混凝土板块平面尺寸如果设计过长,温度应力就越大,当温度应力超出允许范围,面板即产生断裂。

超重车的增加是水泥混凝土路面断板的重要原因。由于交通运输业的迅速发展,大质量车辆猛增,单轴轴载比原设计的计算轴载增加几倍,由于轴载等效换算系数$f=(P_i/P_0)^{16}$,即超重轴载与标准轴载换算成 16 次方关系,所以,超重车的增加是混凝土路面使用期断板的重要原因。

路基和基层,压实度不足或不均匀,造成强度较低或不均匀。在使用过程中,水的渗入、水温条件的变化和行车荷载的作用,使得路基和基层产生不均匀沉陷,面板脱空。当受到的重拉应力大于混凝土板强度时,面板即发生断裂。

路基和基层排水不良,长期受水的侵蚀,使路基失稳或强度下降,导致路面产生不规则断裂。地面水渗入路基、基层和底基层,冬季因冻胀使路面产生纵向断裂。

三、裂缝与断板的维修

裂缝与断板的维修,应根据其损坏程度,采取不同的维修方法和使用不同的维修材料。

1. 维修材料

裂缝与断板的维修材料,根据其功能可分为密封材料和补强材料。当水泥混凝土路面出现裂缝或贯穿裂缝而板面强度仍能满足使用要求时,应选用密封维修材料;当路面由于裂缝和断裂造成了强度不足时,应选用补强材料。

(1)密封材料宜选用聚氨酯、聚硫环氧树脂(聚硫橡胶 + 环氧树脂)、日产 BI-GBOUT 等高分子工程材料,其材料技术性能应符合表 11-1 的规定。

密封材料技术要求　　　　表 11-1

性　　能	技　术　要　求	性　　能	技　术　要　求
灌入稠度(s)	<20	黏结强度(MPa)	≥4
拉伸强度(MPa)	≥4	断裂伸长率(%)	≥50

(2)高模量补强材料宜选用经过改进的环氧树脂或经乳化反应过的环氧树脂乳液,其主要技术要求应符合表 11-2 的规定

补强材料技术要求　　　　表 11-2

性　　能	技　术　要　求	性　　能	技　术　要　求
灌入稠度(s)	<20	黏结强度(MPa)	≥3
拉伸强度(MPa)	≥5	断裂伸长率(%)	2~5

2. 裂缝维修

(1)扩缝灌浆法。

扩缝灌浆法适用于裂缝宽度小于 3mm 的表面裂缝。其修补工艺如下:

①扩缝。顺着裂缝用冲击电钻将缝口扩宽成 1.5~2cm 沟槽。槽深根据裂缝深度确定,最大深度不得超过 2/3 板厚。

②清缝填料。清除混凝土碎屑,用压缩空气吹净灰尘,并填入粒径 0.3~0.6cm 的清洁石屑。

③配料灌缝。采用聚硫橡胶:环氧树脂 = 16:(2~16),配成聚硫环氧树脂溜缝料,拌和均匀并倒入灌浆器中,灌入扩缝内。

④加热增强。宜用红外线灯或装有 60~100W 灯泡的长条形灯罩,在已灌缝上加温,温度控制在 50~60℃,加热 1~2h 即可通车。

(2)直接灌浆法。

适用于裂缝宽度大于3mm,且无碎裂的裂缝。其修补工艺如下:

①清缝。将缝内泥土、杂物清除干净,并确保缝内无水、干燥。

②涂刷底胶。在缝两边约30cm的路面上及缝内涂刷一层聚氨酯底胶层,厚度为0.3mm±0.1mm,底胶用量为$0.15gk/m^2$。

③配料灌缝。将环氧树脂(胶结剂)、二甲苯(稀释剂)、邻苯二甲酸二丁酯(增稠剂)、乙二胺(固化剂)、水泥或滑石粉(填料)组成配料,采用配合比为:胶结剂:稀释剂:增调剂:固化剂:填料 = 100:40:10:8:填料(200~400),视缝隙宽度掺加,按比例配制好,并搅拌均匀后直接灌入缝内,养护2~4h即可开放交通。

(3)条带罩面补缝。

条带罩面补缝适用于贯穿全厚大于3mm、小于15mm的中等裂缝。其罩面补缝工艺如下:

①切缝。顺裂缝两侧各约15cm,且平行于缩缝切7cm深的两条横缝,如图11-1所示。

②凿除混凝土。在两条横缝内用风镐或液压镐凿除混凝土,深度以7cm为宜。

③打钯钉孔。沿裂缝两侧15cm,每隔50cm钻一对钯钉孔,其直径各大于钯钉直径2~4mm,并在二钯钉孔之间打一与钯钉孔直径一致的钯钉槽。

a. 安装钯钉。用压缩空气吹除孔内混凝土碎屑,将孔内填灌快凝砂浆,把除过锈的钯钉(宜采用ϕ16mm螺纹钢筋)弯成长7cm的弯钩,插入钯钉孔内。

b. 凿毛缝壁。将切割的缝内壁凿毛,并清除松动的混凝土碎块及表面松动裸石。

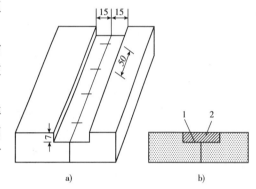

图11-1 条带罩面补缝(尺寸单位:cm)

1-钯钉;2-新浇混凝土

c. 刷黏结砂浆。在修补混凝土毛面上刷一层黏结砂浆。

d. 浇筑混凝土。应浇筑快凝混凝土,并及时振捣密实,磨光和喷洒养护剂,其喷洒面应延伸到相邻老混凝土面板20cm以上。

(4)全深度补块。

全深度补块适用于宽度大于15mm的严重裂缝。全深度补块分集料嵌锁法、刨挖法、设置传力杆法。

①集料嵌锁法。

适用于无筋混凝土路面交错的接缝,且接缝的间隔小于300~400cm。其修补工艺如下:

a. 画线、切割。将修补的混凝土路面沿面板平行于横向纵缝画线,并沿画线处用切割机进行全深度切割,在全深度补块的外侧锯4cm宽、5cm深的缝,如图11-2所示。

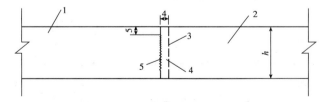

图11-2 集料嵌锁法(尺寸单位:cm)

1-保留板;2-全深度补块;3-全深度锯缝;4-清除混凝土;5-锯缝交错接面

b. 破碎、凿毛。用风镐破碎并清除旧混凝土,将全深锯口和半锯口之间的 4cm 宽混凝土垂直面凿成毛面。

c. 基层处理。基层强度如果符合规范要求,应整平基层,若低于规范要求应予补强,并严格整平;若基层全部损坏或松软,应按原设计基层材料重新做基层。

d. 混凝土配合比。新的混凝土配合比应与原混凝土材料一致。若采用 JK 系列混凝土快速修补材料,水灰比以 0.30~0.40 为宜,坍落度宜控制在 2cm 内。混凝土 24h 的弯拉强度应不低于 3.0MPa。

e. 混凝土拌和、摊铺。严格按配合比用搅拌机将混凝土搅拌均匀,将拌好的混合料摊铺在补块区内,并振捣密实。浇筑的混凝土面层应与相邻路面的横断面高程一致,其表面纹理应与原路面相同。

f. 养生。补块的养生宜采用养护剂养生,其用量根据养护剂材料性能确定。

g. 接缝处理。做接缝时,将板中间的各缩缝锯切 1/4 板厚的深度,并将接缝材料填入接缝内。

h. 浇筑混凝土达到通车强度后,即可开放交通。

②刨挖法(倒 T 形)。

适用于接缝间传荷很差的部位。

a. 施工要求同集料嵌锁法前面部分。

b. 在相邻板横边的下方暗挖 15cm×15cm 的一块面积用于荷载传递,如图 11-3 所示。

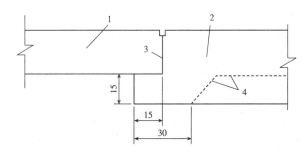

图 11-3 刨挖法(尺寸单位:cm)
1-保留板;2-补块;3-全深度锯缝;4-垫层开挖线

③设置传力杆法。

适用于寒冷气候和承受重型交通荷载的混凝土路面。

a. 施工要求同集料嵌锁法前面部分。

b. 处理基层后,应修复、安设传力杆和拉杆,如图 11-4 所示。

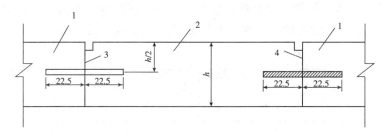

图 11-4 设置传力杆法(尺寸单位:cm)
1-保留板;2-全深度补块;3-锯缝;4-施工缝

c. 原混凝土面板设置的传力杆和拉杆折断时,应用与原尺寸相同的钢筋焊接或重新安设。安装时应在板厚1/2处钻出比传力杆直径大2~4mm的孔,孔中心间距30cm,其误差不应超过3mm。

d. 横向施工缝传力杆直径为φ25m的光圆钢筋,长度为45cm,嵌入相邻保留板内深22.5cm。

e. 拉杆孔直径宜比拉杆直径大2~4mm,并应沿相邻板间的纵向缝,在板厚1/2处钻孔,中心间距80cm。拉杆采用φ16螺纹钢筋,长80cm,40cm嵌入相邻车道的混凝土面板内。

f. 传力杆和拉杆宜用环氧砂浆牢牢地固定在规定位置,摊铺混凝土前,光圆传力杆的伸出端应涂少许润滑油。

g. 新补块与沥青混凝土路肩相接时,应和现有路肩齐平。

h. 传力杆若安装倾斜或松动失效,应予以更换。

◇ 单元训练

1. 水泥混凝土路面裂缝有哪些种类?简述裂缝产生的原因。

2. 简述早期断板和使用期断板的原因。

3. 简述裂缝与断板维修的材料。

4. 实际病害处理。
(1)调查某处有裂缝的水泥混凝土路面资料,调查内容见表11-3。

表11-3

路面服务年限	设 计 标 准	维 修 历 史	其他资料与数据

(2)根据观察到的现象判断裂缝的类别和严重程度。
(3)分析裂缝成因。
(4)编写裂缝维修方案(包括:修补方法、机具、材料、人员配备)。
(5)按照维修方案实施裂缝维修,填写路面维修记录表(表11-4)。
(6)请填写在维修过程中遇到的问题及解决方案。

(7)通过观察和仪器检测,判断本小组的维修质量,并说明原因。

公路路面维修记录　　　　　　　　　　　　　表 11-4

养护单位：　　　　路线名称：　　　　路面种类：　　　　路面宽度：
天气：　　　　　　　　　　　　　　　　　　　　　　　　单位：m^2

施工过程：

工程量：

合计：A　　m^2　　B　　m^2

技术人员姓名：　　施工人员姓名：　　统计员姓名：　　　年　月　日

注：A 代表面层修补数量；B 则代表底层。

单元二　水泥混凝土路面板边与板角修补

◇ 单元要点

1. 板边剥落和板角断裂产生的原因；
2. 板边剥落和板角维修的方法。

◇ 相关知识

水泥混凝土路面板边剥落和板角断裂是水泥混凝土路面常见病害之一，如不及时修复将导致病害的扩大，甚至整个面板的断裂，影响行车安全。

一、路面板边剥落和板角断裂产生的原因

(1) 接缝或纵横缝交叉处，水的浸入易产生唧泥、脱空，导致板边或角隅应力增大，产生破损或断裂。

(2) 接缝处缺乏传荷能力或板块边缘附近的传力杆失效。

(3) 路基基层在荷载和水的作用下，逐渐产生塑性变形，使板边、板角应力增大，产生剥落和断裂。

(4) 面板边缘的接缝中嵌入硬物等。

二、路面板板边剥落、板角断裂修补方法

1. 板边修补

(1) 当水泥混凝土板边轻度剥落时，应将混凝土剥落的碎块清理干净，可用灌缝材料填充密实，修补平整。

(2) 当水泥混凝土板边严重剥落时，在剥落混凝土外侧，平行于板边画线，用切缝机切割混凝土，切割深度略大于混凝土剥落深度。用风镐凿除损坏混凝土，用压缩空气清除混凝土碎屑；立模，浇筑混凝土修补材料；用养护剂养生，达设计强度后，即可开放交通。

(3) 当水泥混凝土板边全深度破碎，可按全深度补块的方法进行修复。

2. 板角修补

(1) 板角断裂应按破裂面大小确定切割范围并放样，如图9-6所示。

(2) 用切割机切切缝，用风镐凿除破损部分，凿成规则的垂直面，对原有钢筋不应切断，如果钢筋难以全部保留，至少也要保留长20～30cm的钢筋头，且应长短交错。

(3) 检查原有的滑动传力杆，如果有缺陷应予更换，并在新老混凝土之间按图11-5所示板角修补法加设传力杆。

(4) 如基层不良时，应用C15混凝土浇筑基层，并在面板板厚中央用冲击钻打水平孔，深20cm、直径3cm、水平间距30～40cm。每个洞应先将其周围湿润，先用快凝砂浆填塞密实，然后插一根直径为2cm的钢筋，待砂浆硬化后，浇筑快凝混凝土。

(5) 与原有路面板的接缝如为缩缝，应涂上沥青，防止新旧混凝土黏结在一起。如为胀缝，应设置接缝板。

(6) 浇筑的混凝土硬化后，用切割机切出宽3mm、深4cm的接缝槽，并用压缩空气清缝，灌

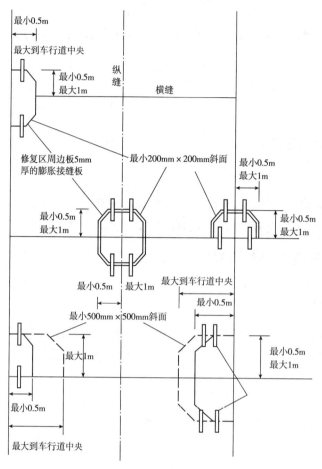

图 11-5　板边与板角修补

入填缝材料。

（7）待混凝土达到强度后，方可开放交通。

◇单元训练

1. 简述路面板边剥落和板角断裂产生的原因。

2. 简述路面板边剥落的修补方法。

3. 简述板角断裂的修补方法。

4. 实际病害处理。

(1)调查某处水泥混凝土路面资料,调查内容见表11-5。

表11-5

路面服务年限	设 计 标 准	维 修 历 史	其他资料与数据

(2)根据观察到的现象判断板边剥落和板角断裂严重程度。
(3)分析板边剥落和板角断裂的成因。
(4)编写板边剥落和板角断裂的维修方案(包括:修补方法、机具、材料、人员配备)。
(5)按照维修方案实施板边剥落和板角断裂维修,填写路面维修记录表(表11-6)。
(6)请填写在维修过程中遇到的问题及解决方案。
(7)通过观察和仪器检测,判断本小组的维修质量,并说明原因。

公路路面维修记录 表11-6

养护单位: 路线名称: 路面种类: 路面宽度:
天气: 单位:m²

施工过程:

工程量:

合计:

技术人员姓名: 施工人员姓名: 统计员姓名: 年 月 日

单元三　水泥混凝土路面错台处治

◇ **单元要点**

1. 错台产生的主要原因；
2. 错台处治的方法。

◇ **相关知识**

水泥混凝土路面错台病害,轻者影响行车的舒适性,重者危及行车安全,应根据错台轻重程度,采取不同措施及时维修处治。

一、路面错台产生的主要原因

（1）路基基层碾压不密实,强度不足。
（2）局部地基不均匀下沉或采空区地基大面积沉陷。
（3）水浸入基层,行车荷载使路面板产生泵吸现象。
（4）传力杆、拉杆功能不完善或失效。

二、路面错台处治的方法

1. 路面轻微错台处治方法

路面轻微错台,其高差小于 5mm 时,可不作处理。

2. 高差 5～10mm 错台处治方法

（1）人工凿平法。
①画定错台处治范围。
②用钢尺测定错台高度。
③用平头钢凿由浅到深从一边凿向另一边,凿后的面板应达到基本平整。
④清除接缝杂物,吹净灰尘,及时溜入填缝料。
（2）机械处治磨平法。
①用磨平机从错台最高点开始向四周扩展,边磨边用 3m 直尺找平,直至相邻两块板齐平为止,如图 11-6 所示。
②磨平后,应将接缝内杂物清除干净,并吹净灰尘,及时将嵌缝料填入。

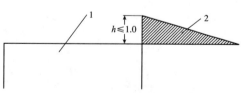

图 11-6　错台磨平示意图（尺寸单位:cm）
1—下沉板；2—磨平部分

（3）人工配合机械处治法。
先用人工将高出的错台板基本凿平,然后用磨平机再磨平,并清缝灌入填缝料。

3. 路面严重错台处治方法

高差大于 10mm 的严重错台,可采取沥青砂或水泥混凝土进行处治。
（1）沥青砂填补法。
此法不宜在冬季进行,其工艺程序如下：
①清除路面杂物和灰尘。

②喷洒一层热沥青或乳化沥青,沥青用量为 $0.4 \sim 0.6 kg/m^2$。

③摊铺沥青砂,修补面纵坡控制在 $i \leq 1\%$。

④沥青砂填补后,应用轮胎压路机碾压。

⑤待沥青砂修补层冷却成型后开放交通。

(2)水泥混凝土修补法。

①用风镐将错台下沉板凿除 $2 \sim 3cm$,修补长度按错台高度除以坡度(1%)计算,如图11-7所示。

②用压缩空气清除毛面混凝土的杂物。

③浇筑细石混凝土,材料配比参照表11-7。

④喷洒养护剂,养护混凝土。

⑤混凝土达到通车强度后,即可开放交通。

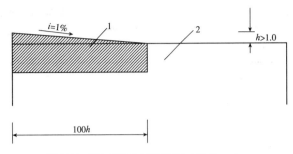

图11-7 错台填补法示意图(尺寸单位:cm)

1-凿除修补;2-下沉板

细石混凝土配合比 表11-7

水 泥	快速修补剂	水	砂	碎 石
437	70	131	524	1149
1	0.50	0.30	1.20	2.63

◇单元训练

1. 简述路面产生错台的原因。

2. 简述路面错台的修补方法。

3. 实际病害处理。

(1)调查某处水泥混凝土路面资料,调查内容见表11-8。

表11-8

路面服务年限	设计标准	维修历史	其他资料与数据

(2)根据观察到的现象判断路面错台的严重程度。

(3)分析路面错台产生的原因。

(4)编写路面错台维修方案(包括:修补方法、机具、材料、人员配备)。
(5)按照维修方案实施路面错台维修,填写路面维修记录表(表11-9)。
(6)请填写在维修过程中遇到的问题及解决方案。
(7)通过观察和仪器检测,判断本小组的维修质量,并说明原因。

公路路面维修记录 表11-9

养护单位:　　　　　　路线名称:　　　　　　路面种类:　　　　　　路面宽度:

天气:　　　　　　　　　　　　　　　　　　　　　　　　　　　单位:m^2

施工过程:

工程量:

合计:

技术人员姓名:　　　　施工人员姓名:　　　　统计员姓名:　　　　年　月　日

单元四 水泥混凝土路面沉陷处理

◇ **单元要点**

1. 沉陷产生的主要原因；
2. 沉陷处理的方法。

◇ **相关知识**

沉陷是水泥混凝土路面严重病害之一，它可导致面板的错台、严重破碎以致影响行车安全。因此，必须设置排水措施，对严重沉陷应及时处治，其方法有板块灌砂顶升法、千斤顶顶升法和整块板翻修法等。

一、路面沉陷的主要原因

（1）路基基层稳定性不够，强度不均匀，造成混凝土板块不均匀下沉。

（2）排水设施不完善，地面水渗入基层，导致基层强度减弱，唧泥、面板严重破碎造成面板沉陷。

二、在路面边缘设置排水设施

设置排水设施的基本要求如下：

（1）应经常保持路面和路肩的设计横坡，以便使地表水迅速从路面上排出。

（2）应将土路肩改造为硬路肩。硬路肩宜采用水泥混凝土或沥青混凝土。

（3）路面裂缝、接缝以及路面与路肩接缝应经常保持密封状态。

（4）设置纵向积水管和横向出水管。

在水泥混凝土路面的外侧边缘挖一条纵向沟，宽约15~25cm，沟深挖至集料基层之下15cm，横沟与纵沟的交角应为45°~90°，横沟间的距离约为30cm，如图11-8所示。

设置纵向积水管和横向出水管。积水管一般采用10cm多孔塑料管，出水管为无孔塑料管，并按设计的距离将积水管和出水管连接起来，然后在纵向多孔管上裹一层土工织物渗滤层，使其与积水管间无空隙。

将积水管和出水管放入沟槽内，纵、横沟槽底部应避免凸凹不平，横向出水管的坡度应大于或等于纵向排水坡度，出水管的管端应延伸到排水沟内，并设置端墙。

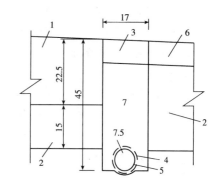

图 11-8 边部排水管布置图（尺寸单位：cm）
1-水泥混凝土；2-集料基层；3-沥青混凝土；
4-渗滤织物；5-多孔管；6-沥青混凝土路肩；
7-细渗滤集料

封盖排水沟。沥青混合料或水泥混凝土均可作封盖排水沟的材料，但应采用与路肩相同的材料。如果使用水泥混凝土时，应用塑料布将混凝土排水沟底与回填材料隔开；使用沥青混凝土时，沟的宽度应不小于压实设备宽度。

（5）设置盲沟。

设置盲沟排除路面积水,适用于全幅路面为水泥混凝土和沥青路面两种路面结构。

①沿水泥混凝土路面外侧挖纵向盲沟,沟底应低于面板以下 10cm,在水泥混凝土路面接缝处挖横向沟,如图 11-9 所示。

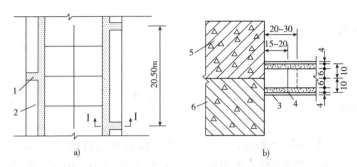

图 11-9 盲沟设置图[尺寸单位:cm(注明者除外)]
1-盲沟;2-路肩;3-油毡隔离层;4-石屑及中粗砂;5-面层;6-基层

②沟槽底面及外侧,铺设油毡隔离层,沿水泥路面交界处及盲沟顶部铺设土工布过滤层。
③在盲沟内填筑碎(砾)石过滤材料。
④盲沟上应用相同材料填筑路面(路肩),且保持平整密实。

三、路面沉陷处理

1. 板块灌砂顶升法

(1)板在顶升前,应用水准仪测量下沉板的下沉量,测站与下沉处距离应大于 50m,并绘出纵断面,求出升起值。

(2)每块板上钻出两行与纵轴平行的直径为 3cm 的透孔,孔的距离约为 1.7m(板宽 3.5m 时,一孔所占面积 3~3.5m^2)。当板需要从一侧升起时,只需在升起部分钻孔。

(3)在升起前,所有孔用木塞堵好,一孔一孔地灌砂浆,充气管与板接头处,用麻絮密封,用排气量为 6~10m^3/min 的空气压缩机向孔中灌砂浆,直至砂浆冒出缝外时为止。

(4)板升起后,接连往另一个孔中灌砂,直至下沉板全部顶升就位。

2. 整板翻修

当水泥混凝土整板沉陷并产生破碎时,应进行整板翻修,其工艺如下:

(1)宜用液压镐将旧板凿除,尽可能保留原有拉杆,并清运混凝土碎块。

(2)将基层损坏部分清除,并整平压实。

①对基层损坏部分,宜采用 C15 混凝土补强,其补强混凝土顶面高程应与旧路面基层面高程相同。

②宜在混凝土路面板接缝处的基层上涂刷一道宽 20cm 的薄层沥青。

(3)整块翻修的面板在路面排水不良地带,路面板边缘及路肩应设置路基纵、横向排水系统。

①单一板块翻修时,应在路面板接缝处设置横向盲沟。

②路面有纵坡时,宜设置纵向盲沟,在纵坡度底部设置横向盲沟。

(4)板块修复,混凝土施工时,配合比及所有材料宜采用快速修补材料。

①按配合比采用混凝土搅拌机拌和混凝土材料。

②将拌和好的混合料用翻斗车运送到施工现场,进行人工摊铺。

③宜采用插入式振捣器振捣边角混凝土,并用振动梁刮平提浆,人工抹平,与原混凝土板面高低一致。

④按原路面纹理对混凝土表面进行处理。

⑤宜采用养护剂进行养护。

⑥相邻板边的接缝,用切缝机切至1/4板块深度。

⑦清除缝内杂物,灌入接缝材料。

⑧待混凝土达到通车强度后,开放交通。

◇单元训练

1. 简述路面沉陷产生的主要原因。

2. 简述设置排水设施的基本要求。

3. 简述板块灌砂顶升法的工艺。

4. 简述整板翻修的工艺。

5. 实际病害处理。

(1)调查某处水泥混凝土路面资料,调查内容见表11-10。

表11-10

路面服务年限	设计标准	维修历史	其他资料与数据

(2)根据观察到的现象判断路面沉陷严重程度。

(3)分析路面沉陷产生的原因。

(4)编写路面沉陷维修方案(包括:修补方法、机具、材料、人员配备)。

(5)按照维修方案实施路面沉陷维修,填写路面维修记录表(表11-11)。

(6)请填写在维修过程中遇到的问题及解决方案。
(7)通过观察和仪器检测,判断本小组的维修质量,并说明原因。

公路路面维修记录 表11-11

养护单位:	路线名称:	路面种类:	路面宽度:
天气:			单位:m²

施工过程:

工程量:

合计:

技术人员姓名:　　　施工人员姓名:　　　统计员姓名:　　　年　月　日

单元五 水泥混凝土路面拱起处理

◇单元要点

1. 拱起产生的主要原因；
2. 拱起处理的方法。

◇相关知识

水泥混凝土路面拱起主要是因胀缝失效,混凝土板块热胀而突然使横缝两侧的板体明显提高,其处理措施应根据具体情况,采取不同的方法。

一、路面拱起的主要原因

(1)非高温季节施工时,胀缝设置间距过长或失效。
(2)接缝内嵌入硬物。
(3)夏季连续高温,使板体热胀。

二、路面拱起的处理方法

1. 对轻微拱起的处理
(1)用切缝机或其他机具将拱起板间横缝中的硬物切碎。
(2)用压缩空气将缝中石屑等杂物和灰尘吹净,使板块恢复原位。
2. 对严重拱起的处理
(1)板端拱起但路面完好时,应根据拱起高低程度,计算多余板的长度,将拱起板块两侧附近1~2条横缝切宽,待应力充分释放后切除拱起端,逐渐使板块恢复原位。
(2)将横缝和其他接缝内的杂物、灰尘用空气压缩机清除干净,并灌入填缝料,如图11-10所示。

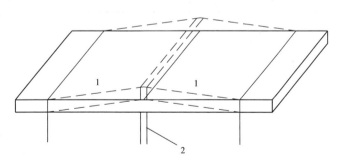

图11-10　板块拱起修补
1-拱起板;2-切除部分

3. 其他拱起情况的处理
(1)拱起板端发生断裂或破损时,按本学习任务单元一进行。
(2)胀缝间因传力杆部分或全部在施工时设置不当,使板受热时不能自由伸长而发生拱起,应重新设置胀缝,按胀缝施工的方法进行。

◇单元训练

1. 简述路面拱起的主要原因。

2. 简述路面拱起的处理方法。

3. 实际病害处理。

(1) 调查某处水泥混凝土路面资料,调查内容见表11-12。

表11-12

路面服务年限	设 计 标 准	维 修 历 史	其他资料与数据

(2) 根据观察到的现象判断路面拱起严重程度。
(3) 分析路面拱起产生的原因。
(4) 编写路面拱起维修方案(包括:修补方法、机具、材料、人员配备)。
(5) 按照维修方案实施路面拱起维修,填写路面维修记录表(表11-13)。
(6) 请填写在维修过程中遇到的问题及解决方案。
(7) 通过观察和仪器检测,判断本小组的维修质量,并说明原因。

公路路面维修记录　　　　　　　　　　　　　　　　表11-13

养护单位:　　　　　路线名称:　　　　　路面种类:　　　　　路面宽度:
天气:　　　　　　　　　　　　　　　　　　　　　　　　　　单位:m^2

施工过程:

工程量:

合计:

技术人员姓名:　　　　施工人员姓名:　　　　统计员姓名:　　　　年　月　日

单元六 水泥混凝土路面坑洞修补

◇单元要点

1. 坑洞产生的主要原因；
2. 对个别坑洞、较多坑洞、大面积坑洞处理的方法。

◇相关知识

水泥混凝土坑洞的产生，主要是粗集料脱落或局部振捣不密实等原因造成的。坑洞尽管对行车影响不大，但对路面的外观和表面功能都有较大影响，因此，对坑洞应根据实际情况采取相应措施进行修补。

一、对路面个别坑洞的修补

(1)用手工或机械将坑洞凿成矩形的直壁槽。
(2)用压缩空气把槽内的混凝土碎块及尘土吹净。
(3)用海绵块沾水后湿润坑洞，不得使坑洞内积水。
(4)用高强度等级水泥砂浆等材料填补，并达到平整密实。

二、对路面较多坑洞的修补

对较多坑洞且连成一片，面积在 $20m^2$ 以内的路面，应采取罩面方法修补。
(1)画出与路中心线平行或垂直的修补区域图形。
(2)用切割机沿修补图形边线切割 5~7cm 深的槽，槽内用风镐清除混凝土，使槽底平面达到基本平整，并将切割的光面凿毛。
(3)用压缩空气吹净槽内混凝土碎屑和灰尘。
(4)按混凝土配合比设计配制修补混凝土。
(5)将拌和好的混凝土填入槽内，人工摊铺、振捣密实，并保持与原路面齐平。
(6)喷洒养护剂养生。
(7)待混凝土达到通车强度后，开放交通。

三、对大面积坑洞的修补

对面积大于 $20m^2$，深度在 4cm 左右成片的坑洞，可用浅层结合式表面修复或沥青混凝土土罩面进行修补。

1. 浅层结合式表面修复

(1)将连成片的坑洞周围标画出与路中心线平行或垂直的区域，并用风镐凿除 2~3cm 的深度，如图 11-11 所示。
(2)将修复区内凿掉的混凝土碎块运出，并清除其碎屑和灰尘。
(3)在修复区表面用水喷洒湿润，并适时涂刷黏结剂。
(4)将拌和好的混凝土摊铺于修复区内振捣、整平。

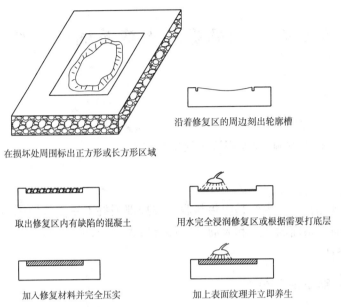

图 11-11　浅层结合式表面修复的程序

(5) 用压纹器压纹,压纹深度宜控制在 3mm 左右。
(6) 养生,使修复板块经常处于潮湿状态。
(7) 待混凝土达到通车强度后,开放交通。

2. 沥青混凝土修补

(1) 画出与路中心线平行或垂直的处治区,并用切割机在其周围切割 2~3cm 深度。
(2) 用风镐凿除处治区内的混凝土,并清除混凝土块、碎屑和灰尘。
(3) 将切割的槽壁面和凿除的槽底面喷洒黏层沥青,其用量为 $0.4~0.6kg/m^2$。
(4) 铺筑沥青混凝土,并碾压密实。
(5) 待沥青混凝土冷却后,开放交通。

◇单元训练

1. 简述路面坑洞产生的主要原因。

2. 简述路面坑洞的处理方法。

3. 实际病害处理。
(1) 调查某处水泥混凝土路面资料,调查内容见表 11-14。

表 11-14

路面服务年限	设 计 标 准	维 修 历 史	其他资料与数据

(2) 根据观察到的现象判断路面坑洞严重程度和面积。
(3) 分析路面坑洞产生的原因。
(4) 编写路面坑洞维修方案(包括:修补方法、机具、材料、人员配备)。
(5) 按照维修方案实施路面坑洞维修,填写路面维修记录表(表 11-15)。
(6) 请填写在维修过程中遇到的问题及解决方案。
(7) 通过观察和仪器检测,判断本小组的维修质量,并说明原因。

公路路面维修记录 表 11-15

养护单位:　　　　　　路线名称:　　　　　　路面种类:　　　　　　路面宽度:
天气:　　　　　　　　　　　　　　　　　　　　　　　　单位:m^2

施工过程:

工程量:

合计:

技术人员姓名:　　　　施工人员姓名:　　　　统计员姓名:　　　　年　月　日

单元七　水泥混凝土路面接缝维修

◇单元要点

1. 水泥混凝土路面接缝病害产生的原因；
2. 水泥混凝土路面接缝的修补方法。

◇相关知识

水泥混凝土路面接缝包括纵向施工缝、纵向缩缝、横向施工缝、横向缩缝等。接缝是水泥混凝土路面的薄弱环节，经常出现接缝填料损坏、纵向接缝张开、接缝板边和板角碎裂等病害，使得地面水从接缝渗入，使路面基层强度降低，在行车荷载作用下，导致唧泥、脱空、断板、沉陷等病害的产生，影响水泥路面的使用质量。因此，对接缝必须加强养护和修补，使水泥路面经常处于良好状态，延长水泥路面的使用寿命。

一、路面板接缝病害产生的主要原因

(1) 灌缝材料的老化、脱落、软化和溢出。
(2) 垫料的老化、变形、脱落。
(3) 接缝结构、机能不完善。
(4) 接缝内嵌入硬物会造成接缝处剥落或胀裂。
(5) 接缝材料和接缝板质量欠佳。

二、路面板接缝维修的内容和方法

1. 接缝填缝料损坏修补

(1) 清缝。用清缝机清除接缝内杂物，并将接缝内灰尘吹净。

(2) 接缝作胀缝修补时，先将建筑热沥青涂刷缝壁，再将接缝板压入缝内。对接缝板接头及接缝与传力杆之间的间隙，必须用填缝料灌实抹平，上部用嵌缝条的应及时嵌入嵌缝条。

(3) 用加热式填缝料修补时，必须将填缝料加热至灌入温度，滤去杂物，倒入填缝机内即可填缝。在填缝的同时，宜用铁钩来回拌动，以增加与缝壁的黏结和填缝的饱满。在气温较低季节施工时，应先用喷灯将接缝预热。加热施工式填缝料的技术要求见表11-16。

(4) 用常温式填缝料修补时，除无需加热外，其施工方法与加热式填缝料相同。常温施工式填缝料的技术要求见表11-17。

(5) 填缝料的技术要求与施工质量验收标准，应符合现行《公路水泥混凝土路面养护技术规范》(JTJ 073.1—2001)和现行《水泥混凝土路面施工及验收规范》(GBJ 97—87)的规定。

加热施工式填缝料的技术要求　　表11-16

试验项目	低弹性型	高弹性型
针入度(0.1mm)	<50	<90
弹性(复原率)(%)	>30	>60
流动度(mm)	<5	<2
拉伸量(mm)	>5	>15

常温施工式填缝料的技术要求　　　　　　　　表11-17

试 验 项 目	技术要求	试 验 项 目	技术要求
灌入稠度(s)	<20	流动度(mm)	0
失黏时间(h)	6~24	拉伸量(mm)	>15
弹性(复原率)(%)	>75		

2. 纵向接缝张开维修

(1)当相邻车道面板横向位移、纵向接缝张开宽度在10mm以下时,宜采取聚氯乙烯胶泥、焦油类填缝料和橡胶沥青等加热施工填缝料。

(2)当相邻车道面板横向位移,纵向接缝张口宽度为10~15mm时,宜采取聚氨酯类常温施工式填缝料进行维修。

①维修前应清除缝内杂物和灰尘。

②按材料配比配制填缝料。

③宜采用挤压枪注入填缝料。

④填缝料固化后,方可开放交通。

(3)当纵向接缝张口宽度为15~30mm时,采用沥青砂进行维修。

(4)当纵缝宽度达30mm以上时,可在纵缝两侧横向锯槽并凿开,槽间距60cm,宽5cm,深度为7cm。沿纵缝两侧10cm,钻直径14mm的钯钉孔。设置$\phi12$螺纹钢筋钯钉,钯钉在老混凝土路面内的弯钩长度为7cm,纵缝内部的凿开部位用同强度等级水泥混凝土填补,纵缝一侧涂刷沥青。

3. 接缝板边出现碎裂时接缝的修补

(1)在破碎部位边缘,用切割机切割成规则图形,其周围切割面应垂直板面,底面宜为平面,如图11-12所示。

(2)清除混凝土碎块,吹净灰尘杂物,并保持干燥状态。

(3)用高模量补强材料进行填充,其材料技术性能应符合《公路水泥混凝土路面养护技术规范》(JTJ 073.1—2001)的规定。

(4)修补混凝土达到通车强度后,方可开放交通。

◇单元训练

1. 简述路面接缝病害产生的原因。

2. 简述路面板接缝维修的内容和方法。

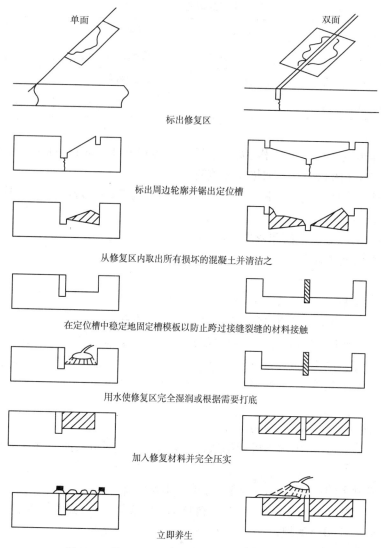

图 11-12 接缝处浅层剥落的浅层结合式角隅修复程序

3. 实际病害处理

(1) 调查某处水泥混凝土路面资料,调查内容见表 11-18。

表 11-18

路面服务年限	设 计 标 准	维 修 历 史	其他资料与数据

(2) 根据观察到的现象判断路面接缝病害严重程度。
(3) 分析路面接缝病害产生的原因。
(4) 编写路面接缝病害维修方案(包括:修补方法、机具、材料、人员配备)。
(5) 按照维修方案实施路面接缝病害维修,填写路面维修记录表(表 11-19)。
(6) 请填写在维修过程中遇到的问题及解决方案。

(7)通过观察和仪器检测,判断本小组的维修质量,并说明原因。

公路路面维修记录

表 11-19

养护单位:	路线名称:	路面种类:	路面宽度:
天气:			单位:m^2

施工过程:

工程量:

合计:

技术人员姓名:	施工人员姓名:	统计员姓名:	年 月 日

单元八 水泥混凝土路面板下封堵

◇ **单元要点**

1. 水泥混凝土路面板块脱空判断；
2. 水泥混凝土路面板下封堵的灌浆设备和材料；
3. 水泥混凝土路面板下脱空处治。

◇ **相关知识**

水泥混凝土路面板下封堵是一种预防性养护措施，它是将路面板下和基层、垫层中的细小空隙进行灌浆。由于空隙被填充，会减少未来发生唧泥或断板的可能性。但该措施不能提高结构设计能力，也不能消除因温度变化和交通荷载而造成的错台。因此，板下封堵应在弯沉增大，但尚未产生严重唧泥或严重裂缝时进行。如果弯沉很小，也不宜灌浆，以免因灌浆造成扰动，增大弯沉。

一、板块脱空判定

板下封堵的首要问题是确定水泥混凝土面板是否脱空，其位置在哪里，范围有多大。目前，在美、英国家是用测量弯沉来确定板块脱空，我国也运用弯沉测定来确定水泥混凝土板的脱空位置。

1. 弯沉仪测定法

（1）加载车。采用相当于黄河 JN150 重型标准汽车，后轴重 10t。

（2）仪表。长杆贝克曼梁，百分表（至少三套）。

（3）测点。路面每幅每条横向接缝或裂缝测 4 个点位，测点在接缝、裂缝两侧的 4 个角点上。

（4）车轮位置。角点处，车轮着地矩形的边缘离中缝及横向接（裂）缝的距离不大于 10cm。

（5）变位感应支点位置。贝壳曼梁的变位感应支点应尽量接近角部或边缝，不一定要紧靠近车轮，不必将感应支点落在两轮胎之间的间隙处。

（6）相隔两道缝。贝克曼梁的中间支点及百分表支座支点应与变位感应点相隔两道接（裂）缝，至少相隔一道缝，不能落在同一完整板块上，如图 11-13 所示。

（7）读数。汽车应以 5km/h 的速度驶离测点至少 5m 以上，并且相隔至少一道缝，当百分表读数稳定时，才能读数。

回弹弯沉值计算：

$$L_T = (L_1 - L_2) \times 2 \quad (0.01\text{mm})$$

（8）凡弯沉值超过 0.2mm 的，应确定为板

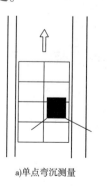
a) 单点弯沉测量

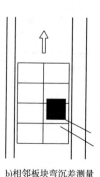
b) 相邻板块弯沉差测量

图 11-13 弯沉测点布置图

块脱空。

回弹弯沉测定记录表见表11-20。

回弹弯沉测定记录表　　　　　　表11-20

路线名称_____　　测定日期_____　　气候_____
测定车型号_____　　后轴重_____
车轮相当圆直径_____　　车轮单位压力_____

编号	测点桩号	百分表读数(0.01mm)				回弹弯沉 L_T(mm)	土基干湿类型	路况描述	备注
		初读数 L_1		终读数 L_2					
		左	右	左	右				

2. 承载板测定法

承载板测定法,在国内外较少运用。它是将弯沉测定装置的承载板放置在板角,在加载和未加载各边的接缝或裂缝附近放传感器测量荷载传递、读数、记录、计算,确定面板脱空的位置。

二、水泥混凝土路面板下封堵的灌浆设备和材料

1. 灌浆设备的选择

水泥混凝土路面板下封堵的灌浆设备主要由压浆泵、灰浆搅拌机、胀卡头、水箱和30kW发电机组等组成。

1）压浆泵的选择

(1)泵的压力。压浆泵的压力应根据灌浆材料的不同,管路的长短等因素来确定。水泥粉煤灰作为灌浆材料,压浆泵的初始起动压力宜为1.5MPa,即15kg/cm^2。

(2)输送管的管径。由于输送距离较短,一般输送半径不大于30m,故宜选用压浆管管径64mm,排浆管管径51mm。

(3)输送量。每台压浆机组额定工程量为单幅100m即20块,每班工作有效压浆时间按4h计,则压浆机每小时材料输送量应大于1.5m^2,宜采用3m^2/h输送量的压浆泵。

2）灰浆搅拌机的选择

灰浆搅拌机有两个功能,一是灰浆搅拌,二是灰浆储存,且灰浆储存内设有搅拌轴以防止灰浆沉淀离析。该设备主要参数为:工作效率6m^2/h;搅拌轴转速70n/min。

3）胀卡头

胀卡头是压浆工作的重要部件,它是压浆管与水泥混凝土板衔接的媒介。胀卡头宜选用最大外径107mm,内孔直径为38mm。为使压浆顺利进行,胀卡头的最小旋紧力矩不得小于120kg·m。

4）预埋法兰螺帽

用环氧树脂涂在螺帽外侧,埋入已钻好的混凝土板孔内,一般可用普通镀锌管加工。螺帽长要小于板块厚度,板孔的孔径要与螺帽外径相匹配,一般为4~5cm。施工时,可将压浆头插入预埋螺帽,旋紧不漏浆即可。

2. 灌浆材料

水泥混凝土路面板下封堵的灌浆材料一般由水泥、粉煤灰、砂、外掺剂和水组成。灌浆材

料质量的优劣直接影响灌浆的效果。因此,不管用何种灌浆材料,都应通过试验来选择。

1) 灌浆材料应具有的特点

(1) 早期强度高。

要求材料具有一定抗压强度和弯拉强度,同时强度应尽可能早地形成,以便及早通车。

(2) 流动性好。

灌浆加固是在一定压力下将浆体压入到板下的空隙,常用的灌浆压力为 1.0~1.5MPa,若浆体本身黏度大,流动性不好,在灌浆过程中不能充分灌入空隙,影响加固质量。

(3) 无离析、无泌水。

为保证足够的流动性,灌浆材料往往采用了水量较大的配合比,这样使浆体很容易出现离析、泌水和收缩,不仅降低了灌浆加固层与水泥混凝土板的黏结,而且大量的泌出水还会渗入基层材料中,降低基层材料的稳定性,反而会加剧脱空现象。

(4) 无收缩。灌浆加固层的收缩将造成与板体和基层之间的黏结减弱,影响灌浆加固效果。

2) 灌浆材料的配制

(1) 原材料的选择。

①水泥。

为了提高浆体的早期强度,应选用 42.5 级或 52.5 级硅酸盐水泥。

②粉煤灰。

宜选用干排二级粉煤灰。

③砂。

砂的加入不仅可以提高浆体强度,减少其收缩,同时可降低水泥用量;但大粒径的砂粒易产生很明显的不均匀沉降,引起离析泌水。因此应选用特细砂,细度模数为 1.21,最大粒径小于 0.6mm,含泥量小于 1%。

④早强剂。

应添加适量的无明粉(主要成分为无水 Na_2SO_4)。其用量应通过试验确定。

⑤减水剂。

宜采用 XP—Ⅱ型高效减水剂。其用量通过试验确定。

⑥膨胀剂。

宜采用 UPA 型膨胀剂。其用量通过试验确定,推荐用量为 0.05~0.07。

⑦水。

应采用饮用水。

(2) 灌浆材料的配制。

灌浆材料的参考配合比见表 11-21。若没有特细砂,可采用推荐配合比,水泥:粉煤灰:水:早强剂:铝粉 = 1:0.15:0.16:0.5:0.001

根据公路等级、脱空情况、施工机械、工程要求及原材料性能的不同,可以相应调整表 11-21 的配合比。

灌浆材料配合比　　　　表 11-21

	组成材料	水泥	粉煤灰	砂	早强剂	减水剂	膨胀剂	水
配合比	组成材料	100	50	60	1.5	1	10	60
	单位体积用量(kg/m³)	707	354	424	10.61	7.07	71	424

三、水泥混凝土路面板下脱空处治

水泥混凝土路面板下脱空处治,在确定脱空板的位置、范围的基础上,选择好灌浆机具和灌浆材料及其配制以后,方可按照板下脱空处治工艺进行处治。

1. 灌浆前的准备工作

(1)检查压浆泵、发电机组各连接部件是否紧固,供电线路、电器是否正常,润滑部位液面是否足够。

(2)彻底排清砂浆搅拌机的积水及残留物。

(3)机组水箱、钻孔机水箱是否加满了水。

(4)压浆管路及胀卡头是否完整有效。

(5)根据各块板的弯沉值和损坏的具体情况,确定需灌浆加固的水泥混凝土板及范围,如图11-14所示。

(6)在混凝土板上确定孔位,并做好标记。

2. 钻孔作业

(1)将钻孔机放置在确定的钻孔位置,开动钻机开关,观察钻头转向无误,并有水流出,方能开始钻孔。

(2)孔的直径应略大于灌浆的喷嘴直径,孔的深度应穿过混凝土板,钻入稳定的基层 $1\sim3cm$。

(3)用海绵块将钻孔中的积水吸出,并采用空压机吹气的方法排除板下杂质污物,形成空腔,以利浆体的分布和黏结。

(4)将胀卡头牢固地安装在钻孔上。

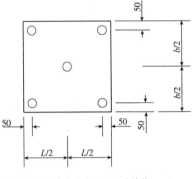

图 11-14 灌浆孔布置(尺寸单位:cm)
d-灌浆孔直径;L-板长;b-板宽

3. 浆体制备

(1)根据所需灌注浆的体积、浆体配合比及施工速度,称取各种材料。

(2)开动砂浆搅拌机,在水中加入减水剂和早强剂,并将水泥、粉煤灰、砂、膨胀剂倒入灌浆机的搅拌筒中,先干拌均匀,然后再加入已溶有减水剂、早强剂的水,并不断搅拌 $5\sim10min$,形成均匀浆体。

(3)配制好的浆体应在 30min 内用完,并且施工过程中应不断搅拌,中途不得停机。

4. 灌浆作业

(1)灌浆时应先灌注面板边缘的孔,再灌注面板中间的孔。

(2)将灌浆机的喷嘴插入孔中,并封紧以防浆体由孔中流出。

(3)启动灌浆机,将压力泵的压力均匀增加到 $1.0\sim1.5MPa$(因机械不同,需要的压力各异)时,进行灌浆。

(4)待浆体由其他孔中或板块四周挤出时,表明板下空隙已被灌满,应减小压力,并将喷嘴提起,立即用木塞塞孔,防止浆体送出,至浆体初凝,再拔出木塞,用高强度等级砂浆封孔、抹平。

(5)关闭压力泵,将灌浆机移到下一个孔继续灌浆,待一块板灌浆完毕后,再移至其他板块灌浆。

(6)灌浆区板下的浆体经 $2\sim3d$ 的硬化,达到通车强度后,即可开放交通。

◇单元训练

1. 怎样判断水泥混凝土面板是否脱空？其位置在哪里？范围有多大？

2. 如何选择水泥混凝土路面板下封堵的灌浆设备？

3. 路面板下封堵的灌浆材料有什么特点？

4. 怎样进行板下脱空处治？

5. 实际病害处理。

在公路上选择水泥混凝土面板脱空路段，学生对是否脱空、脱空位置和范围进行判断，并让学生制订施工方案。

学习任务十二　水泥混凝土路面改善

学习目标

1. 能够描述薄层水泥混凝土罩面的施工工艺；
2. 能够描述水泥混凝土罩面刻槽的施工工艺；
3. 能够描述铺设沥青磨耗层的施工工艺；
4. 能够描述采用稀浆封层和改性稀浆封层进行处治的施工工艺。

任务描述

对一段水泥混凝土路面改善提出方案。

学习引导

本学习任务沿着以下脉络进行学习：
观察需要处理的水泥混凝土路面→分析、讨论→提出改善方案。

单元一　水泥混凝土路面表面功能恢复

◇ **单元要点**

1. 薄层水泥混凝土罩面的施工工艺；
2. 水泥混凝土罩面刻槽的施工工艺；
3. 铺设沥青磨耗层的施工工艺；
4. 采用稀浆封层和改性稀浆封层进行处治的施工工艺。

◇ **相关知识**

水泥混凝土路面通车 3~5 年，路面表面会出现磨光和露骨现象，尤其是在耐磨性较差的粗集料、强度不高的水泥和混凝土强度偏低的情况下，路面表面磨损较为突出，影响路面的使用功能。为此，通常采用铺水泥砂浆层、沥青磨耗层和刻槽的方法来改善和恢复水泥混凝土路面表面功能。

一、薄层水泥砂浆罩面

对局部板块出现的露骨，可采用薄层水泥砂浆混凝土罩面，其施工工艺如下：

(1) 用风镐凿除水泥混凝土面板表面，凿除深度为 5cm。
(2) 清除水泥混凝土碎屑和松散块，用高压水冲洗水泥混凝土板块毛面，用压缩空气清除水泥混凝土板块表面水分。
(3) 在现浇混凝土板边立模。

（4）在水泥混凝土毛面上按 $1kg/m^2$ 涂上一层界面黏结剂。界面黏结剂有较好的黏结性能，黏结强度高达 4.75MPa。界面黏结剂分 A、B 二组分，施工时现配现用，比例为：A 组分：B 组分 = 10 : 1.5。

（5）配制快速修补的混凝土。

①SC—Ⅱ水泥砂浆。

SC—Ⅱ水泥砂浆修补剂具有耐磨性好、无收缩、抗冻性好，并且颜色与普通混凝土基本一致，无明显差异的特点。其技术指标如下：

a. 密度：$2.9g/cm^3$。

b. 细度：6.2%。

c. 颜色：浅灰色。

②JK—24 水泥混凝土配合比。

a. 原材料：42.5 级普通水泥，砂：中砂，石子：5～20mm，水：饮用水。

b. 配合比：水泥：修补剂：水：砂：石子 = 1 : 0.16 : 0.35 : 1.2 : 2。

c. 试验数据。

a）坍落度：10mm。

b）凝结时间：初凝 1.55h，终凝：2.5h。

c）泌水率：1.2%。

d）强度如表 12-1 所示。

抗压强度表　　　　　表 12-1

龄期（d）	1	2	3	7	28
抗压强度（MPa）	26.4	38.4	43.9	58.9	62.3

d. 采用强制式搅拌机拌和 60～90s。

e. 采用人工摊铺，平板振捣器振捣密实，振动梁找平，人工抹面、压纹。混凝土拌制后使用时间一般不超过 1.5h。

f. 修补混凝土摊铺后 2h，对修补的混凝土采用养护剂保湿养生 24h。

二、刻槽

对于弯道、陡坡等磨光的路段，可采用刻槽的方法进行处治，以恢复水泥混凝土路面表面功能，其工艺如下。

1. 刻槽工具

采用自行式刻槽机进行刻槽（图 12-1）。使用圆盘形的金刚石刀片、碳化钨冲头等，在路面上切成窄槽。这种方法可以防止雨天路面打滑现象。

2. 防滑槽刻制方向

防滑槽的方向主要有下列两种：

（1）纵向刻槽，可以防止横向滑动与横向风力所造成的事故。

（2）横向刻槽，对缩短制动距离效果较好，适用于陡坡路段、交叉路口附近等。在路线纵向或横向指定的方向上，

图 12-1　刻槽机

安置导向轨道,将导向轮扣在导向轨道上,实施刻槽作业。

3. 防滑槽尺寸和槽距

防滑槽可根据刀片的宽度来选定适宜的形状。一般常用的刻槽深度为 3~6mm,槽宽为 3~6mm,缝距为 19~50mm,见表 12-2。

水泥混凝土路面刻纹机规格及型号　　　　表 12-2

名称型号 类别	混凝土路面刻纹机 CW—450	混凝土路面刻纹机 CW—600	混凝土路面刻纹机 CW—1000	混凝土路面刻纹机 CW—1200
专利号	ZL92234168.0	ZL922234168.0	ZL97121725.8	ZL96200834.6
主电机功率(kW)	7.5	11	11	7.5/11
一次性刻纹幅宽(mm)	450	600	1 000	1 200
行走电机型号	Y801—4	Y801—4	Y905—4	Y905—6
行走电机功率(kW)	0.55	0.75	1.1	0.75
刻纹深度(mm)	3~8	3~8	3~8	3~8
纹缝宽度(mm)	3~6	3~8	3~8	3~8
行走速度	Ⅰ挡 Ⅱ挡	Ⅰ挡 1.8m/min Ⅱ挡 2.1m/min	Ⅰ挡 1.3m/min Ⅱ挡 1.8m/min	Ⅰ挡 1.2m/min Ⅱ挡 3.8m/min
主要性能及特点	操作简单、灵活方便	速度快、效率高,有仿形轮控制切割深度,不受平整度的影响	机械化程度高、效率高、移动方便,可任意转向;设有增压水泵冷却、手动供油系统和切割深度限位装置	机械化程度高,两组刀排同时工作,施工效率明显提高;超宽悬挂式导轨,刻纹方向应精确调整;路面横向刻纹一次性完成,无需掉头操作,无需另设托架。增压水泵有冷却锯片和冲洗路面的功能

4. 刻槽作业

刻槽时应由高向低逐步推进。

三、沥青磨耗层罩面

对于水泥混凝土路面较大范围的磨光或露骨可铺设沥青磨耗层,其工艺如下:

(1)对水泥混凝土板块进行修整和处理。在沥青磨耗层铺筑前,水泥混凝土路面应干燥、清洁,不得有尘土、杂物或油污。

(2)在水泥混凝土路面表面喷洒 0.4~0.6kg/m² (沥青含量)的黏层沥青,可采用热沥青、乳化沥青,尽可能采用快型裂型乳化沥青。

(3)采用沥青洒布车喷洒黏层沥青。在路缘石、雨水进水口、检查井等局部位置与沥青面层接触处用刷子人工涂刷。

(4)喷洒黏层沥青应符合下列要求:

①喷洒黏层沥青应均匀洒布或涂刷,喷洒过量处应予刮除。

②当气温低于10℃或路面潮湿时,不得喷洒黏层沥青。

③喷洒黏层沥青后,除沥青混合料运输车辆外,严禁其他车辆、行人通过。

④黏层沥青洒布后,应立即铺筑沥青层,乳化沥青应待破乳、水分蒸发完后铺筑沥青层。

(5)沥青磨耗层采用砂粒式沥青混凝土,厚度一般为 1.0～1.5cm。矿料级配及沥青用量见表 12-3。

砂粒式沥青混合料级配及沥青用量范围(方孔筛)　　　　表 12-3

通过下列筛孔的质量百分率(%)								沥青用量
9.5	4.75	2.36	1.18	0.6	0.3	0.15	0.075	%
100	95～100	55～75	35～55	20～40	12～28	7～18	5～10	6.0～8.0

四、稀浆封层

对大面积露骨或磨光的路段可采用稀浆封层进行处治。

稀浆封层矿料级配及沥青用量范围见表 12-4。

乳化沥青稀浆封层矿料级配及沥青用量范围　　　　表 12-4

筛孔 通过量	筛孔尺寸(mm)		级配类型
	方孔筛	圆孔筛	ES—3
通过筛孔的质量百分率(%)	9.5	10	100
	4.75	5	70～90
	2.36	2.5	45～70
	1.18	1.2	28～50
	0.6	0.6	19～34
	0.3	0.3	12～25
	0.15	0.15	7～18
	0.075	0.075	5～15
沥青用量(油石比)(%)			6.5～12
平均厚度(mm)			4～6
混合料用量(kg/m²)			>8

(1)稀浆封层的施工温度不得低于10℃,路面表面要清洁、干燥。稀浆封层矿料级配及沥青用量应符合相关规范规定。

(2)稀浆封层机施工时应匀速前进,稀浆封层厚度应均匀、表面平整。稀浆封层机摊铺时应保持槽内有近半槽稀浆,摊铺过程中出现局部稀浆过厚,要用橡皮板刮平,稀浆过少应用铁铲取浆补齐。流出的乳液要用刮板刮平,摊铺起、终点接头处须平直整齐。

(3)稀浆封层铺筑后到成型前应封闭交通。

(4)开放交通初期应有专人指挥,控制车速不得超过20km/h,并不得制动掉头。

五、改性稀浆封层

普通的稀浆封层厚度一般为 3～6mm。改性稀浆封层的厚度可达 9.5～11mm,改性沥青稀浆封层的施工程序与普通稀浆封层基本相同。但必须使用具有储料、送料、拌和、摊铺计量控制等功能的稀浆封层机。将各种原材料的储存、运输、计量、拌和、摊铺、整平及其控制系统集中于一台载重车底盘上，按比例要求，用很短时间制成混合料，并摊铺在路面上，这种改性稀浆封层机的构造如图 12-2 所示。

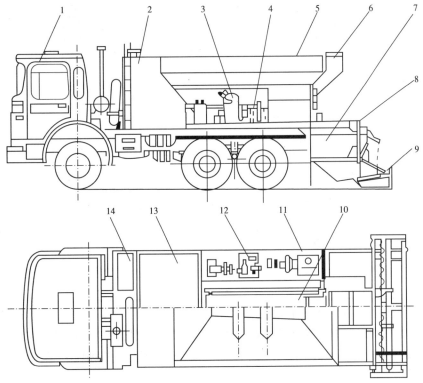

图 12-2　改性稀浆封层机

1-行驶系统；2-水箱；3-作业柴油机；4-机械传动系；5-集料仓；6-填料仓；7-搅拌箱；8-操作台；
9-摊铺器；10-皮带运输机；11-添加剂箱；12-流控系统；13-乳液箱；14-柴油清洗装置

采用慢裂快凝型改性乳化沥青，1h 即可开放交通。改性稀浆封层混合料配合比见表 12-5。

265

改性稀浆封层混合料配合比 表 12-5

材 料 种 类	配合比(质量比)
集料	100
慢裂快凝改性乳化沥青	10~14
水泥	0~3
水	6~12

1. 改性稀浆封层混合料原材料的质量要求

(1)矿料。

矿料应符合《公路沥青路面施工技术规范》(JTG F40—2004)的有关规定。集料的颗粒粒径组成,应符合改性稀浆封层集料级配要求,压碎值不大于28%,洛杉矶磨耗值小于30%,吸水率小于2%,沥青黏附性大于4级,针片状含量小于10%,砂当量大于60%,集料外形呈立方体。

(2)改性乳化沥青。

改性乳化沥青质量要求应符合表 12-6 的要求。

改性乳化沥青的质量要求 表 12-6

检 验 项 目		技 术 标 准
恩格拉黏度(25℃)		3~60
筛上剩余量(0.8mm)(%)		0.3 以下
离子电荷		+(阳性)
蒸发残留物含量(%)		60 以上
蒸发残留物	针入度(25℃)(1/10mm)	不大于 100
	软化点(℃)	45~50
	延伸度(15℃)(cm)	30 以上
	溶解度	97.5%
	黏韧性(25℃)(N·m)	3.0 以上
	韧性(25℃)(N·m)	2.5 以上
储存稳定性(24h)(%)		1.0 以下
拌和试验		>120s(慢裂快凝)
黏附试验		大于 2/3

改性稀浆封层必须采用慢裂快凝的改性乳化沥青,在标准气温25℃时,拌和时间不少于120s。当气温为30℃时,拌和时间应不少于180s,拌和后的混合料、沥青能均匀地裹覆在集料表面上,没有花白现象,拌完的混合料在手中用力攥紧,能攥出水并黏成黑球,落地后不散。

(3)填料。

要求填料(水泥、粉煤灰、石灰粉)等要干燥、松散、没有结块,不含泥土杂质,并且通过0.074mm 筛孔。

(4)水。

可用饮用水。

2. 准备工作

(1)原路面的修补。

收集原路面平整度、弯沉值、摩擦系数、裂缝等资料,对坑槽、开裂等病害,封层前进行水泥砂浆板下封堵、改性乳化沥青灌缝等工作。

(2)清洗原路面。

为保证封层与原路面结合成整体,封层前一定要将原路面冲洗干净。不得有泥土、鸟粪、浮尘。先人工清扫,再用森林灭火器吹,最后用高压水冲洗。

(3)喷洒黏层沥青。

在水泥混凝土路面上按沥青用量 $0.15\sim0.3kg/m^2$ 喷洒黏层沥青。

(4)施工放样画线。

按照每次施工设定封层的宽度要求,用白石灰画线,为车前导向做出导向标志。

(5)交通管制。

为了保证施工安全,应设置封闭交通及限制交通标志柱。

(6)专用机械的调试与检修。

对改性稀浆封层机的计量、检查、拌和、摊铺、清洗等各个系统作调试、标定与检修。不仅要保证各个装置的工作正常,而且要求操作人员技术熟练并与驾驶人员协同配合,密切合作。

(7)临时原料供应基地。

为使改性沥青稀浆封层机能持续不断地施工,必须在离施工现场不远的地方(或道班)设置原材料临时供应基地(供应集料、改性乳化沥青、水泥、外加剂、水等),保证为改性沥青稀浆封层机尽快地补充各种原材料。同时在此基础上筛分集料,保证集料级配组成,并且集料最大粒径不超过标准。

3. 稀浆封层的摊铺施工

(1)配比调整。

通过室内试验与计量标定(作出四条曲线八个表),做好准备工作。然而,改性稀浆封层现场开始施工阶段,由于现场的气候与集料的情况变化较大,室内外条件瞬息多变,混合料的破乳与凝固速度不断变化,因而在室内选下的配合比数据,必须结合现场情况,作进一步调整,然后确定现场最适合的配比。但是这个配比也随着气候在改变,操作人员必须熟练地掌握变化规律。

(2)工艺流程。

封闭施工路段→清洗原路面→喷洒黏层沥青→施工放样→各种原料、机械设备、训练有素的工人的准备→摊铺施工→早期养护或轮胎碾压→开放车辆通行。

(3)早期养护。

刚铺完的稀浆封层,采取各种措施封闭交通,保证早期养护,禁止行车碾压。待混合料达到初凝时(黏聚力大于 $12kg\cdot cm$ 时)或摊铺后 $0.5h$,可用 $10t$ 轮胎压路机碾压(不能用钢轮压路机)。因为碾压后可把封层中析出的水挤出,提高封层的密实度与强度,加快开放行车时间,提高封层抗制动能力,消除纵缝与横缝的不平。此后 $1h$ 可开放交通(黏聚力值大于 $20kg\cdot cm$)。

4. 检查及验收

(1)检查封层的厚度,可按表12-7的规定进行检测,也可按每日消耗材料的数量,再按实际摊铺的面积(长×宽)计算封层摊铺厚度。

(2)封层后路面的检测,一般应在行车3个月后进行,尤其是路面的平整度、透水系数、摩擦系数、构造深度等,需要经过一段时间的行车考验。

改性稀浆封层施工外业检测表　　　表 12-7

检测项目		规定值或允许偏差	检　　测
厚度		±2mm	每公里(km)测 5 点,每点在路中央及路面两侧各测一次
宽度		不小于设计规定,且不大于 10cm	每公里(km)测 5 点,每点用皮尺抽查三次
横坡度		±0.5%	每公里(km)测 5 点,每点用水准仪测量三次
平整度		不大于 5mm	每公里(km)用 3m 直尺检查一处,每处连续测量 10 尺,每尺检测一点
油石比		±0.5%	每 3 000m² 检测一处并做抽提试验
渗水系数		<20mL	每 3 000m² 检测一处并做渗水试验
摩擦系数	高速公路、一级公路	52~55	每 3 000m² 检测两处,用摆式仪测定摆值
	二级公路	47~50	
构造深度	高速公路、一级公路	0.6~0.8mm	每 500m 检测 5 处,用铺砂法确定
	二级公路	0.4~0.6mm	
外观		无松散、无测痕、无轮迹无裂缝、平整密实	全面观察,并每公里(km)抽查 200m

◇ 单元训练

一、填空题

1. 通常采用铺_____层、_____层和_____的方法来改善和恢复水泥混凝土路面表面功能。

2. 对于弯道、陡坡等磨光的路段,可采用_____的方法进行处治,以恢复水泥混凝土路面表面功能。防滑槽的方向主要有两种:_____刻槽,_____刻槽。

3. 对于水泥混凝土路面较大范围的磨光或露骨,可铺设_____层。

二、简答题

1. 简述薄层水泥砂浆混凝土罩面的施工工艺。

2. 简述铺设沥青磨耗层的施工工艺。

3. 简述水泥混凝土路面稀浆封层的施工要求。

4. 简述水泥混凝土路面改性稀浆封层材料要求、准备工作和施工工艺。

单元二 水泥混凝土加铺层

◇单元要点

1. 水泥混凝土路面加铺层结构形式选择和各类加铺层适用的技术条件；
2. 水泥混凝土路面加铺的施工工艺。

◇相关知识

一、旧水泥混凝土路面技术调查

在对旧水泥混凝土路面进行加铺前，应对原有水泥混凝土路面做下列技术调查：
(1)年平均交通量、交通组成及增长率。
(2)公路修建与养护的技术资料。
(3)原有路面结构、宽度、厚度及路拱情况。
(4)原有路面状况的评定。
(5)路基的填土高度、地下水位、多年平均最大冻深、排水与积水状况等。
(6)旧混凝土弯拉强度与弯拉弹性模量、旧混凝土路面面板的厚度、基层顶面的当量回弹模量的调查。

二、水泥混凝土路面加铺层结构形式选择

1. 加铺层结构形式

在旧水泥混凝土路面上，加铺的水泥混凝土路面面层，有结合式、直接式和分离式三种。

(1)结合式加铺层。

对原路面进行凿毛，并清洗干净，涂以黏结剂，随即浇筑加厚层。加厚层与旧路面相黏结为一个整体，共同发挥结构的整体强度作用。可用等刚度法按结合式进行应力计算与厚度设计。结合式加铺层厚度不小于10cm。

(2)直接式加铺层。

直接式加铺层是在清洗干净的原路面上，不涂黏结剂，也不凿毛，直接浇筑水泥混凝土。由于新、旧路面之间的摩擦阻力作用，因而且有一定的结构整体性。层间结合能力介于结合式与分离式之间。直接式加铺层厚度不小于14cm。

(3)分离式加铺层。

在旧路与加铺层之间设置一隔离层，各层混凝土独立地发挥其强度作用。但隔离层为油毡时，其隔离层厚度很小，应起的垂直变形可以忽略不计，直接进行加厚层的应力分析与厚度设计。分离式加铺层厚度不小于18cm。

2. 加铺层结构形式选择

水泥混凝土加铺层的结构形式应根据旧混凝土路面状况的分级情况、接缝布置及路拱等条件,可选择结合式、直接式和分离式加铺层。

(1)结合式加铺层适用情况。

当旧路面状况分级为"优",且路面的结构性损坏已经修复、路拱坡度基本符合要求、板的平面尺寸及接缝布置合格时,可采用结合式加铺层。加铺层铺筑前应对旧混凝土表面凿毛并仔细清洗,清除旧混凝土表面的油污、剥落板块及接缝中的杂物,重新封缝,并在洁净的旧混凝土路面上涂刷水泥浆、水泥砂浆或环氧树脂等。

(2)直接式加铺层适用情况。

当旧路面的状况分级为"良"、"中",且路面的结构性损坏已经修复、路拱坡度基本符合要求,板的平面尺寸和接缝布置合理时,宜采用直接式加铺层。加铺层铺筑前应对旧混凝土表面仔细清洗,清除旧混凝土表面的油污、剥落碎块及接缝中的杂物,并重新封缝。

(3)分离式加铺层适用情况。

当旧路面的状况分组为"次"、"差",或新、旧混凝土板的平面尺寸不同、接缝位置不完全一致,或新、旧路面的路拱坡度不一致时,均应采用分离式加铺层。加铺层铺筑前应对旧路面中严重破碎、脱空、裂缝继续发展的板击碎并清除,用混凝土补平。隔离层材料采用油毡、沥青砂、细粒式沥青混凝土等稳定性较好的材料。

三、旧水泥混凝土路面处理

1. 绘制病害平面图

对旧水泥混凝土路面板块进行调查,按 1km 绘制板块平面布置图,分板块逐一编号,调查路面板块损坏状况,绘制水泥混凝土路面病害平面图。

2. 按设计要求对病害板块逐一进行处理

(1)对脱空板块可采用板下封堵的方法进行压浆处理。

(2)对破碎板块、角隅断裂、沉陷、掉边、缺角等病害,用液压镐或风镐挖除,清除混凝土碎屑,整平基层,将基层夯压密实,然后铺筑与旧混凝土板块等强度的水泥混凝土,其高程控制与旧混凝土板面齐平。

四、设置隔离层

在旧混凝土顶面宜铺筑一层隔离层,铺筑前应做好下列工作:

①铺筑前应先清除旧面板表面杂物,冲刷尘污,使板面洁净无异物。

②用清缝机清除水泥混凝土面板接缝杂物,用灌缝机灌入接缝材料。

1. 喷洒黏层沥青

(1)为做到便于施工,又不影响交通,在可封闭交通进行施工的路段,施工路段长度控制在 2 000m;半幅通车、半幅施工路段,长度控制在 300m。

(2)清除旧混凝土路面板表面杂物,冲刷、清洗油污,使板面洁净无杂物。

(3)黏层沥青采用热沥青或乳化沥青。使用乳化沥青时,宜采用快裂洒布型乳化沥青 PC—3、PA—3,乳液中沥青含量不少于50%,乳化沥青用量为 0.6kg/m²。

(4)应随隔离层摊铺速度相应先行洒布涂刷黏层沥青,沥青应均匀洒布或涂刷在干燥洁净的旧混凝土面板上,沥青以不流淌为宜,沥青洒布过量处,应予刮除。

（5）严禁在已洒布或涂黏层沥青的面板上通行车辆和行人,并防止土石等杂物散落在黏层沥青层上。

（6）黏层沥青洒布或涂刷后应紧接着进行隔离层施工,采用乳化沥青时应在破乳后,才能摊铺隔离层。

2. 沥青混凝土隔离层

（1）沥青混凝土隔离层厚度控制在1.5~2.5cm。其材料技术要求,集料的组成和施工工艺要求,应符合《公路沥青路面施工技术规范》(JTG F40—2004)的要求。

（2）沥青混凝土摊铺宽度应超过水泥混凝土加铺层边缘,不应出现空白区。

（3）采用轮胎压路机进行碾压。压路机自路边向路中心碾压,边压边找平,至沥青混凝土隔离层平整无轮迹为止。

3. 土工布隔离层

（1）在水泥混凝土路面上满铺土工布。边铺边用木棍推压平整。

（2）土工布纵横向搭接宽度为20cm。在土工布搭接部分涂刷热沥青。

（3）铺好的土工布隔离层,严禁非施工车辆和行人通行,要保持土工布隔离层洁净,铺筑混凝土时应避免施工车辆和人员对土工布隔离层的损坏。

（4）严禁施工车辆在土工布上制动、转弯、掉头。若发现土工布黏结不牢,要用剪刀剪开,并涂刷沥青,重新粘贴土工布。

4. 沥青油毡隔离层

（1）采用不低于350号的石油沥青纸胎油毡,其技术要求应符合现行国家标准《石油沥青油毡、油纸》的规定。

（2）油毡隔离层由一毡一油结合而成;板面裂缝较多又欠平整,宜采用二毡二油;若破裂或沉陷深度大于10mm时,先采用沥青砂找平后再摊铺油毡隔离层。

（3）在水泥混凝土路面上满铺普通沥青油毡。油毡应纵向摊铺,每幅搭接宽度不小于10cm,每层油毡的搭接位置应错开,在沥青油毡搭接部分涂刷热沥青,摊铺时边铺边用滚筒碾平压实,务必使油毡紧贴。

（4）铺好的油毡隔离层,严禁车辆和行人通行,并保持洁净。铺筑加铺层时应避免施工机械和人员对油毡隔离层的破坏,发现损坏应及时修整。

五、直接式结合面处理

1. 清洁面板

清扫旧混凝土面板表面杂物,冲刷尘土泥污,使面板洁净无异物。

2. 旧混凝土面板处理

采用直接式加铺层的路段,其板面应基本完好、平整。旧混凝土面板局部裂缝处加铺水泥混凝土,应采用钢筋网片补强。钢筋网片多覆盖于裂缝之上,超过裂缝位置不小于50cm。网片设置于加铺层底部,但距板底面不小于5cm,如图12-3所示。

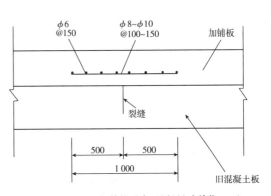

图12-3 裂缝处钢筋补强布置图(尺寸单位:mm)

六、结合式结合面处理

(1)清扫旧混凝土板面杂物。
(2)用风镐人工凿除旧混凝土板面,凿毛深度为5cm。
(3)用压缩空气吹除旧混凝土碎屑,人工清除旧混凝土板裂隙碎块。
(4)用高压水冲洗混凝土板毛面。
(5)用压缩空气吹除混凝土毛面积水。
(6)按1kg/m²用量涂刷水泥混凝土界面黏结剂。

七、旧水泥混凝土板块维修质量检验评定

对修补后的水泥混凝土板块,应经检验评定合格后,方可进行加铺层施工。旧水泥混凝土板块维修质量检验评定标准见表12-8。

旧水泥混凝土板块维修质量检验评定标准　　　　表12-8

项次	检查项目	规定值	检查方法	规定分
1	板块压浆强度(MPa)	≥5	按《公路工程水泥及水泥混凝土试验规程》(JTG E30—2005)的要求检查	15
2	弯沉值(0.01mm)	符合设计	采用5.4m贝克曼梁测定板边弯沉	30
3	抗弯拉强度(MPa)	符合设计	按《公路工程水泥及水泥混凝土试验规程》(JTG E30—2005)的要求检查	30
4	板块厚度(mm)	符合设计	采用钻孔取芯测量	15
5	路面宽度(mm)	符合设计	采用钢尺测量	5
6	横坡度(%)	符合设计	采用水准仪测量	5

八、水泥混凝土加铺层施工

1. 分离式加铺层

(1)水泥混凝土加铺层厚度应通过计算确定,但水泥混凝土加铺层的最小厚度不得小于18cm。

(2)水泥混凝土加铺层半幅施工时,边模板可采用槽钢,中模采用角钢。模板高与面板厚度一致,允许误差为±2mm。

(3)模板安装宜采取由边模固定中模的方法,边模由钢钎固定,中模每间隔1m用膨胀螺栓将模板外侧底部预先定位固定。中、边模之间采用横跨两模板的活动卡梁辅助固定。活动卡梁间距为2m,并随铺筑进度相应推移。

(4)混凝土拌和物的搅拌与运输。

①准备工作。

a. 混凝土拌和楼的位置和搅拌机配备应根据工程量大小、施工进度、运输工具和施工组织设计的要求设置,并有备用的搅拌机和发电机组。

b. 投入搅拌机的砂和各级碎(砾)石必须准确过磅。磅秤在每班开工前应检查校正。散装水泥必须过磅;袋装水泥,应经常抽查其量是否准确。严格控制加水量,采用二级加水。每班开工前,实测砂、碎(砾)石的含水率,根据天气变化情况,由工地试验室确定施工配合比,并

以书面形式通知现场施工人员。投入搅拌机每盘的拌和物数量,应按混凝土施工配合比和搅拌机容量确定。

c. 混凝土拌和物开拌第一盘前,应先用适量的原材料拌制砂浆,拌和后废弃;然后按规定的配合比进行搅拌。搅拌投料顺序为砂、水泥、碎(砾)石;进料后边搅拌边加水。混凝土拌和物每盘的搅拌时间不超过搅拌机规定最短时间的3倍(表12-9)。

混凝土拌和物搅拌时间(s)　　　　　　　　　　　　表12-9

搅拌机形式	混凝土拌和物坍落度(cm)	
	0~2	2~3
立轴式	100~140	80~100
卧轴式	70~100	50~80

d. 每天应对混凝土拌和物坍落度进行检查,如与规定不符,应查明原因,及时校正。每台班或拌和200m³混凝土拌和物,均应制作2组抗弯拉试件。

②混凝土拌和物运输。

a. 装运混凝土拌和物的储料斗或车厢内壁应平整、光洁、不漏浆,并应防止离析。混凝土拌和物在储料斗或车厢内应装平,出料和摊铺时的卸料高度不应超过1.5m。当有明显离析时应在摊铺前重新拌匀。储料斗或车厢内壁使用前后应冲洗,卸料时黏在储料斗或车厢上的混凝土拌和物应及时清除。

b. 混凝土拌和物从搅拌机出料后,运输、摊铺、振捣、表面修整,直至铺筑完毕的允许最长时间,由水泥初凝时间及施工气温确定,并应符合表12-10的规定。

拌和物从搅拌机出料至铺筑完毕允许最长时间　　　　　　表12-10

施工气温(℃)	允许最长时间(h)	施工气温(℃)	允许最长时间(h)
5~9	2.0	10~19	1.5
20~29	1.0	30~35	0.75

c. 采用商品混凝土拌和物时,其质量应符合混凝土设计要求。施工现场应进行坍落度测定和混凝土试拌制作,在摊铺现场发现质量问题,应及时与商品混凝土搅拌站联系调整。

(5)混凝土拌和物摊铺、振捣与整平。

①混凝土拌和物摊铺。

a. 混凝土面板厚度大于20cm时,宜分两层摊铺,下层摊铺厚度宜为总厚度的3/5。

b. 采用人工摊铺时,应用铁锹反扣,严禁抛掷和搂耙,防止混凝土拌和物离析。因天气、供电等原因造成一小时以上的停工时,对已铺筑的混凝土面板应在缩缝位置设置施工缝,多余的混凝土拌和物应予废弃。

②混凝土拌和物振捣。

a. 对一次摊铺成型的混凝土,靠边角应先用插入式振捣器顺序振捣,再用平板振动器纵横交错全面振捣。

b. 分两次摊铺的路面混凝土,振捣上层混凝土拌和物时,插入式振捣器应插入下层混凝土拌和物5cm以上;上层混凝土拌和物的振捣必须在下层混凝土拌和物初凝前完成。

c. 插入式振捣器的移动间距不大于其作用半径的 1.5 倍,在模板边缘的距离不应大于作用半径的 0.5 倍,并应避免碰撞模板、传力杆和拉杆。平板式振动器纵、横向振捣时,应重叠 10~20cm。

d. 振捣器在每一位置振捣的持续时间,应以拌和物停止下沉、不再冒气泡并泛出水泥砂浆为限,并不宜过振。用平板振动器振捣时不宜少于 15s;水灰比小于 0.45 时,不宜大于 30s。用插入式振捣器时,不宜大于 20s。振捣时应辅以人工找平。混凝土振捣作业应在混凝土拌和物初凝前完成。

③整平、提浆。

a. 以振动梁拖振整平过程中,对凹陷处应用相同配合比混凝土拌和物填补,严禁用纯砂浆填补。振动梁应平行移动,往返拖振 2~3 遍,使表面泛浆整平,赶出气泡。

b. 经振动梁整平后,再以提浆滚筒往返拉滚提浆,应保持路拱准确。按设计要求的平整度用刮尺刮平,用 3m 直尺检查平整度。

④表面修整。

a. 表面修整时严禁在混凝土上洒水、撒水泥。

b. 表面修整宜分两次进行,先找平混凝土表面;使混凝土表面无泌水时,再作第二次抹平。

c. 当烈日暴晒或干旱风大时,表面修整工作应在遮荫棚下进行。

d. 混凝土抹平后,沿横坡方向进行纹理制作,应根据路面抗滑的设计要求决定槽口的宽度和深度。槽深应为 2~3mm,凹槽的宽度宜为 4~5mm,间隔宜为 10~36mm。制作路面纹理要保持路面平整度。

(6)胀缝施工。

①胀缝应与路面中心线垂直,缝壁垂直于面板,缝隙宽度必须一致,缝中不得连浆。缝隙下部设置接缝板,上部灌入填缝料。相邻车道的胀缝应放在同一断面上。

②胀缝传力杆的活动端,可设在缝的一边或交错布置。胀缝传力杆的支架应准确固定在基层上,固定后的传力杆必须平行于面板及路面中心线,其误差不得大于 5mm。传力杆活动端套管长 10cm,传力杆与套管间隙为 1.0~1.5mm,端部空隙部分填沥青麻絮,活动端传力杆涂刷两遍沥青。

(7)缩缝。

①缩缝有横向缩缝和纵向缩缝两种类型。

②缩缝位置应按设计要求设置(图 12-4)。相邻面板的缩缝均不得错位,并垂直于面板,其垂直度误差不得大于 5mm。

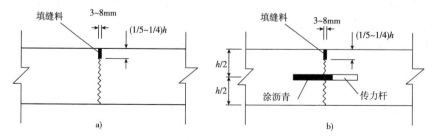

图 12-4 横向缩缝示意图
a)假缝型;b)假缝加传力杆型

③设置传力杆范围内应先铺筑下层混凝土拌和物,大致找平后,安放传力杆。校正位置,再铺筑上层混凝土拌和物。

④锯缝时间一般以混凝土抗压强度达到 5~10MPa 时锯缝为宜,也可按现行规范规定的时间,或根据集料、水泥类型及气候条件等情况通过试锯确定。必要时横向缩缝可间隔 2~3 条缝距先锯一条,再锯其余的缝;城市道路在近井位处的两端横向缝,宜先行锯缝。

(8)施工缝。

①施工缝有横向施工缝和纵向施工缝两种类型。

②横向施工缝的位置与胀缝或横向缩缝位置相吻合。设在胀缝处应按胀缝形式施工。

③横向施工缝采用平缝加传力杆形式,传力杆长度的 1/2 锚固于混凝土中,另 1/2 应涂沥青,允许滑动,如图 12-5a)所示。

④纵向施工缝采用平缝加拉杆形式,两端锚固,其构造如图 12-5b)所示。

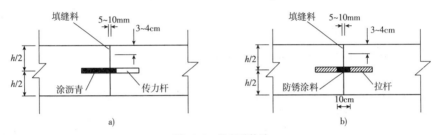

图 12-5 施工缝构造
a)横向施工缝;b)纵向施工缝

⑤按设计要求设传力杆或拉杆,必须平行于面板,并应与缝壁垂直,其偏差控制在 5mm 以内。

⑥铺筑邻板时,对已铺筑混凝土面板的缝壁应涂刷沥青,并应避免涂在拉杆或锚固端的传力杆上,校直拉杆。

(9)养护。

①湿法养护。

在混凝土终凝后,用草袋、麻袋、砂等覆盖于混凝土面板表面,每天应均匀洒水,经常保持潮湿状。

②养护时间应根据混凝土强度增长情况而定,以混凝土强度达到 28d 设计强度的 80% 为准,普通混凝土一般不得少于 14d。

(10)加铺层新旧混凝土面板尽可能对缝,模板拆除时须做锯缝位置标记。

(11)填缝。

①缝槽内要干燥、整洁,缝槽的砂石杂物必须清除,填缝料应与混凝土缝壁黏附紧密不渗水。

②填缝料的灌注高度,夏天宜与板面齐平,冬天宜稍低于板面,多余的或溅到面板上的填缝料应予清除。

③加热施工式填缝料加热时,应不断搅拌均匀,直到规定温度。当气温较低时,应用喷灯加热缝壁。

2. 直接式加铺层

(1)采用直接式加铺层,在摊铺混凝土拌和物前,应在支立好模板的旧混凝土面板上洒水湿润,以保证混凝土拌和物铺筑时的水灰比。

(2)混凝土拌和物的配合比、搅拌、运输、摊铺、振捣、接缝、表面修整、养护、锯缝及开放交通等工序的施工与分离式相同。

（3）直接式加铺层新、旧混凝土面板必须对缝。

3. 结合式加铺层

（1）立模。在边模下预焊一个圆环，钢钎由圆环内打入路肩基层中，中模底部每隔1m用射钉枪喷射钢钉，并在旧混凝土的接缝处打入钢钎加以固定。而后，在中、边模顶部每隔一定距离用活动卡梁辅助固定，活动卡梁可根据浇筑进度和实际需要随时推移装卸。

（2）混凝土的摊铺、振捣、整平和养生与分离式相同。但为了使新、旧混凝土路面间结合良好，振捣工序要认真仔细。平板振捣器每板位置振捣时间不少于 30～40s，振捣重叠 5～10cm。拉杆采用 ϕ14 螺纹钢筋，最大间距 90cm，长度 60cm。

◇ 单元训练

一、填空题

1. 在旧水泥混凝土路面上，加铺的水泥混凝土路面面层，有_____式、_____式和_____式三种。

2. 当旧路面状况分级为"优"，且路面的结构性损坏已经修复、路拱坡度基本符合要求，板的平面尺寸及接缝布置合格时，可采用_____式加铺层。加铺层厚度不小于_____cm。

3. 当旧路面的状况分级为"良"、"中"，且路面的结构性损坏已经修复、路拱坡度基本符合要求，板的平面尺寸和接缝布置合理时，宜采用_____式加铺层。加铺层厚度不小于_____cm。

4. 当旧路面的状况分组为"次"、"差"或新旧混凝土板的平面尺寸不同、接缝位置不完全一致，或新、旧路面的路拱坡度不一致时，均应采用_____式加铺层。加铺层厚度不小于_____cm。

5. 旧混凝土顶面宜铺筑一层隔离层，常见的有：_____、_____、_____、_____。

二、简答题

1. 简述旧水泥混凝土路面技术调查内容。

2. 简述在旧混凝土顶面铺筑一层隔离层的方法和技术要求。

3. 简述水泥混凝土加铺层施工的技术要求与施工工艺。

单元三 钢纤维混凝土加铺层

◇ 单元要点

1. 钢纤维钢筋混凝土加铺层设计；
2. 钢纤维混凝土配合比设计；
3. 钢纤维混凝土施工工艺。

◇ 相关知识

钢纤维混凝土是一种纤维型与颗粒型相混合而成的复合材料，通过其两者之间的界面作用成为一体，在受力过程中两种材料各施所长，显著地提高了混凝土的抗拉强度、抗弯强度与抗剪强度。因此，钢纤维混凝土在动荷载作用下，具有良好的抗冲击性能，优异的抗弯、抗冲击韧性，耐疲劳寿命长，并具有良好的阻止和抑制因温度应力引起裂缝产生与扩展的能力。此外，纤维混凝土也具有良好的抗冻性与耐磨性能。纤维混凝土的这些性能与路面的要求基本一致，因而可减小路面厚度和延长路面的使用年限。

钢纤维混凝土加铺层与普通混凝土加铺层一样，分结合式、直接式、分离式三种形式。钢纤维混凝土路面，除纤维混凝土施工工艺外，与普通混凝土路面加铺层基本相同。

一、钢纤维混凝土加铺层设计

1. 材料的基本要求

钢纤维应选用切削型钢纤维，其抗拉强度不低于550MPa。钢纤维直径一般为0.4~0.7mm，长度与直径之比为50~70。粗集料最大粒径一般为钢纤维长度的1/2，但不大于15mm。

2. 钢纤维混凝土路面设计

(1)钢纤维用量按占混凝土的体积百分率计，一般采用1.0%~1.2%。集料宜选用连续级配。砂率应根据钢纤维用量选择，一般为45%~55%，钢纤维用量多的取高值。

(2)厚度设计。

钢纤维混凝土路面的厚度应通过结构设计确定，也可取普通混凝土路面面板厚度的0.65倍。结合式加铺层厚度不小于5cm，直接式加铺层厚度不小于12cm，分离式加铺层厚度不小于14cm。

(3)接缝设置。

结合式或直接式加铺层的接缝应与原路面相对应。分离式加铺层可不受旧路面限制，横向缩缝间距可为15m，纵、横向施工缝及胀缝的设置与普通混凝土路面相同，全幅摊铺的路面可不设纵缝。

二、钢纤维混凝土配合比设计

进行钢纤维混凝土配合比设计时,首先应计算配制强度,确定钢纤维体积率及水灰比、单位用水量、单位水泥用量及含砂率,应采用绝对体积法计算粗、细集料的用量,最后计算钢纤维用量。

用切削钢纤维增强混凝土修补混凝土路面板块,其配合比设计如下。

1. 计算配制强度

钢纤维混凝土配制强度,按式(12-1)计算:

$$f_{s配} = \frac{f_{s设}}{(1 - ZC_V)} \tag{12-1}$$

式中:$f_{s配}$——切削钢纤维混凝土配制强度;
　　　$f_{s设}$——切削钢纤维混凝土设计强度;
　　　Z——保证率系数,参见表12-11;
　　　C_V——变异系数,参见表12-12。

保证率系数与保证率的关系　　　　表12-11

保证率系数	0.84	1.00	1.04	1.28	1.64	2.00	2.05	2.33
保证率(%)	80	84	85	90	95	97.7	98	99

施工管理等级与变异系数的关系　　　　表12-12

施工管理等级	优秀	良好	一般	不良
变异系数 C_V	<0.10	0.10~0.15	0.15~0.20	>0.20

2. 确定钢纤维体积率 V_s 及水灰比 W/C

修补混凝土的纤维体积率取值,应略高于普通混凝土施工的纤维体积率,以 $V_s = 1.0\%$ ~ 1.5% 为宜。

钢纤维混凝土的水灰比 W/C,可以用式(12-2)计算:

$$\frac{C}{W} = \frac{f_{s配}(kf_c) + 0.0801 - 0.08V_s \cdot L_s/d_s}{0.0802} \tag{12-2}$$

式中:f_c——水泥28d抗压强度;
　　　k——水泥强度富余系数;
　　　L_s/d_s——钢纤维长度与直径之比,以 60~80 为好。

3. 确定单位体积用水量

钢纤维混凝土单位体积用水量,按式(12-3)计算:

$$W' = \frac{722.38}{(\ln T - \ln 0.191 - 44.3V_s)} \tag{12-3}$$

式中:W——单位用水量(kg/m³);
　　　T——工作度,一般取12s。

4. 确定单位体积水泥用量

钢纤维混凝土单位体积水泥用量,按式(12-4)计算:

$$C = \frac{C}{W} \times W' \tag{12-4}$$

5. 确定含砂率

钢纤维混凝土单位体积用砂率,按式(12-5)计算:

$$S_P = \frac{S}{(S+G)} \tag{12-5}$$

式中:S_P——含砂率;
  S——细集料用量(kg/m³);
  G——粗集料用量(kg/m³)。

一般来说,钢纤维增强混凝土的含砂率,应高于普通混凝土,根据工程施工经验,砂率宜在45%左右。

6. 用绝对体积法计算粗、细集料的用量

采用绝对体积法计算钢纤维混凝土粗、细集料用量,可用式(12-6)计算:

$$G/\rho_c + S/\rho_s + G/\rho_g + W + 10\alpha = 100 \tag{12-6}$$

式中:ρ_c——水泥的密度(kg/m³);
  ρ_s——细集料的密度(kg/m³);
  ρ_g——粗集料的密度(kg/m³);
  α——含气量,不采用引气性外加剂时,$\alpha = 1$。

7. 计算钢纤维用量

在钢纤维混凝土中,钢纤维用量按式(12-7)计算:

$$F = V_s \cdot \rho'_s \tag{12-7}$$

式中:F——钢纤维用量(kg/m³);
  ρ'_s——钢纤维相对密度(kg/m³)。

配合比调整方法与普通混凝土配合比调整方法相同。

三、切削法钢纤维混凝土配合比计算实例

1. 已知条件

水泥:42.5 级普通硅酸盐水泥,$\rho_c = 3.15 \text{kg/m}^3$。

细集料:中砂,$\rho_s = 2.68 \text{kg/m}^3$。

粗集料:碎石,粒径 5~20mm,$\rho_g = 2.70 \text{kg/m}^3$。

钢纤维长径比:$L_s/d_s = 64$。

配制 $f_{s设} = 7$MPa 的钢纤维混凝土,混合料工作度 $T = 12$s,强度保证率 85%,施工水平良好。

2. 确定配制强度

$$f_{s配} = \frac{f_{s设}}{(1 - ZC_V)} = \frac{7.0}{1 - 1.04 \times 0.12} = 8.0(\text{MPa})$$

3. 确定 W/C

$$\frac{C}{W} = \frac{f_{s配}(kf_c) + 0.0801 - 0.08V_s \cdot L_s/d_s}{0.0802} = 2.04$$

$$W/C = 0.50$$

4. 确定单位体积用水量 W'

设 $V_s = 1\%$,$T = 12$s,则:

$$W' = \frac{722.38}{(\ln T - \ln 0.191 - 44.36 V_s)} = 195.4 (\text{kg/m}^3)$$

5. 计算单位体积水泥用量 C

$$C = C/W \times W' = 2.04 \times 195.4 = 399 (\text{kg/m}^3)$$

6. 确定含砂率

$$S_P = \frac{S}{(S+G)} = 0.45$$

7. 计算砂石用量

$$\begin{cases} \dfrac{C}{\rho_c} + \dfrac{G}{\rho_g} + \dfrac{S}{\rho_s} + W + 102 = 1000 \\ \dfrac{S}{S+G} = 0.45 \end{cases}$$

已知,C:992kg;S:812kg,则:

$$C:S:G = 1:2.1:2.59$$
$$W/C = 0.55$$

8. 钢纤维用量

已知,$V_s = 1\%$,$F = V_s \cdot \rho'_s = 0.01 \times 7800 = 78(\text{kg/m}^3)$,经配合比调整,得到钢纤维混凝土的最终配合比为:

$$C:S:G = 1:2:2.59$$
$$W/C = 0.55$$
$$F = 78 \text{kg/m}^3$$

四、钢纤维混凝土施工工艺

钢纤维混凝土路面板质量的优劣,很大程度上取决于施工质量。在纤维混凝土施工中,除应满足普通混凝土路面施工的一般要求外,还应注意以下几个环节。

1. 设置纤维分散装置

由于钢纤维一次性直接投入搅拌机易出现结团现象,为了使钢纤维充分分散,国外经常将钢纤维通过分散机再进入搅拌机。常用的钢纤维分散机有振动式、摇拨式、筛筒旋转式和离心式等几种类型。机器功率多为 0.75~1.0kW,分散力一般为 20~60kg/min。因使用分散机使钢纤维水泥混凝土搅拌时间延长 3~6min,影响工程进度,通常施工时在料斗入口处设置振动筛。

2. 采用强制式搅拌机

自落式搅拌机出料速度慢,滚动时钢纤维极易结团,一般最好使用强制式搅拌机和双锥反转出料搅拌机。

3. 搅拌投料顺序及搅拌时间

当干燥的水泥堆在纤维上部时,水泥会渗进纤维骨架内进入搅拌机,一经搅拌易形成内包干燥水泥的钢纤维球。为了防止钢纤维结团,需采取分级投料、先干后湿的工艺。即按如下顺序进料:

投放瓜子片→1/4 钢纤维→1/2 砂→水泥→1/2 砂→1/4 钢纤维→1/2 碎石→1/4 钢纤维→1/2 碎石→1/4 钢纤维。混合料需先干拌 1min,然后加水湿拌 2min。

4. 振捣成型工艺

因使用插入式振捣棒插入钢纤维混凝土进行振捣,会使钢纤维朝振动着的振动棒聚集,产生集束效应,为确保钢纤维的二维分布,宜使用平板振捣器振捣成型。为保证边角混凝土密实,可将振捣棒顺路线方向插入拖动。钢纤维成纵向条状集束,使钢纤维的排列有利于抵抗板体收缩应力、温度应力及荷载应力的传递。

5. 抹面、压纹

钢纤维混凝土具有粗集料细、砂率大、纤维乱向分布等特点,施工时宜采用真空吸水工艺,机械抹平,阻止纤维外露。采用刻槽机刻槽工艺可以避免压纹或拉毛产生的平整度差和纤维外露等现象。

6. 养护

对钢纤维混凝土路面,采用养护剂进行养生。

7. 接缝施工

钢纤维混凝土收缩性小,抗裂性能好,有条件封闭交通的施工路段,采用混凝土摊铺机可做成整幅式,不设纵缝。钢纤维混凝土浇筑养生达设计强度50%后方可对老混凝土路面的缩缝每隔15m切一道缩缝。缝深为$(1/4 \sim 1/3)h$,清缝,灌入接缝材料。

◇单元训练

一、填空题

1. 钢纤维钢筋混凝加铺层中,钢纤维应选用_____钢纤维,其抗拉强度不低于_____MPa

   钢纤维直径一般为_____ ~ _____mm,长度与直径之比为_____。粗集料最大粒径一般为钢纤维长度的_____,但不大于_____mm。

2. 钢纤维用量按占混凝土的体积百分率计,一般采用_____。集料宜选用连续级配。砂率应根据钢纤维用量选择,一般采用_____,钢纤维用量多的取高值。

3. 钢纤维混凝土路面的厚度应通过结构设计确定,也可取普通混凝土路面面板厚度的_____倍,结合式加铺层厚度不小于_____cm,直接式加铺层厚度不小于_____cm,分离式加铺层厚度不小于_____cm。

4. 钢纤维用量按占混凝土的体积百分率计,一般采用_____% ~ _____%。集料宜选用连续级配。砂率应根据钢纤维用量选择,一般采用_____% ~ _____%,钢纤维用量多的取高值。

二、简答题

1. 简述钢纤维混凝土配合比设计步骤。

2. 简述钢纤维混凝土施工工艺

单元四　钢筋混凝土加铺层

◇单元要点

1. 钢筋混凝土加铺层设计；
2. 钢筋混凝土面板施工。

◇相关知识

钢筋混凝土加铺层适用于一般路段。

一、钢筋混凝土加铺层设计

1. 厚度设计

钢筋混凝土路面的厚度，可按普通混凝土路面厚度设计的各项规定进行设计。

2. 钢筋量与钢筋布置

(1)每延米板的配筋量，可按式(12-8)确定。

$$A = \frac{3.2L_s h}{F_s y} \tag{12-8}$$

式中：A——每延米板所需的钢筋面积(cm^2)；

　　　L_s——计算纵向钢筋时，为横缝间距(m)；计算横向钢筋时，为纵缝之间或纵缝与自由边之间的距离(m)；

　　　h——面板厚度(cm)；

　　　f_{sy}——钢筋的屈服强度(MPa)，按表12-13选用。

钢筋的强度　　　　　　　表12-13

钢筋种类		屈服强度f_{ay}(MPa)
Ⅰ级		235
Ⅱ级	$d > 15mm$	335
	$d < 28mm$	315

(2)纵、横向钢筋宜采用相同的直径。钢筋网的最小间距应为集料最大粒径的2倍。钢筋的最大间距和最小直径，一般应符合表12-14的规定。钢筋的搭接长度宜大于其直径的25倍。钢筋应设在板面下1/3~1/2板厚位置。外侧钢筋中心距接缝或自由边的距离为10~15cm。钢筋保护层的最小厚度不应小于5cm。

钢筋最小直径和最大间距		表 12-14
钢筋类型	光面钢筋	螺纹钢筋
最小直径(mm)	8	12
纵向最大间距(mm)	15	35
横向最大间距(mm)	30	75

(3)接缝设置。

横向缩缝间距应根据当地具体条件论证确定。其间距一般为 10～20cm，最大不得超过 30cm，并应设置传力杆。纵缝、胀缝和施工缝的设置及构造与普通混凝土路面相同。

二、钢筋混凝土面板施工

用于钢筋混凝土路面的钢筋应符合设计要求，原材料、集料的级配范围应符合规定。混凝土的配合比设计应符合规范有关规定。

1. 钢筋网制作

(1)钢筋制作。

钢筋网片网眼的尺寸应符合设计要求。钢筋加工、焊接、绑扎应符合现行国家标准的有关规定。

(2)钢筋网片安放。

①安放单层钢筋网片时，应在钢筋网片设计位置的底部先摊铺一层混凝土拌和物，进行整平后，安放钢筋网片，再铺筑混凝土拌和物。

②安放双层钢筋网片时，先摊铺下层混凝土拌和物，按设计位置安放下层钢筋网片，摊铺中层混凝土拌和物后，按设计位置安放上层钢筋网片，最后再摊铺上层混凝土拌和物。

2. 接缝施工

横向缩缝间距应符合设计规定，并设置传力杆。纵缝、胀缝和施工缝施工应符合规定。

◇单元训练

1. 钢筋混凝土加铺层适用于_____路段。
2. 纵、横向钢筋宜采用_____的直径。钢筋网的最小间距应为集料最大粒径的_____倍。钢筋的搭接长度宜大于其直径的_____倍。钢筋应设在板面下_____～_____板厚位置。外侧钢筋中心距接缝或自由边的距离为_____～_____cm。钢筋保护层的最小厚度不应小于_____。
3. 横向缩缝间距应根据当地具体条件论证确定。其间距一般为_____cm，最大不得超过_____cm，并应设置_____。

单元五 连续配筋混凝土加铺层

◇单元要点

1. 连续配筋加铺层设计；
2. 连续配筋混凝土加铺层施工。

◇相关知识

一、连续配筋加铺层设计

1. 厚度设计

连续配筋混凝土加铺层适用于高速公路和一级公路。连续配筋混凝土路面的厚度与普通混凝土路面厚度设计相同。

2. 配筋设计

(1)纵向、横向钢筋应采用螺纹钢筋,其直径为 12～20mm。纵向钢筋配筋率按式(12-9)确定,一般控制在 0.5%～0.7%。最小配筋率,一般地区为 0.5%,冰冻地区为 0.6%。横向钢筋用量可取纵向钢筋用量的 1/8～1/5。纵向钢筋配筋率为:

$$\beta = \frac{E_c f_{cm}}{2E_c f_{sy} - E_s f_{cm}}(1.3 - 02\mu) \times 100 \tag{12-9}$$

式中:β——纵向钢筋配筋率(%);

f_{cm}——混凝土设计弯拉强度(MPa)

f_{sy}——钢筋屈服强度(MPa);

μ——面板与基层之间的摩阻系数,一般取 1.5。

(2)钢筋布置。

①纵向钢筋间距不小于 10cm,不大于 25cm。

②横向钢筋间距不大于 80cm。

③纵向钢筋焊接长度,单面焊不小于 10cm 或钢筋直径的 10 倍,双面焊不小于钢筋直径的 5 倍。焊接位置相互错开,不应在一个断面上重叠。

④纵向钢筋应放在面板厚度的 1/3～1/2 处,横向钢筋位于纵向钢筋之下。

⑤边缘钢筋至板边的距离一般为 10～15cm。

二、连续配筋混凝土加铺层施工

1. 材料基本要求

用于连续配筋混凝土面板中的纵向、横向钢筋,应符合设计要求。所有原材料的技术要求,集料的级配范围均应符合规范有关规定。

2. 混凝土配合比

连续配筋混凝土配合比应符合规范有关规定。

3. 连续配筋混凝上面板施工

(1)钢筋设置。

①纵向钢筋的焊接,应采用闪光对焊或电弧焊,焊接的接头形式、焊接工艺和质量验收应符合现行有关施工技术规范的规定。接头位置应相互错开。

②横向钢筋一般宜放置于纵向钢筋之下,纵筋与横筋应垂直相交,可用铁丝绑扎成型。

③钢筋布置应符合设计要求,并以足够的与面板同强度等级预制混凝土小块支撑定位。

(2)混凝土拌和物的搅拌与运输。

连续配筋混凝土面板的施工组织安排必须连续作业,搅拌与运输各个环节应严格控制含水率,运输应优先选用自卸汽车。

(3) 混凝土拌和料的摊铺与振捣。

①摊铺前应在基层表面洒水,摊铺顺序应严格安排,前后各道工序应紧密衔接,避免高温施工。

②拌和物的摊铺宜采用摊铺机。当采用人工摊铺时,应注意防止扰动钢筋的正确位置。

③振捣应符合规范有关规定。

④每段施工中不得有任何接缝,如在摊铺时因故中断,必须设置施工缝时,可采用平缝,纵缝钢筋仍应保持连续,并穿过接缝,增设拉杆。

4. 端部处理

(1) 当连续配筋混凝土面板与其他路面结构、桥梁或涵洞等人工构造物连接时,必须进行端部处理。

(2) 端部处理方法有:矩形地梁锚固,混凝土灌注桩锚固,宽翼缘工字梁接缝,连续设置胀缝等。

(3) 端部处理应按设计要求施工,确保锚固效果。当采用地梁锚固时,锚固段按设计的结构尺寸开挖地槽,应不扰动两侧基(垫)层及土基,浇筑混凝土拌和物时,可不设侧模;当采用灌注桩锚固时,桩顶应与混凝土面板连成整体;当采用宽翼缘工字梁端部接缝时,应确保搁置在枕垫板上的连续配筋混凝土路面板端部可自由滑动,它与工字钢连接的部位以胀缝填缝料填塞。

5. 接缝处置

(1) 一次铺筑宽度为4.5m时,应增设纵向缩缝。纵向缩缝采用假缝,但纵缝不另设拉杆,由一侧面板的横向钢筋延伸穿过纵缝代替拉杆。

(2) 横向施工缝宜尽量少设。施工中断设置施工缝时,可采用平缝,纵向钢筋应保持连续,穿过接缝。

(3) 胀缝构造与普通混凝土路面相同。

6. 表面修整与养护

混凝土表面修整与面板混凝土养护,按现行技术规范规定执行。

◇单元训练

一、填空题

1. 连续配筋混凝土加铺层适用于_____和_____公路。连续配筋混凝土路面的厚度与普通混凝土路面厚度设计相同。

2. 连续配筋混凝土加铺层纵向、横向钢筋应采用_____钢筋,其直径为_____mm。

3. 钢筋布置:①纵向钢筋间距不小于_____cm,不大于_____cm。②横向钢筋间距不大于_____cm。③纵向钢筋焊接长度,单面焊不小于_____cm或钢筋直径的_____倍,双面焊不小于钢筋直径的_____倍。焊接位置相互错开,不应在一个断面上重叠。④纵向钢筋应放在面板厚度的_____~_____处,横向钢筋位于纵向钢筋之下。⑤边缘钢筋至板边的距离一般为_____~_____cm。

4. 纵向钢筋的焊接,应采用_____焊或_____焊,焊接的接头形式、焊接工艺和质量验收应符合现行有关施工技术规范的规定。接头位置应_____。

二、简答题

简述连续配筋混凝土加铺层施工技术要求。

单元六　沥青混凝土加铺层

◇ 单元要点

1. 反射裂缝的防治;
2. 沥青混凝土加铺层施工。

◇ 相关知识

水泥混凝土路面在使用过程中,出现了磨光、露骨、错台等病害,为提高水泥混凝土路面的路用性能,可加铺沥青混凝土面层。

一、水泥混凝土路面病害处理

在加铺沥青混凝土路面之前,首先必须对旧的水泥混凝土路面病害进行调查处理。根据水泥混凝土路面调查结果,确定水泥混凝土路面的维修方法。

(1) 对破碎的混凝土板块进行翻修。
(2) 对局部损坏的混凝土板块进行挖补。
(3) 对板下脱空的板块,采取板下封堵的方法进行压浆。
(4) 对水泥混凝土路面接缝进行清缝灌缝。
(5) 用压缩空气清洗混凝土面板,必须清除水及杂物。
(6) 在错台位置,在下沉混凝土板块上按 $0.6kg/m^2$ 喷洒黏层沥青,摊铺细粒式沥青混凝土调平层。

二、反射裂缝的防治

沥青混凝土加铺层的关键作用是减少或延缓反射裂缝的发生。处治反射裂缝通常采取土工布、土工格栅、改性沥青油毡、切缝填封橡胶沥青、铺筑柔性基层、半刚性基层六种方法。

1. 土工布隔离层

土工布隔离层施工技术要求如下:

(1) 在混凝土面板上喷洒黏层热沥青,沥青温度为 150~170℃,沥青用量为 $1.1kg/m^2$,黏层沥青喷洒范围要比土工布宽 5~10cm。
(2) 在起始端用垫片加水泥钉固定土工布,然后拉紧。
(3) 将支撑棒插入土工布卷调节制动器,然后提高布卷,展开大约 5~10m 土工布,土工布卷一端与路面边缘成一直线,拉紧土工布,然后将土工布放下,铺在黏层沥青上。

(4)一卷土工布与另一卷土工布连接(首、尾连接),沿铺布方向搭接15cm。土工布连接处应喷洒黏层沥青。相邻两卷土工布边与边的搭接也应沿铺布方向搭接,要确保土工布浸透沥青。土工布施工温度要大于10℃。

(5)弯道上摊铺土工布,可用剪刀将土工布剪开,然后再搭接起来。

(6)土工布铺好后,沥青混凝土摊铺应立即开始,每天能铺多少沥青混凝土路面,就铺多少土工布。

(7)应采用全路幅施工,以避免产生纵向施工缝。

(8)严禁非施工车辆在土工布上行驶,沥青混凝土运料车不得在土工布上转弯、掉头、制动,只能在土工布上倒行。

(9)沥青混凝土面层应采用10t以上的压路机碾压。

2. 土工格栅隔离层施工

土工格栅隔离层沥青混凝土面层,必须采用玻璃纤维格栅,其施工要求如下:

(1)在清洁干燥的路面上,按 $0.6kg/m^2$ 的标准喷洒黏层油。

(2)目前,常用的玻璃纤维格栅,有带自黏胶和不带自黏胶两种。带自黏胶的可直接在平整清洁的路面上铺设,不带自黏胶的通常采用水泥钉加垫片固定。

(3)玻璃纤维格栅,可由拖拉机或汽车改装的专用设备进行铺设,也可进行人工铺设。玻璃纤维格栅每卷产品的卷筒两端,各标有橙色和蓝色标记,开始铺设之前,应选择胶面向下,确定上述标记颜色各在某一端,这样能更方便施工,而不致将胶面铺错。玻璃纤维格栅铺设时,应保持其平整、拉紧,不得有起皱现象,使格栅具备有效的张力,铺完一层再用干净的胶轮压路机碾压一遍。

(4)不带自黏胶的玻璃纤维格栅通常采用钢钉固定法。

①准备50mm×50mm×0.3mm的固定铁皮垫片,要求平整不翘角,周边宜倒角处理;配备5cm长的水泥钢钉。

②用铁皮和钉子将玻璃纤维格栅固定在已洒布黏层沥青的结构层上,钉子可用锤击或射钉枪射入。钢钉位置宜设于接缝处。再将玻璃纤维格栅纵向拉紧,并分段固定,每段长度为2~5m。也可按缩缝间距分段,要求玻璃纤维格栅拉紧时玻璃纤维纵横向均处于挺直紧张状态。

(5)格栅搭接。

①纵向接头搭接距离不小于20cm。

②横向接头搭接距离不小于15cm。

③纵向搭接应根据沥青摊铺方向将前一幅置于后一幅之上。

(6)固定格栅时,不能将钉子钉于玻璃纤维上,也不能用锤子直接敲击玻璃纤维,固定后如发现钉子断裂或铁皮松动,则需予以重新固定。

(7)玻璃纤维格栅铺设固定完毕后,必须用胶轮压路机适度碾压稳定,使格栅与原路表面黏结牢固。

(8)禁止非施工车辆在格栅上行驶,严格控制运送混合料的车辆出入,在玻璃纤维格栅层上禁止车辆转向、制动和直接倾泻混合料,以防止对玻璃纤维格栅的损坏。

(9)玻璃纤维格栅背胶易溶于水,雨天或路面潮湿时不得进行施工。

(10)玻璃纤维格栅施工时,工人须戴防护手套,以免对人体产生刺激性作用。

(11)在玻璃纤维格栅铺设过程中,若发现路面有较小的坑塘没有填平,可将铺好的格在对应坑塘的部分剪开,并用沥青混凝土填平,以便在铺上层沥青混合料时能保证均匀的压实度。

(12)玻璃纤维格栅铺设时,要求气温大于10℃,沥青加铺层的最小厚度为4cm。

3. 聚酯改性沥青油毡

聚酯改性沥青油毡施工技术要求如下:

(1)将聚酯改性沥青油毡切割或50cm宽的长条带。

(2)用压缩空气清除接缝及缝两侧各30cm范围内的灰尘及杂物。

(3)将接缝内灌入接缝材料。

(4)将油毡放在接缝处及缝两侧各25cm的位置,薄膜面向下,然后用喷灯烘烤油毡底面,当烘烤到薄膜熔化,毡底有光泽并发黑且有一层薄的熔融层时,再用推杆压实油毡,使油毡与底层黏结,按此方法铺好第一卷。

(5)在油毡接头搭接部分,结合部搭接宽度为10cm,用喷灯烘烤熔融后将油毡压紧,要使上、下层油毡紧密结合在一起。

(6)非施工车辆不得在油毡上行驶。

(7)在沥青层摊铺前,要在油毡上覆盖一层沥青砂。

(8)若发现油毡脱皮,应使用喷灯烘烤,用推杆压实。

4. 沥青层锯缝填缝

沥青层锯缝填缝施工技术要求如下:

(1)按旧水泥混凝土路面平面图,确定水泥混凝土板的接缝位置。

(2)在沥青层已确定的接缝上方,锯切深1.0cm、宽0.3cm的缝。

(3)用压缩空气,将锯缝吹干净,并保持干燥。

(4)用橡胶沥青将缝内填平。

5. 柔性基层

沥青碎石基层作为一种柔性结构层,具有很强的柔性和变形能力,作为应力消散层,可以有效地减少路面结构中的应力集中现象,大大延缓路面反射裂缝的发生。另一方面,沥青碎石基层可以与沥青面层黏结牢固,并且由于沥青碎石与沥青混凝土模量接近,路面结构受力更加均匀。

(1)沥青碎石目标配合比设计。

沥青碎石目标配合比设计,采用大马歇尔方法,大马歇尔击实采用双面各击112次,配合比设计参考级配见表12-15。

沥青碎石基层级配范围   表12-15

项 目	下列筛孔的通过率(%)							
筛孔尺寸(mm)	31.5	26.5	19.0	13.2	9.5	4.75	2.36	0.075
通过率(%)	100	90~100	70~90	55~75	40~60	25~45	15~35	0~5

在对沥青碎石目标配合比设计时,根据原材料筛分结果来计算级配,以油石比3.0%、3.5%、4.0%、4.5%分别使试件成型,并测定或计算相应的马氏指标,确定5.5%的空隙率下的油石比作为最佳油石比。设计出最佳油石比下沥青碎石混合料马歇尔指标,应满足表10-16的标准。

沥青碎石混合料马歇尔标准　　表12-16

马氏指标级配	空隙率(%)	饱和度(%)	稳定度(kN)	流值(0.1mm)	矿料间隙率(%)	浸水马歇尔残留稳定度(%)
AM—25	5.5	50.65	>20	50.70	>33	>70

沥青混合料试验参照现行《公路工程沥青及沥青混合料试验规程》(JTJ 052—2000)。

沥青碎石目标配合比设计,须进行抗压回弹模量及高温稳定性检验,抗压回弹模量指标大于800MPa。试验方法采用单轴压缩法,试验温度为20℃;高温稳定性采用车辙试验验证,其作为目标配合比设计参考指标。

(2)生产配合比设计阶段。

①确定各热料仓矿料和矿粉的用量。

必须对从二次筛分后进入各热料仓的矿料取样进行筛分。根据筛分结果,通过计算使矿质混合料的级配符合表12-15的规定,以确定各热料仓矿料和矿粉的用料比例,供拌和机控制室使用,同时反复调整冷料仓进料比例,以达到供料均衡。

②确定最佳油石比。

取目标配合比设计的最佳油石比OAC和OAC±0.3%三个油石比,取以上计算的矿质混合料,用试验室的小型拌和机拌制沥青混合料进行马歇尔试验,确定生产配合比的最佳油石比。如果三组沥青混凝土各项技术指标(除空隙率外)均符合规定,则取中间值OAC为生产配合比的最佳油石比;否则应再补做增减油石比的沥青混合料试验,以选定适宜的最佳油石比。

③残留稳定度检验。

按以上生产配合比,用室内小型拌和机拌制沥青混合料,做浸水48h马歇尔试验,检验残留稳定度,必须满足表10-16的规定。

(3)试拌阶段。

用生产配合比进行试拌,沥青碎石混合料的技术指标合格后铺筑试铺段。取试拌用的沥青混合料进行马歇尔试验检验和沥青含量、筛分试验检验,由此确定正常生产用的标准配合比。

试件成型温度,应由沥青等黏温曲线确定。在缺乏沥青黏度条件时,参照以下温度成型:开始击实时温度不低于140~145℃,试模应按规定预热。

沥青混合料试件密度试验方法统一用表干法的毛体积密度。

计算沥青混合料最大理论密度时,应采用实测法,如无条件实测,统一用集料的表观相对密度计算最大理论密度。

试件的配料、拌和均应单个进行,以确保试验结果的准确性。

(4)试铺。

正式施工前,需先做试铺路段。施工单位通过合格的沥青混合料组成设计、生产配合比设计、试拌后,拟订试铺路段铺筑方案,采用重新调试的正式施工机械,铺筑试铺路段。试铺路段长度不少于200m。

试铺路段施工分为试拌和试铺两个阶段,需要决定的内容包括:

①根据与各种机械的施工能力相匹配的原则,确定适宜的施工机械,按生产能力决定机械数量与组合方式。

②通过试拌决定:

a. 拌和机的操作方式——如上料速度、拌和数量与拌和时间、拌和温度等。

b. 验证沥青混合料的配合比设计和沥青混合料的技术性质,决定正式生产用的矿料配合比和油石比。

③通过试铺决定:

a. 摊铺机的操作方式——摊铺温度、摊铺速度、初步振捣夯实的方法和强度、自动找平方式等。

b. 压实机具的选择、组合,压实顺序、碾压温度、碾压速度及遍数。

c. 施工缝处理方法。

d. 沥青碎石混合料的松铺系数。

④确定施工产量及作业段的长度,修订施工组织计划。

⑤全面检查材料及施工质量是否符合要求。

试铺段的铺筑过程中,监理工程师应一起参加,检查施工工艺、技术措施是否符合要求,测温、观色、取样并记录试验与检测结果,检查各种技术指标情况,对出现的问题提出改进意见。

试铺段的质量检查频率应根据需要比正常施工时要适当增加(一般增加一倍)检查次数。试铺结束后,试铺段应基本无离析和石料压碎现象,经检测各项技术指标均应符合规定要求。

(5)施工。

①把好原材料质量关。

a. 要注意粗、细集料和填料的质量,对不合格的矿料,不准运进拌和厂。

b. 堆放各种矿料的地坪必须硬化,并具有良好的排水系统,避免材料被污染;各品种材料间应用墙体隔开,以免相互混杂。

c. 细集料及矿粉宜覆盖,细集料潮湿将影响喂料数量和拌和机产量。

②沥青混合料的拌制。

a. 严格掌握沥青和集料的加热温度以及沥青混合料的出厂温度。集料温度应比沥青高10~15℃,热混合料成品在储料仓储存后,其温度下降不应超过10℃,储料仓的储料时间不得超过72h。沥青碎石混合料的施工温度控制范围见表12-17。

沥青混合料的施工温度(℃)　　　　表12-17

	沥青加热温度	150~160
	矿料温度	170~180
	混合料出厂温度	正常范围155~165,超过190者作废
	混合料运输到现场的温度	不低于150
摊铺温度	正常施工	不低于150,不超过165
碾压温度	正常施工	130~150,不低于110
碾压终了温度	钢轮压路机	不低于80

b. 拌和楼控制室要逐盘打印沥青及各种矿料的用量和拌和温度,并定期对拌和楼的计量和测温进行校核;没有材料用量和温度自动记录装置的拌和机不得使用。

c. 拌和时间由试拌确定。必须使所有集料颗粒全部裹覆沥青结合料,并以沥青混合料拌和均匀为度。

d. 要注意目测检查混合料的均匀性,及时分析异常现象,如混合料有无花白、冒青烟和离析等现象。如确认是质量问题,应作废料处理并及时予以纠正。

e. 每台拌和机每天上午、下午各取一组混合料试样做马歇尔试验,用抽提筛分试验检验油石比、矿料级配。

油石比与设计值的允许误差为 −0.3% ~ +0.3%。

石料级配与生产配合比设计标准级配的允许差值如下:

  0.075mm   ±2%
  ≤2.36mm   ±6%
  ≥4.75mm   ±8%

f. 每天结束后,用拌和楼打印的各料数量,以总量控制,以各仓用量及各仓级配计算平均施工级配、油石比与施工厚度和抽提结果进行校核。

g. 每周分析一次检测结果,计算油石比、各级矿料通过量和沥青混合料物理力学指标检测结果的标准差和变异系数,检查生产是否正常。

③沥青混合料的运输。

a. 采用数字显示插入式热电偶温度计检测沥青碎石混合料的出厂温度和运到现场的温度。

插入深度要大于 150mm。在运料卡车侧面中部设专用检测孔,孔口距车厢底面约 300mm。

b. 拌和机向运料车放料时,汽车应前后移动,分几堆装料,以减少粗集料的分离现象。

c. 沥青碎石混合料运输车的运量应较拌和能力和摊铺速度有所富余,摊铺机前方应有五辆运料车等候卸料。

d. 运料车应有篷布覆盖设施,以保温或避免污染环境。

e. 连续摊铺过程中,运料车在摊铺机前 10 ~ 30cm 处停住,不得撞击摊铺机。卸料过程中运料车应挂空挡,靠摊铺机推动前进。

④沥青碎石混合料的摊铺。

a. 摊铺机的摊铺速度应根据拌和机的产量、施工机械配套情况及摊铺厚度、摊铺宽度,按 2 ~ 4m/min 予以调整选择,做到缓慢、均匀、不间断地摊铺。

b. 用机械摊铺的混合料未压实前,施工人员不得进入踩踏。一般不用人工不断地整修,只有在特殊情况下,如局部离析,需在现场主管人员指导下,允许用人工找平或更换混合料。缺陷较严重时应予铲除,并调整摊铺机或改进摊铺工艺。

c. 摊铺机应调整到最佳工作状态。调好螺旋布料器两端的自动粒位器,并使料门开度、链板送料器的速度和螺旋布料器的转速相匹配。螺旋布料器的料置以略高于螺旋布料器 2/3 为度,使熨平板的挡板前混合料的高度在全宽范围内保持一致,避免摊铺层出现离析现象。

d. 检测松铺厚度是否符合规定,以便随时进行调整。摊前熨平板应预热至规定温度。摊铺机熨平板必须拼接紧密,不许存有缝隙,防止卡入粒料将铺面拉出条痕。

e. 摊铺遇雨时,立即停止施工,并清除未压实成型的混合料。遭受雨淋的混合料应废弃,不得卸入摊铺机摊铺。

⑤沥青混合料的压实成型。

a. 沥青碎石混合料的压实是保证基层质量的重要环节,应选择合理的压路机组合方式及碾压步骤。为保证压实度和平整度,初压应在混合料不产生推移、开裂等情况下尽量在摊铺后较高温度下进行。在石料易于压碎的情况下,原则上钢轮压路机不开振,以25t重型轮胎压路机碾压为主。

b. 压路机应以缓慢而均匀的速度碾压,压路机的适宜碾压速度随初压、复压、终压及压路机的类型而定,按表12-18选用。

压路机碾压速度(km/h)　　　　　　表12-18

压路机类型	初 压		复 压		终 压	
	适宜	最大	适宜	最大	适宜	最大
钢筒式压路机	2~3	4	3~5	6	3~6	6
轮胎压路机	2~3	4	3~5	6	4~6	8
振动压路机	2~3 (静压或振动)	3 (静压或振动)	3~4.5 (振动)	5 (振动)	3~6 (静压)	6 (静压)

c. 为避免碾压时混合料推挤产生拥包,碾压时应将驱动轮朝向摊铺机;碾压路线及方向不应突然改变;压路机起动、停止必须减速缓行,不准中途制动。压路机折回不应处在同一横断面上。

d. 在当天碾压的尚未冷却的沥青碎石基层上,不得停放压路机或其他车辆,并防止矿料、油料和杂物散落在其上。

e. 要对初压、复压、终压段落设置明显标志,便于司机辨认。对松铺厚度、碾压顺序、压路机组合、碾压遍数、碾压速度及碾压温度应设专人管理和检查,做到既不漏压也不超压。

f. 压实完成12h后,方能允许施工车辆通行。

⑥施工缝的处理。

a. 纵向施工缝。

采用两台摊铺机成梯队联合摊铺方式的纵向接缝,应采用斜接缝,在前面已摊铺混合料部分留下10~20cm宽暂不碾压,作为后一台摊铺机和高程基准面,并有5~10cm左右的摊铺层重叠,以热接缝形式在最后作跨接缝碾压以消除缝迹。如果两台摊铺机相隔距离较短,也可作一次碾压。上、下层纵缝应错开15cm以上。

b. 横向施工缝。

横向施工缝全部采用平接缝。用3m直尺沿纵向位置,在摊铺段端部的直尺呈悬臂状,以摊铺层与直尺脱离接触处定出接缝位置,用锯缝机割齐后铲除;继续摊铺时,应将接缝锯切时留下的灰浆冲洗干净,涂上少量黏层沥青,摊铺机熨平板从接缝处起步摊铺;碾压时用钢轮压路机进行横向压实,从先铺路面上跨缝逐渐移向新铺面层。

(6)施工阶段的质量管理。

①原材料的质量检查:包括沥青、粗集料、细集料、填料。

②混合料的质量检查:包括油石比、矿料级配、稳定度、流值、空隙率、残留稳定度;混合料出厂温度、运到现场温度、摊铺温度、初压温度、碾压终了温度;混合料拌和均匀性。

③面层质量检查包括:厚度、平整度、宽度、高程、横坡度、压实度、横向偏位;摊铺的均匀性。

压实度是重要控制指标,要求马歇尔标准密度的压实度不小于96%,现场空隙率控制在10%范围之内。

6. 半刚性基层

(1)采用二灰碎石、水泥稳定碎石等半刚性基层,其基层的厚度不小于15cm。

(2)基层施工按《公路路面基层施工技术规范》(JTJ 034—2000))执行。

(3)在基层上做沥青下封层。沥青下封层按《公路沥青路面施工技术规范》(JTG F40—2004))执行。

三、沥青混凝土加铺层典型结构

近年来,国内对水泥混凝土路面加铺沥青混凝土施工技术进行了积极的探索,取得了许多成果,积累了很多宝贵的经验。归纳起来可分为以下五种典型结构。

(1)水泥混凝土基层,贴改性沥青油毡,加沥青砂调平层,铺玻璃纤维隔栅,加沥青混凝土面层。

工程实例:南京—扬州高速公路,水泥混凝土路面改造工程,加铺层总厚度为12cm。

其中:沥青砂2cm,(AC—25I)6cm,(SMA—16)改性沥青4cm。

(2)水泥混凝土刚性底基层,加半刚性基层,加沥青下封层,铺玻璃纤维格栅,加沥青混凝土面层。

工程实例:南京—扬州高速公路,水泥混凝土路面改造工程,加铺层总厚度为26cm。

其中:二灰碎石15cm,沥青下封层1cm,(AC—25)6cm,(SMA—16)改性沥青4cm。

(3)水泥路面作为刚性底基层,加沥青碎石柔性基层,加沥青混凝土面层。

工程实例:南京—连云港高速公路,水泥混凝土路面改造工程,加铺层总厚度为24.5cm。

其中:(AC—10)2.5cm,(LSM—25)10cm,(Sup—25)8cm,(SMA—13)改性沥青4cm。

二灰碎石20cm,沥青下封层1cm,(AC—25I)6cm,(AC—20I)5cm,(SMA-13)改性沥青4cm。

(4)水泥混凝土碎块底基层,加沥青贯入过渡层,加半刚性基层,加沥青混凝土面层。

工程实例:南京—句容二级公路大修,水泥混凝土路面改造工程,加铺层总厚度为47.5cm。

其中:沥青贯入5cm,二灰碎石32cm,沥青下封层1.5cm;(AC—20I)5cm;(SMA-13)改性沥青4cm。

◇单元训练

一、填空题

1. 沥青混凝土加铺层的关键作用是减少或延缓反射裂缝的发生。处治反射裂缝通常采取_____、_____、_____、_____、_____、_____六种方法。

2. 沥青碎石基层作为一种柔性结构层,具有很强的_____和_____能力,作为应力消散层,可以有效地减少路面结构中的_____现象,大大延缓路面反射裂缝的发生。另一方面,沥青碎石基层可以与沥青面层黏结牢固,并且由于沥青碎石与沥青混凝土_____接近,路面结构受力更均匀。

3. 沥青碎石目标配合比设计,采用_____方法,_____采用双面各击_____次。

二、简答题

1. 在加铺沥青路面之前,如何对旧的水泥混凝土路面病害进行调查处理?

2. 简述土工布隔离层施工技术要求。

3. 简述土工格栅隔离层施工技术要求。

4. 简述改性沥青油毡施工技术要求。

5. 简述沥青层锯缝填缝施工技术要求。

6. 简述沥青碎石基层施工缝的处理和施工阶段的质量管理。

单元七 水泥混凝土路面加宽

◇单元要点

1. 加宽段面板基础的处理与路基路面加宽范围的确定;
2. 双侧加宽的技术要求;
3. 单侧加宽的技术要求。

◇相关知识

一、加宽段面板基础的处理

加宽部位的路基填筑应符合设计要求,路基顶面应与原路基顶面齐平,施工质量应符合现行路基施工技术规范的规定。

二、按设计要求确定路基路面加宽范围

(1)路基拓宽时,先将原边坡脚或边沟进行清淤,铲除边坡杂草、树根和浮土。
(2)将原边坡挖成台阶,台阶高度不大于20cm。采用与原路基结构相同的材料进行分层填筑、分层压实。

三、双侧加宽

(1)如原路基较宽,路面加宽后,路肩宽度大于75cm时,可以直接将原路肩挖至路面基层并碾压密实,做1cm下封层,设置拉杆,浇筑混凝土板。
(2)如路基较窄,不具备加宽路面条件的路段,应该先加宽路基。如果施工机械和操作方法能保证路基加宽部分达到设计规定的密实度,即可进行路面加宽。原则应待路基压实稳定后再加宽路面。
(3)测定路基弯沉,当路基弯沉达到设计要求后,可铺筑路面基层。
(4)结合路基拓宽,增加完善纵、横向排水系统。
(5)采用与原路面基层结构相同的材料铺筑路面基层。若路面基层厚度大于20cm,可采取相错搭接法进行,如图12-6所示。

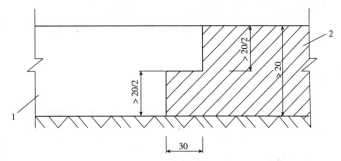

图12-6 相错搭接法(尺寸单位:cm)
1-原有基层;2-新铺加宽基层

对于两侧相等加宽路面(图12-7),其施工方法如下:

①先用切割机距原基层边缘30cm,沿路线纵向切割1/2基层厚度。

②用风镐凿除30cm范围内的1/2基层厚度。

③分层摊铺压实路面基层。新加宽的基层强度不得低于原有水泥路面的基层强度。

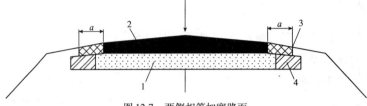

图12-7 两侧相等加宽路面

1-原基层;2-原路面;3-加宽路面;4-加宽基层

对不能采取两侧相等加宽的路面,如加宽差数在1m以下时,不必调整横坡。可按图12-8所示进行加宽设计;若两边加宽差超过1m时,必须调整路拱横坡,可按图12-9所示进行加宽设计。

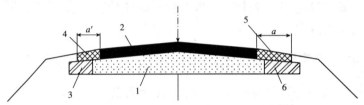

图12-8 两侧不相等加宽路面[$(a-a') < 1m$时不调整路拱]

1-原基层;2-原路面;3-加宽基层较窄;4-加宽面层较窄;5-加宽面层较宽;
6-加宽基层较宽

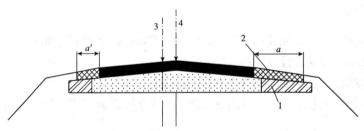

图12-9 两侧不相等加宽路面[$(a-a') > 1m$时必须调整路拱]

1-加宽基层;2-加宽面层;3-原路拱中点;4-新铺路拱中点

四、单侧加宽

(1)受线形和地形限制时,可采取单侧加宽,如图12-10所示。

(2)在平曲线处,应按《公路工程技术标准》(JTG B01—2003)的规定设置超高和加宽段。原旧路未设的要结合路面加宽补设。

五、加宽段混凝土面板

加宽段混凝土面板的强度、厚度、路拱、横缝均宜与原混凝土面板相同。板块长度比应为1.2~1.3。路面板块加宽设计应按相关设计规范执行。

六、路面板加宽应按下列方法增设拉杆

(1)在旧路面面板外侧,每间隔60cm,在1/2板厚处钻一深30cm、直径为18m的水平孔。

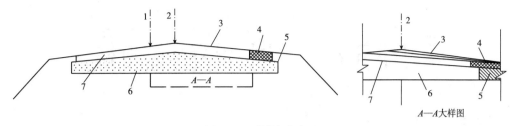

图 12-10 单侧加宽路面

1-旧路拱中心;2-调拱后中心;3-调拱三角垫层;4-加宽面层;5-加宽基层;6-旧基层;7-旧面层

(2)清除孔内混凝土碎屑。

(3)向孔内压入高强砂浆。

(4)插入 $\phi 14$,长 60cm 的螺纹钢筋。

(5)按相关施工规范的规定进行水泥混凝土路面施工。

◇单元训练

一、填空题

1. 路基拓宽时,先将原边坡脚或边沟进行_____、铲除边坡_____、_____和_____浮土。

2. 将原边坡挖成台阶,台阶高度不大于_____。采用与原路基结构相同的材料进行分层填筑、分层压实。

3. 如原路基较宽,路面加宽后,路肩宽度大于_____时,可以直接将原_____挖至路面基层并碾压密实,做_____cm 下封层,设置拉杆,浇筑混凝土板。

4. 采用与原路面基层结构相同的材料铺筑路面基层。若路面基层厚度大于_____cm,可采取相错搭接法进行,先用切割机距原基层边缘_____cm,沿路线纵向切割_____基层厚度。用风镐凿除_____cm 范围内的_____基层厚度。分层摊铺压实路面基层。新加宽的基层强度不得低于原有水泥混凝土路面的基层强度。

5. 路面板加宽应按下列方法增设拉杆:

(1)在老路面面板外侧,每间隔_____cm,在_____板厚处钻一深_____cm,直径为_____m 的水平孔。

(2)清除孔内混凝土碎屑。

(3)向孔内压入_____。

(4)插入 ϕ_____,长_____cm 的螺纹钢筋。

(5)按相关施工规范的规定进行水泥混凝土路面施工。

二、能力训练

选择一段需要加铺的水泥混凝土路面,学生通过观察、分析、讨论,制订加铺的施工方案。

学习任务十三　水泥混凝土路面修复

学习目标

1. 能够描述旧路面板处理的方法、设置排水系统的方法、路面板块翻修的工艺；
2. 能够描述水泥混凝土路面局部路段修复的施工工艺；
3. 能够描述桥面损坏的原因、桥面损坏形式、桥面损坏的修复工艺；
4. 能够描述旧水泥混凝土路面的回收方法、回收材料的技术要求和措施,使用二灰稳定旧混凝土集料的技术要求和施工工艺,旧水泥混凝土路面打碎用作垫层的技术要求和施工工艺。

任务描述

对一段水泥混凝土路面修复提出方案。

学习引导

本学习任务沿着以下脉络进行学习：
观察需要处理的水泥混凝土路面→分析、讨论→提出修复方案。

单元一　整块水泥混凝土路面板翻修

◇ 单元要点

1. 旧路面板处理的方法；
2. 设置排水系统的方法；
3. 路面板块翻修的工艺。

◇ 相关知识

水泥混凝土路面由于施工、养护和自然因素等原因,使路面产生严重沉陷或严重破碎等病害,而且集中于一块板内,这时,正常养护手段无济于事,只能通过整块面板的翻修,才能恢复其使用功能。

整块面板翻修的方法和工艺如下：

1. 清除混凝土碎块

首先,用风镐或液压镐凿除损坏的水泥混凝土面板块,尽可能保留原有拉杆、传力杆,若拉杆、传力杆有损坏,应该重新补设,并将破碎的混凝土块清运至合适地方。

2. 处治基层

视基层损坏程度采取不同处治方法：

（1）基层损坏厚度小于8cm,整平基层压实后,可直接浇筑与原路面强度相同的水泥混凝土,其施工应符合水泥混凝土加铺层施工规范的要求。

(2)基层损坏厚度大于8cm,且坑洼不平,应首先整平、压实基层后,采用C15号贫混凝土进行补强。其补强层顶面高程应与旧路面基层顶面高程相同。

(3)基层损坏极为严重,其厚度大于20cm时,应分层处理基层,其材料应符合《公路路面基层施工技术规范》(JTJ 034—2000)的有关规定。

(4)在基层上,按$0.5kg/m^2$沥青用量喷洒一层乳化沥青,作为防水层。

3. 排水处理

对翻修的混凝土板,处在路面排水不良地带,路面板的边缘及路肩应设置路基纵、横向排水系统。

(1)单一边板翻修时应在路面板接缝处设置横向盲沟,其设置要求按设置盲沟的有关条款执行。

(2)连续数块混凝土板块翻修时,宜设纵、横向盲沟,并应在纵坡底部设置横向盲沟,其设置要求按设置盲沟的有关条款执行。

4. 水泥混凝土路面板块翻修工艺

混凝土施工时配合比及所用的材料,应根据路面通车时间的要求,选用快速修补材料。

(1)混凝土施工时配合比及所用材料,可参照前面有关混凝土施工时所用材料要求的有关条款执行。

(2)将混凝土拌和机设置在施工现场附近,可采用翻斗车运送混合料。

(3)混合料的摊铺由运输车直接卸在基层上,用铁锹摊铺均匀,严禁使用钉耙搂耙,以防离析;摊铺的材料厚度,应考虑振实的影响而预留一定的高度,松铺系数一般控制在1.1左右,或根据试验确定。

(4)混合料的振捣应先用插入式振捣器在板边、角隅处或全面顺序振捣一次,同一位置不少于20s。再用平板振捣器全面振捣,振捣时应重叠10~20cm,不小于15~30s,以不再冒泡并泛出水泥浆为止。在全面振捣后再用振动梁振实、整平,往返拖拉2~3遍,振动梁移动的速度应缓慢而均匀,其速度以1.2~1.5m/min为宜。对不平处,应及时人工补平,最后用平直的滚杆进一步滚平表面,使表面进一步提浆。

(5)混凝土表面整修,应用木抹多次抹面至表面无泌水为止。发现面板低处应补充混凝土,并用直尺检查平整度。

(6)按原路面纹理修面,可用尼龙丝刷或拉槽器在混凝土表面横向拉槽。

(7)混凝土凝结硬化后,要在尽早时间内用切割机切缝,切割深度宜为板块1/4厚度,合适的切缝时间需依据经验并进行试切后决定。经验切缝时间见表13-1。

经验切缝时间 表13-1

昼夜平均温度(℃)	常规切缝时间(h)	真空脱水作业时间(h)
5	45~50	40~45
10	30~45	25~30
15	22~26	18~32
20	18~21	12~15
25	15~18	8~11
30	13~15	5~7

注:表列时间为采用普通硅酸盐水泥不掺外加剂的锯缝时间。

(8)混凝土的养生。

①混凝土板抹平之后,可在其表面喷洒养护剂进行养生,养护剂应在纵、横向各洒一次,洒布要均匀,其用量不得少于350g/m²。

②也可采取洒水养生,用草帘或麻袋覆盖在混凝土板表面,每天洒水2~3次,使混凝土经常保持潮湿状态。

(9)混凝土接缝填封应在混凝土板养护期满后立即进行。

①接缝填缝材料分接缝板及填缝料两种。填缝料又分为加热施工式和常温施工式两种。接缝板和填缝料的技术要求,应符合接缝板和填缝料的有关条款的规定。

②填缝前缝内必须清扫干净,灌注填缝料必须在缝槽干燥状态下进行,其灌注深度以3~4cm为宜,下部可填入多孔柔性材料。

③填缝料的灌注高度,夏天应与面板平,冬天宜稍低于面板。

(10)混凝土强度达到设计要求,开放交通。

◇**单元训练**

1. 简述旧路面板处理的方法。

2. 简述设置排水系统的方法。

3. 简述路面板块翻修的工艺。

4. 选择某段需板块翻修的公路,学生观察现象,分析讨论后,制订翻修方案。

单元二 水泥混凝土路面局部路段修复

◇**单元要点**

1. 修复前的准备工作;
2. 水泥混凝土路面局部路段修复的施工工艺。

◇相关知识

水泥混凝土路面局部路段损坏,一般是由于设计、施工、材料、工艺、交通量、超载、养护不当等因素造成,严重影响行车安全。对水泥混凝土路面损坏路段,必须进行彻底修复。

一、修复前的准备工作

(1)对损坏路段进行详细、全面的调查,分析原因,并制订科学的修复措施。
(2)编制施工组织设计。包括修复的资金、人员、机械、材料、施工工艺、计划进度等。

二、施工

1. 旧混凝土破碎

(1)人工用风镐进行混凝土板块破碎,尽量使其破碎板成为约30cm×30cm的矩形小块,以利旧板利用。
(2)采用配备液压镐的混凝土破碎机进行混凝土板块破碎,破碎时液压镐落点间距离约40cm。
(3)清除混凝土碎块,运至指定地点堆放,并加以利用,防止环境污染。

2. 处理基层

(1)对基层强度尚好、损坏又不严重的基层,应整平基层,采用轻型压路机压实。对压不到的死角部分可用冲击夯等机具压实。
(2)基层强度不足,且损坏较为严重时,可采用水稳性较好的材料,如水泥稳定碎石或石灰粉煤灰稳定碎石等结构层进行补强。其材料技术标准、施工工艺应符合《公路路面基层施工技术规范》(JTJ 034—2000)的有关规定。
(3)石灰工业废渣稳定土的基本要求。
①石灰。
石灰质量应符合表13-2规定的Ⅲ级以上生石灰或消石灰的技术指标。

石灰的技术指标(GB/1594—79) 表13-2

类别 指标 项目	钙质生石灰						镁质生石灰		钙质消石灰		镁质消石灰	
	等级											
	Ⅰ	Ⅱ	Ⅲ	Ⅳ	Ⅴ	Ⅵ	Ⅶ	Ⅷ	Ⅸ	Ⅹ	Ⅺ	Ⅻ
有效钙加氧化镁含量(%)不小于	85	80	70	80	75	65	65	60	55	60	55	50
未消化残渣含量5mm圆孔筛的筛余(%)不小于	7	11	17	10	14	20						
含水率(%)不小于									4	4	4	4	4	4
细度	0.71mm方孔筛的筛余(%)不大于									0	1	1	0	1	1
	0.125mm方孔筛的累计筛余(%)不大于									13	20	—	13	20	—
钙镁石灰的分类界限,氧化镁含量(%)	≤5			>5					≤4		>4	

注:硅、铝、镁氧化物含量之和大于5%的生石灰,有效钙加氧化镁含量指标:Ⅰ级≥75%、Ⅱ级≥70%、Ⅲ级≥60%;未消化残渣含量指标与镁质生石灰指标相同。

②粉煤灰中二氧化硅(SiO_2)、三氧化二铝(Al_2O_3)和三氧化二铁(Fe_2O_3)的总含量应大于70%;粉煤灰的烧失量不应超过20%;粉煤灰的比面积宜大于$2\ 500cm^2/g$。

③二灰级配集料混合料用做基层时,集料的最大粒径不应超过40mm;集料质量宜占80%以上,并应符合表13-3的级配要求。

二灰级配集料混合料中集料的颗粒组成范围　　　　　表13-3

编号	1	2(砂砾)	3(碎石)
通过下列筛孔(mm)质量百分比(%) 40	100	—	—
30	90~100	100	100
20	60~85	90~100	85~100
10	50~70	55~80	60~80
5	40~60	40~65	30~50
2	27~47	28~50	15~30
1	20~40	20~40	
0.5	10~30	10~20	10~20
0.075	0~15	0~10	0~10

④用于高速公路和一级公路的二灰级配集料,除直接铺筑在土基上的二灰稳定基层的下层外,二灰稳定粒料用做底基层时,集料的最大粒径不应超过40mm,其颗粒组成应符合表11-3中1号级配的范围;二灰稳定级配集料用做基层时,混合料中集料的质量占80%-85%,集料的最大粒径不应超过30mm,其颗粒组成宜符合表11-3中2号级配的范围,小于0.075mm颗粒含量宜接近0。

⑤碎石或砾石的抗压能力,对于二级和三级以下的公路,集料压碎值不大于35%;对于二级以下公路的底基层,其压碎值不大于40%;对于一级公路和高速公路,其压碎值不大于30%。

⑥人或牲畜饮用的水源,均可使用。

⑦二灰碎石的强度标推(MPa)应符合表13-4的规定。

二灰碎石的强度标准(MPa)　　　　　表13-4

使用层位 \ 公路等级	二级、二级以下公路	高速公路、一级公路
基层(MPa)	≥0.6	≥0.8
底基层(MPa)	≥0.5	≥0.5

3.部分路段排水系统

局部路段修复时,应设置纵、横向排水系统,排水系统设置应按照相关规范执行。

4.部分路段施工前准备工作

混凝土施工前,应在路面基层上做沥青下封层,沥青用量为$1.0kg/m^2$。

5.新老混凝土板交界处应设传力杆

(1)在新老路面板交界处,旧面板1/2板厚位置,每隔30cm钻一直径为28mm,深22.5cm

的水平孔。

(2)用压缩空气清除孔内混凝土碎屑。

(3)向孔内灌入高强砂浆。

(4)在旧混凝土板侧涂刷沥青,将直径25cm、长45m的光圆钢筋,插入旧混凝土面板中。

(5)对损坏的拉杆要补齐,在原拉杆位置附近,打直径为18mm、深35cm的拉杆孔,用压缩空气清除碎屑,并灌入高强砂浆,将直径14mm、长70cm的螺纹钢筋插入旧混凝土面板中35cm。

6. 水泥混凝土路面的材料要求

(1)水泥应符合下列要求:

①应采用强度高、收缩性小、耐磨性强、抗冻性好的水泥。

②应采用硅酸盐水泥或普通硅酸盐水泥,其强度等级不应低于42.5级。

③高速公路必须采用强度等级不低于52.5级的硅酸盐水泥。

④水泥进场时,应有产品合格证及化验单,并应对品种、强度等级、包装、数量、出厂日期等进行检查验收。

⑤不同强度等级、厂牌、品牌、出厂日期的水泥,不得混合堆放,严禁混合使用。出厂日期超过三个月或受潮的水泥,必须经过试验,按其试验结果决定正常使用或降级使用。已经结块变质的水泥不得使用。

(2)砂应符合下列要求:

①应采用洁净、坚硬、符合规定级配、细度模数在2.5以上的粗、中砂。

②砂的技术要求应符合表13-5的规定。

砂的技术要求 表13-5

项目		技术要求					
		方 孔				圆 孔	
颗粒级配	筛孔尺寸(mm)	0.16	0.315	0.63	1.25	2.50	5.00
	累计筛余量(%) Ⅰ区	100~90	95~80	85~71	65~25	35~5	10~0
	Ⅱ区	100~90	92~70	70~41	50~10	25~0	10~0
	Ⅲ区	100~90	85~5	40~16	25~10	15~0	10~0
泥土杂物含量(冲洗法)(%)		≤3					
硫化物和硫酸盐含量(折算为SO_3)(%)		≤1					
有机物质含量(比色法)		颜色不应深于标准溶液的颜色					
其他杂物		不得混有石灰、煤矿渣、草根等其他杂物					

注:①Ⅰ区砂基本属于粗砂。Ⅱ区砂属于中砂和一部分的细砂,颗粒适中,级配最好。Ⅲ区砂属于细砂和一部分偏细的中砂。

②有机物含量标准溶液的配制方法:取2g鞣酸粉溶解于98mL的10%酒精液中即得所需的鞣酸溶液,然后取该溶液2.5mL注入97.5mL浓度为3%的氢氧化钠溶液中,加塞后剧烈摇动,静置24h即得标准溶液。

(3)碎(砾)石应符合下列要求:

①碎(砾)石应质地坚硬,并应符合规定级配,最大粒径不超过40mm。

②碎石的技术要求应符合表13-6的规定。

③砾石的技术要求应符合表13-7的规定。

碎石的技术要求　　　　　　　　　　　表13-6

项　目		技　术　要　求			
颗粒级配	筛孔尺寸(mm)(圆孔筛)	40	20	10	5
	累计筛余量(%)	0~5	30~65	75~90	95~100
强度	石料饱水抗压强度与混凝土设计抗压强度比(%)	≥200			
	石料强度分析	≥3级			
针片状颗粒含量(%)		≤15			
硫化物及硫酸盐含量(折算为SO_3)(%)		≤1			
泥土杂物含量(冲洗法)(%)		≤1			

注：石料强度分级，应符合《公路工程岩石试验规程》(JTG E41—2005)的规定。

砾石的技术要求　　　　　　　　　　　表13-7

项　目		技　术　要　求			
颗粒级配	筛孔尺寸(mm)(圆孔筛)	40	20	10	5
	累计筛余量(%)	0~5	30~65	75~90	95~100
空隙率(%)		≤45			
软弱颗粒含量(%)		≤5			
针片状颗粒含量(%)		≤15			
泥土杂物含量(冲洗法)(%)		≤1			
硫化物及硫酸盐含量(折算为SO_3)(%)		≤1			
有机物含量(比色法)		颜色不深于标准溶液的颜色			
石料强度分级		≥3			

注：石料强度可采用压碎指标值(%)。

(4)水应符合下列要求：

①混凝土搅拌和养护用水应清洁,宜采用饮用水。

②使用非饮用水时,应经过化验,硫酸盐含量(按SO_4计)不得超过2 700mg/L,含盐量不得超过5 000mg/L,pH值不得小于4。

(5)外掺剂应符合下列规定：

①应经配合比试验符合要求方可使用。

②为减少混凝土拌和物的用水量、改善和易性、节约水泥用量、提高混凝土强度,可掺入减水剂。

③夏季施工或需要延长作业时间,可掺入缓凝剂。

④冬季施工为提高早期强度或缩短养护时间,可掺入早强剂。

⑤严寒地区抗冻,可掺入引气剂。

(6)钢筋应符合下列要求：

①钢筋品种、规格,应符合设计要求。

②钢筋应顺直,不得有裂缝、断伤、刻痕,表面油污或颗粒状、片状锈蚀应清除。

7. 混凝土拌和物的浇筑

(1)模板宜采用钢模板,模板的制作与立模应符合下列规定:

①钢模板的高度应与混凝土板厚度一致。

②钢模板的高度允许误差为±2mm,企口舌部或凹槽的长度允许误差为±1mm。

③立模的平面位置与高程,应符合设计要求,并应支立准确、稳固,接头紧密平顺,不得有离缝、前后错茬和高低不平等现象。模板接头和模板与基层接触处均不得漏浆。模板与混凝土接触的表面应涂隔离剂。

(2)混凝土拌和物的摊铺,应符合下列规定:

①混凝土板厚度小于22cm时,可一次摊铺;大于22cm时,可分两次摊铺。下部厚度宜为总厚度的3/5。

②摊铺厚度应考虑振实预留高度。

③采用人工摊铺,应用锹反扣,严禁抛掷和耧耙,防止混凝土拌和物离析。

(3)混凝土拌和物的振捣,应符合下列规定:

①对厚度小于22cm的混凝土板,靠边部和板角应先用插入式振捣器顺序振捣,再用功率不小于2.2kW平板振捣器纵横交错全面振捣。振捣时应重叠10~20cm,然后用振捣梁振捣拖平。有钢筋的部位,振捣时应防止钢筋变位。

②振捣器在每一位置振捣的持续时间,应以拌和物停止下沉,不再冒泡并泛出水泥浆为准,并不宜过振。用平板式振捣器振捣时,不宜少于15s;水灰比小于0.45时,不宜少于30s;用插入式振捣器振捣时,不宜少于20s。

③当采用插入式振捣器与平板式振捣器配合使用时,应先用插入式振捣器振捣,而后用平板式振捣器振捣。大于22cm的混凝土板,分两次摊铺。振捣上层混凝土拌和物时,插入式振捣器应插入下层混凝土5cm,上层混凝土的振捣必须在下层混凝土初凝以前完成。插入式振捣器的移动间距不宜大于其作用半径的1.5倍,其至模板的距离不应大于振捣器作用半径的0.5倍,并应避免碰撞模板和钢筋。

④振捣时应辅以人工找平,并应随时检查模板。如有下沉、变形或松动,应及时纠正。

8. 浇筑混凝土面板

浇筑混凝土面板,采用真空吸水工艺时,应按下列要求操作:

(1)采用真空吸水的混凝土拌和物,按设计配合比适当增大用水量,水灰比可为0.48~0.55,其他材料用量维持原设计不变。

(2)混凝土拌和物经振捣、整平后进行真空吸水,真空吸水时间(min)宜为板厚(cm)的1.5倍,并应以剩余水灰比来检验真空吸水效果。

(3)真空吸水的作业深度不宜超过30cm。

(4)开机后真空度应逐渐增加,当达到要求的真空度(500~600mm汞柱)开始正常出水后,真空度要保持均匀;结束吸水工作前,真空度应逐渐减弱,防止在混凝土内部留下出水通路,影响混凝土的密实度。

(5)混凝土板完成真空吸水作业后,用抹光机抹面养生,并进行拉毛或压槽等工作。

9. 混凝土拌和物整平

混凝土整平工艺,应符合下列规定:

(1)填补找平板面应选用混凝土拌和物的原浆,严禁用纯砂浆填补找平。

(2)混凝土拌和物经用振动梁整平后,可再用滚筒进一步整平。

(3)设有路拱时,应使用路拱成形板整平,整平时必须保持模板顶面整洁、接缝板面平整。

10. 混凝土板做面

水泥混凝土做面应符合下列规定:

(1)混凝土做面时,应设置移动式遮阳棚,防止烈日暴晒或风吹。

(2)做面前应做好清边整缝,清除黏浆,修补掉边、缺角。做面时严禁在面板混凝土上洒水、撒水泥粉。

(3)做面宜分两次进行。先找平、抹平,待混凝土表面无泌水时,再作第二次抹平。混凝土板面应平整、密实。

(4)抹平后沿横坡方向拉毛或采用机具压槽,其拉毛或压槽深度应为 1~2mm。

11. 混凝土面板接缝施工

(1)胀缝的施工,应符合下列规定:

①胀缝应与路面中心线垂直,缝壁与板面必须垂直,缝隙宽度必须一致,缝中不得连浆,缝隙下部应设置胀缝板,上部应浇灌填缝料。

②胀缝传力杆的活动端,可设在缝的一边,或交错布置;固定后的传力杆必须平行于面板和路面中心线,其误差不得大于 5mm。传力杆的固定,可采用支架固定安装的方法。

(2)缩缝的施工,应采用切缝法。

当受条件限制时,可采用压缝法,但是高速公路必须采用切缝法。切缝法和压缝法的施工,应符合下列规定:

①切缝法施工。

当混凝土达到设计强度的 25%~30% 时,应采用切缝机进行切割。

a. 切缝前应调整刀片的进刀深度,宜为 1/4 板厚。切缝时应随时调整刀片切割方向,停止切缝时,应先关闭开关,将刀片提升到板面以上,停止运转。

b. 切割时,刀片冷却用水,其压力不低于 0.2MPa。

c. 碎石混凝土的最佳切割抗压强度为 6.0~12.0MPa,砾石混凝土为 9.0~12.0MPa。

d. 待缝槽干燥后,应尽快灌注填缝料。

②压缝法施工。

当混凝土拌和物做面后,应立即用振动压缝刀压缝,当压至规定深度时,提出压缝刀,用原浆修平缝槽,严禁另外调浆;然后,应放入铁制嵌条再次修平缝槽,待混凝土终凝前泌水后,取出嵌缝条,形成缝槽。

12. 纵缝施工

(1)平缝纵缝。

对已浇混凝土板的缝应涂刷沥青,并应避免涂在拉杆上。浇筑邻板时,缝的上部应压成规定深度的缝槽。

(2)企口缝纵缝。

宜浇筑混凝土板凹榫的一边;缝壁应涂刷沥青,浇筑邻板时,应靠缝壁浇筑。

(3)整幅浇筑纵缝的切缝或压缝,应符合前面有关规定。

(4)纵缝设置拉杆应采用螺纹钢筋,并应设置在板厚中间。应预先根据拉杆的设计位置放样打眼。

13. 接缝施工

接缝采用灌入式填封,其施工应符合下列规定:

(1)填缝前必须保持缝内清洁,防止砂石等杂物进入缝内。

(2)灌注填缝料必须在缝槽干燥状态下进行,填缝料应与混凝土缝壁黏附紧密不渗水。

(3)填缝料灌注深度宜为3~4cm。当缝槽大于3~4cm时,可填入多孔柔性衬底材料,填缝料的灌注高度,夏天宜与面板平,冬天宜稍低于面板。

(4)施工式填缝料加热时,应一边加热一边搅拌均匀,直至规定温度。

14. 混凝土板养生

(1)湿法养生应符合下列规定:

①宜用草袋、草帘等在混凝土终凝后覆盖于面板表面,每天应均匀洒水,经常保持潮湿状态。

②昼夜温差大的地区,混凝土板浇筑1d内,应采取保温措施,防止混凝土板产生收缩裂缝。

③混凝土板在养护期间和填缝前,应禁止车辆通行,在达到设计强度的40%以后,方可允许行人通行。

(2)塑料薄膜养护应符合下规定:

①塑料薄膜溶液的配合比应经试验确定,并做好储运和安全工作。

②塑料薄膜施工,宜采用喷洒法。当混凝土表面不见浮土或用手指压无痕迹时,可进行喷洒。

③喷洒厚度以能形成薄膜为度,其用量宜控制在350g/m²以上。

④塑料薄膜喷洒后3d内禁止行人通行,养护期和填缝前禁止一切车辆通行,以确保薄膜的完整。

(3)模板的拆除,应符合下列规定:

①拆模时间应根据气温和混凝土强度增长情况确定,采用普通水泥时,一般允许拆模时间见表13-8。

混凝土板允许拆模时间　　　　表13-8

昼夜平均气温(℃)	允许拆模时间(h)	昼夜平均气温(℃)	允许拆模时间(h)
5	72	10	48
15	36	20	30
25	24	30以上	18

注:①允许拆模时间,自混凝土成形后开始拆模时计算。
　　②使用矿渣水泥,拆模时间延长50%~100%。

②拆模时不得损坏混凝土板角、边,尽量保持完好。

(4)混凝土板达到设计强度后,方可开放交通。

◇单元训练

1. 简述局部路段修复前的准备工作。

2. 简述水泥混凝土路面局部路段修复的工艺。

3. 选择需要进行局部修复的路段,学生通过观察、分析、讨论,制订修复的施工方案。

单元三 水泥混凝土整块桥面板翻修

◇单元要点

1. 桥面损坏的原因;
2. 桥面损坏形式;
3. 桥面损坏的修复工艺。

◇相关知识

桥面的主要组成部分有桥面板、桥面铺装层和伸缩缝等。桥面直接受汽车车轮荷载的作用,应力集中显著。随着交通量迅速增长,过桥车辆增多和车辆的日趋大型化、重型化,车辆对桥梁构件,尤其是对桥面的冲击力增加,应力超过的频率、疲劳的影响都越来越大。因此,钢筋混凝土桥面板、桥面铺装层和伸缩缝的损坏时有发生,对其损坏部分应及时修复,以确保行车安全畅通。

一、桥面损坏的原因

(1)设计承载能力不足。许多公路技术等级提高了,而桥梁设计承载能力达不到公路技术等级标准。

(2)超重车荷载作用。车辆的大型化、重型化,使桥面经常处于超负荷状态。

(3)过大的冲击力作用。车辆的大型化、重型化和车辆的高速行驶,巨大的冲击力加速桥面的破坏。

(4)混凝土板的桥面铺装层和伸缩缝的质量较差或施工不良。

(5)桥面板分布钢筋数量不足和板的刚度不够。

(6)由于对支撑梁的不均匀下沉而产生的附加弯矩作用等。

二、桥面损坏形式

1. 桥面板损坏

钢筋混凝土桥面板破坏形式,一般有裂缝、磨耗、剥离、露筋、锈蚀,严重的还会出现碎裂、脱落、洞穴等。

2. 铺装层损坏

(1)沥青类铺装层损坏形式,一般与沥青路面的病害相同,主要有裂缝、坑槽、松散、露骨、拥包、泛油等。

(2)普通水泥混凝土铺装层的损坏形式主要有表面碎裂、洞穴、脱落等。

3. 伸缩缝损坏

(1)橡胶伸缩缝老化、变形。

(2)钢板伸缩缝损坏,常见的是钢板与角钢焊接破裂。

(3)梳形钢板伸缩缝损坏主要有梳齿断裂或出现裂缝。

三、桥面损坏的修复

1. 桥面板修复

(1)桥面板局部出现表面碎裂、脱落或洞穴现象,应采取局部修复的方法进行维修。

①画定修补区域,将损坏部分标画出规则图形,如图 13-1 所示。

②将桥面损坏部分用风镐全部凿除,其深度应视损坏轻重程度而定,标画区边缘应为垂直面,凿除时应保持钢筋网的完整性,如钢筋断裂,用同样规格的钢筋焊接。

③清除修补区内混凝土碎屑和灰尘。

④按原桥面板混凝土设计强度等级,制备、浇筑修补混凝土,并保持与原面板平整密实。

⑤用草垫等物覆盖进行保湿养生。

⑥待混凝土达到通车强度后,开放交通。

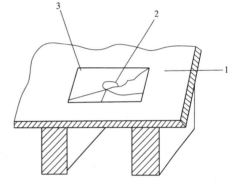

图 13-1 桥面板修补区示意图
1-桥面板;2-碎裂脱落;3-损坏部分凿除

(2)整块面板修复。

在桥面板破碎、脱落等损坏特别严重时,应重新浇筑混凝土桥面板。

2. 铺装层修复

(1)沥青类铺装层出现泛油、松散、露骨、坑槽、裂缝等病害时,按沥青路面病害处治方法进行处治,并应符合《公路沥青路面施工技术规范》(JTG F40—2004)和《公路沥青路面养护技术规范》(JTJ 073.2—2001)的规定。

(2)水泥混凝土铺装层修复。

水泥混凝土铺装层如有磨光、脱皮等缺损时,可用如下方法进行修复。

①凿补法:不改变原有桥面铺装层结构。

a. 用风镐将旧水泥混凝土铺装层表面凿毛5cm,使集料露出,并清除混凝土碎屑。

b. 用高压水枪将凿毛面用清水冲洗干净。

c. 在凿毛面上涂刷一层同强度等级的水泥砂浆或界面黏结剂。

d. 铺筑一层5cm厚的细石水泥混凝土铺装层。

②沥青罩面法:采用沥青混凝土修复桥面铺装层。沥青混凝土铺装较水泥混凝土铺装方法容易,桥面上、下层结合较牢固,施工期短,交通影响较小。首先应对桥面病害进行彻底处治,然后加铺一层3cm的细粒式沥青混凝土。

③桥面翻修法:原桥面铺装层损坏严重,采取全部凿除、重新浇筑铺装层的方法。新铺的

桥面铺装层可采用钢筋混凝土和钢纤维混凝土结构层。

  a. 用风镐将旧水泥混凝土铺装层凿除。注意保留桥面板钢筋,人工清除混凝土碎块。

  b. 用高压水枪将桥面板用清水冲洗干净。

  c. 铺设桥面钢筋网,将桥面板钢筋与钢筋网绑扎成一整体。

  d. 按桥面混凝土设计强度等级,制备、浇筑桥面混凝土。其施工工艺应符合水泥混凝土路面施工规范。

3. 伸缩缝损坏

(1)桥面伸缩缝损坏的原因。

①设计方面的原因。

  a. 桥面板端部和伸缩缝构造本身刚度不足。

  b. 伸缩缝构造锚固的构件强度不足。

  c. 伸缩间距过大。

②施工方面的原因。

  a. 桥面板间伸缩缝间距施工有误。

  b. 伸缩缝装置安装得不好。

  c. 桥面铺装浇筑质量不佳。

  d. 墩台施工质量不良等。

③养护不良和外因影响。

  a. 交通量增加,车辆荷载增大。

  b. 桥面铺装层病害较多。

  c. 桥面清扫不及时。

  d. 支座损坏影响等。

(2)伸缩缝的修复。

目前常用的桥面伸缩缝有橡胶伸缩缝和钢板混凝土卷板式伸缩缝。如果伸缩缝已失效应,应立即采取更换措施。更换的操作程序如下:

①用人工或机械将伸缩缝两边各宽40cm范围内的铺装层凿除,其边缘为垂直面,如图13-2、图13-3。

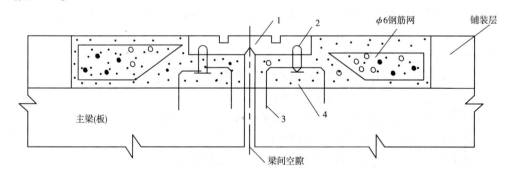

图13-2　橡胶板伸缩缝构造图

1-橡胶板;2-预埋螺栓;3-预埋锚筋 $\phi 10mm$;4-水平筋 $\phi 10mm$

②清除混凝土块和碎屑,并将凿除面冲洗干净,调整修复原预埋螺栓锚筋及露出的桥面钢筋。

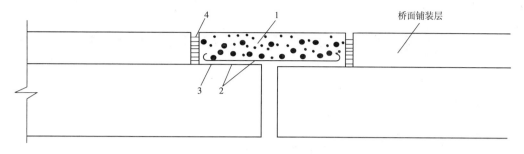

图 13-3　钢筋混凝土盖板式伸缩缝
1-混凝土盖板；2-钢筋；3-表面涂沥青；4-侧面贴沥青麻絮

③如新装橡胶伸缩缝,应凿挖或钻成埋置螺栓用的锚筋孔,并预先埋好锚筋,直接焊接在桥面钢筋上,在孔内灌注环氧树脂,使其牢固。

④预埋螺栓,必须位置正确、牢固。

⑤安装橡胶板伸缩缝,使橡胶板平整、坚实。

⑥按原桥面混凝土设计强度等级,制备钢纤维修补混凝土、浇筑钢纤维混凝土。为维持通车,可半幅桥面施工,也可在伸缩缝上架设跨缝设施,待混凝土达到通车强度后,开放交通。

◇单元训练

1. 简述桥面损坏的原因。

2. 简述桥面损坏形式。

3. 简述桥面损坏的修复工艺。

4. 选择一段需要翻修的水泥混凝土桥路面,学生通过观察、分析、讨论,制订修复的施工方案。

单元四　旧水泥混凝土路面再生利用

> **学习目标**

1. 能够描述旧水泥混凝土路面的回收方法；
2. 能够描述旧水泥混凝土回收材料的技术要求和措施；
3. 能够描述使用二灰稳定旧混凝土集料的技术要求和施工工艺；
4. 能够描述水泥稳定旧混凝土集料的技术要求和施工工艺；
5. 能够描述旧水泥混凝土路面打碎用做垫层的技术要求和施工工艺。

> **任务描述**

对一段旧水泥混凝土路面的再生利用制订出方案。

> **学习引导**

本学习任务沿着以下脉络进行学习：
观察需要处理的旧水泥混凝土路面→分析、讨论→提出利用方案。

◇相关知识

一、旧水泥混凝土路面回收

关于旧水泥混凝土路面回收方法，简述如下：

（1）对旧水泥混凝土路面及地下状况进行调查，并在平面图上标注地下构造物，如涵洞、地下管道（自来水管、煤气管、通信电缆、光缆）、排水设施（下水管）等的位置，并标注桥头搭板和沥青混凝土修补路段的位置。

（2）用铣刨机或人工清除旧水泥路面板块上的沥青混凝土。用推土机把路肩材料推光，让路边暴露出来。

（3）对地下构造物如涵洞、地下管道（线）、排水设施等，及桥头搭板位置以及破碎板与保留板连接处的第一块旧混凝土板，使用液压镐破碎。

（4）旧混凝土板块破碎时从路中心线开始，用冲击锤交替向路肩进行破碎旧混凝土路面板块，落锤中心距为45cm。经破碎机破碎后的碎块边长约为30cm左右。

（5）破碎工作结束后，用装载机将水泥混凝土碎料堆积在旧路面的中线附近。

（6）将回收的水泥混凝土路面材料运送到轧石厂。在装车和运输过程中，这些回收旧料还会进一步破碎，应注意及时把暴露的钢筋抽出来。

（7）在轧石机之间的传送带和进料斗的上方，悬吊一块磁铁，以便把钢筋吸出来。

二、再生水泥混凝土路面

对旧水泥混凝土路面回收材料的技术要求和措施，简述如下：

（1）旧混凝土板块强度达到石料二级标准，可作为再生混凝土集料使用。旧混凝土集料的最大粒径为40mm，小于20mm的粒料不再作为集料。粗集料级配范围见表13-9。

粗集料级配要求（圆孔筛）　　　　表13-9

筛孔尺寸(mm)	40	20	10	5
累计筛余(%)	0~5	30~65	70~90	95~100

（2）水泥混凝土路面碎块材料较轻，收水性强、磨损试验的损失较大，相对密度较小。采用回收集料的混凝土混合料的和易性比采用原生集料差，尤其是细集料有尖锐棱角。采用天然细集料，可解决和易性差和水分控制问题。

（3）粉煤灰可以作为一种提高和易性的掺加剂加入到混合料中，亦可用来等量替代一部分水泥。可采用减水剂减少需水量。

（4）作混凝土配合比设计时，粒径小于20mm的集料宜采用新的碎石。宜掺加减水剂和二级干粉煤灰。细集料级配要求见表13-10。

细集料级配要求　　　　表13-10

筛孔尺寸(mm)	5	2.5	1.25	1.63	0.315	0.16
累计筛余(%)	0	0~20	15~50	40~75	70~90	90~100

（5）再生水泥混凝土路面施工与普通水泥混凝土路面施工工艺基本相同，应按《水泥混凝土路面施工及验收规范》(GBJ 97—87)执行。

三、石灰粉煤灰稳定旧混凝土集料

使用石灰粉煤灰稳定旧混凝土集料的技术要求和施工，简述如下。

1. 旧水泥混凝土集料强度要求

水泥石强度达到三级标准，可作为基层集料使用。

2. 旧水泥混凝土用作集料的粒径要求

集料的最大粒径不超过30mm，压碎值<30%，集料级配范围见表13-11。

石灰粉煤灰稳定粉碎混凝土集料级配要求（方孔筛）　　　　表13-11

筛孔尺寸(mm)	31.5	19.0	9.5	4.75	2.38	1.18	0.6	0.075
通过率(%)	100	81~98	52~70	30~50	18~38	10~27	6~20	0~7

3. 混合料组成设计

（1）石灰：粉煤灰＝1:2~1:4。

（2）石灰粉煤灰：级配碎石＝20:80~15:85。

（3）石灰：粉煤灰：级配碎石＝5:13:82。

4. 设计步骤

（1）确定石灰粉煤灰再生集料的最佳含水率和最大干密度（用重型击实试验法）。

（2）按最佳含水率和计算得到的干密度制备试件。

（3）试件在25℃±2℃下保湿养生6d，浸水1d后，进行无侧限抗压强度试验。

（4）石灰粉煤灰混合料7d浸水抗压强度≥0.8MPa。

5. 石灰粉煤灰稳定旧混凝土集料施工

石灰粉煤灰稳定旧混凝土集料的施工与二灰碎石施工工艺基本相同。

（1）二灰稳定旧混凝土碎块须在中心拌和站用机械进行集中拌和，石灰必须过筛，再生集料应用防雨布覆盖，二灰泥土碎块的含水率应略大于最佳含水率，拌成混合料的堆放时间不超过24h。

(2) 采用摊铺机摊铺二灰混凝土碎块混合料。摊铺厚度大于20cm时,应分层施工,上基层二灰混凝土碎块结构层厚度不小于15cm,两层二灰混凝土碎块基层可连续施工。二灰混凝土碎块结构层松铺系数为1.20~1.30。

(3) 二灰混凝土碎块结构层应采用12t以上的三轮压路机或14t以上的振动压路机碾压8遍。三轮压路机在不便碾压的局部路段,采用10t的二轮压路机进行碾压。碾压过程中,如有"弹簧"、车辙、起皮等现象,应及时翻开重新拌和碾压。

(4) 二灰混凝土碎块结构层工作缝位置,在开始摊铺新混合料之前,应将接缝位置斜坡挖除,并挖成一横向且垂直向下的断面,然后摊铺新的二灰混凝土碎块基层。

(5) 二灰混凝土碎块基层碾压完成后的第二天开始洒水养生。保持表面潮湿,养生期7d。二灰混凝土碎块基层养生期间,禁止车辆在二灰混凝土碎块基层上行驶。

(6) 二灰混凝土碎块施工时遇雨,应立即将二灰混凝土碎块堆或沿尚未碾压密实的二灰混凝土碎块基层进行覆盖。若二灰混凝土碎块遭雨淋,须检查石灰含量,若石灰含量不足,应将二灰混凝土碎块重新掺石灰搅拌,碾压密实。

四、水泥稳定旧混凝土集料

水泥稳定旧混凝土集料的技术要求和施工,简述如下。

1. 旧水泥混凝土集料强度要求

水泥石强度达到三级以上标准,可作为水泥稳定粉碎混凝土基层集料。

2. 旧水泥混凝土用作集料的粒径要求

集料的最大粒径不超过30mm,压碎值<30%,集料级配范围见表13-12。

水泥稳定旧混凝土集料级配要求 表13-12

筛孔尺寸(mm)	31.5	26.5	19.0	9.5	4.75	2.36	0.6	0.075
通过率(%)	100	90~100	75~89	47~67	29~49	17~35	8~22	0~7

3. 水泥

(1) 要求采用普通硅酸盐水泥、矿渣硅酸盐水泥、火山灰质硅酸盐水泥。水泥剂量宜为5%。

(2) 路面基层宜采用强度等级较低的水泥,要求水泥各龄期强度达到相应指标要求,安定性要好,初凝时间3h以上,终凝时间不小于6h。可以适当添加一定数量的外加剂。

(3) 水泥进场入罐时,要了解其出炉天数,刚出炉的水泥要停放7d才能使用。

夏季高温作业时,散装水泥入罐温度不能高于50℃,高于这个温度,若必须使用时,应采用降温措施。冬季施工,水泥进入拌缸温度不低于10℃。

4. 水

路面基层一般应采用人畜能饮用的水。如果要采用其他用水时,必须符合下列要求:

(1) 硫酸盐含量小于2.7mg/cm³。

(2) 含盐量不得超过5mg。

(3) pH值不得小于4。

5. 混合料组成设计

(1) 按不同水泥剂量分组试验。一般建议水泥剂量按4.5%、5%、5.5%三种比例进行试验(水泥:集料=4.5:100、5:100、5.5:100),水泥稳定粒料的抗压强度代表值为4~5MPa。室内试验试件抗压强度的代表值按式(13-1)计算:

$$R_{代} = \overline{R}(1 - Z_a C_V) \tag{13-1}$$

式中:$R_{代}$——抗压强度代表值(MPa);

$\overline{R}$——该组试件抗压强度的平均值(MPa);

Z_a——保证率系数,高速公路保证率为95%,此时,$Z_a = 1.645$;

C_V——试验结果的偏差系数(以小数计)。

(2)做不同水泥剂量混合料的击实试验,确定各种混合料的最佳含水率和最大干密度。

(3)按规定压实度(98%)分别计算不同水泥剂量的试件的干密度。

(4)按最佳含水率和计算得出的干密度制备试件。进行密度试验时,作为平行试验的最小试件数量应根据试验结果的偏差系数加以确定。每组试件个数:偏差系数为10%~15%时,9个;偏差系数为15%~20%时,13个。

6. 基层试验项目

(1)重型击实试验,求得最佳含水率和最大干密度。

(2)抗压强度,检验水泥稳定粒料强度是否达到设计要求。

用水量要有区别,要按温度变化及时调整。发现干湿不均、有离析的混合料要废弃。

7. 混合料运输

(1)应尽快将拌成的混合料运送到铺筑现场。车上的混合料应覆盖,以减少水分损失。

(2)运输车辆一定要满足拌和出料与摊铺的需要。

8. 混合料摊铺

(1)拌和机与摊铺机的摊铺能力应相互匹配,摊铺机应连续摊铺。

(2)清除底基层表面浮土等杂物。

(3)水泥稳定粉碎混凝土混合料的松铺系数为1.20~1.30。

(4)在摊铺机后应设专人消除混合料离析现象,应铲除局部粗集料"窝",并用新拌混合料填补。严禁用薄层贴补法进行找平。

9. 混合料碾压

(1)应在混合料含水率处于或略大于最佳含水率(气候炎热干燥时,基层混合料可大于1%~2%)时进行碾压,直到达到要求的压实度。

(2)碾压过程中,水泥稳定粒料的表面应始终保持湿润,如水分蒸发过快,应及时补洒少量雾状水。

(3)碾压宜在水泥终凝前及试验确定的延迟时间内完成,并达到要求的压实度,同时没有明显的轮迹。

10. 横缝设置

横缝应与路面车道中心线垂直设置,其设置方法为:

(1)将末端含水率合适的混合料整理整齐,紧靠混合料放两根方木,方木的高度应与混合料的压实厚度相同,整平紧靠方木的混合料。

(2)方木的另一侧用砂砾或碎石回填约3m长,其高度应略高出方木。

(3)将混合料碾压密实。

(4)在重新开始摊铺混合料之前,将砂砾和碎石或方木撤除,并将下承层扫干净。

(5)摊铺机返回到已压实的末端,重新开始摊铺混合料。

(6)如摊铺施工中断超过2h,而又未按上述方法处理横向接缝,则应将摊铺机附近及其下面未压实的混合料铲除,并将已碾压密实且高程和平整度都符合要求的末端挖成与公路中心线垂直向下的断面,然后再摊铺新的混合料。

11. 养生

(1)每一段碾压完成并经压实度检查合格后,应立即开始养生。

(2)用湿草袋覆盖洒水养生。洒水车的喷头要用喷雾式,每天洒水次数应视气候而定,养生期间应始终保持稳定粒料表面湿润,养生期不少于7d。

(3)养生期间应封闭交通。

五、旧水泥混凝土碎块垫层

1. 一般规定

(1)水泥混凝土路面破损状况(PCI)属差级时,应将混凝土板破碎,作为底基层用。

(2)在水泥混凝土路面两侧板底高程以下20cm×20cm处,开挖纵向排水沟,每隔20cm开挖20cm×20cm横向排水沟,排除路面积水。

(3)对水泥混凝土路面进行调查,在平面图上标注地下构造物,确定破碎混凝土板的范围。

2. 水泥稳定碎块混凝土垫层

(1)在不允许采用冲击锤施工的位置。先用液压镐进行破碎混凝土施工。

(2)在允许采用冲击锤施工的部位,在混凝土板上画出45cm×45cm的网格。

(3)采用冲击锤对准网格结点进行冲击,混凝土板块最大边长尺寸不超过30cm。

(4)采用砂浆搅拌机,按水泥∶砂∶水=1∶4∶0.5制备C5水泥砂浆。

(5)用人工将砂浆灌入破碎板缝隙内。

(6)用15t以上大质量的轮胎式振动压路机进行振动碾压,压路机碾压速度为2.5 km/h,往返碾压6~8遍。压路机在振碾过程中,一旦发现缺浆,应立即进行补浆,要求底基层上有一层0.5cm厚的薄层砂浆。

(7)对软弱松动的碎块应予清除,并用C15混凝土回填。

(8)水泥砂浆稳定破碎板应保养3d。3d后可进行弯沉测量。凡弯沉达不到设计要求,应将弯沉大于0.55mm的较大点位置的破碎板进行挖补,用C15贫混凝土回填,一般代表弯沉值控制在0.67mm以下。

3. 断裂稳固旧水泥混凝土路面垫层

(1)在进行冲击破碎施工前,首先要调查清楚施工路段上的涵洞、通道、桥台的位置,用石灰水标明破碎压实范围和控制点,检测人员做好一切准备工作。

(2)压实机械行驶时速度一般为9~12km/h,转弯半径为8m,冲压遍数根据沉降量和混凝土块的破碎状况来确定。即行车道和超车道一般冲压20遍左右,然后根据具体实际情况再酌情增减。

(3)混凝土面板在水平方向所受的约束力越小,冲击破碎的效果越好。因此,施工作业时,冲击顺序应从路面的边板开始,即从路肩→行车道→超车道依次进行。

(4)冲压质量控制。

采用冲击压实技术修复混凝土路面的质量目标是:破碎并稳固混凝土面板,并使其破碎板块紧密嵌锁,与压实后的原路面基层形成稳固厚实的底基层,有效减少和缓解反射裂缝。采用路面沉降量、冲击遍数和板块破碎状况,作为冲击压实的质量控制指标。

①沉降量与冲击遍数控制。

沉降量与冲击遍数是紧密相关的。沉降量用不同冲压遍数后测得的路面高程之差计算得出。检测方法和频率为:

a. 在路面上布好沉降量高程检测点,测点布置如图13-4 所示。

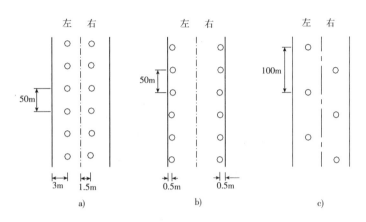

图 13-4 测点布置图
a)沉降观测点布置图;b)压实度测点布置图;c)贝克曼梁弯沉布置图

b. 冲压前,测量记录原地面高程,每冲压 5、10、15、20 遍后测一次。

c. 如二者之间的高程测量差值小于 5cm,即可结束冲压,以最后一次的冲压遍数(如 20 遍)作为沉降量控制标准。如大于 5mm,则再冲压 2~3 遍,直至沉降量小于 5mm,以最后的冲压遍数作为控制遍数。

②破碎状态控制。

应先对未冲压前混凝土板块损坏情况进行现场实测和记录,以后每 5 遍检测一次。最终破碎的网状碎块应控制在 45~60cm。该碎块并非一般意义的明显碎块,而是裂缝(纹)贯穿块与块之间并形成集料嵌锁的结构,从而保全原路面所具有的大部分结构强度。一般代表弯沉值在 0.53mm 左右。

(5)冲压施工注意事项。

由于冲压时产生极强冲击力,因此,施工时必须对其影响范围内的涵洞等构造物进行安全避让。

①桥梁、通道:冲压边界距桥头和通道边不少于 5m,并须在桥头搭板之外。

②涵洞:冲压边界距管涵中线或板涵边线不少于 2m,管涵上方土层厚度不小于 2m,板涵上方土层厚度不小于 3m。

③房屋:视房屋的不同结构确定安全距离,避免造成损失。

避让方法:首先要准确调查所有桥涵构造物,明显标出安全距离线,施工中冲压至安全线时,可将冲压轮升起,低速空驶过安全范围后,再进行冲压施工。

(6)由于冲压破碎后,路面产生大量的裂缝,丧失抵抗雨水渗透侵蚀的能力,会造成板下基层和土基含水率增大,且不易散发,影响冲压效果。所以路面破碎后要及时进行防水处理,最好及时采取沥青下封等措施。

◇ **单元训练**

1. 简述水泥混凝土路面回收方法。

2. 简述旧水泥混凝土路面回收材料的技术要求和措施。

3. 简述使用石灰粉煤灰稳定旧混凝土集料的技术要求和施工工艺。

4. 简述水泥稳定旧混凝土集料的技术要求和施工工艺。

5. 简述旧水泥混凝土碎块垫层的一般规定和技术要求。

6. 在老师的带领下,对一段准备再生利用的旧水泥混凝土路面进行调查,根据调查情况,提出维修方案(回收方法、旧水泥混凝土路面材料的处理、施工工艺、人员、材料、机械的配备等)。

学习任务十四　水泥混凝土预制块路面养护与维修

学习目标

1. 能完成水泥混凝土预制块路面日常养护；
2. 能完成水泥混凝土预制块路面局部维修；
3. 能完成水泥混凝土预制块路面翻修。

任务描述

对一段水泥混凝土预制块路面进行日常养护、局部维修和翻修工作。

学习引导

本学习任务沿着以下脉络进行学习：

观察需要处理的水泥混凝土预制块路面→分析、讨论→提出日常养护、局部维修和翻修工作方案。

水泥混凝土预制块路面养护与维修

◇ 单元要点

1. 预制块路面日常养护；
2. 水泥混凝土预制块路面局部维修；
3. 水泥混凝土预制块路面翻修。

◇ 相关知识

水泥混凝土预制块路面，常用于桥头接线、服务区、停车场、码头道面、二级及二级以下公路。这种路面的破损，大多发生在春季和雨季，因此，在多雨季节应加强巡回检查，发现各种病害，应及时进行修复。预制块路面通常发生下列病害：

(1) 填缝料散失、损坏。
(2) 个别预制块振动、破碎、错台、缺损、沉陷、隆起。
(3) 路边部分砌块歪倒，横移和缝宽增大。

一、水泥混凝土预制块路面日常养护

水泥混凝土预制块路面日常养护工作内容如下。

1. 预制块路面日常养护工作

预制块路面日常养护工作主要是及时清除路面上的尘土、污泥和杂物，排除积水，保持路面清洁。

预制块路面日常养护标准,应符合表14-1的规定。

水泥混凝土预制块路面质量标准　　　　　　表14-1

项目	允许值	说明
平整度(mm)	10	用3m直尺量测
相邻块顶面高度差(mm)	5	用钢尺量测,取最大值
最大缝宽(mm)	10	用锥形塞尺量测,取最大值
横坡度(%)	±0.5	水准仪测量
破损率(%)	≤10	测量每1 000m^{2}中破损块的面积

2. 预制块路面的缝隙养护

预制块路面的缝隙应经常检查并及时添增嵌缝料。

(1)预制块与预制块之间用水泥砂浆作填缝的,如填缝发生破碎,应及时剔除杂物,然后用快硬早强砂浆重新灌缝。灌缝路段应半幅施工,半幅维持通车,并做好施工路段管理和疏导交通的工作,待砂浆达到设计强度后再开放交通。

(2)预制块与预制块之间用砂填缝的。由于行车作用,易被吸出,应及时添补砂,使预制块间的缝隙经常充满填缝料,防止砌块松动。

3. 破碎预制块更换

个别预制块如有破碎,应按原尺寸和材料进行更换。

二、水泥混凝土预制块路面局部维修

(1)对个别预制块发生错台、沉陷现象的,应把这一部分砌块取出,整平夯实垫层,将预制块铺放在垫层上,且高出原砌块高程0.5cm,撒填缝料,并加以压实,以便使新铺的预制块下沉到与周围的预制块路面高度一致。

(2)对较大面积的沉陷或错台,应先清除泥污,处理路基,修整垫层,然后把挖出的预制块铺放在垫层上。补块应高出原路面砌块0.5cm,作为预留沉降。

(3)路面边缘损坏,应先修理好边部预制块和整理好路肩,并从路肩开始向边部预制块逐步压实。如预制块损坏范围较大,需要大面积整修或重新铺砌时,应注意整平压实处理基层,撒铺石屑、砂砾或粗砂。砂垫层应比原垫层高出1cm,其撒铺范围应覆盖修补面积以外20cm,对垫层进行修理,并在修理后2~3周,经常在缝隙处扫灌填缝料,保持缝隙内的填料密实、饱满。

三、水泥混凝土预制块路面翻修

(1)对路基、路面结构,排水、地下水、交通量与预制块路面病害相关问题进行详细调查,根据病害类型、损坏原因,采取相应措施。

(2)尽可能利用现有完整的预制块。挖出的预制块,尚可利用的与不能利用的预制块应分开堆放,不得混杂。

(3)清除损坏的垫层,进行更换并补足应有的厚度。

①砂垫层厚度以3cm为宜,砂的含泥量不应大于3%,粒径大于0.5cm的颗粒含量不大于10%,含水率控制在6%~8%。砂堆应避免雨浇。

②砂垫层摊铺时,应根据砂的含水率、铺砌方式,确定砂的松铺厚度。砂垫层摊铺松铺系数控制在1.2~1.35。摊铺后采用有轨轮副板把砂刮平,其高程应符合设计要求。所有摊铺

及刮平工作均不得站在砂垫层上操作。

(4) 砂垫层板整平后,就可铺设块料了。每人每天的工作量随工作的复杂性而变,大约每人每天可施工 60~100m²。维修的预制块应采用与原路面外观形状、规格尺寸、材料类型相同的预制块。预制块的平均抗压强度大于 55N/mm²,抗弯强度大于 3.5N/mm²,平均吸水率小于 5%。

(5) 铺筑预制块时,在混凝土预制块路面两侧,应预先设置坚固的边缘约束。边缘约束可采用路缘石侧石,其外侧必须用混凝土基座或背衬固定,见图 14-1。

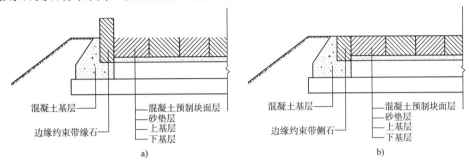

图 14-1 预制混凝土铺砌边缘约束装置
a) 设缘石混凝土基座;b) 设侧石混凝土基座

① 预制块应按图 14-1 设计形式铺好第一排砌块,随后的铺砌应与第一排砌块稳定、紧密相靠,砌块间的缝隙宜为 2~3mm。

② 镶嵌约束边缘与砌块间的空隙,应按设计将特制的块料或根据空隙的尺寸,将预制块切割成所需的形状,填砌在砌块与边缘约束带之间。不应采用小而薄的砌割块填塞。

③ 边缘内隙镶嵌完毕,应采用平板振动器振压预制混凝土块表面。平板振动器的面积宜为 0.35~0.5m²;振动频率以 75~100Hz 为宜。初振时振动器应避开支撑的边缘和端部,平板振动器压实至少 3 遍以上。振压后应在铺砌块面上撒砂,用砂填充缝隙,在接缝完全恢复之后,多余的砂应从路面上扫除干净,并继续振动 2~3 遍。再采用 10t 重的轮胎压路机往返碾压 4 遍,压实后,即可开放交通。

◇ 单元训练

1. 简述水泥混凝土预制块路面常见病害。

2. 简述水泥混凝土预制块路面日常养护的主要内容。

3. 简述水泥混凝土预制块路面局部维修方法。

4. 在老师的带领下完成一段水泥混凝土预制块路面的量测工作,填写表14-2,根据实测值,提出维修方案。

水泥混凝土预制块路面　　　　　　　表14-2

项　目	实　测　值	说　明
平整度(mm)		用3m直尺量测
相邻块顶面高度差(mm)		用钢尺量测,取最大值
最大缝宽(mm)		用锥形塞尺量测,取最大值
横坡度(%)		水准仪测量
破损率(%)		测量每1 000m^{2}中破损块的面积

5. 在老师的带领下,观察校内某段出现错台、沉陷的水泥混凝土预制块路面,根据观察的现象完成局部维修工作。

6. 在老师的带领下,在校内试验路段水泥混凝土预制块路面病害发生处,进行路面翻修工作。

学习任务十五 水泥混凝土路面养护维修安全作业及交通控制

学习目标

1. 能完成水泥混凝土养护维修安全作业前的准备工作;
2. 能简述养护维修安全作业的要求;
3. 能简述养护维修作业交通控制区的要求;
4. 能简述安全标志设置要求;
5. 能简述作业区布置基本要求;
6. 能完成高速公路、一级公路、一般公路作业区的布置工作。

任务描述

对一段水泥混凝土路面养护维修作业区进行合理的布置。

学习引导

本学习任务沿着以下脉络进行学习:
观察需要布置的水泥混凝土路段→分析、讨论→提出路面养护维修作业区布置方案。

单元一 养护维修安全作业要求与作业区

◇单元要点

1. 养护维修安全作业准备工作与时间选择;
2. 养护维修安全作业要求;
3. 养护维修作业交通控制区各部分的要求。

◇相关知识

为了保证施工作业的安全和车辆的顺利通行,水泥混凝土路面养护维修作业应根据作业路段交通的运行情况、作业区长度和宽度以及作业时间等因素,确定养护安全作业措施和交通控制方案。

一、养护维修安全作业准备工作

水泥混凝土路面投入使用后,养护维修工作即列入议事日程。鉴于维修养护是在正常使用情况下作业,因此,必须将"安全作业"放在首位,同时先做好作业前一切准备工作。

养护维修作业人员在上岗前应进行安全教育和养护作业安全规程培训。要经常教育作业人员树立安全意识,贯彻"安全第一,预防为主"的方针,防止工伤及其他交通事故的发生。

同时,为保证上路作业人员和机械设备的生命财产安全,宜对上路作业人员和机械设备购买保险,一旦发生意外,能提供必要的保障和经济补偿。

1. 养护维修作业前的准备工作

(1)交通调查。

养护维修作业开工之前,应对维修路段的交通量和交通流进行调查。交通流调查包括行车速度调查、交通阻塞调查和道路通行能力调查。通过调查,合理确定封闭车道数和交通管制长度。

(2)制订养护维修作业计划。

在养护维修作业前,应制订维修作业施工组织计划。养护维修作业时间长短,取决于维修路段的交通量、养护维修作业内容、作业方法及使用的机械以及通行车辆是否采取绕行路线或采取何种交通管制方式等因素。对于养护维修作业内容复杂、交通量较大的路段,在有条件的情况下,采取绕行路线是一种较好的选择,有利于集中力量、突击完成维修作业,对于采取交通管制维持通车状况下进行维修作业的情况,必须确保维持车辆通行的最低要求,并配备必要的交通管制人员。

2. 养护维修作业时间的选择

(1)在封闭或半封闭路段进行养护维修作业,应采用全日制施工方式,有条件的可采用夜间施工,以加快施工进度。

(2)在通车条件下进行养护维修作业,最好避开交通量较大的时段施工,但因路面损坏已经影响车辆安全通行的应立即修补。

(3)路面清扫主要在道路的两边或中央分隔带两侧进行,一般应选择在白天交通量较小的时段进行,严禁在夜晚或大雾等能见度差的天气条件下进行人工清扫作业。

(4)除草及路肩整修应在白天作业。

(5)喷画路面标线应在白天交通量较小的时段进行,交通量较大时可安排在晚上作业,但必须采取灯光照明、警示标志等夜间交通管制措施。

(6)大雾天气由于能见度低,通常不宜进行养护维修作业。确需进行紧急抢修,应会同有关部门封闭交通,且应设置黄色施工警告灯号。

二、养护维修安全作业要求

在公路养护维修作业中,必须按以下要求,做好安全管理工作:

(1)为保证作业安全,凡养护维修作业人员在公路上作业时,必须穿着带有反光标志的橘红色工作装,管理人员必须穿着带有反光标志的橘红色背心。

(2)养护机械操作人员必须经过专业培训且考试合格,获得养护机械主管部门颁发的操作证或驾驶执照,方可独立操作养护机械,不准操作与操作证或驾驶证要求不相符的机械设备。

(3)凡在公路上进行移动作业的养护机具(含检测设备),其外壳颜色必须是黄色,驾驶室顶端两侧必须安装黄色警示灯,机具尾部必须悬挂道路施工安全标志牌。

(4)在夜间进行养护维修作业时,要设置照明设施和灯光警示标志。

(5)施工材料应选择适当地方堆码整齐,不得影响交通,施工车辆应尽量避免占用行车道装卸作业。

(6)施工作业前应按照安全作业方案和交通控制方案设置好安全设施。

三、养护维修作业区

在实施公路养护之前,必须画定交通管制控制区,以便于设置交通安全设施。

养护维修作业交通控制区,一般分为下列六个部分(图15-1):

(1)警告区。

(2)上游过渡区。

(3)缓冲区。

(4)作业区。

(5)下游过渡区。

(6)终止区。

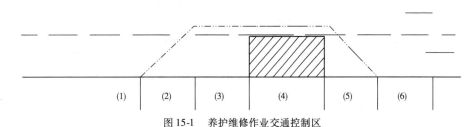

图15-1 养护维修作业交通控制区
(1)警告区;(2)上游过渡区;(3)缓冲区;(4)作业区;(5)下游过渡区;(6)终止区

1. 警告区

警告区是从最前面的第一块交通标志开始,到工作区的第一个渠化装置之间的区域,在警告区内必须设置施工标志、限速标志、路线诱导标志及其他必需的标志。

警告区的长度,一般由车辆在警告区内改变行车状态所需要的时间以及在作业区附近车辆发生拥挤时的最大排队长度来计算,其估算公式为:

$$S = L_v + L_s + L(Q)$$

式中:S——警告区长度(m);

L_v——从正常行使车速降至限制的行驶车速所需要的最小安全距离(m);

L_s——车辆到达工作区地段附近的排队尾部时的最小安全距离(m);

$L(Q)$——在工作区地段附近本车道封闭,车道数减少,行车条件改变等因数引起的车辆拥挤时的车辆排队长度(m)。

警告区最小长度按表15-1选取。

警告区最小长度　　　　表15-1

行车速度(km/h)	限制速度(km/h)	警告区最小长度(m)
120	40	1 000
100	40	800
80	20	600
60	20	300
40	20	100

2. 上游过渡区

当需要封闭车道(含紧急停车带)时,必须设置过渡区。过渡区分上游过渡区和下游过渡区。过渡区的设置应尽可能使车流的变化平缓,过渡区的装置通常由渠化装置或路面标线组成。

车道封闭上游过渡区的最小长度见表 15-2。

车道封闭上游过渡区最小长度　　　　　　　　表 15-2

封闭车道宽度(m) 行车速度(km/h)	3.0	3.5	3.75
80	150	180	190
60	70	90	90
40	30	40	40
20	8	9	10

路肩封闭上游过渡区的最小长度见表 15-3。

路肩封闭上游过渡区的最小长度　　　　　　　表 15-3

封闭车道宽度(m) 行车速度(km/h)	3.0	3.5	3.75
80	75	90	95
60	35	45	45
40	15	20	20
20	4	5	5

3. 下游过渡区

下游过渡区的最小长度为 30m。

4. 缓冲区

缓冲区的最小长度为 50m。其与上游过渡区之间应设置防冲撞装置。

5. 工作区

工作区是养护维修作业人员活动和工作的地方,其长度一般根据养护维修作业的需要确定,但一般不超过 3km 或不超过某一时段的工作量要求。在行车道与工作区之间应用锥形交通路标或其他渠化装置进行分隔。

6. 终止区

终止区最小长度为 30m。终止区末段应设置解除速度限制标志,终止区末端应解除一切标志。

养护维修作业完工后,为确保安全和畅通,要及时拆除所有因施工设置的临时标志和其他设施,恢复正常交通。

单元二　道路施工安全标志及设置

◇ 单元要点

1. 道路施工安全标志的外形特点;
2. 道路施工安全标志的设置要求。

◇相关知识

安全标志是道路施工安全保障的重要措施,不同的安全标志传递不同的信息,对驾驶员的要求也不一样,驾驶员的反应和汽车的响应也需要一定时间。因此,在养护维修作业时,正确选用安全标志并在恰当位置设置安全标志则十分重要,有关要求如下。

1. 禁令标志

颜色一般为白底、红圈、红杠、黑图案,图案压杠;形状为圆形、八角形、顶角向下的等边三角形。

禁止通行标志设在上方过渡区的前方;禁止超车标志设在禁止超车路段的起点处;解除禁止超车标志设在禁止超车路段的终点处;限制速度标志设在限制车速路段的起点,标志牌上标明所限制的速度;解除限制速度标志设在限制车速路段的终点。

2. 警告标志

警告标志的颜色为黄底、黑边、黑图案,形状为等边三角形,顶角朝上。

前方施工标志设在警告区的起点处;前方车道变窄标志设在车道变窄点前方,高速公路、一级公路至少设在车道变窄处前方 200m 处;双向通行标志设在双向通行路段前方,高速公路、一级公路一般至少设在双向通行路段前 400m 处。

3. 指示标志

指示标志的颜色为蓝底、白图案,其形状分为圆形、长方形和正方形。

前方绕行标志设在需要绕行的车道进出处前方,高速公路、一级公路设在需要绕行的车道进出处前至少 200m 处。

各种直行、转弯和单向行使标志设在需要直行、转弯和单向行驶路段的前方,高速公路、一级公路设在需要直行、转弯和单向行驶路段前方 200m 处。

4. 路栏

路栏用以阻挡车辆及行人前进或指示改道,常设在道路施工、养护而致交通阻断路段的两端或周围。路栏的基本形式如图 15-2 所示。

5. 锥形交通路标

锥形交通标志与路栏配合,用以阻挡或分隔交通流。设在需要临时分隔车流、引导交通、指引车辆绕过危险路段,保护施工现场设施和人员等场所周围或以前适当地点。其基本形式如图 15-3 所示,其放置间距和数目分别参见表 15-4 和表 15-5。夜间使用的锥型路标的上端应涂以白色反光材料或安装反光导标。

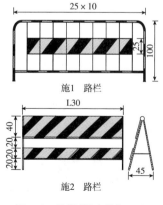

图 15-2 路栏(尺寸单位:cm)

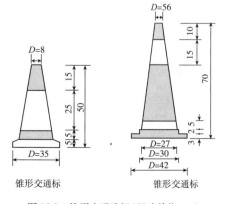

图 15-3 锥形交通路标(尺寸单位:cm)

锥形交通路标放置间距参考　　　　　表15-4

设置区域	速度	间距	设置区域	速度	间距
渐变段（上、下游过渡区）	40	7	缓冲区或工作面积区	40	15
	60	10		60	20
	80	15		80	30
	100	20		100	40

6. 施工警告灯号

用以警告车辆驾驶人员，前方道路施工，应减速慢行。设置于夜间施工路段附近。本灯号分闪光灯及定光灯号两种，安装在路栏或独立活动支架上，高度以120cm为度。

所需锥形交通路标数目　　　　　表15-5

长度	40km		60km		80km	
	渐变段	缓冲区	渐变段	缓冲区	渐变段	缓冲区
30	5	2~3	5	2~3	5	2~3
45	6	3~5	6	2~4	6	2~3
60	7	3~6	7	3~5	6	2~4
75	9	4~8	7	3~6	6	3~5
90	10	6~9	8	4~7	6	3~6
105	11	6~10	9	4~8	8	4~7
120	13	6~12	10	5~9	9	4~8
135	14	6~13	11	5~10	10	5~9
150	16	8~16	13	6~12	11	6~10
165	17	8~16	14	7~13	11	6~10
180	19	9~18	15	7~14	12	6~11
195	20	10~19	16	8~15	13	6~12

7. 施工区标志

用以通告高速公路及一般道路交通阻断、绕行等情况。设在道路施工、养护等路段前适当位置。施工标志为长方形，蓝底白字，图案部分为黄底黑图案（图15-4）。

8. 移动性施工标志

移动性施工标志用以警告前方道路有作业车正在施工，车辆驾驶员应减速或变换车道行驶。移动性施工标志悬挂于工程车辆及机械的后部。本标志为黄底黑图案、黑边框、反光，背面斜插色旗两面（图15-5）。

图 15-4 施工区标志

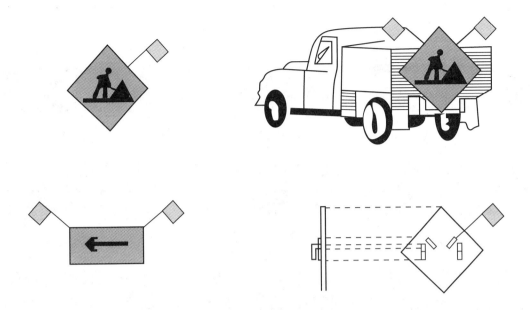

图 15-5　移动性施工标志

单元三　公路养护维修作业区布置

◇**单元要点**

1. 作业区布置基本要求；
2. 作业区布置具体方法。

◇**相关知识**

一、高速公路及一级公路养护维修作业区布置

公路养护维修作业区布置,应该满足以下基本要求。

1. 作业区布置基本要求

(1)作业区交通控制方案,要考虑养护维修作业的特点、时间和周期、交通量、经济效益是否引起交通堵塞等因素,各种交通标志的设置必须合理、前后统一,引导车流平稳变化。

(2)作业区应设置工程车辆专门的进口和出口,尽可能避免工程车辆在进口或出口与其他车辆发生冲突。

(3)同一方向不同断面的相同车道同时维修施工时,下游工作区距上游工作区 1 000m 以上时,应在下游工作区前端设置施工标志。

(4)同一方向不同断面的不同车道不宜同时进行维修施工,当必须同时维修作业时,其作业区布设间距为:高速公路须不小于 1 000m,一级公路须不小于 500m,否则应分期施工。

(5)当单向三车道及以上道路的中间车道进行养护维修作业时,不应单独封闭该车道,应与相邻一侧车道同时封闭。

2. 作业区布置

(1) 不改变交通流方向的作业区布置方法如图 15-6 所示。

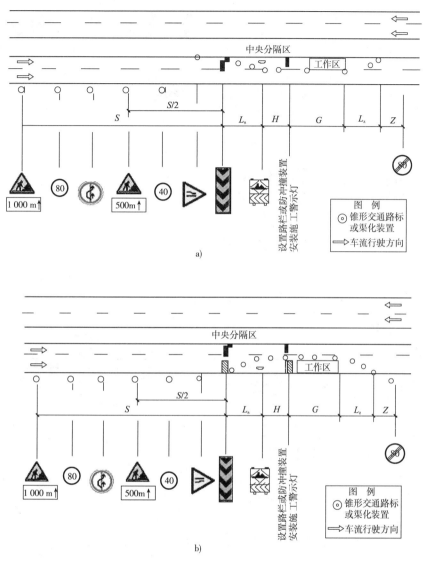

图 15-6 车道封闭作业区布置图
a) 左侧车道封闭作业区的布置；b) 右侧车道封闭作业区的布置

(2) 改变交通流方向的作业区布置，可与中央分隔带开口位置相结合，将非作业区一侧车道改为双向车道，适当增减作业区的长度，其基本布置如图 15-7 所示。

(3) 立交区进、出口匝道养护维修作业区布置，如图 15-8 所示。当匝道长度比表 15-1 中规定的警告区最小长度短时，作业区前端的交通标志可设置于匝道的起点处。

(4) 日常养护维修作业的作业区布置，当在同一位置的作业时间需半天时，可按临时定点养护维修作业布置作业区（图 15-9）；当养护作业区位置移动时，可按移动养护布置作业区。临时定点养护作业区，应设置移动式标志车或配备交通指挥人员，并设置锥形交通路标或渠化装置。移动养护的作业区布置可参照临时定点养护的作业区布置，同时按实际情况作适当变化。具体布置方式如图 15-10 所示。

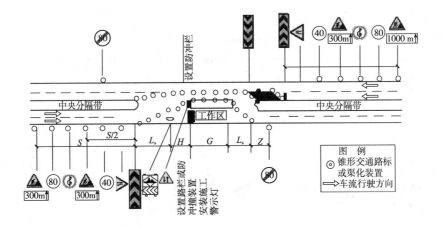

图 15-7 改变交通流方向的作业区布置图

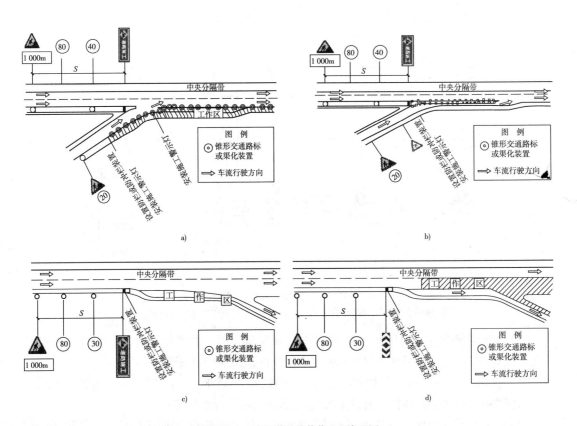

图 15-8 立交区养护维修作业区布置图

a)进口匝道上养护作业布置之一;b)进口匝道上养护作业布置之二;c)出口匝道上养护作业布置之一;
d)出口匝道上养护作业布置之二

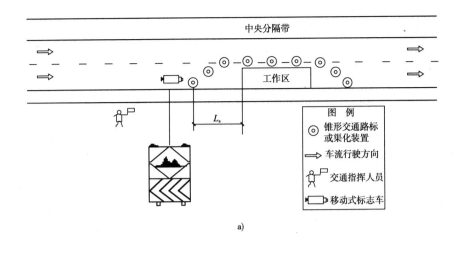

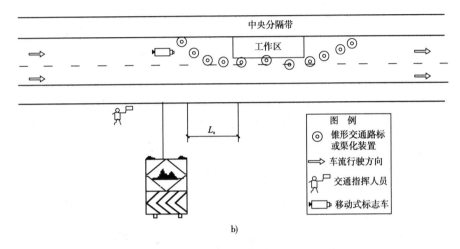

图 15-9 临时定点养护维修作业区布置图
a) 外侧车道养护维修作业区布置；b) 内侧车道养护维修作业区布置

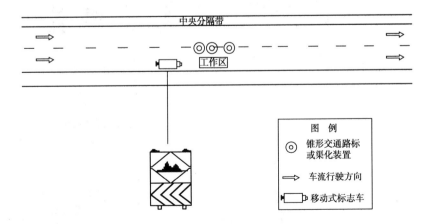

图 15-10 移动养护的作业区布置图

333

二、一般公路养护维修作业区布置

1. 基本要求

(1) 本内容所指一般公路系指二级和三级公路。

(2) 一般公路作业区交通控制方案要兼顾养护维修作业的特点、养护维修作业时间、交通量、环境等因素。

(3) 作业区上游因道路线形造成视距不良时,应在作业区上游的适当位置处增设道路施工标志。

2. 作业区布置

(1) 一般公路养护维修作业时应设置的主要标志,有道路施工标志、限速标志和线形诱导标等,其他安全设施可以视具体情况而定。渠化装置主要有锥形交通路标、路栏和安全带等,如图 15-11 所示。

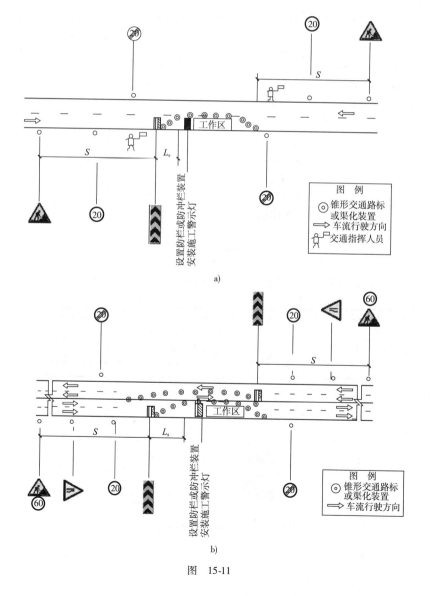

图 15-11

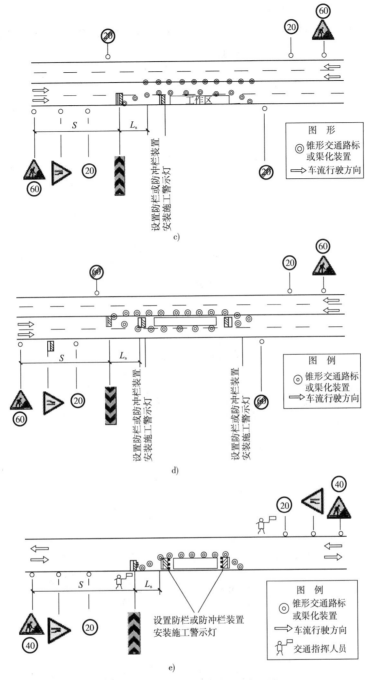

图 15-11 养护维修路段作业区布置图

a) 双向两车道半幅路面养护作业；b) 双向四车道半幅路面封闭养护作业 c) 双向四车道单向外侧车道养护作业；
d) 双向四车道单向内侧车道养护作业；e) 未划分车道的道路养护作业

（2）在进行路段养护维修作业时，对于单向通行的情况，除必要的交通标志和安全设施外，必须在两个方向设置交通信号控制灯或各配备一名交通指挥人员，其他情况可视条件而定。

（3）弯道上养护维修作业按图 15-12 布置。

（4）当对整个路面进行养护维修作业时，应修筑交通便道，以保证车辆正常行驶，如图 15-13 所示。

（5）在路肩上进行养护维修作业时，其作业区的布置如图 15-14 所示。

（6）日常养护维修作业的作业区布置图，如图 15-15 所示。

（7）交叉口养护维修作业要根据具体情况采取不同的养护作业安全防护措施。其作业区布置方式参见《公路养护维修作业安全规程》。

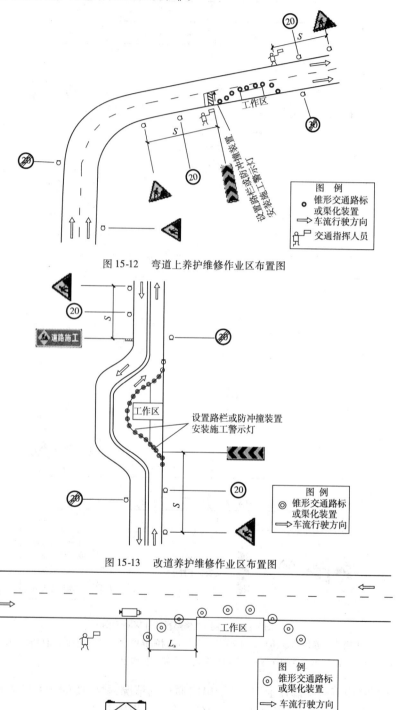

图 15-12　弯道上养护维修作业区布置图

图 15-13　改道养护维修作业区布置图

图 15-14　路肩养护维修作业区布置图

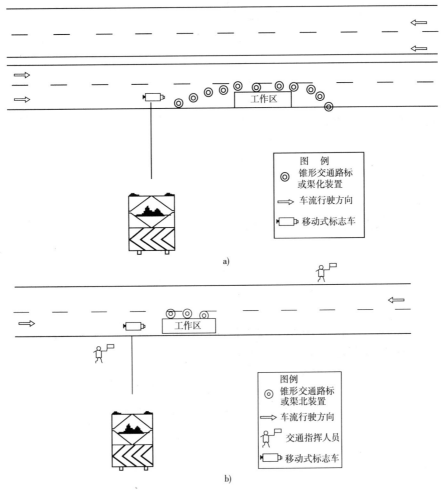

图 15-15　日常养护维修作业区布置图
a)临时定点养护作业的作业区布置图；b)移动养护的作业区布置图

◇单元训练

1. 简述水泥混凝土养护维修作业前的准备工作，怎样选择养护维修作业时间？

2. 简述公路养护维修作业安全要求。

3. 养护维修作业交通控制区一般分为哪六个部分？每部分有什么要求？

4. 道路施工安全标志设置有哪些要求?

5. 高速公路与一级公路作业区布置有哪些基本要求?

6. 一般公路作业区布置有哪些基本要求?

7. 在老师的带领下,在校内试验路段模拟高速公路、一级公路、一般公路条件,完成作业区布置图的绘制和实际布置工作。

参 考 文 献

[1] 郭忠印,李立寒. 沥青路面施工与养护技术[M]. 北京:人民交通出版社,2003.
[2] 傅智,金志强. 水泥混凝土路面施工与养护技术[M]. 北京:人民交通出版社,2003.
[3] 金志强. 水泥混凝土路面养护维修手册[M]. 北京:人民交通出版社,2003.
[4] 伍石生,郭平,张倩. 公路养护与抢修实用技术[M]. 北京:人民交通出版社,2008.
[5] 徐培华. 高等级公路路基路面养护技术[M]. 北京:人民交通出版社,2003.
[6] 中华人民共和国行业标准 JTG H10—2009 公路养护技术规范[S]. 北京:人民交通出版社,2009.
[7] 中华人民共和国行业标准 JTG H20—2007 公路技术状况评定标准[S]. 北京:人民交通出版社,2007.
[8] 中华人民共和国行业标准 JTJ 073.2—2001 公路沥青路面养护技术规范[S]. 北京:人民交通出版社,2001.
[9] 中华人民共和国行业标准 JTJ 073.1—2001 公路水泥混凝土路面养护技术规范[S]. 北京:人民交通出版社,2001.
[10] 赵树青. 高等级公路维护技术与管理[M]. 成都:西南交通大学出版社,2008.
[11] 彭富强. 公路维护技术与管理[M]. 北京:人民交通出版社,2002.
[12] 王进思,程海潜. 路基路面病害处治[M]. 北京:人民交通出版社,2010.